Kohlhammer

Deutscher Gemeindeverlag

Kommunale Schriften für Schleswig-Holstein

Herausgegeben vom
Schleswig-Holsteinischen
Gemeindetag

Jagdrecht Schleswig-Holstein

Vorschriftensammlung mit Anmerkungen

bearbeitet von

Fritz Maurischat
Oberamtsrat i. R.

12., überarbeitete Auflage

Kohlhammer

Deutscher Gemeindeverlag

12., überarbeitete Auflage – erstmals 1970
Deutscher Gemeindeverlag GmbH
Verlagsort: Kiel
Gesamtherstellung: Deutscher Gemeindeverlag GmbH Kiel
Umschlag: Gestaltungskonzept Peter Horlacher

ISBN 978-3-555-01614-6

VORWORT

zur 12. Auflage

Seit Erscheinen der 11. Auflage der Vorschriftensammlung Jagdrecht Schleswig-Holstein des Kohlhammer/Deutschen Gemeindeverlages sind rund vier Jahre vergangen. Eine kurze Zeitspanne, gemessen am Takt biologischer Prozesse. Gleichwohl ausreichend für die Gesetzgeber bei der EU, beim Bund und im Lande Schleswig-Holstein, um zahlreiche für die Jägerinnen und Jäger relevante Vorschriften zu modifizieren. Bemerkenswert ist dabei, dass nach der Änderung von Gesetzen häufig auf eine komplette Neufassung und Veröffentlichung der konsolidierten Gesetzestexte verzichtet wird. Ich halte dies nicht für sehr bürgerfreundlich, denn nicht jeder kann auf im Internet verfügbare Dienste wie „juris" zurückgreifen. Umso wichtiger und erfreulicher ist es, dass nun die 12. Auflage des Jagdrechtes Schleswig-Holstein vorliegt. Diese wurde wiederum von Oberamtsrat i. R. Fritz Maurischat bearbeitet, der auch nach seiner Pensionierung weiterhin regen Anteil am jagdpolitischen Geschehen nimmt. Die Aktualisierung einer Vorschriftensammlung erfordert extrem viel Detailarbeit und Arbeitseinsatz. Hierfür möchte ich Fritz Maurischat im Namen der Landesregierung sehr herzlich danken.

Die jüngste Vergangenheit war gekennzeichnet durch eine bedeutende Ergänzung im Bundesjagdgesetz. Ausgehend von einem Urteil des Europäischen Gerichtshofes für Menschenrechte vom 26. Juni 2012, wurde im Bundesjagdgesetz ein neuer § 6a eingefügt, der die Modalitäten für ein Ausscheiden natürlicher Personen aus Jagdgenossenschaften ausführlich regelt. Das seit 1954 unverändert geltende deutsche Reviersystem mit Zwangsmitgliedschaft aller Grundeigentümer hat damit eine empfindliche Einschränkung erfahren. Bisher liegen keine Verwaltungserfahrungen bei der Anwendung der neuen Vorschriften vor. Es ist allerdings zu befürchten, dass der Vollzug nicht konfliktfrei sein wird.

Das Landesjagdgesetz erfuhr im Februar 2012 einige Änderungen. Nennenswert sind besonders der Wegfall der Befangenheitsregelung in § 8, die Nachfrist für das Lösen des Jagdscheines in § 14, die Überschreitungsmöglichkeit der Abschusspläne um 30 %, die Neuregelung zum Ausnehmen oder Unfruchtbarmachen von Federwildgelegen sowie die Ergänzung der sachlichen Verbote in § 29.

Weitere Änderungen sind u. a. beim Landeswald- und Landesnaturschutzgesetz, bei der EU-Vogelrichtlinie, beim Tierschutzgesetz, in der

Vorwort

Landesverordnung über die Jagdabgabe sowie in der Mustersatzung für Jagdgenossenschaften eingetreten und wurden bei der Herausgabe der 12. Auflage berücksichtigt.

Die Jagdausübung steht mehr denn je im Fokus einer kritischen Öffentlichkeit und der Medien. Umso wichtiger ist es, dass sich alle Jägerinnen und Jäger ihrer aktuellen gesetzlichen Aufträge bewusst sind. Dazu gehört nicht nur ein einmaliges Lernen des trockenen Gesetzesstoffes mit dem Ziel des Bestehens der Jägerprüfung, sondern eine stetige Fortbildung. Dem Verlag Kohlhammer/Deutscher Gemeindeverlag ist dafür zu danken, dass wir weiterhin die Möglichkeit haben, uns in dem vorliegenden Nachschlagewerk das erforderliche rechtliche Handwerkszeug auf dem jeweils neuesten Stand zu verschaffen.

Besonders den angehenden Jägerinnen und Jägern wünsche ich viel Erfolg in der Phase ihrer Ausbildung, ein kräftiges Waidmannsheil und ein erfülltes, konfliktfreies Jägerleben.

Kiel, im Juni 2013

Johann Böhling
Oberste Jagdbehörde
des Landes Schleswig-Holstein

INHALTSVERZEICHNIS

Inhaltsverzeichnis

Bundesjagdgesetz

in der Fassung der Bekanntmachung vom 29. September 1976 (BGBl. I S. 2849), zuletzt geändert durch Artikel 1 des Gesetzes vom 29. Mai 2013 (BGBl. I S. 1386)

Übersicht

I. Abschnitt: Das Jagdrecht

§ 1 Inhalt des Jagdrechts

(1) Das Jagdrecht ist die ausschließliche Befugnis, auf einem bestimmten Gebiet wild lebende Tiere, die dem Jagdrecht unterliegen (Wild), zu hegen, auf sie die Jagd auszuüben und sie sich anzueignen. Mit dem Jagdrecht ist die Pflicht zur Hege verbunden.

(2) Die Hege hat zum Ziel die Erhaltung eines den landschaftlichen und landeskulturellen Verhältnissen angepassten artenreichen und gesunden Wildbestandes sowie die Pflege und Sicherung seiner Lebensgrundlagen; auf Grund anderer Vorschriften bestehende gleichartige Verpflichtungen bleiben unberührt. Die Hege muss so durchgeführt werden, dass Beeinträchtigungen einer ordnungsgemäßen land-, forst- und fischereiwirtschaftlichen Nutzung, insbesondere Wildschäden, möglichst vermieden werden.

(3) Bei der Ausübung der Jagd sind die allgemein anerkannten Grundsätze deutscher Weidgerechtigkeit zu beachten.

(4) Die Jagdausübung erstreckt sich auf das Aufsuchen, Nachstellen, Erlegen und Fangen von Wild.

(5) Das Recht zur Aneignung von Wild umfasst auch die ausschließliche Befugnis, krankes oder verendetes Wild, Fallwild und Abwurfstangen sowie die Eier von Federwild sich anzueignen.

(6) Das Jagdrecht unterliegt den Beschränkungen dieses Gesetzes und der in seinem Rahmen ergangenen landesrechtlichen Vorschriften.

Anmerkung: Vgl. §§ 1 und 2 LJagdG

§ 2 Tierarten

(1) Tierarten, die dem Jagdrecht unterliegen, sind:

1. Haarwild:
   Wisent (Bison bonasus L.),
   Elchwild (Alces alces L.),
   Rotwild (Cervus elaphus L.),
   Damwild (Dama dama L.),
   Sikawild (Cervus nippon TEMMINCK),
   Rehwild (Capreolus capreolus L.),
   Gamswild (Rupicapra rupicapra L.),
   Steinwild (Capra ibex L.),

Muffelwild (Ovis ammon musimon PALLAS),
Schwarzwild (Sus scrofa L.),
Feldhase (Lepus europaeus PALLAS),
Schneehase (Lepus timidus L.),
Wildkaninchen (Oryctolagus cuniculus L.),
Murmeltier (Marmota marmota L.),
Wildkatze (Felis silvestris SCHREBER),
Luchs (Lynx lynx L.),
Fuchs (Vulpes vulpes L.),
Steinmarder (Martes foina ERXLEBEN),
Baummarder (Martes martes L.),
Iltis (Mustela putorius L.),
Hermelin (Mustela erminea L.),
Mauswiesel (Mustela nivalis L.),
Dachs (Meles meles L.),
Fischotter (Lutra lutra L.),
Seehund (Phoca vitulina L.);

2. Federwild
Rebhuhn (Perdix perdix L.),
Fasan (Phasianus colchicus L.),
Wachtel (Coturnix coturnix L.),
Auerwild (Tetrao urogallus L.),
Birkwild (Lyrurus tetrix L.),
Rackelwild (Lyrus tetrix × Tetrao urogallus),
Haselwild (Tetrastes bonasia L.),
Alpenschneehuhn (Lagopus mutus MONTIN),
Wildtruthuhn (Meleagris gallopavo L.),
Wildtauben (Columbidae),
Höckerschwan (Cygnus olor GMEL.),
Wildgänse (Gattungen Anser BRISSON und Branta SCOPOLI),
Wildenten (Anatinae),
Säger (Gattung Mergus L.),
Waldschnepfe (Scolopax rusticola L.),
Blässhuhn (Fulica atra L.),
Möwen (Laridae),
Haubentaucher (Podiceps cristatus L.),
Großtrappe (Otis tarda L.),
Graureiher (Ardea cinerea L.),
Greife (Accipitridae),
Falken (Falconidae),
Kolkrabe (Corvus corax L.).

(2) Die Länder können weitere Tierarten bestimmen, die dem Jagdrecht unterliegen.

(3) Zum Schalenwild gehören Wisente, Elch-, Rot-, Dam-, Sika-, Reh-, Gams-, Stein-, Muffel- und Schwarzwild.

(4) Zum Hochwild gehören Schalenwild außer Rehwild, ferner Auerwild, Steinadler und Seeadler. Alles übrige Wild gehört zum Niederwild.

Anmerkung zu § 2 Abs. 2: siehe § 1 LVO über jagdbare Tierarten und über die Jagdzeiten (C 2)

§ 3 Inhaber des Jagdrechts; Ausübung des Jagdrechts

(1) Das Jagdrecht steht dem Eigentümer auf seinem Grund und Boden zu. Es ist untrennbar mit dem Eigentum am Grund und Boden verbunden. Als selbständiges dingliches Recht kann es nicht begründet werden.

(2) Auf Flächen, an denen kein Eigentum begründet ist, steht das Jagdrecht den Ländern zu.

(3) Das Jagdrecht darf nur in Jagdbezirken nach Maßgabe der §§ 4 ff. ausgeübt werden.

Anmerkung: Vgl. § 32 Abs. 2 LJagdG

II. Abschnitt: Jagdbezirke und Hegegemeinschaften

1. Allgemeines

§ 4 Jagdbezirke

Jagdbezirke, in denen die Jagd ausgeübt werden darf, sind entweder Eigenjagdbezirke (§ 7) oder gemeinschaftliche Jagdbezirke (§ 8).

§ 5 Gestaltung der Jagdbezirke

(1) Jagdbezirke können durch Abtrennung, Angliederung oder Austausch von Grundflächen abgerundet werden, wenn dies aus Erfordernissen der Jagdpflege und Jagdausübung notwendig ist.

(2) Natürliche und künstliche Wasserläufe, Wege, Triften und Eisenbahnkörper sowie ähnliche Flächen bilden, wenn sie nach Umfang und Gestalt für sich allein eine ordnungsmäßige Jagdausübung nicht gestatten, kei-

nen Jagdbezirk für sich, unterbrechen nicht den Zusammenhang eines Jagdbezirkes und stellen auch den Zusammenhang zur Bildung eines Jagdbezirkes zwischen getrennt liegenden Flächen nicht her.

Anmerkung: Vgl. § 3 LJagdG

§ 6 Befriedete Bezirke; Ruhen der Jagd

Auf Grundflächen, die zu keinem Jagdbezirk gehören, und in befriedeten Bezirken ruht die Jagd. Eine beschränkte Ausübung der Jagd kann gestattet werden. Tiergärten fallen nicht unter die Vorschriften dieses Gesetzes.

Anmerkung: Vgl. § 4 LJagdG

§ 6a Befriedung von Grundflächen aus ethischen Gründen*

(1) Grundflächen, die zu einem gemeinschaftlichen Jagdbezirk gehören und im Eigentum einer natürlichen Person stehen, sind auf Antrag des Grundeigentümers zu befriedeten Bezirken zu erklären (Befriedung), wenn der Grundeigentümer glaubhaft macht, dass er die Jagdausübung aus ethischen Gründen ablehnt. Eine Befriedung ist zu versagen, soweit Tatsachen die Annahme rechtfertigen, dass ein Ruhen der Jagd auf der vom Antrag umfassten Fläche bezogen auf den gesamten jeweiligen Jagdbezirk die Belange

1. der Erhaltung eines artenreichen und gesunden Wildbestandes sowie der Pflege und Sicherung seiner Lebensgrundlagen,
2. des Schutzes der Land-, Forst- und Fischereiwirtschaft vor übermäßigen Wildschäden,
3. des Naturschutzes und der Landschaftspflege,
4. des Schutzes vor Tierseuchen oder
5. der Abwendung sonstiger Gefahren für die öffentliche Sicherheit und Ordnung

gefährdet. Ethische Gründe nach Satz 1 liegen insbesondere nicht vor, wenn der Antragsteller

1. selbst die Jagd ausübt oder die Ausübung der Jagd durch Dritte auf einem ihm gehörenden Grundstück duldet oder

---

* § 6a tritt am 6. Dezember 2013 in Kraft.

2. zum Zeitpunkt der behördlichen Entscheidung einen Jagdschein gelöst oder beantragt hat.

Der Antrag ist schriftlich oder zur Niederschrift bei der zuständigen Behörde zu stellen. Der Entscheidung über den Antrag hat neben der Anhörung des Antragstellers eine Anhörung der Jagdgenossenschaft, des Jagdpächters, angrenzender Grundeigentümer, des Jagdbeirats sowie der Träger öffentlicher Belange vorauszugehen.

(2) Die Befriedung soll mit Wirkung zum Ende des Jagdpachtvertrages erfolgen. Sofern dies dem Antragsteller unter Abwägung mit den schutzwürdigen Belangen der Jagdgenossenschaft nicht zuzumuten ist, kann die Behörde einen früheren Zeitpunkt, der jedoch nicht vor Ende des Jagdjahres liegt, bestimmen. In den Fällen des Satzes 2 kann die Jagdgenossenschaft vom Grundeigentümer den Ersatz des Schadens verlangen, der ihr durch die vorzeitige Befriedung entsteht.

(3) Die Befriedung kann räumlich auf einen Teil der Antragsfläche sowie zeitlich beschränkt werden, soweit dies zur Wahrung der Belange nach Absatz 1 Satz 2 erforderlich ist.

(4) Die Befriedung erlischt vorbehaltlich der Sätze 2 und 3 drei Monate nach Übergang des Eigentums an der befriedeten Grundfläche auf einen Dritten. Stellt der Dritte während des Laufs der Frist nach Satz 1 einen Antrag auf erneute Befriedung, so erlischt die bestehende Befriedung mit dem Wirksamwerden der behördlichen Entscheidung über den Antrag. Verzichtet der Dritte vor Ablauf der Frist nach Satz 1 auf einen Antrag auf erneute Befriedung, so erlischt die bestehende Befriedung mit dem Zugang der Verzichtserklärung bei der zuständigen Behörde. Der Grundeigentümer hat den Eigentumswechsel der zuständigen Behörde anzuzeigen. Die Befriedung ist zu widerrufen, wenn

1. der Grundeigentümer schriftlich gegenüber der zuständigen Behörde den Verzicht auf die Befriedung erklärt, oder
2. der Grundeigentümer die Jagd ausübt, einen Jagdschein löst oder die Ausübung der Jagd durch Dritte auf einem ihm gehörenden Grundstück duldet.

Die Befriedung ist in der Regel zu widerrufen, wenn Tatsachen bekannt werden, die den Anspruch auf Erklärung zum befriedeten Bezirk entfallen lassen. Die Befriedung ist unter den Vorbehalt des Widerrufs zu stellen für den Fall, dass ein oder mehrere weitere begründete Anträge auf Befriedung in demselben Jagdbezirk gestellt werden und nicht allen Anträgen insgesamt ohne Gefährdung der Belange nach Absatz 1 Satz 2 stattgegeben werden kann. Im Übrigen gelten die verwaltungsverfahrensrechtlichen Vorschriften über Rücknahme und Widerruf von Verwaltungsakten.

(5) Die zuständige Behörde kann eine beschränkte Jagdausübung auf den für befriedet erklärten Grundflächen anordnen, soweit dies zur Vermeidung übermäßiger Wildschäden, der Gefahr von Tierseuchen, aus Gründen des Naturschutzes oder des Tierschutzes, der Seuchenhygiene, der Gewährleistung der Sicherheit des Verkehrs auf öffentlichen Verkehrswegen oder der Abwendung sonstiger Gefahren für die öffentliche Sicherheit und Ordnung erforderlich ist. Widerspruch und Klage gegen die Anordnung haben keine aufschiebende Wirkung. Kommt der Grundeigentümer der Anordnung nicht nach, so kann die zuständige Behörde für dessen Rechnung die Jagd ausüben lassen.

(6) Wildschäden an Grundstücken, die zum gemeinschaftlichen Jagdbezirk gehören, hat der Grundeigentümer der befriedeten Grundfläche nach dem Verhältnis des Flächenanteils seiner Grundfläche an der Gesamtfläche des gemeinschaftlichen Jagdbezirks anteilig zu ersetzen. Dies gilt nicht, sofern das schädigende Wild auf der befriedeten Grundfläche nicht vorkommt oder der Schaden auch ohne die Befriedung der Grundfläche eingetreten wäre.

(7) Der Grundeigentümer der befriedeten Fläche hat keinen Anspruch auf Ersatz von Wildschäden.

(8) Die Grundsätze der Wildfolge sind im Verhältnis des gemeinschaftlichen Jagdbezirks zu der nach Absatz 1 für befriedet erklärten Grundfläche entsprechend anzuwenden. Einer Vereinbarung nach § 22a Absatz 2 bedarf es nicht. Der Grundeigentümer des für befriedet erklärten Grundstücks ist über die Notwendigkeit der Wildfolge, soweit Belange des Tierschutzes nicht entgegenstehen bereits vor Beginn der Wildfolge, unverzüglich in Kenntnis zu setzen.

(9) Das Recht zur Aneignung von Wild nach § 1 Absatz 1 Satz 1 steht in den Fällen der nach Absatz 5 behördlich angeordneten Jagd und der Wildfolge nach Absatz 8 dem Jagdausübungsberechtigten des Jagdbezirks oder dem beauftragten Jäger zu.

(10) Die Absätze 1 bis 9 sind auf Grundflächen, die einem Eigenjagdbezirk kraft Gesetzes oder auf Grund behördlicher Entscheidung angegliedert sind, entsprechend anzuwenden.

2. Eigenjagdbezirke

§ 7

(1) Zusammenhängende Grundflächen mit einer land-, forst- oder fischereiwirtschaftlich nutzbaren Fläche von 75 Hektar an, die im Eigentum ein und derselben Person oder einer Personengemeinschaft stehen, bilden einen Eigenjagdbezirk. Die Länder können abweichend von Satz 1 die Mindestgröße allgemein oder für bestimmte Gebiete höher festsetzen. Soweit am Tag des Inkrafttretens des Einigungsvertrages in den Ländern eine andere als die in Satz 1 bestimmte Größe festgesetzt ist, behält es dabei sein Bewenden, falls sie nicht unter 70 Hektar beträgt. Die Länder können, soweit bei Inkrafttreten dieses Gesetzes eine solche Regelung besteht, abweichend von Satz 1 bestimmen, dass auch eine sonstige zusammenhängende Fläche von 75 Hektar einen Eigenjagdbezirk bildet, wenn dies von Grundeigentümern oder Nutznießern zusammenhängender Grundflächen von mindestens je 15 Hektar beantragt wird.

(2) Ländergrenzen unterbrechen nicht den Zusammenhang von Grundflächen, die gemäß Absatz 1 Satz 1 einen Eigenjagdbezirk bilden. In den Fällen des Absatzes 1 Satz 3 besteht ein Eigenjagdbezirk, wenn nach den Vorschriften des Landes, in dem der überwiegende Teil der auf mehrere Länder sich erstreckenden Grundflächen liegt, für die Grundflächen insgesamt die Voraussetzungen für einen Eigenjagdbezirk vorliegen würden. Im Übrigen gelten für jeden Teil eines über mehrere Länder sich erstreckenden Eigenjagdbezirkes die Vorschriften des Landes, in dem er liegt.

(3) Vollständig eingefriedete Flächen sowie an der Bundesgrenze liegende zusammenhängende Grundflächen von geringerem als 75 Hektar land-, forst- oder fischereiwirtschaftlich nutzbaren Raum können allgemein oder unter besonderen Voraussetzungen zu Eigenjagdbezirken erklärt werden; dabei kann bestimmt werden, dass die Jagd in diesen Bezirken nur unter Beschränkungen ausgeübt werden darf.

(4) In einem Eigenjagdbezirk ist jagdausübungsberechtigt der Eigentümer. An Stelle des Eigentümers tritt der Nutznießer, wenn ihm die Nutzung des ganzen Eigenjagdbezirkes zusteht.

Anmerkung: Vgl. §§ 5 und 7 LJagdG, § 11 Abs. 2 BJG

3. Gemeinschaftliche Jagdbezirke

§ 8 Zusammensetzung

(1) Alle Grundflächen einer Gemeinde oder abgesonderten Gemarkung, die nicht zu einem Eigenjagdbezirk gehören, bilden einen gemeinschaftlichen Jagdbezirk, wenn sie im Zusammenhang mindestens 150 Hektar umfassen.

(2) Zusammenhängende Grundflächen verschiedener Gemeinden, die im Übrigen zusammen den Erfordernissen eines gemeinschaftlichen Jagdbezirkes entsprechen, können auf Antrag zu gemeinschaftlichen Jagdbezirken zusammengelegt werden.

(3) Die Teilung gemeinschaftlicher Jagdbezirke in mehrere selbständige Jagdbezirke kann zugelassen werden, sofern jeder Teil die Mindestgröße von 250 Hektar hat.

(4) Die Länder können die Mindestgrößen allgemein oder für bestimmte Gebiete höher festsetzen.

(5) In gemeinschaftlichen Jagdbezirken steht die Ausübung des Jagdrechts der Jagdgenossenschaft zu.

Anmerkung: Vgl. §§ 6 und 7 LJagdG

§ 9 Jagdgenossenschaft

(1) Die Eigentümer der Grundflächen, die zu einem gemeinschaftlichen Jagdbezirk gehören, bilden eine Jagdgenossenschaft. Eigentümer von Grundflächen, auf denen die Jagd nicht ausgeübt werden darf, gehören der Jagdgenossenschaft nicht an.

(2) Die Jagdgenossenschaft wird durch den Jagdvorstand gerichtlich und außergerichtlich vertreten. Der Jagdvorstand ist von der Jagdgenossenschaft zu wählen. Solange die Jagdgenossenschaft keinen Jagdvorstand gewählt hat, werden die Geschäfte des Jagdvorstandes vom Gemeindevorstand wahrgenommen.

(3) Beschlüsse der Jagdgenossenschaft bedürfen sowohl der Mehrheit der anwesenden und vertretenen Jagdgenossen, als auch der Mehrheit der bei der Beschlussfassung vertretenen Grundfläche.

Anmerkung: Vgl. § 8 LJagdG

§ 10 Jagdnutzung

(1) Die Jagdgenossenschaft nutzt die Jagd in der Regel durch Verpachtung. Sie kann die Verpachtung auf den Kreis der Jagdgenossen beschränken.

(2) Die Jagdgenossenschaft kann die Jagd für eigene Rechnung durch angestellte Jäger ausüben lassen. Mit Zustimmung der zuständigen Behörde kann sie die Jagd ruhen lassen.

(3) Die Jagdgenossenschaft beschließt über die Verwendung des Reinertrages der Jagdnutzung. Beschließt die Jagdgenossenschaft, den Ertrag nicht an die Jagdgenossen nach dem Verhältnis des Flächeninhaltes ihrer beteiligten Grundstücke zu verteilen, so kann jeder Jagdgenosse, der dem Beschluss nicht zugestimmt hat, die Auszahlung seines Anteils verlangen. Der Anspruch erlischt, wenn er nicht binnen einem Monat nach der Bekanntmachung der Beschlussfassung schriftlich oder mündlich zu Protokoll des Jagdvorstandes geltend gemacht wird.

4. Hegegemeinschaften

§ 10a Bildung von Hegegemeinschaften

(1) Für mehrere zusammenhängende Jagdbezirke können die Jagdausübungsberechtigten zum Zwecke der Hege des Wildes eine Hegegemeinschaft als privatrechtlichen Zusammenschluss bilden.

(2) Abweichend von Absatz 1 können die Länder bestimmen, dass für mehrere zusammenhängende Jagdbezirke die Jagdausübungsberechtigten zum Zwecke der Hege des Wildes eine Hegegemeinschaft bilden, falls diese aus Gründen der Hege im Sinne des § 1 Abs. 2 erforderlich ist und eine an alle betroffenen Jagdausübungsberechtigten gerichtete Aufforderung der zuständigen Behörde, innerhalb einer bestimmten Frist eine Hegegemeinschaft zu gründen, ohne Erfolg geblieben ist.

(3) Das Nähere regeln die Länder.

Anmerkung: Vgl. § 10 LJagdG

III. Abschnitt: Beteiligung Dritter an der Ausübung des Jagdrechts

§ 11 Jagdpacht

(1) Die Ausübung des Jagdrechts in seiner Gesamtheit kann an Dritte verpachtet werden. Ein Teil des Jagdausübungsrechts kann nicht Gegenstand eines Jagdpachtvertrages sein; jedoch kann sich der Verpächter einen Teil der Jagdnutzung, der sich auf bestimmtes Wild bezieht, vorbehalten. Die Erteilung von Jagderlaubnisscheinen regeln, unbeschadet des Absatzes 6 Satz 2, die Länder.

(2) Die Verpachtung eines Teils eines Jagdbezirkes ist nur zulässig, wenn sowohl der verpachtete als auch der verbleibende Teil bei Eigenjagdbezirken die gesetzliche Mindestgröße, bei gemeinschaftlichen Jagdbezirken die Mindestgröße von 250 Hektar haben. Die Länder können die Verpachtung eines Teiles von geringerer Größe an den Jagdausübungsberechtigten eines angrenzenden Jagdbezirkes zulassen, soweit dies einer besseren Reviergestaltung dient.

(3) Die Gesamtfläche, auf der einem Jagdpächter die Ausübung des Jagdrechts zusteht, darf nicht mehr als 1000 Hektar umfassen; hierauf sind Flächen anzurechnen, für die dem Pächter auf Grund einer entgeltlichen Jagderlaubnis die Jagdausübung zusteht. Der Inhaber eines oder mehrerer Eigenjagdbezirke mit einer Gesamtfläche von mehr als 1000 Hektar darf nur zupachten, wenn er Flächen mindestens gleicher Größenordnung verpachtet; der Inhaber eines oder mehrerer Eigenjagdbezirke mit einer Gesamtfläche von weniger als 1000 Hektar darf nur zupachten, wenn die Gesamtfläche, auf der ihm das Jagdausübungsrecht zusteht, 1000 Hektar nicht übersteigt. Für Mitpächter, Unterpächter oder Inhaber einer entgeltlichen Jagderlaubnis gilt Satz 1 und 2 entsprechend mit der Maßgabe, dass auf die Gesamtfläche nur die Fläche angerechnet wird, die auf den einzelnen Mitpächter, Unterpächter oder auf den Inhaber einer entgeltlichen Jagderlaubnis, ausgenommen die Erlaubnis zu Einzelabschüssen, nach dem Jagdpachtvertrag oder der Jagderlaubnis anteilig entfällt. Für bestimmte Gebiete, insbesondere im Hochgebirge, können die Länder eine höhere Grenze als 1000 Hektar festsetzen.

(4) Der Jagdpachtvertrag ist schriftlich abzuschließen. Die Pachtdauer soll mindestens neun Jahre betragen. Die Länder können die Mindestpachtzeit höher festsetzen. Ein laufender Jagdpachtvertrag kann auch auf kürzere Zeit verlängert werden. Beginn und Ende der Pachtzeit soll

mit Beginn und Ende des Jagdjahres (1. April bis 31. März) zusammenfallen.

(5) Pächter darf nur sein, wer einen Jahresjagdschein besitzt und schon vorher einen solchen während dreier Jahre in Deutschland besessen hat. Für besondere Einzelfälle können Ausnahmen zugelassen werden. Auf den in Satz 1 genannten Zeitraum sind die Zeiten anzurechnen, während derer jemand vor dem Tag des Wirksamwerdens des Beitritts eine Jagderlaubnis in der Deutschen Demokratischen Republik besessen hat.

(6) Ein Jagdpachtvertrag, der bei seinem Abschluss den Vorschriften des Absatzes 1 Satz 2 Halbsatz 1, des Absatzes 2, des Absatzes 3, des Absatzes 4 Satz 1 oder des Absatzes 5 nicht entspricht, ist nichtig. Das Gleiche gilt für eine entgeltliche Jagderlaubnis, die bei ihrer Erteilung den Vorschriften des Absatzes 3 nicht entspricht.

(7) Die Fläche, auf der einem Jagdausübungsberechtigten oder Inhaber einer entgeltlichen Jagderlaubnis nach Absatz 3 die Ausübung des Jagdrechts zusteht, ist von der zuständigen Behörde in den Jagdschein einzutragen; das Nähere regeln die Länder.

Anmerkung: Vgl. §§ 11, 12, 13, 14 LJagdG

§ 12 Anzeige von Jagdpachtverträgen

(1) Der Jagdpachtvertrag ist der zuständigen Behörde anzuzeigen. Die Behörde kann den Vertrag binnen drei Wochen nach Eingang der Anzeige beanstanden, wenn die Vorschriften über die Pachtdauer nicht beachtet sind oder wenn zu erwarten ist, dass durch eine vertragsmäßige Jagdausübung die Vorschriften des § 1 Abs. 2 verletzt werden.

(2) In dem Beanstandungsbescheid sind die Vertragsteile aufzufordern, den Vertrag bis zu einem bestimmten Zeitpunkt, der mindestens drei Wochen nach Zustellung des Bescheides liegen soll, aufzuheben oder in bestimmter Weise zu ändern.

(3) Kommen die Vertragsteile der Aufforderung nicht nach, so gilt der Vertrag mit Ablauf der Frist als aufgehoben, sofern nicht einer der Vertragsteile binnen der Frist einen Antrag auf Entscheidung durch das Amtsgericht stellt. Das Gericht kann entweder den Vertrag aufheben oder feststellen, dass er nicht zu beanstanden ist. Die Bestimmungen für die gerichtliche Entscheidung über die Beanstandung eines Landpachtvertrages gelten sinngemäß; jedoch entscheidet das Gericht ohne Zuziehung ehrenamtlicher Richter.

(4) Vor Ablauf von drei Wochen nach Anzeige des Vertrages durch einen Beteiligten darf der Pächter die Jagd nicht ausüben, sofern nicht die Behörde die Jagdausübung zu einem früheren Zeitpunkt gestattet. Wird der Vertrag binnen der in Absatz 1 Satz 2 bezeichneten Frist beanstandet, so darf der Pächter die Jagd erst ausüben, wenn die Beanstandungen behoben sind oder wenn durch rechtskräftige gerichtliche Entscheidung festgestellt ist, dass der Vertrag nicht zu beanstanden ist.

Anmerkung: Vgl. §§ 11, 12 LJagdG

§ 13 Erlöschen des Jagdpachtvertrages

Der Jagdpachtvertrag erlischt, wenn dem Pächter der Jagdschein unanfechtbar entzogen worden ist. Er erlischt auch dann, wenn die Gültigkeitsdauer des Jagdscheines abgelaufen ist und entweder die zuständige Behörde die Erteilung eines neuen Jagdscheines unanfechtbar abgelehnt hat oder der Pächter die Voraussetzungen für die Erteilung eines neuen Jagdscheines nicht fristgemäß erfüllt. Der Pächter hat dem Verpächter den aus der Beendigung des Pachtvertrages entstehenden Schaden zu ersetzen, wenn ihn ein Verschulden trifft.

Anmerkung: Vgl. § 14 LJagdG

§ 13a Rechtsstellung der Mitpächter

Sind mehrere Pächter an einem Jagdpachtvertrag beteiligt (Mitpächter), so bleibt der Vertrag, wenn er im Verhältnis zu einem Mitpächter gekündigt wird oder erlischt, mit den übrigen bestehen; dies gilt nicht, soweit der Jagdpachtvertrag infolge des Ausscheidens eines Pächters den Vorschriften des § 11 Abs. 3 nicht mehr entspricht und dieser Mangel bis zum Beginn des nächsten Jagdjahres nicht behoben wird. Ist einem der Beteiligten die Aufrechterhaltung des Vertrages infolge des Ausscheidens eines Pächters nicht zuzumuten, so kann er den Vertrag mit sofortiger Wirkung kündigen. Die Kündigung muss unverzüglich nach Erlangung der Kenntnis von dem Kündigungsgrund erfolgen.

§ 14 Wechsel des Grundeigentümers

(1) Wird ein Eigenjagdbezirk ganz oder teilweise veräußert, so finden die Vorschriften der §§ 571 bis 579 des Bürgerlichen Gesetzbuchs entsprechende Anwendung. Das Gleiche gilt im Falle der Zwangsversteigerung

von der Vorschrift des § 57 des Zwangsversteigerungsgesetzes; das Kündigungsrecht des Erstehers ist jedoch ausgeschlossen, wenn nur ein Teil eines Jagdbezirkes versteigert ist und dieser Teil nicht allein schon die Erfordernisse eines Eigenjagdbezirkes erfüllt.

(2) Wird ein zu einem gemeinschaftlichen Jagdbezirk gehöriges Grundstück veräußert, so hat dies auf den Pachtvertrag keinen Einfluss; der Erwerber wird vom Zeitpunkt des Erwerbes an auch dann für die Dauer des Pachtvertrages Mitglied der Jagdgenossenschaft, wenn das veräußerte Grundstück an sich mit anderen Grundstücken des Erwerbers zusammen einen Eigenjagdbezirk bilden könnte. Das Gleiche gilt für den Fall der Zwangsversteigerung eines Grundstücks.

IV. Abschnitt: Jagdschein

§ 15 Allgemeines

(1) Wer die Jagd ausübt, muss einen auf seinen Namen lautenden Jagdschein mit sich führen und diesen auf Verlangen den Polizeibeamten sowie den Jagdschutzberechtigten (§ 25) vorzeigen. Zum Sammeln von Abwurfstangen bedarf es nur der schriftlichen Erlaubnis des Jagdausübungsberechtigten. Wer die Jagd mit Greifen oder Falken (Beizjagd) ausüben will, muss einen auf seinen Namen lautenden Falknerjagdschein mit sich führen.

(2) Der Jagdschein wird von der für den Wohnsitz des Bewerbers zuständigen Behörde als Jahresjagdschein für höchstens drei Jagdjahre (§ 11 Abs. 4) oder als Tagesjagdschein für vierzehn aufeinander folgende Tage nach einheitlichen, vom Bundesministerium für Ernährung, Landwirtschaft und Verbraucherschutz, (Bundesministerium) bestimmten Mustern erteilt.

(3) Der Jagdschein gilt im gesamten Bundesgebiet.

(4) Für Tagesjagdscheine für Ausländer dürfen nur die Gebühren für Inländer erhoben werden, wenn das Heimatland des Ausländers die Gegenseitigkeit gewährleistet.

(5) Die erste Erteilung eines Jagdscheines ist davon abhängig, dass der Bewerber im Geltungsbereich dieses Gesetzes eine Jägerprüfung bestanden hat, die aus einem schriftlichen und einem mündlich-praktischen Teil und einer Schießprüfung bestehen soll; er muss in der Jägerprüfung ausreichende Kenntnisse der Tierarten, der Wildbiologie, der Wildhege, des Jagdbetriebes, der Wildschadensverhütung, des Land- und Wald-

baues, des Waffenrechts, der Waffentechnik, der Führung von Jagdwaffen (einschließlich Faustfeuerwaffen), der Führung von Jagdhunden, in der Behandlung des erlegten Wildes unter besonderer Berücksichtigung der hygienisch erforderlichen Maßnahmen, in der Beurteilung der gesundheitlich unbedenklichen Beschaffenheit des Wildbrets, insbesondere auch hinsichtlich seiner Verwendung als Lebensmittel, und im Jagd-, Tierschutz- sowie Naturschutz- und Landschaftspflegerecht nachweisen; mangelhafte Leistungen in der Schießprüfung sind durch Leistungen in anderen Prüfungsteilen nicht ausgleichbar. Die Länder können die Zulassung zur Jägerprüfung insbesondere vom Nachweis einer theoretischen und praktischen Ausbildung abhängig machen. Für Bewerber, die vor dem 1. April 1953 einen Jahresjagdschein besessen haben, entfällt die Jägerprüfung. Eine vor dem Tag des Wirksamwerdens des Beitritts in der Deutschen Demokratischen Republik abgelegte Jagdprüfung für Jäger, die mit der Jagdwaffe die Jagd ausüben wollen, steht der Jägerprüfung im Sinne des Satzes 1 gleich.

(6) Bei der Erteilung von Ausländerjagdscheinen können Ausnahmen von Absatz 5 Satz 1 und 2 gemacht werden.

(7) Die erste Erteilung eines Falknerjagdscheines* ist davon abhängig, dass der Bewerber im Geltungsbereich dieses Gesetzes zusätzlich zur Jägerprüfung eine Falknerprüfung bestanden hat; er muss darin ausreichende Kenntnisse des Haltens, der Pflege und des Abtragens von Beizvögeln, des Greifvogelschutzes sowie der Beizjagd nachweisen. Für Bewerber, die vor dem 1. April 1977 mindestens fünf Falknerjagdscheine besessen haben, entfällt die Jägerprüfung; Gleiches gilt für Bewerber, die vor diesem Zeitpunkt mindestens fünf Jahresjagdscheine besessen und während deren Geltungsdauer die Beizjagd ausgeübt haben. Das Nähere hinsichtlich der Erteilung des Falknerjagdscheines regeln die Länder. Eine vor dem Tag des Wirksamwerdens des Beitritts der Deut-

* Entscheidung des Bundesverfassungsgerichts vom 5.11.1980 – BvR 290/78 (BGBl. I 1981 S. 41): § 15 Absatz 7 Satz 1 in Verbindung mit Absatz 5 Satz 1 des Bundesjagdgesetzes in der Fassung des Artikels 1 Nummer 8 Buchstaben c und d des Zweiten Gesetzes zur Änderung des Bundesjagdgesetzes vom 28. September 1976 (Bundesgesetzbl. I S. 2841) ist mit Artikel 2 Absatz 1 des Grundgesetzes in Verbindung mit dem Rechtsstaatsprinzip unvereinbar und nichtig, soweit die erste Erteilung eines Falknerjagdscheins davon abhängig ist, dass der Bewerber im Rahmen der Jägerprüfung eine Schießprüfung ablegen und ausreichende Kenntnisse des Waffenrechts, der Waffentechnik und der Führung von Jagdwaffen (einschließlich Faustfeuerwaffen) nachweisen muss. Die vorstehende Entscheidungsformel hat gemäß § 31 Abs. 2 des Gesetzes über das Bundesverfassungsgericht Gesetzeskraft.

schen Demokratischen Republik abgelegte Jagdprüfung für Falkner steht der Falknerprüfung im Sinne des Satzes 1 gleich.

Anmerkung: Vgl. § 15 LJagdG; Jägerprüfungsverordnung (C 7); Falknerprüfungsordnung (C 8)

§ 16 Jugendjagdschein

(1) Personen, die das sechzehnte Lebensjahr vollendet haben, aber noch nicht achtzehn Jahre alt sind, darf nur ein Jugendjagdschein erteilt werden.

(2) Der Jugendjagdschein berechtigt nur zur Ausübung der Jagd in Begleitung des Erziehungsberechtigten oder einer von dem Erziehungsberechtigten schriftlich beauftragten Aufsichtsperson; die Begleitperson muss jagdlich erfahren sein.

(3) Der Jugendjagdschein berechtigt nicht zur Teilnahme an Gesellschaftsjagden.

(4) Im Übrigen gilt § 15 entsprechend.

Anmerkung: Vgl. § 15 LJagdG

§ 17 Versagung des Jagdscheines

(1) Der Jagdschein ist zu versagen

1. Personen, die noch nicht sechzehn Jahre alt sind;
2. Personen, bei denen Tatsachen die Annahme rechtfertigen, dass sie die erforderliche Zuverlässigkeit oder körperliche Eignung nicht besitzen;
3. Personen, denen der Jagdschein entzogen ist, während der Dauer der Entziehung oder einer Sperre (§§ 18, 41 Abs. 2);
4. Personen, die keine ausreichende Jagdhaftpflichtversicherung (fünfhunderttausend Euro für Personenschäden und fünfzigtausend Euro für Sachschäden) nachweisen; die Versicherung kann nur bei einem Versicherungsunternehmen mit Sitz in der Europäischen Union oder mit Niederlassung im Geltungsbereich des Versicherungsaufsichtsgesetzes genommen werden; die Länder können den Abschluss einer Gemeinschaftsversicherung ohne Beteiligungszwang zulassen.

Fehlen die Zuverlässigkeit oder die persönliche Eignung im Sinne der §§ 5 und 6 des Waffengesetzes, darf nur ein Jagdschein nach § 15 Abs. 7 erteilt werden.

(2) Der Jagdschein kann versagt werden

1. Personen, die noch nicht achtzehn Jahre alt sind;
2. Personen, die nicht Deutsche im Sinne des Artikels 116 des Grundgesetzes sind;
3. Personen, die nicht mindestens drei Jahre ihren Wohnsitz oder ihren gewöhnlichen Aufenthalt ununterbrochen im Geltungsbereich dieses Gesetzes haben;
4. Personen, die gegen die Grundsätze des § 1 Abs. 3 schwer oder wiederholt verstoßen haben.

(3) Die erforderliche Zuverlässigkeit besitzen Personen nicht, wenn Tatsachen die Annahme rechtfertigen, dass sie

1. Waffen oder Munition missbräuchlich oder leichtfertig verwenden werden;
2. mit Waffen oder Munition nicht vorsichtig und sachgemäß umgehen und diese Gegenstände nicht sorgfältig verwahren werden;
3. Waffen oder Munition an Personen überlassen werden, die zur Ausübung der tatsächlichen Gewalt über diese Gegenstände nicht berechtigt sind.

(4) Die erforderliche Zuverlässigkeit besitzen in der Regel Personen nicht, die

1. a) wegen eines Verbrechens,
   b) wegen eines vorsätzlichen Vergehens, das eine der Annahmen im Sinne des Absatzes 3 Nr. 1 bis 3 rechtfertigt,
   c) wegen einer fahrlässigen Straftat im Zusammenhang mit dem Umgang mit Waffen, Munition oder Sprengstoff,
   d) wegen einer Straftat gegen jagdrechtliche, tierschutzrechtliche oder naturschutzrechtliche Vorschriften, das Waffengesetz, das Gesetz über die Kontrolle von Kriegswaffen oder das Sprengstoffgesetz

   zu einer Freiheitsstrafe, Jugendstrafe, Geldstrafe von mindestens 60 Tagessätzen oder mindestens zwei Mal zu einer geringeren Geldstrafe rechtskräftig verurteilt worden sind, wenn seit dem Eintritt der Rechtskraft der letzten Verurteilung fünf Jahre nicht verstrichen sind; in die Frist wird die Zeit eingerechnet, die seit der Vollziehbarkeit des Widerrufs oder der Rücknahme eines Jagdscheines oder eines Waffenbesitzverbotes nach § 41 des Waffengesetzes wegen der Tat, die der letzten Verurteilung zu Grunde liegt, verstrichen ist; in die Frist nicht eingerechnet wird die Zeit, in welcher der Beteiligte auf behördliche oder richterliche Anordnung in einer Anstalt verwahrt worden ist;

2. wiederholt oder gröblich gegen eine in Nummer 1 Buchstabe d genannte Vorschrift verstoßen haben;
3. geschäftsunfähig oder in der Geschäftsfähigkeit beschränkt sind;
4. trunksüchtig, rauschmittelsüchtig, geisteskrank oder geistesschwach sind.

(5) Ist ein Verfahren nach Absatz 4 Nr. 1 noch nicht abgeschlossen, so kann die zuständige Behörde die Entscheidung über den Antrag auf Erteilung des Jagdscheines bis zum rechtskräftigen Abschluss des Verfahrens aussetzen. Die Zeit der Aussetzung des Verfahrens ist in die Frist nach Absatz 4 Nr. 1 erster Halbsatz einzurechnen.

(6) Sind Tatsachen bekannt, die Bedenken gegen die Zuverlässigkeit nach Absatz 4 Nr. 4 oder die körperliche Eignung nach Absatz 1 Nr. 2 begründen, so kann die zuständige Behörde dem Beteiligten die Vorlage eines amts- oder fachärztlichen Zeugnisses über die geistige und körperliche Eignung aufgeben.

Anmerkung: Vgl. § 36 Abs. 2 LJagdG; §§ 5 und 6 WaffG (D 1)

§ 18 Einziehung des Jagdscheines

Wenn Tatsachen, welche die Versagung des Jagdscheines begründen, erst nach Erteilung des Jagdscheines eintreten oder der Behörde, die den Jagdschein erteilt hat, bekannt werden, so ist die Behörde in den Fällen des § 17 Abs. 1 und in den Fällen, in denen nur ein Jugendjagdschein hätte erteilt werden dürfen (§ 16), sowie im Falle der Entziehung gemäß § 41 verpflichtet, in den Fällen des § 17 Abs. 2 berechtigt, den Jagdschein für ungültig zu erklären und einzuziehen. Ein Anspruch auf Rückerstattung der Jagdscheingebühren besteht nicht. Die Behörde kann eine Sperrfrist für die Wiedererteilung des Jagdscheines festsetzen.

§ 18a Mitteilungspflichten

Die erstmalige Erteilung einer Erlaubnis nach den §§ 15 und 16, das Ergebnis von Überprüfungen nach § 17 sowie Maßnahmen nach den §§ 18, 40, 41 und 41a sind der für den Vollzug des Waffengesetzes nach dessen § 48 Abs. 1 und 2 zuständigen Behörde mitzuteilen.

V. Abschnitt: Jagdbeschränkungen, Pflichten bei der Jagdausübung und Beunruhigen von Wild

§ 19 Sachliche Verbote

(1) Verboten ist

1. mit Schrot, Posten, gehacktem Blei, Bolzen oder Pfeilen, auch als Fangschuss, auf Schalenwild und Seehunde zu schießen;
2. a) auf Rehwild und Seehunde mit Büchsenpatronen zu schießen, deren Auftreffenergie auf 100 m (E 100) weniger als 1000 Joule beträgt;

   b) auf alles übrige Schalenwild mit Büchsenpatronen unter einem Kaliber von 6,5 mm zu schießen; im Kaliber 6,5 mm und darüber müssen die Büchsenpatronen eine Auftreffenergie auf 100 m (E 100) von mindestens 2000 Joule haben;

   c) auf Wild mit halbautomatischen oder automatischen Waffen, die mehr als zwei Patronen in das Magazin aufnehmen können, zu schießen;

   d) auf Wild mit Pistolen oder Revolvern zu schießen, ausgenommen im Falle der Bau- und Fallenjagd sowie zur Abgabe von Fangschüssen, wenn die Mündungsenergie der Geschosse mindestens 200 Joule beträgt;
3. die Lappjagd innerhalb einer Zone von 300 Metern von der Bezirksgrenze, die Jagd durch Abklingeln der Felder und die Treibjagd bei Mondschein auszuüben;
4. Schalenwild, ausgenommen Schwarzwild, sowie Federwild zur Nachtzeit zu erlegen; als Nachtzeit gilt die Zeit von eineinhalb Stunden nach Sonnenuntergang bis eineinhalb Stunden vor Sonnenaufgang; das Verbot umfasst nicht die Jagd auf Möwen, Waldschnepfen, Auer-, Birk- und Rackelwild;
5. a) künstliche Lichtquellen, Spiegel, Vorrichtungen zum Anstrahlen oder Beleuchten des Zieles, Nachtzielgeräte, die einen Bildwandler oder eine elektronische Verstärkung besitzen und für Schusswaffen bestimmt sind, Tonbandgeräte oder elektrische Schläge erteilende Geräte beim Fang oder Erlegen von Wild aller Art zu verwenden oder zu nutzen sowie zur Nachtzeit an Leuchttürmen oder Leuchtfeuern Federwild zu fangen;

b) Vogelleim, Fallen, Angelhaken, Netze, Reusen oder ähnliche Einrichtungen sowie geblendete oder verstümmelte Vögel beim Fang oder Erlegen von Federwild zu verwenden;

6. Belohnungen für den Abschuss oder den Fang von Federwild auszusetzen, zu geben oder zu empfangen;
7. Saufänge, Fang- oder Fallgruben ohne Genehmigung der zuständigen Behörde anzulegen;
8. Schlingen jeder Art, in denen sich Wild fangen kann, herzustellen, feilzubieten, zu erwerben oder aufzustellen;
9. Fanggeräte, die nicht unversehrt fangen oder nicht sofort töten, sowie Selbstschussgeräte zu verwenden;
10. in Notzeiten Schalenwild in einem Umkreis von 200 Metern von Fütterungen zu erlegen;
11. Wild aus Luftfahrzeugen, Kraftfahrzeugen oder maschinengetriebenen Wasserfahrzeugen zu erlegen; das Verbot umfasst nicht das Erlegen von Wild aus Kraftfahrzeugen durch Körperbehinderte mit Erlaubnis der zuständigen Behörde;
12. die Netzjagd auf Seehunde auszuüben;
13. die Hetzjagd auf Wild auszuüben;
14. die Such- und Treibjagd auf Waldschnepfen im Frühjahr auszuüben;
15. Wild zu vergiften oder vergiftete oder betäubende Köder zu verwenden;
16. die Brackenjagd auf einer Fläche von weniger als 1000 Hektar auszuüben;
17. Abwurfstangen ohne schriftliche Erlaubnis des Jagdausübungsberechtigten zu sammeln;
18. eingefangenes oder aufgezogenes Wild später als vier Wochen vor Beginn der Jagdausübung auf dieses Wild auszusetzen.

(2) Die Länder können die Vorschriften des Absatzes 1 mit Ausnahme der Nummer 16 erweitern oder aus besonderen Gründen einschränken; soweit Federwild betroffen ist, ist die Einschränkung nur aus den in Artikel 9 Abs. 1 der Richtlinie 2009/147 (EG des Europäischen Parlaments und des Rates vom 30. November 2009 über die Erhaltung der wildlebenden Vogelarten (Abl. L 20 vom 26.1.2010, S. 7) in der jeweils geltenden Fassung genannten Gründen und nach den in Artikel 9 Absatz 2 der Richtlinie 2009/147/EG genannten Maßgaben zulässig.

(3) Die in Absatz 1 Nr. 2 Buchstaben a und b vorgeschriebenen Energiewerte können unterschritten werden, wenn von einem staatlichen

oder staatlich anerkannten Fachinstitut die Verwendbarkeit der Munition für bestimmte jagdliche Zwecke bestätigt wird. Auf der kleinsten Verpackungseinheit der Munition ist das Fachinstitut, das die Prüfung vorgenommen hat, sowie der Verwendungszweck anzugeben.

Anmerkung: Vgl. §§ 18, 28 und 29 LJagdG

§ 19a Beunruhigen von Wild

Verboten ist, Wild, insbesondere soweit es in seinem Bestand gefährdet oder bedroht ist, unbefugt an seinen Zuflucht-, Nist-, Brut- oder Wohnstätten durch Aufsuchen, Fotografieren, Filmen oder ähnliche Handlungen zu stören. Die Länder können für bestimmtes Wild Ausnahmen zulassen.

Anmerkung: Vgl. §§ 19 und 28 LJagdG

§ 20 Örtliche Verbote

(1) An Orten, an denen die Jagd nach den Umständen des einzelnen Falles die öffentliche Ruhe, Ordnung oder Sicherheit stören oder das Leben von Menschen gefährden würde, darf nicht gejagt werden.

(2) Die Ausübung der Jagd in Naturschutz- und Wildschutzgebieten sowie in National- und Wildparken wird durch die Länder geregelt.

§ 21 Abschussregelung

(1) Der Abschuss des Wildes ist so zu regeln, dass die berechtigten Ansprüche der Land-, Forst- und Fischereiwirtschaft auf Schutz gegen Wildschäden voll gewahrt bleiben sowie die Belange von Naturschutz und Landschaftspflege berücksichtigt werden. Innerhalb der hierdurch gebotenen Grenzen soll die Abschussregelung dazu beitragen, dass ein gesunder Wildbestand aller heimischen Tierarten in angemessener Zahl erhalten bleibt und insbesondere der Schutz von Tierarten gesichert ist, deren Bestand bedroht erscheint.

(2) Schalenwild (mit Ausnahme von Schwarzwild) sowie Auer-, Birk- und Rackelwild dürfen nur auf Grund und im Rahmen eines Abschussplanes erlegt werden, der von der zuständigen Behörde im Einvernehmen mit dem Jagdbeirat (§ 37) zu bestätigen oder festzusetzen ist. Seehunde dürfen nur auf Grund und im Rahmen eines Abschussplanes bejagt werden, der jährlich nach näherer Bestimmung der Länder für das Küs-

tenmeer oder Teile davon auf Grund von Bestandsermittlungen aufzustellen ist. In gemeinschaftlichen Jagdbezirken ist der Abschussplan vom Jagdausübungsberechtigten im Einvernehmen mit dem Jagdvorstand aufzustellen. Innerhalb von Hegegemeinschaften sind die Abschusspläne im Einvernehmen mit den Jagdvorständen der Jagdgenossenschaften und den Inhabern der Eigenjagdbezirke aufzustellen, die der Hegegemeinschaft angehören. Das Nähere bestimmt die Landesgesetzgebung. Der Abschussplan für Schalenwild muss erfüllt werden. Die Länder treffen Bestimmungen, nach denen die Erfüllung des Abschussplanes durch ein Abschussmeldeverfahren überwacht und erzwungen werden kann; sie können den körperlichen Nachweis der Erfüllung des Abschussplanes verlangen.

(3) Der Abschuss von Wild, dessen Bestand bedroht erscheint, kann in bestimmten Bezirken oder in bestimmten Revieren dauernd oder zeitweise gänzlich verboten werden.

(4) Den Abschuss in den Staatsforsten regeln die Länder.

Anmerkung: Vgl. § 17 LJagdG

§ 22 Jagd- und Schonzeiten

(1) Nach den in § 1 Abs. 2 bestimmten Grundsätzen der Hege bestimmt das Bundesministerium durch Rechtsverordnung mit Zustimmung des Bundesrates die Zeiten, in denen die Jagd auf Wild ausgeübt werden darf (Jagdzeiten). Außerhalb der Jagdzeiten ist Wild mit der Jagd zu verschonen (Schonzeiten). Die Länder können die Jagdzeiten abkürzen oder aufheben; sie können die Schonzeiten für bestimmte Gebiete oder für einzelne Jagdbezirke aus besonderen Gründen, insbesondere aus Gründen der Wildseuchenbekämpfung und Landeskultur, zur Beseitigung kranken oder kümmernden Wildes, zur Vermeidung von übermäßigen Wildschäden, zu wissenschaftlichen, Lehr- und Forschungszwecken, bei Störung des biologischen Gleichgewichts oder der Wildhege aufheben. Für den Lebendfang von Wild können die Länder in Einzelfällen Ausnahmen von Satz 2 zulassen.

(2) Wild, für das eine Jagdzeit nicht festgesetzt ist, ist während des ganzen Jahres mit der Jagd zu verschonen. Die Länder können bei Störung des biologischen Gleichgewichts oder bei schwerer Schädigung der Landeskultur Jagdzeiten festsetzen oder in Einzelfällen zu wissenschaftlichen, Lehr- und Forschungszwecken Ausnahmen zulassen.

(3) Aus Gründen der Landeskultur können Schonzeiten für Wild gänzlich versagt werden (Wild ohne Schonzeit).

(4) In den Setz- und Brutzeiten dürfen bis zum Selbständigwerden der Jungtiere die für die Aufzucht notwendigen Elterntiere, auch die von Wild ohne Schonzeit, nicht bejagt werden. Die Länder können für Schwarzwild, Wildkaninchen, Fuchs, Ringel- und Türkentaube, Silber- und Lachmöwe sowie für nach Landesrecht dem Jagdrecht unterliegende Tierarten aus den in Absatz 2 Satz 2 und Absatz 3 genannten Gründen Ausnahmen bestimmen. Die nach Landesrecht zuständige Behörde kann im Einzelfall das Aushorsten von Nestlingen und Ästlingen der Habichte für Beizzwecke aus den in Artikel 9 Absatz 1 Buchstabe c der Richtlinie 2009/147/EG genannten Gründen und nach den in Artikel 9 Absatz 2 der Richtlinie 2009/147/EG genannten Maßgaben genehmigen. Das Ausnehmen der Gelege von Federwild ist verboten. Die Länder können zulassen, dass Gelege in Einzelfällen zu wissenschaftlichen, Lehr- und Forschungszwecken oder für Zwecke der Aufzucht ausgenommen werden. Die Länder können ferner das Sammeln der Eier von Ringel- und Türkentauben sowie von Silber- und Lachmöwen aus den in Artikel 9 Absatz 1 der Richtlinie 2009/147/EG genannten Gründen und nach den in Artikel 9 Absatz 2 der Richtlinie 2009/147/EG genannten Maßgaben erlauben.

Anmerkung: Vgl. VO über die Jagdzeiten (C 1) und LVO über jagdbare Tierarten und über die Jagdzeiten (C 2)

§ 22a Verhinderung von vermeidbaren Schmerzen oder Leiden des Wildes

(1) Um krankgeschossenes Wild vor vermeidbaren Schmerzen oder Leiden zu bewahren, ist dieses unverzüglich zu erlegen; das Gleiche gilt für schwer krankes Wild, es sei denn, dass es genügt und möglich ist, es zu fangen und zu versorgen.

(2) Krankgeschossenes oder schwer krankes Wild, das in einen fremden Jagdbezirk wechselt, darf nur verfolgt werden (Wildfolge), wenn mit dem Jagdausübungsberechtigten dieses Jagdbezirkes eine schriftliche Vereinbarung über die Wildfolge abgeschlossen worden ist. Die Länder erlassen nähere Bestimmungen, insbesondere über die Verpflichtung der Jagdausübungsberechtigten benachbarter Jagdbezirke, Vereinbarungen über die Wildfolge zu treffen; sie können darüber hinaus die Vorschriften über die Wildfolge ergänzen oder erweitern.

Anmerkung: Vgl. §§ 22, 23, 27 und 28 LJagdG

VI. Abschnitt: Jagdschutz

§ 23 Inhalt des Jagdschutzes

Der Jagdschutz umfasst nach näherer Bestimmung durch die Länder den Schutz des Wildes insbesondere vor Wilderern, Futternot, Wildseuchen, vor wildernden Hunden und Katzen sowie die Sorge für die Einhaltung der zum Schutz des Wildes und der Jagd erlassenen Vorschriften.

Anmerkung: Vgl. §§ 17, 18, 20 und 21 LJagdG

§ 24 Wildseuchen

Tritt eine Wildseuche auf, so hat der Jagdausübungsberechtigte dies unverzüglich der zuständigen Behörde anzuzeigen; sie erlässt im Einvernehmen mit dem beamteten Tierarzt die zur Bekämpfung der Seuche erforderlichen Anweisungen.

Anmerkung: Vgl. Tierseuchengesetz (E 2); Verordnung über anzeigepflichtige Tierseuchen (E 3),Tollwut-Verordnung (E 4) und Schweinepestverordnung (E 5)

§ 25 Jagdschutzberechtigte

(1) Der Jagdschutz in einem Jagdbezirk liegt neben den zuständigen öffentlichen Stellen dem Jagdausübungsberechtigten ob, sofern er Inhaber eines Jagdscheines ist, und den von der zuständigen Behörde bestätigten Jagdaufsehern. Hauptberuflich angestellte Jagdaufseher sollen Berufsjäger oder forstlich ausgebildet sein.

(2) Die bestätigten Jagdaufseher haben innerhalb ihres Dienstbezirkes in Angelegenheiten des Jagdschutzes die Rechte und Pflichten der Polizeibeamten und sind Ermittlungspersonen der Staatsanwaltschaft, sofern sie Berufsjäger oder forstlich ausgebildet sind. Sie haben bei der Anwendung unmittelbaren Zwanges die ihnen durch Landesrecht eingeräumten Befugnisse.

(3) *(weggefallen)*

Anmerkung: Vgl. §§ 20 und 21 LJagdG

VII. Abschnitt: Wild- und Jagdschaden

1. Wildschadensverhütung

§ 26 Fernhalten des Wildes

Der Jagdausübungsberechtigte sowie der Eigentümer oder Nutzungsberechtigte eines Grundstückes sind berechtigt, zur Verhütung von Wildschäden das Wild von den Grundstücken abzuhalten oder zu verscheuchen. Der Jagdausübungsberechtigte darf dabei das Grundstück nicht beschädigen, der Eigentümer oder Nutzungsberechtigte darf das Wild weder gefährden noch verletzen.

§ 27 Verhinderung übermäßigen Wildschadens

(1) Die zuständige Behörde kann anordnen, dass der Jagdausübungsberechtigte unabhängig von den Schonzeiten innerhalb einer bestimmten Frist in bestimmtem Umfange den Wildbestand zu verringern hat, wenn dies mit Rücksicht auf das allgemeine Wohl, insbesondere auf die Interessen der Land-, Forst- und Fischereiwirtschaft und die Belange des Naturschutzes und der Landschaftspflege, notwendig ist.

(2) Kommt der Jagdausübungsberechtigte der Anordnung nicht nach, so kann die zuständige Behörde für dessen Rechnung den Wildbestand vermindern lassen. Das erlegte Wild ist gegen angemessenes Schussgeld dem Jagdausübungsberechtigten zu überlassen.

§ 28 Sonstige Beschränkungen in der Hege

(1) Schwarzwild darf nur in solchen Einfriedigungen gehegt werden, die ein Ausbrechen des Schwarzwildes verhüten.

(2) Das Aussetzen von Schwarzwild und Wildkaninchen ist verboten.

(3) Das Aussetzen oder das Ansiedeln fremder Tiere in der freien Natur ist nur mit schriftlicher Genehmigung der zuständigen obersten Landesbehörde oder der von ihr bestimmten Stelle zulässig.

(4) Das Hegen oder Aussetzen weiterer Tierarten kann durch die Länder beschränkt oder verboten werden.

(5) Die Länder können die Fütterung von Wild untersagen oder von einer Genehmigung abhängig machen.

Anmerkung: Vgl. §§ 18, 19 und 29 LJagdG

2. Wildschadensersatz

§ 29 Schadensersatzpflicht

(1) Wird ein Grundstück, das zu einem gemeinschaftlichen Jagdbezirk gehört oder einem gemeinschaftlichen Jagdbezirk angegliedert ist (§ 5 Abs. 1), durch Schalenwild, Wildkaninchen oder Fasanen beschädigt, so hat die Jagdgenossenschaft dem Geschädigten den Wildschaden zu ersetzen. Der aus der Genossenschaftskasse geleistete Ersatz ist von den einzelnen Jagdgenossen nach dem Verhältnis des Flächeninhalts ihrer beteiligten Grundstücke zu tragen. Hat der Jagdpächter den Ersatz des Wildschadens ganz oder teilweise übernommen, so trifft die Ersatzpflicht den Jagdpächter. Die Ersatzpflicht der Jagdgenossenschaft bleibt bestehen, soweit der Geschädigte Ersatz von dem Pächter nicht erlangen kann.

(2) Wildschaden an Grundstücken, die einem Eigenjagdbezirk angegliedert sind (§ 5 Abs. 1), hat der Eigentümer oder der Nutznießer des Eigenjagdbezirks zu ersetzen. Im Falle der Verpachtung haftet der Jagdpächter, wenn er sich im Pachtvertrag zum Ersatz des Wildschadens verpflichtet hat. In diesem Falle haftet der Eigentümer oder der Nutznießer nur, soweit der Geschädigte Ersatz von dem Pächter nicht erlangen kann.

(3) Bei Grundstücken, die zu einem Eigenjagdbezirk gehören, richtet sich, abgesehen von den Fällen des Absatzes 2, die Verpflichtung zum Ersatz von Wildschaden (Absatz 1) nach dem zwischen dem Geschädigten und dem Jagdausübungsberechtigten bestehenden Rechtsverhältnis. Sofern nichts anderes bestimmt ist, ist der Jagdausübungsberechtigte ersatzpflichtig, wenn er durch unzulänglichen Abschuss den Schaden verschuldet hat.

(4) Die Länder können bestimmen, dass die Wildschadensersatzpflicht auch auf anderes Wild ausgedehnt wird und dass der Wildschadensbetrag für bestimmtes Wild durch Schaffung eines Wildschadensausgleichs auf eine Mehrheit von Beteiligten zu verteilen ist (Wildschadensausgleichskasse).

§ 30 Wildschaden durch Wild aus Gehege

Wird durch ein aus einem Gehege ausgetretenes und dort gehegtes Stück Schalenwild Wildschaden angerichtet, so ist ausschließlich derjenige zum Ersatz verpflichtet, dem als Jagdausübungsberechtigten, Eigentümer oder Nutznießer die Aufsicht über das Gehege obliegt.

Anmerkung: Vgl. § 39 Abs. 3 LJagdG

§ 31 Umfang der Ersatzpflicht

(1) Nach den §§ 29 und 30 ist auch der Wildschaden zu ersetzen, der an den getrennten, aber noch nicht eingeernteten Erzeugnissen eines Grundstücks eintritt.

(2) Werden Bodenerzeugnisse, deren voller Wert sich erst zur Zeit der Ernte bemessen lässt, vor diesem Zeitpunkt durch Wild beschädigt, so ist der Wildschaden in dem Umfang zu ersetzen, wie er sich zur Zeit der Ernte darstellt. Bei der Feststellung der Schadenshöhe ist jedoch zu berücksichtigen, ob der Schaden nach den Grundsätzen einer ordentlichen Wirtschaft durch Wiederanbau im gleichen Wirtschaftsjahr ausgeglichen werden kann.

§ 32 Schutzvorrichtungen

(1) Ein Anspruch auf Ersatz von Wildschaden ist nicht gegeben, wenn der Geschädigte die von dem Jagdausübungsberechtigten zur Abwehr von Wildschaden getroffenen Maßnahmen unwirksam macht.

(2) Der Wildschaden, der an Weinbergen, Gärten, Obstgärten, Baumschulen, Alleen, einzelstehenden Bäumen, Forstkulturen, die durch Einbringen anderer als der im Jagdbezirk vorkommenden Hauptholzarten einer erhöhten Gefährdung ausgesetzt sind, oder Freilandpflanzungen von Garten- oder hochwertigen Handelsgewächsen entsteht, wird, soweit die Länder nicht anders bestimmen, nicht ersetzt, wenn die Herstellung von üblichen Schutzvorrichtungen* unterblieben ist, die unter gewöhnlichen Umständen zur Abwendung des Schadens ausreichen. Die Länder können bestimmen, welche Schutzvorrichtungen als üblich anzusehen sind.

---

* Als übliche Schutzvorrichtungen, die unter gewöhnlichen Umständen zur Abwendung von Wildschäden ausreichen (§ 32 Abs. 2 Bundesjagdgesetz), sind im Allgemeinen außer anderen üblichen geeigneten Mitteln anzusehen wilddichte Zäune

1. gegen Rot-, Dam-, Sika- und Muffelwild in Höhe von 1,80 m,
2. gegen Rehwild in Höhe von 1,50 m,
3. gegen Schwarzwild und Wildkaninchen in Höhe von 1,20 m über der Erde und 0,30 m in der Erde.

3. Jagdschaden

§ 33 Schadensersatzpflicht

(1) Wer die Jagd ausübt, hat dabei die berechtigten Interessen der Grundstückseigentümer oder Nutzungsberechtigten zu beachten, insbesondere besäte Felder und nicht abgemähte Wiesen tunlichst zu schonen. Die Ausübung der Treibjagd auf Feldern, die mit reifender Halm- oder Samenfrucht oder mit Tabak bestanden sind, ist verboten; die Suchjagd ist nur insoweit zulässig, als sie ohne Schaden für die reifenden Früchte durchgeführt werden kann.

(2) Der Jagdausübungsberechtigte haftet dem Grundstückseigentümer oder Nutzungsberechtigten für jeden aus missbräuchlicher Jagdausübung entstehenden Schaden; er haftet auch für den Jagdschaden, der durch einen von ihm bestellten Jagdaufseher oder durch einen Jagdgast angerichtet wird.

4. Gemeinsame Vorschriften

§ 34 Geltendmachung des Schadens

Der Anspruch auf Ersatz von Wild- oder Jagdschaden erlischt, wenn der Berechtigte den Schadensfall nicht binnen einer Woche, nachdem er von dem Schaden Kenntnis erhalten hat oder bei Beobachtung gehöriger Sorgfalt erhalten hätte, bei der für das beschädigte Grundstück zuständigen Behörde anmeldet. Bei Schaden an forstwirtschaftlich genutzten Grundstücken genügt es, wenn er zwei Mal im Jahre, jeweils bis zum 1. Mai oder 1. Oktober, bei der zuständigen Behörde angemeldet wird. Die Anmeldung soll die als ersatzpflichtig in Anspruch genommene Person bezeichnen.

Anmerkung: Vgl. LVO über Verfahren in Wild- und Jagdschadenssachen (C 19)

§ 35 Verfahren in Wild- und Jagdschadenssachen

Die Länder können in Wild- und Jagdschadenssachen das Beschreiten des ordentlichen Rechtsweges davon abhängig machen, dass zuvor ein Feststellungsverfahren vor einer Verwaltungsbehörde (Vorverfahren) stattfindet, in dem über den Anspruch eine vollstreckbare Verpflichtungserklärung (Anerkenntnis, Vergleich) aufzunehmen oder eine nach Eintritt der Rechtskraft vollstreckbare Entscheidung (Vorbescheid) zu erlassen ist. Die Länder treffen die näheren Bestimmungen hierüber.

Anmerkung: Vgl. § 30 LJagdG und LVO über Verfahren in Wild- und Jagdschadenssachen (C 19)

VIII. Abschnitt: Inverkehrbringen und Schutz von Wild

§ 36 Ermächtigungen

(1) Das Bundesministerium wird ermächtigt, durch Rechtsverordnung mit Zustimmung des Bundesrates, soweit dies aus Gründen der Hege zur Bekämpfung von Wilderei und Wildhehlerei, aus wissenschaftlichen Gründen oder zur Verhütung von Gesundheitsschäden durch Fallwild erforderlich ist, Vorschriften zu erlassen über

1. die Anwendung von Ursprungszeichen bei der Verbringung von erlegtem Schalenwild aus dem Erlegungsbezirk und der Verbringung von erlegtem Schalenwild in den Geltungsbereich dieses Gesetzes,
2. den Besitz von
   a) Wild, das nach Rechtsakten der Europäischen Gemeinschaft oder der Europäischen Union aus Gründen des Erhalts der Arten streng oder besonders geschützt oder von den Mitgliedstaaten der Europäischen Union zu schützen ist, oder
   b) sonstigem Wild,

2a. den gewerbsmäßigen Ankauf, Verkauf oder Tausch von
   a) Wild, das nach Rechtsakten der Europäischen Gemeinschaft oder der Europäischen Union aus Gründen des Erhalts der Arten streng oder besonders geschützt oder von den Mitgliedstaaten der Europäischen Union zu schützen ist, oder
   b) sonstigem Wild,

2b. den sonstigen Erwerb, die Ausübung der tatsächlichen Gewalt oder das sonstige Verwenden, die Abgabe, das Anbieten zum Verkauf oder den Tausch, die Zucht, die Beförderung, das Veräußern oder das sonstige Inverkehrbringen von Wild,

3. die Ein-, Durch- und Ausfuhr sowie das sonstige Verbringen von Wild in den, durch den und aus dem Geltungsbereich dieses Gesetzes,
4. die Verpflichtung zur Führung von Wildhandelsbüchern,
5. das Kennzeichnen von Wild.

(2) Die Länder erlassen insbesondere Vorschriften über

1. die behördliche Überwachung des gewerbsmäßigen Ankaufs, Verkaufs und Tausches sowie der gewerbsmäßigen Verarbeitung von Wildbret und die behördliche Überwachung der Wildhandelsbücher,
2. das Aufnehmen, die Pflege und die Aufzucht verletzten oder kranken Wildes und dessen Verbleib.

(3) Die Vorschriften nach Absatz 1 Nr. 2 und 3 und Absatz 2 Nr. 2 können sich auch auf Eier oder sonstige Entwicklungsformen des Wildes, auf totes Wild, auf Teile des Wildes sowie auf die Nester und die aus Wild gewonnenen Erzeugnisse erstrecken.

(4) Rechtsverordnungen nach Absatz 1 Nr. 1 bedürfen des Einvernehmens mit dem Bundesministerium für Wirtschaft und Technologie; Rechtsverordnungen nach Absatz 1 Nr. 3 bedürfen des Einvernehmens mit dem Bundesministerium der Finanzen. Rechtsverordnungen nach Absatz 1 Nr. 2 bis 5 bedürfen, soweit sie Rechtsakte der Europäischen Gemeinschaft oder der Europäischen Union auf dem Gebiet des Artenschutzes oder Verpflichtungen aus internationalen Artenschutzübereinkommen zu beachten haben, des Einvernehmens mit dem Bundesministerium für Umwelt, Naturschutz und Reaktorsicherheit.

(5) Das Bundesministerium der Finanzen und die von ihm bestimmten Zollstellen wirken bei der Ein-, Durch- und Ausfuhr sowie bei dem sonstigen Verbringen von Wild mit. Das Bundesministerium der Finanzen regelt im Einvernehmen mit dem Bundesministerium durch Rechtsverordnung ohne Zustimmung des Bundesrates die Einzelheiten des Verfahrens nach Satz 1; es kann dabei insbesondere Pflichten zu Anzeigen, Anmeldungen, Auskünften und zur Leistung von Hilfsdiensten sowie zur Duldung von Besichtigungen und von Entnahmen unentgeltlicher Muster und Proben vorsehen. Das Bundesministerium gibt im Einvernehmen mit dem Bundesministerium der Finanzen im Bundesanzeiger die Zollstellen bekannt, bei denen Wild zur Ein-, Durch- und Ausfuhr sowie zum sonstigen Verbringen abgefertigt wird, wenn die Ein-, Durch- und Ausfuhr sowie das sonstige Verbringen durch Rechtsverordnung nach Absatz 1 Nr. 3 geregelt ist.

Anmerkung: Vgl. Bundeswildschutzverordnung (C 4)

IX. Abschnitt: Jagdbeirat und Vereinigungen der Jäger

§ 37

(1) In den Ländern sind Jagdbeiräte zu bilden, denen Vertreter der Landwirtschaft, der Forstwirtschaft, der Jagdgenossenschaften, der Jäger und des Naturschutzes angehören müssen.

(2) Die Länder können die Mitwirkung von Vereinigungen der Jäger für die Fälle vorsehen, in denen Jagdscheininhaber gegen die Grundsätze der Weidgerechtigkeit verstoßen (§ 1 Abs. 3).

Anmerkung: Vgl. §§ 35 und 36 LJagdG

X. Abschnitt: Straf- und Bußgeldvorschriften

§ 38 Strafvorschriften

(1) Mit Freiheitsstrafe bis zu fünf Jahren oder mit Geldstrafe wird bestraft, wer

1. einer vollziehbaren Anordnung nach § 21 Abs. 3 zuwiderhandelt,
2. entgegen § 22 Abs. 2 Satz 1 Wild nicht mit der Jagd verschont oder
3. entgegen § 22 Abs. 4 Satz 1 ein Elterntier bejagt*.

(2) Handelt der Täter fahrlässig, so ist die Strafe Freiheitsstrafe bis zu einem Jahr oder Geldstrafe.

§ 38a Strafvorschriften

(1) Mit Freiheitsstrafe bis zu fünf Jahren oder mit Geldstrafe wird bestraft, wer einer Rechtsverordnung nach § 36 Absatz 1 Nummer 2a Buchstabe a oder einer vollziehbaren Anordnung auf Grund einer solchen Rechtsverordnung zuwiderhandelt, soweit die Rechtsverordnung für einen bestimmten Tatbestand auf diese Strafvorschrift verweist.

(2) Mit Freiheitsstrafe bis zu drei Jahren oder mit Geldstrafe wird bestraft, wer einer Rechtsverordnung nach § 36 Absatz 1 Nummer 2 Buchstabe a oder einer vollziehbaren Anordnung auf Grund einer solchen Rechtsver-

---

* Die Bekanntmachung vom 5. Februar 1971 über Setz- und Brutzeiten für jagdbare Tierarten ohne Schonzeit (1. März bis 15. Juni) wurde aufgehoben, da der gesetzliche Schutz gemäß § 22 Abs. 4 Satz 1 BJG im Einzelfall zu beurteilen ist und nicht befristet werden kann.

ordnung zuwiderhandelt, soweit die Rechtsverordnung für einen bestimmten Tatbestand auf diese Strafvorschrift verweist.

(3) Erkennt der Täter in den Fällen des Absatzes 1 leichtfertig nicht, dass sich die Handlung auf Wild einer Art bezieht, die in § 36 Absatz 1 Nummer 2a Buchstabe a genannt ist, so ist die Strafe Freiheitsstrafe bis zu zwei Jahren oder Geldstrafe.

(4) Erkennt der Täter in den Fällen des Absatzes 2 leichtfertig nicht, dass sich die Handlung auf Wild einer Art bezieht, die in § 36 Absatz 1 Nummer 2 Buchstabe a genannt ist, so ist die Strafe Freiheitsstrafe bis zu einem Jahr oder Geldstrafe.

(5) Die Tat ist nicht strafbar, wenn die Handlung eine unerhebliche Menge der Exemplare betrifft und unerhebliche Auswirkungen auf den Erhaltungszustand der Art hat.

§ 39 Ordnungswidrigkeiten

(1) Ordnungswidrig handelt, wer

1. in befriedeten Bezirken die Jagd ausübt oder einer Beschränkung der Jagderlaubnis (§ 6) zuwiderhandelt;
2. auf vollständig eingefriedeten Grundflächen die Jagd entgegen einer nach § 7 Abs. 3 vorgeschriebenen Beschränkung ausübt;
3. auf Grund eines nach § 11 Abs. 6 Satz 1 nichtigen Jagdpachtvertrages, einer nach § 11 Abs. 6 Satz 2 nichtigen entgeltlichen Jagderlaubnis oder entgegen § 12 Abs. 4 die Jagd ausübt;
4. als Inhaber eines Jugendjagdscheines ohne Begleitperson die Jagd ausübt (§ 16);
5. den Vorschriften des § 19 Abs. 1 Nr. 3 bis 9, 11 bis 14, 16 bis 18, § 19a oder § 20 Abs. 1 zuwiderhandelt;
6. zum Verscheuchen des Wildes Mittel anwendet, durch die Wild verletzt oder gefährdet wird (§ 26);
7. einer Vorschrift des § 28 Abs. 1 bis 3 über das Hegen, Aussetzen und Ansiedeln zuwiderhandelt;
8. den Vorschriften des § 33 Abs. 1 zuwiderhandelt und dadurch Jagdschaden anrichtet;
9. den Jagdschein auf Verlangen nicht vorzeigt (§ 15 Abs. 1).

(2) Ordnungswidrig handelt, wer vorsätzlich oder fahrlässig

1. die Jagd ausübt, obwohl er keinen gültigen Jagdschein mit sich führt oder obwohl ihm die Jagdausübung verboten ist (§ 41a);
2. den Vorschriften des § 19 Abs. 1 Nr. 1, 2, 10 und 15 zuwiderhandelt;

3. Schalenwild oder anderes Wild, das nur im Rahmen eines Abschussplanes bejagt werden darf, erlegt, bevor der Abschussplan bestätigt oder festgesetzt ist (§ 21 Abs. 2 Satz 1), oder wer den Abschussplan überschreitet;

3a. entgegen § 22 Abs. 1 Satz 2 Wild nicht mit der Jagd verschont;

4. als Jagdausübungsberechtigter das Auftreten einer Wildseuche nicht unverzüglich der zuständigen Behörde anzeigt oder den Weisungen der zuständigen Behörde zur Bekämpfung der Wildseuche nicht Folge leistet (§ 24);

5. einer Rechtsverordnung nach § 36 Absatz 1 Nummer 1, 2 Buchstabe b, Nummer 2a Buchstabe b, Nummer 2b bis 4 oder Nummer 5, Absatz 2 oder Absatz 5 oder einer vollziehbaren Anordnung auf Grund einer solchen Rechtsverordnung zuwiderhandelt, soweit die Rechtsverordnung für einen bestimmten Tatbestand auf diese Bußgeldvorschrift verweist, oder

6. zur Jagd ausgerüstet unbefugt einen fremden Jagdbezirk außerhalb der zum allgemeinen Gebrauch bestimmten Wege betritt.

(3) Die Ordnungswidrigkeit kann mit einer Geldbuße bis zu fünftausend Euro geahndet werden.

§ 40 Einziehung

(1) Ist eine Straftat nach § 38 oder eine Ordnungswidrigkeit nach § 39 Abs. 1 Nr. 5 oder Abs. 2 Nr. 2 bis 3a oder 5 begangen worden, so können

1. Gegenstände, auf die sich die Straftat oder Ordnungswidrigkeit bezieht, und
2. Gegenstände, die zur ihrer Begehung oder Vorbereitung gebraucht worden oder bestimmt gewesen sind,

eingezogen werden.

(2) § 74a des Strafgesetzbuches und § 23 des Gesetzes über Ordnungswidrigkeiten sind anzuwenden.

§ 41 Anordnung der Entziehung des Jagdscheines

(1) Wird jemand wegen einer rechtswidrigen Tat

1. nach § 38 dieses Gesetzes,
2. nach den §§ 113, 114, 223 bis 227, 231, 239, 240 des Strafgesetzbuches, sofern derjenige, gegen den sich die Tat richtete, sich in Ausübung des Forst-, Feld-, Jagd- oder Fischereischutzes befand, oder

3. nach den §§ 292 bis 294 des Strafgesetzbuches

verurteilt oder nur deshalb nicht verurteilt, weil seine Schuldunfähigkeit erwiesen oder nicht auszuschließen ist, so ordnet das Gericht die Entziehung des Jagdscheines an, wenn sich aus der Tat ergibt, dass die Gefahr besteht, er werde bei weiterem Besitz des Jagdscheines erhebliche rechtswidrige Taten der bezeichneten Art begehen.

(2) Ordnet das Gericht die Entziehung des Jagdscheines an, so bestimmt es zugleich, dass für die Dauer von einem Jahr bis zu fünf Jahren kein neuer Jagdschein erteilt werden darf (Sperre). Die Sperre kann für immer angeordnet werden, wenn zu erwarten ist, dass die gesetzliche Höchstfrist zur Abwehr der von dem Täter drohenden Gefahr nicht ausreicht. Hat der Täter keinen Jagdschein, so wird nur die Sperre angeordnet. Die Sperre beginnt mit der Rechtskraft des Urteils.

(3) Ergibt sich nach der Anordnung Grund zu der Annahme, dass die Gefahr, der Täter werde erhebliche rechtswidrige Taten der in Absatz 1 bezeichneten Art begehen, nicht mehr besteht, so kann das Gericht die Sperre vorzeitig aufheben.

§ 41a Verbot der Jagdausübung

(1) Wird gegen jemanden

1. wegen einer Straftat, die er bei oder im Zusammenhang mit der Jagdausübung begangen hat, eine Strafe verhängt oder
2. wegen einer Ordnungswidrigkeit nach § 39, die er unter grober oder beharrlicher Verletzung der Pflichten bei der Jagdausübung begangen hat, eine Geldbuße festgesetzt,

so kann ihm in der Entscheidung für die Dauer von einem Monat bis zu sechs Monaten verboten werden, die Jagd auszuüben.

(2) Das Verbot der Jagdausübung wird mit der Rechtskraft der Entscheidung wirksam. Für seine Dauer wird ein erteilter Jagdschein, solange er nicht abgelaufen ist, amtlich verwahrt; das Gleiche gilt für einen nach Ablauf des Jagdjahres neu erteilten Jagdschein. Wird er nicht freiwillig herausgegeben, so ist er zu beschlagnahmen.

(3) Ist ein Jagdschein amtlich zu verwahren, so wird die Verbotsfrist erst von dem Tage an gerechnet, an dem dies geschieht. In die Verbotsfrist wird die Zeit nicht eingerechnet, in welcher der Täter auf behördliche Anordnung in einer Anstalt verwahrt wird.

(4) Über den Beginn der Verbotsfrist nach Absatz 3 Satz 1 ist der Täter im Anschluss an die Verkündung der Entscheidung oder bei deren Zustellung zu belehren.

§ 42 Landesrechtliche Straf- und Bußgeldbestimmungen

Die Länder können Straf- und Bußgeldbestimmungen für Verstöße gegen die von ihnen erlassenen Vorschriften treffen, soweit solche nicht schon in diesem Gesetz enthalten sind.

Anmerkung: Vgl. § 37 LJagdG

XI. Abschnitt: Schlussvorschriften

§ 43 *(weggefallen)*

§ 44 Sonderregelungen

Die zuständigen Landesregierungen werden ermächtigt, durch Rechtsverordnung im Benehmen mit dem Bundesminister die Ausübung des Jagdrechts auf der Insel Helgoland und die Jagd auf Wasservögel auf dem Untersee und dem Rhein bei Konstanz abweichend von den Vorschriften dieses Gesetzes zu regeln.

§ 44a Unberührtheitsklausel

Vorschriften des Lebensmittelrechts, Seuchenrechts, Fleischhygienerechts und Tierschutzrechts bleiben unberührt.

§ 45 *(weggefallen)*

§ 46 Inkrafttreten des Gesetzes

(1) *(Inkrafttreten der ursprünglichen Fassung des Gesetzes)*

(2) *(Aufhebung von Vorschriften)*

(3) Verweisungen auf Vorschriften, die nach Absatz 2 außer Kraft getreten sind, gelten als Verweisungen auf die entsprechenden Vorschriften dieses Gesetzes oder die entsprechenden landesrechtlichen Vorschriften.

Jagdgesetz des Landes Schleswig-Holstein (Landesjagdgesetz – LJagdG)

Vom 13. Oktober 1999 (GVOBl. Schl.-H. S. 300), zuletzt geändert durch Artikel 1 des Gesetzes vom 8. Februar 2012 (GVOBl. Schl.-H. S. 266)

Inhaltsübersicht

I. Abschnitt: Ziele und Grundsätze der Jagd, Beachtung von Europarecht

§ 1 Ziele des Gesetzes
(zu § 1 Bundesjagdgesetz)

(1) Die frei lebende Tierwelt ist als Teil der Umwelt in ihrem natürlichen und historisch gewachsenen Beziehungsgefüge zu erhalten.

(2) Ziel dieses Gesetzes ist die Verwirklichung einer Jagd, die das Wild schützt, die Lebensräume erhält und verbessert sowie das Wild nachhaltig und unter größtmöglicher Förderung der biologischen Vielfalt nutzt (naturnahe Jagd).

(3) Bei der Planung und Durchführung der naturnahen Jagd sind unter Beachtung des Bundesjagdgesetzes folgende Ziele als Belange des Allgemeinwohls anzustreben:

1. Die Lebensgrundlagen des Wildes und die Vernetzung und erforderlichenfalls Wiederherstellung der Lebensräume wild lebender Tiere in

einem artenreichen Beziehungsgefüge sind zu sichern und zu verbessern (naturnahe Reviergestaltung).

2. Ein günstiger Erhaltungszustand der Wildarten ist zu sichern und zu fördcrn.
3. Es sind landschaftsökologisch und landeskulturell angepasste Wildbestände herzustellen; insbesondere die Entwicklung der Waldökosysteme und die Erhaltung der Knicks sind sicherzustellen.
4. Sonstige Belange des Allgemeinwohls, insbesondere des Tierschutzes, des Naturschutzes sowie der Erholung in Natur und Landschaft sind bei allen Maßnahmen angemessen zu berücksichtigen.
5. In Naturschutzgebieten darf die Jagd dem jeweiligen Schutzzweck nicht zuwiderlaufen.

(4) Die Inhaberinnen und Inhaber des Jagdrechtes und die Jägerinnen und Jäger sollen die Ziele dieses Gesetzes möglichst weitgehend in eigener Verantwortung verwirklichen. Die Möglichkeit zur Ausübung der Jagd soll breiten Schichten insbesondere der ortsansässigen Bevölkerung offen stehen.

§ 1a Beachtung von Europarecht

Behördliche Maßnahmen nach dieses Gesetz oder anderen auf die ordnungsgemäße Ausübung des Jagdrechts gerichteten Vorschriften sind unter Beachtung der Maßgaben des Artikel 7 Abs. 4 und des Artikel 8 und 9 Abs. 1 und 2 der Richtlinie 2009/147/EG des Europäischen Palamentes und des Rates vom 30. November 2009 über die Erhaltung der wildlebenden Vogelarten (Vogelschutzrichtlinie – ABl. EG Nr. L 20 S. 7) sowie der Artikel 12 bis 16 Abs. 1 der Richtlinie 92/43/EWG des Rates vom 21. Mai 1992 zur Erhaltung der natürlichen Lebensräume sowie der wild lebenden Tiere und Pflanzen (FFH-Richtlinie – ABl. EG Nr. L.206 S. 7) zu treffen.

§ 2 Reviergestaltung
(zu § 1 Bundesjagdgesetz)

Im Rahmen einer naturnahen Reviergestaltung sollen Jagdausübungsberechtigte und Grundeigentümerinnen und Grundeigentümer folgende Maßnahmen bevorzugt durchführen:

1. Erhaltung, Verbesserung, Vermehrung und Vernetzung von natürlichen und naturnahen Wildtierlebensräumen, insbesondere durch

Förderung von naturraumtypischen Pflanzengesellschaften, Sukzessionsflächen und Feuchtbiotopen.

2. Schaffung von naturnahen Deckungszonen und Schutz von Setz-, Horst-, Brut- und Mauserbereichen.
3. Schaffung von Feldgehölzen, Gehölzstreifen und Verbissgehölzen zur Verminderung der Verbissbelastung in den Wäldern sowie Förderung heimischer Frucht tragender Baum- und Straucharten.

Andere öffentlich-rechtliche Vorschriften bleiben unberührt.

II. Abschnitt: Jagdbezirke und Jagdausübungsrecht

§ 3 Gestaltung der Jagdbezirke
(zu § 5 Bundesjagdgesetz)

(1) Die Abrundung von Jagdbezirken erfolgt

1. durch Vertrag zwischen Jagdgenossenschaften oder den Eigentümerinnen und Eigentümern von Eigenjagdbezirken (Abrundungsvertrag) oder
2. von Amts wegen durch Verfügung der Jagdbehörde.

(2) Der Abrundungsvertrag bedarf der Zustimmung der betroffenen Jagdpächterinnen und Jagdpächter und der Jagdbehörde. Diese versagt ihre Zustimmung, wenn

1. die Abrundung aus Erfordernissen der Jagdausübung oder der Jagdpflege nicht notwendig ist oder
2. die Gesamtgröße der beteiligten Jagdbezirke durch die Abrundung wesentlich verändert würde.

(3) Die Abrundung kann von Amts wegen verfügt werden, wenn sie für die ordnungsgemäße Jagdausübung erforderlich ist. In laufende Pachtverträge darf nur mit Zustimmung der Vertragsparteien eingegriffen werden. Dies gilt in entsprechender Anwendung des § 581 Abs. 2 und des § 567 des Bürgerlichen Gesetzbuches nicht für Verträge, die über mehr als 30 Jahre geschlossen sind.

(4) Weisen Jagdbezirke infolge von Abrundungen die gesetzliche Mindestgröße nicht mehr auf, gilt § 7 entsprechend.

(5) Wer das Eigentum an einer Grundfläche hat, die einem Eigenjagdbezirk angegliedert wird, hat gegen Eigentümerinnen oder Eigentümer, deren Grundfläche den Eigenjagdbezirk bilden, einen Anspruch auf eine

angemessene ortsübliche Entschädigung[1]. Als angemessene ortsübliche Entschädigung ist der Pachtpreis anzusehen, der für den gemeinschaftlichen Jagdbezirk der Gemeinde gezahlt wird, in der der Eigenjagdbezirk liegt. Bestehen in einer Gemeinde mehrere gemeinschaftliche Jagdbezirke oder erstreckt sich der Eigenjagdbezirk über mehrere Gemeinden, ist der Durchschnittspachtpreis der an den Eigenjagdbezirk angrenzenden gemeinschaftlichen Jagdbezirke maßgeblich. Bei verpachteten Eigenjagdbezirken haben Eigentümerinnen oder Eigentümer einen Anspruch auf eine anteilmäßige Entschädigung in Höhe des Pachtpreises, wenn dieser höher ist als die nach Satz 2 zu zahlende Entschädigung.

§ 4 Befriedete Bezirke
(zu § 6 Bundesjagdgesetz)

(1) Befriedete Bezirke sind:

1. Gebäude, die zum Aufenthalt von Menschen dienen, und Gebäude, die mit solchen Gebäuden räumlich zusammenhängen,
2. Hofräume und Hausgärten, die unmittelbar an Wohngebäude angrenzen und durch eine Umfriedung begrenzt sind,
3. Friedhöfe, öffentliche Parkanlagen sowie Sport- und Spielplätze, die mit bebauten Bereichen im Zusammenhang stehen,
4. Kleingartenanlagen nach dem Bundeskleingartengesetz vom 28. Februar 1983 (BGBl. I S. 210), zuletzt geändert durch Artikel 11 des Gesetzes vom 19. September 2006 (BGBl. I S. 2146),
5. Tiergehege,
6. Bundesautobahnen,
7. Liegenschaften des Bundesministers der Verteidigung unter 75 ha, die durch eine Umfriedung oder amtliche Schilder begrenzt sind.

(2) Die Jagdbehörde kann auf Antrag der jeweiligen Eigentümerinnen oder Eigentümer oder Nutzungsberechtigten oder von Amts wegen ganz oder teilweise zu befriedeten Bezirken erklären:

1. Grundflächen, die gegen das Ein- und Auswechseln von Schalenwild und gegen den unbefugten Zutritt von Menschen dauerhaft abgesperrt sind,

---

1 Siehe auch § 9 LJagdG

2. Seen und geschlossene Gewässer im Sinne des Fischereirechts[1] mit ihren Uferstreifen von bis zu 30 m ab der Uferlinie und ihren Inseln.

(3) Eigentümerinnen oder Eigentümer oder Nutzungsberechtigte von befriedeten Bezirken und deren Beauftragte dürfen dort zur Schadensabwehr Füchse, Steinmarder und Wildkaninchen innerhalb der Jagdzeit tierschutzgerecht fangen, töten und sich aneignen. Eines Jagdscheines bedarf es hierzu nicht. Über die Zulassung von Ausnahmen zum tierschutzgerechten Fangen, Töten und Sichaneignen weiterer Wildarten mit Ausnahme der ganzjährig geschonten entscheidet die Jagdbehörde. Waffenrechtliche Bestimmungen bleiben unberührt. Im Übrigen gilt § 28 entsprechend.

(4) Die Jagdbehörde kann Jagdscheininhaberinnen oder Jagdscheininhabern die Erlaubnis zur Ausübung der Jagd auf die in Absatz 3 genannten Tierarten erteilen. Dies gilt nicht für Liegenschaften des Bundesministers der Verteidigung (Absatz 1 Nr. 7). Die von der Jagdbehörde beauftragten Personen gelten als Beauftragte der Eigentümerinnen oder Eigentümer.

(5) Jagdausübungsberechtigte und Inhaberinnen oder Inhaber einer Jagderlaubnis haben das Recht, befriedete Bezirke innerhalb des Jagdbezirks, auf den sich die Berechtigung erstreckt, zur Tötung krankgeschossenen oder schwer kranken Wildes und zur Aneignung von verendetem Wild auch mit Waffen zu betreten. Eigentümerinnen oder Eigentümer oder Nutzungsberechtigte sind möglichst vorher zu benachrichtigen.

§ 5 Eigenjagdbezirke
(zu § 7 Bundesjagdgesetz)

(1) Befinden sich Eigenjagdbezirke im Eigentum oder Nießbrauch einer juristischen Person oder Personenmehrheit oder ist die Eigentümerin oder der Eigentümer als natürliche Person nicht im Besitz eines gültigen Jahresjagdscheins und wird die Jagd weder durch Jagdpächterinnen oder Jagdpächter noch durch angestellte Jägerinnen oder Jäger ausgeübt, sind jagdausübungsberechtigt diejenigen, die die Verfügungsberechtigten der Jagdbehörde benennen. Benennen die Verfügungsbe-

---

1 Geschlossene Gewässer gemäß § 2 Landesfischereigesetz sind
   1. angelegte stehende Gewässer sowie Anlagen zur Fischerzeugung, denen es an einer für den Fischwechsel geeigneten Verbindung mit einem natürlichen Gewässer fehlt,
   2. stehende Gewässer, die zum unmittelbaren Haus, Hof- oder sonstigen Betriebsbereich gehören, nicht größer als 0,5 Hektar sind und keine für den Fischwechsel geeignete Verbindung mit einem offenen Gewässer haben (private Kleingewässer).

   Nicht unter Satz 1 fallende Gewässer sind offene Gewässer.

rechtigten keine geeignete Person, so kann die Jagdbehörde die zur Erfüllung des Abschussplanes und zum Jagdschutz erforderlichen Anordnungen auf Kosten der Verfügungsberechtigten treffen.

(2) Die Jagdbehörde kann die Zahl der Jagdausübungsberechtigten gemäß Absatz 1 auf einer Grundfläche bis zu 300 ha auf zwei beschränken und für jede weiteren 150 ha um eins erhöhen.

(3) Die Eigentümerinnen oder Eigentümer oder die Nießbrauchsberechtigten von Flächen, die einen Eigenjagdbezirk bilden, können durch schriftliche Erklärung gegenüber der Jagdbehörde auf die Selbstständigkeit ihrer Eigenjagdbezirke verzichten. Die Flächen sind in diesem Fall von der Jagdbehörde einem angrenzenden Jagdbezirk im Einvernehmen mit den zu dessen Vertretung berechtigten Personen anzugliedern. Schlagen die Verzichtenden einen dieser Jagdbezirke vor, folgt die Jagdbehörde dem Vorschlag. Die Jagdbehörde stellt die Selbstständigkeit der Eigenjagd wieder her, wenn die in Satz 1 genannten Personen dies schriftlich beantragen. Der Antrag kann nur mit einer Frist von sechs Monaten zum Ende des Jagdjahres oder, wenn der Bezirk ganz oder teilweise Bestandteil einer verpachteten Jagd ist, zum Ende der Pachtzeit gestellt werden. Dies gilt entsprechend für die Erklärung des Verzichts.

§ 6 Gemeinschaftliche Jagdbezirke
(zu § 8 Bundesjagdgesetz)

(1) Die Mindestgröße für gemeinschaftliche Jagdbezirke beträgt 250 ha.

(2) Besitzen die zusammenhängenden Grundflächen einer Gemeinde nicht die Mindestgröße von 250 ha oder wird eine weniger als 250 ha große Teilfläche einer Gemeinde, soweit sie nicht Eigenjagdbezirk ist, von einem oder mehreren Jagdbezirken vollständig umschlossen (Enklave), so sind diese Flächen durch die Jagdbehörde von Amts wegen einem oder mehreren anliegenden Jagdbezirken anzugliedern.

(3) Die Jagdbehörde kann die Teilung eines gemeinschaftlichen Jagdbezirks in mehrere selbstständige Jagdbezirke zulassen, wenn jeder Teil mindestens 250 ha groß ist und Belange der Hege nicht entgegenstehen.

(4) Zusammenhängende Grundflächen verschiedener Gemeinden, die zusammen die Mindestgröße von 250 ha haben, können von der Jagdbehörde auf Antrag zu einem gemeinschaftlichen Jagdbezirk zusammengelegt werden. Dem Antrag ist stattzugeben, wenn er von Grundstückseigentümerinnen oder Grundstückseigentümern aus allen beteiligten Gemeinden gestellt wird und diese in ihrer Gemeinde jeweils gemeinsam

über mehr als die Hälfte der zusammenhängenden Grundflächen verfügen.

§ 7 Bejagbare Flächen der Jagdbezirke
(zu §§ 7, 8 Bundesjagdgesetz)

Sinkt die bejagbare Fläche eines Eigenjagdbezirkes oder eines gemeinschaftiichen Jagdbezirkes um mehr als ein Drittel unter die gesetzliche Mindestgröße, so sind die Restflächen von der Jagdbehörde von Amts wegen einem oder mehreren angrenzenden Jagdbezirken anzugliedern.

§ 8 Jagdgenossenschaft
(zu § 9 Bundesjagdgesetz)

(1) Die Jagdgenossenschaft ist eine Körperschaft des öffentlichen Rechts. Sie untersteht der Aufsicht der Jagdbehörde nach § 52 des Landesverwaltungsgesetzes. Die Jagdgenossenschaft gibt sich eine Satzung, die der Jagdbehörde spätestens einen Monat nach der Beschlussfassung, zusammen mit der Versammlungsniederschrift zu übersenden ist; dies gilt auch bei Satzungsänderungen. Die Satzung und ihre Änderungen bedürfen der Genehmigung der Jagdbehörde, wenn sie von der Mustersatzung, die die oberste Jagdbehörde erlässt, abweichen.

(2) Ein Mitglied einer Jagdgenossenschaft, das die Ausübung der Jagd von dieser pachten möchte, oder seine Vertretung, ist berechtigt, in der Versammlung der Jagdgenossenschaft an den Beratungen und Abstimmungen über die Vergabe der Jagdpacht und über die Verlängerung eines Jagdpachtvertrages teilzunehmen.

§ 9 Angliederungsgenossenschaft

Sind Grundflächen von mehr als fünf Eigentümerinnen oder Eigentümern einem Eigenjagdbezirk angegliedert, so können diese Personen zur Vertretung ihrer Rechte, die sich aus der Angliederung ergeben, eine Angliederungsgenossenschaft[1] bilden. § 9 des Bundesjagdgesetzes gilt sinngemäß.

---

1 Siehe auch § 3 Abs. 5 LJagdG

§ 10 Hegegemeinschaft
(zu § 10a Bundesjagdgesetz)

(1) Zur großräumigen Bewirtschaftung von Hochwildbeständen können Hegegemeinschaften[1] gebildet werden, die vornehmlich der Lenkung von Bestandsdichten, des Altersaufbaus und des Geschlechterverhältnisses dienen. Hegegemeinschaften können auch zum Schutz von gefährdeten Niederwildarten gebildet werden.

(2) Die Abgrenzung der jeweiligen Gebiete von Hegegemeinschaften soll nach zusammenhängenden Lebensräumen des Wildes vorgenommen werden. Dabei können Kreisgrenzen[2] überschritten werden.

(3) Auf die Hegegemeinschaft finden die Vorschriften des Bürgerlichen Gesetzbuchs über Vereine entsprechende Anwendung. Die Hegegemeinschaft gibt sich eine Satzung. Die Satzung muss mindestens Bestimmungen enthalten über:

1. Namen und Gebiet der Hegegemeinschaft,
2. das Ziel der Hegegemeinschaft,
3. die erforderlichen Mehrheiten bei Abstimmungen,
4. die Auflösung der Hegegemeinschaft.

Die Satzung bedarf der Genehmigung der Jagdbehörde.

III. Abschnitt: Beteiligung Dritter an der Ausübung des Jagdrechts

§ 11 Jagdpacht
(zu §§ 11,12 Bundesjagdgesetz)

(1) Die Mindestpachtzeit beträgt für Niederwildjagden neun Jahre, für Hochwildjagden zwölf Jahre.

(2) Die Zahl der Jagdpächterinnen oder Jagdpächter wird bei Jagdbezirken bis zu 300 ha auf zwei beschränkt, in größeren Jagdbezirken darf für je weitere volle 150 ha eine weitere Person Pächterin oder Pächter sein.

(3) Als Jagdpacht gilt auch eine Weiter- und Unterpachtung. Die Bestimmungen des Absatzes 2 finden entsprechend Anwendung.

---

1 Siehe auch § 21 Abs.2 Satz 4 und 5 BJG (A), §§ 17 Abs. 2 Satz 4 Nr. 4 und 23 Abs. 6 LJagdG

2 Siehe auch § 31 Abs. 3 LJagdG

(4) Für die Änderung oder Verlängerung eines Jagdpachtvertrages gelten die Bestimmungen des § 12 Abs. 1 bis 3 des Bundesjagdgesetzes sinngemäß. Alle Jagdpachtverträge, auch Änderungen und Verlängerungen, sind der Jagdbehörde binnen einem Monat nach Vertragsabschluss anzuzeigen.

(5) Verträge, die gegen die Absätze 1 bis 3 verstoßen, sind nichtig.

§ 12 Vorläufige Maßnahmen zur Ausübung und zum Schutze der Jagd

Die Jagdbehörde kann während der Dauer eines wegen der Nichtigkeit (§ 11 Abs. 6 des Bundesjagdgesetzes und § 11 Abs. 5 dieses Gesetzes) oder einer Beanstandung (§ 12 des Bundesjagdgesetzes) des Pachtvertrages anhängigen Verfahrens im Einzelfall zum Schutz und zur Ausübung der Jagd eine Jagdaufseherin oder einen Jagdaufseher bestellen, die oder der die erforderlichen Maßnahmen nach §§ 23 bis 25 des Bundesjagdgesetzes und §§ 17, 18, 20, 22, 23 dieses Gesetzes durchzuführen hat. Die Kosten der Anordnung und ihrer Durchführung hat die im Verfahren unterlegene Partei zu tragen.

§ 13 Jagderlaubnis

(zu § 11 Abs. 1 Satz 3 Bundesjagdgesetz)

(1) Die Jagdausübungsberechtigten können anderen Personen (Jagdgästen) eine Jagderlaubnis erteilen. Jagdgäste sind nicht Jagdausübungsberechtigte[1] im Sinne der jagdrechtlichen Bestimmungen.

(2) Eine Jagderlaubnis gegen Entgelt darf nur schriftlich erteilt werden. § 11 Abs. 5, §§ 12 und 13 des Bundesjagdgesetzes und § 11 Abs. 2 und 4 Satz 2 und Abs. 5 dieses Gesetzes gelten sinngemäß. Die Sätze 1 und 2 gelten nicht für die Erlaubnis zu Einzelabschüssen.

(3) Jagdgäste dürfen die Jagd ohne Begleitung der Jagdausübungsberechtigten nur ausüben, wenn sie einen Erlaubnisschein bei sich führen, der von den Jagdausübungsberechtigten ausgestellt ist. Eine Begleitung durch Jagdausübungsberechtigte liegt vor, wenn diese gleichzeitig im Revier und ohne besondere Schwierigkeiten zu erreichen sind. § 15 Abs. 1 Satz 1 des Bundesjagdgesetzes gilt sinngemäß.

(4) Die schriftliche Jagderlaubnis ist nur gültig, wenn sie von allen Jagdausübungsberechtigten unterschrieben ist[2]. Dies gilt auch dann,

1 Siehe auch § 25 BJG (A), §§ 20 und 21 LJagdG
2 Siehe auch § 709 Bürgerliches Gesetzbuch

wenn die Jagdausübungsberechtigten den Jagdbezirk regional unter sich aufgeteilt haben.

§ 14 Tod der Jagdpächterin oder des Jagdpächters, Erlöschen des Jagdpachtvertrages

(1) Stirbt eine Pächterin oder ein Pächter vor Ablauf der Pachtzeit, so haben die Erben der Jagdbehörde eine jagdausübungsberechtigte Erbin oder einen jagdausübungsberechtigten Erben zu benennen. Ist keine der erbenden Personen jagdausübungsberechtigt, so haben sie der Jagdbehörde eine jagdpachtfähige Person (§ 11 Abs. 5 des Bundesjagdgesetzes) zu benennen. Wird innerhalb einer den erbenden Personen gesetzten angemessenen Frist keine geeignete Person benannt, so kann die Jagdbehörde die zur Ausübung und zum Schutze der Jagd erforderlichen Maßnahmen auf Kosten der erbenden Person treffen.

(2) Bei Ablauf der Gültigkeitsdauer des Jagdscheines bestimmt die Jagdbehörde die Frist nach § 13 Satz 2 Bundesjagdgesetz.

IV. Abschnitt: Jagdschein

§ 15 Allgemeines
(zu §§ 15, 16 Bundesjagdgesetz)

(1) Die Jagdbehörde erteilt und entzieht den Jagdschein. Der Jahresjagdschein wird für höchsten drei Jagdjahre erteilt. Antragstellerinnen oder Antragsteller haben den Abschluss einer der Geltungsdauer des Jahresjagdscheines entsprechenden Jagdhaftpflichtversicherung nachzuweisen. Sie sind verpflichtet, Änderungen der Versicherungsverhältnisse der Jagdbehörde unverzüglich anzuzeigen.

(2) Personen, die die Erteilung oder Verlängerung eines Jahresjagdscheines beantragen, haben anzugeben, ob sie

1. als Eigentümerin oder Eigentümer oder als Nutznießerin oder Nutznießer eines Eigenjagdbezirks,
2. als Jagdpächterin oder Jagdpächter oder als Unterpächterin oder Unterpächter,
3. als Mitpächterin oder Mitpächter oder
4. als Inhaberin oder Inhaber einer anzeigepflichtigen Jagderlaubnis

in einem Jagdbezirk zur Jagdausübung befugt sind und für welche Flächen, in den Fällen der Nummern 3 und 4 für welche anteilig auf sie entfallenden Flächen. Die Jagdbehörde darf keinen Jagdschein ohne diese Angaben ausstellen. Antragstellerinnen oder Antragsteller haben Änderungen der ihnen für die Jagdausübung zustehenden Fläche der Jagdbehörde unverzüglich anzuzeigen.

(3) Absatz 2 findet keine Anwendung auf die entgeltliche Erlaubnis zu Einzelabschüssen.

§ 16 Jagdscheingebühren und Jagdabgabe

(1) Die Jagdbehörden erheben eine Jagdabgabe. Abgabepflichtig ist, wer einen Jagdschein erwirbt. Die Abgabeschuld entsteht mit der Erteilung des Jagdscheins. Die oberste Jagdbehörde wird ermächtigt, die Höhe der Jagdabgabe durch Verordnung festzusetzen. Die Jagdabgabe darf das Doppelte der Jagdscheingebühr nicht überschreiten.

(2) Das Aufkommen aus der Jagdabgabe nach Abzug der Verwaltungskosten steht dem Land zu, das es nach Anhörung der Landesjägerschaft[1] zur Förderung des Jagdwesens verwendet. Dabei sind unter Berücksichtigung der §§ 1 und 2 insbesondere zu fördern:

1. Maßnahmen zur Erhaltung und Verbesserung der Lebensgrundlagen des Wildes;
2. Untersuchungen der Lebens- und Umweltbedingungen der Wildarten sowie von Möglichkeiten zur Verhütung und Verminderung von Wildschäden;
3. Erfassung von Wildbeständen und Untersuchungen zu Wildbestandsveränderungen (Monitoring);
4. die Errichtung und der Betrieb von Muster- und Lehrrevieren sowie sonstige Maßnahmen und Einrichtungen zur Aus- und Fortbildung der nach diesem Gesetz am Jagdwesen beteiligten Personen;
5. Öffentlichkeitsarbeit.

V. Abschnitt: Jagdbeschränkungen und Jagdschutz

§ 17 Abschussregelung
(zu § 21 Bundesjagdgesetz)

(1) Die Jagdausübungsberechtigten haben den Jagdbehörden auf dem von der obersten Jagdbehörde jeweils vorgeschriebenen Formular einen

1 Siehe § 36 LJagdG

Abschussplan für Schalenwild, ausgenommen Schwarzwild, zahlenmäßig getrennt nach Wildarten, Geschlecht und Altersstufen einzureichen. Das Nähere regelt die oberste Jagdbehörde durch Hege- und Bejagungsrichtlinien[1]. Den Termin für die Vorlage der Abschusspläne bestimmen die Jagdbehörden.

(2) Der Abschussplan wird als Jahresabschlussplan für drei aufeinander folgende Jagdjahre durch die Jagdbehörden bestätigt oder festgesetzt. Die Vorgaben des Abschussplanes sind als Mindestabschuss zu erfüllen; eine Überschreitung des Abschussplanes um bis zu 30 % ist zulässig. Die Jagdbehörden bestätigen den Abschussplan, wenn

1. folgende Weiser angemessen berücksichtigt sind:
   a) getätigte Abschüsse sowie Fallwild der letzten drei Jahre,
   b) Schätzungen der Bestandshöhe und Altersstufung,
   c) Wildschäden in der Landwirtschaft,
   d) Zustand der Vegetation, insbesondere im Wald und an Knicks,
   e) körperliche Verfassung des Wildes,
2. bei den unteren Jagdbehörden der Jagdbeirat sein Einvernehmen erteilt hat,
3. bei verpachteten Jagdbezirken der Abschussplan im Einvernehmen mit der Verpächterin oder dem Verpächter aufgestellt worden ist,
4. innerhalb von Hegegemeinschaften[2] die Abschusspläne der in dem Lebensraum des Wildes im Sinne von § 10 Abs. 2 vorhandenen Jagdbezirke aufeinander abgestimmt und im Einvernehmen mit den Jagdgenossenschaften und den Inhaberinnen und Inhabern der Eigenjagdbezirke aufgestellt worden sind und
5. die zuständige Forstbehörde, soweit sie auf Wildbestände hingewiesen hat, die landschaftsökologisch und landeskulturell nicht angepasst sind oder die Entwicklung der Waldökosysteme oder Knicks gefährden, ihr Einvernehmen erteilt hat.

(3) Wird der Abschussplan nicht fristgerecht vorgelegt oder liegen die Voraussetzungen für seine Bestätigung nicht vor, so setzen die Jagdbehörden einen Abschussplan fest, der insbesondere den Anforderungen des § 1 Abs. 3 Nr. 3 genügt. Die unteren Jagdbehörden handeln dabei im Einvernehmen mit dem Jagdbeirat, in den Fällen des Absatzes 2 Satz 4 Nr. 5 auch im Einvernehmen mit der zuständigen Forstbehörde.

---

1 Siehe C 21, C 23 und C 24

2 Siehe § 10 LJagdG

(4) Erteilt der Jagdbeirat oder die zuständige Forstbehörde zu der Bestätigung oder Festsetzung des Abschussplans das Einvernehmen nicht, so entscheidet die oberste Jagdbehörde.

(5) Die Jagdausübungsberechtigten haben über den getätigten Abschuss nach Arten getrennt, beim Schalenwild auch über das Fallwild, laufend eine Streckenliste zu führen. Die Streckenliste ist den Jagdbehörden jederzeit auf Verlangen vorzulegen. Die jährliche Jagdstrecke ist den Jagdbehörden auf dem von der obersten Jagdbehörde vorgeschriebenen Formular bis zum 10. April jeden Jahres schriftlich anzuzeigen.

(6) Erfüllen Jagdausübungsberechtigte den Abschussplan nicht, so können die Jagdbehörden sie hierzu nach den Vorschriften des Landesverwaltungsgesetzes über den Vollzug von Verwaltungsakten anhalten.

(7) Die Jagdbehörden können zum Nachweis der Erfüllung des Abschussplanes anordnen, dass jeder Abschuss von Schalenwild mit Ausnahme von Rehwild unverzüglich bei ihnen oder, soweit eine Hegegemeinschaft besteht, bei deren Leiterin oder Leiter anzuzeigen oder der körperliche Nachweis zu erbringen ist.

(8) Den Abschuss auf Flächen, auf denen dem Land das Jagdrecht gemäß § 3 Abs. 2 Bundesjagdgesetz zusteht, regelt die oberste Jagdbehörde.

§ 17a Bestimmung von Jagdzeiten
(Abweichung von § 22 Abs. 1 Bundesjagdgesetz)

Die oberste Jagdbehörde wird abweichend von § 22 Abs. 1 Bundesjagdgesetz ermächtigt, nach den in § 1 Abs. 2 des Bundesjagdgesetzes bestimmten Zielen und Grundsätzen der Hege und unter Berücksichtigung der Erfordernisse des Naturschutzes und des Tierschutzes die Jagdzeiten für Wild, auch abweichend von Bundesrecht, durch Verordnung zu bestimmen.

§ 18 Fütterung des Wildes
(zu § 19 Abs. 1 Nr. 10; §§ 23, 28 Abs. 5 Bundesjagdgesetz)

(1) In der freien Wildbahn ist die Fütterung von Schalenwild sowie von Wild in und an Gewässern nicht zulässig. Die Jagdbehörde kann bei witterungs- oder katastrophenbedingtem Nahrungsmangel, insbesondere bei lang andauernden vereisten oder hohen Schneelagen oder Frostperioden oder nach ausgedehnten Waldbränden (Notzeiten) Ausnahmen zulassen.

(2) Das gelegentliche Anlocken mit geringen Futtermengen zum Zweck der Bejagung (Kirrung)[1] von Schwarzwild gilt nicht als Fütterung. Dabei muss das Futter so dargeboten werden, dass es anderem Schalenwild nicht zugänglich ist.

(3) Die oberste Jagdbehörde wird ermächtigt, zur Vermeidung von Beeinträchtigungen der Ziele dieses Gesetzes und zur Verhinderung von Missbräuchen die Fütterung und Kirrung durch Verordnung[2] näher zu regeln.

§ 19 Aussetzen von Wild
(zu § 28 Abs. 4 Bundesjagdgesetz)

Heimisches Wild darf nur mit Genehmigung der Jagdbehörde ausgesetzt werden[3]. Die Genehmigung wird im Benehmen mit der oberen Naturschutzbehörde erteilt, wenn das Aussetzen mit den Zielen dieses Gesetzes vereinbar ist. Als Aussetzen gilt nicht die Entnahme von Wildtieren oder Gelegen aus der Natur, um sie aufzuziehen, gesund zu pflegen oder auszubrüten und anschließend wieder in die Natur zu entlassen.

§ 20 Jagdschutzberechtigte
(zu § 25 Bundesjagdgesetz)

Zur Beaufsichtigung der Jagd können die Jagdausübungsberechtigten fachlich geeignete und zuverlässige volljährige Jagdscheininhaberinnen oder Jagdscheininhaber bestellen, die einer schriftlichen Bestätigung durch die Jagdbehörde[4] bedürfen (bestätigte Jagdaufseherinnen und bestätigte Jagdaufseher). Die schriftliche Bestätigung ist bei Ausübung der Aufsicht mit sich zu führen.

§ 21 Befugnisse der Jagdschutzberechtigten
(zu §§ 23, 25 Bundesjagdgesetz)

(1) Die zur Ausübung des Jagdschutzes berechtigen Personen sind befugt,

1. Personen anzuhalten, die in einem Jagdbezirk unberechtigt jagen oder sonst jagdrechtlichen Vorschriften zuwiderhandeln oder außerhalb der zum allgemeinen Gebrauch bestimmten Wege zur Jagd ausgerüstet

---

1 Erläuterungen zu Fütterung und Kirrung von Wild (C 17)
2 Landesverordnung über die Fütterung und Kirrung von Wild (C 16)
3 Siehe auch § 19 Abs. 1 Nr. 18 BJG (A) und 29 Abs. 4 Nr. 6 LJagdG
4 Voraussetzung ist unter Anderem der Nachweis einer Teilnahme an einem Jagd- und Naturschutzseminar der Landesjägerschaft

angetroffen werden, ihnen gefangenes und erlegtes Wild, Waffen im Sinne des Waffengesetzes, Jagd- und Fanggeräte, zur Jagd abgerichtete Tiere abzunehmen sowie ihre Identität festzustellen;

2. wildernde Hunde und Katzen zu töten[1]. Als wildernd gelten Hunde, die im Jagdbezirk außerhalb der Einwirkung der sie führenden Person sichtbar Wild verfolgen oder reißen und Katzen, die im Jagdbezirk weiter als 200 m vom nächsten Hause angetroffen werden. Die Befugnis erstreckt sich nicht auf Hirten-, Jagd-, Blinden-, Behindertenbegleit-, Such-, Rettungs- und Diensthunde, soweit sie als solche kenntlich sind und solange sie von den Berechtigten bestimmungsgemäß eingesetzt werden, auch wenn sie sich dabei vorübergehend der Einwirkung der sie führenden Person entzogen haben.

(2) Die Jagdausübungsberechtigten können Inhaberinnen und Inhabern einer schriftlichen Jagderlaubnis die Ausübung der Befugnis nach Absatz 1 Nr. 2 gestatten. § 13 Abs. 2 gilt entsprechend.

§ 22 Schutz des Wildes vor vermeidbaren Schmerzen
(zu § 22a Bundesjagdgesetz)

(1) Haben Jagdausübungsberechtigte ihren Hauptwohnsitz nicht in der Gemeinde ihres Jagdbezirks und sind für diesen keine dort wohnhaften bestätigten Jagdaufseherinnen oder Jagdaufseher bestellt, so haben die Jagdausübungsberechtigten der Jagdbehörde auf deren Verlangen eine im Allgemeinen ohne Schwierigkeiten erreichbare Person am Ort zu benennen, die Inhaberin oder Inhaber eines Jagdscheins ist. Sie muss bereit und in der Lage sein, unaufschiebbare Maßnahmen des Jagdschutzes, insbesondere hinsichtlich krankgeschossenen, schwer kranken oder verendeten Wildes in Abwesenheit der Jagdausübungsberechtigten durchzuführen.

(2) Wer als Führerin oder Führer eines Kraftfahrzeuges Schalenwild angefahren oder überfahren hat, muss dies der jeweils jagdausübungsberechtigten Person oder der nächsten Polizeidienststelle unverzüglich anzeigen.

---

1 Da der zuvor geltende Zusatz „ das gleiche gilt für Hunde und Katzen, die sich in Fallen gefangen haben" entfallen ist, besteht in diesen Fällen keine Befugnis zur Tötung.

§ 23 Nachsuche, Wildfolge
(zu § 22a Bundesjagdgesetz)

(1) Die Jagdausübungsberechtigten und die Person, die ein Stück Wild beschossen hat, sind verpflichtet, für eine fachgerechte Nachsuche krankgeschossenen oder auf andere Weise schwer verletzten Wildes zu sorgen.

(2) Wechselt krankgeschossenes oder auf andere Weise schwer verletztes Wild über die Grenze des Jagdbezirks, haben die in Absatz 1 genannten Personen folgende Pflichten:

1. Ist das Wild für einen sicheren Schuss nicht erreichbar, haben sie die Stelle des Überwechselns kenntlich zu machen und das Überwechseln den Jagdausübungsberechtigten oder deren Beauftragten des angrenzenden Jagdbezirkes sowie der von der Nachsuche voraussichtlich berührten weiteren Jagdbezirke unverzüglich anzuzeigen. Wer Wild krankgeschossen hat, muss sich oder eine andere, mit den Vorgängen vertraute Person für die Nachsuche zur Verfügung stellen.
2. Ist das Wild für einen sicheren Schuss erreichbar, muss es von der oder dem Jagdausübenden durch Fangschuss erlegt und am Erlegungsort versorgt werden. Es muss auch versorgt werden, wenn es in Sichtweite im Nachbarrevier verendet. Das Erlegen und Versorgen ist den dort Jagdausübungsberechtigten oder ihren Beauftragten unverzüglich anzuzeigen.

(3) Die Jagdausübungsberechtigten der Jagdbezirke, die durch eine Nachsuche von Schalenwild voraussichtlich berührt werden, sind nach Benachrichtigung verpflichtet, einer Führerin oder einem Führer von anerkannten Fährtenhunden unverzüglich zu gestatten, ihre Jagdbezirke zur Nachsuche zu betreten und das kranke oder verletzte Schalenwild zu erlegen. Können die Jagdausübungsberechtigten nicht erreicht werden, so sind die Führerinnen oder Führer von anerkannten Fährtenhunden auch ohne Einwilligung der Jagdausübungsberechtigten berechtigt, die Handlungen nach Satz 1 durchzuführen.

(4) Schriftliche Wildfolgevereinbarungen, die die Pflichten nach Absatz 2 und 3 erweitern, sollen abgeschlossen werden.

(5) Im Übrigen gilt für die Wildfolge vorbehaltlich abweichender schriftlicher Wildfolgevereinbarungen:

1. Eine Schusswaffe darf ohne Einwilligung der jeweiligen Jagdausübungsberechtigten oder ihrer Beauftragten beim Betreten des Jagdbezirks, in den das Wild eingewechselt ist, nur ungeladen mitgeführt werden.

2. Schalenwild muss am Erlegungsort beziehungsweise Ort des Verendens verbleiben. Sonstiges Wild darf die oder der Jagdausübungsberechtigte des Jagdbezirks, aus dem das Wild ursprünglich herausgewechselt ist, mitnehmen, muss es aber unverzüglich der oder dem am Erlegungsort beziehungsweise dem Ort des Verendens Jagdausübungsberechtigten abliefern. Die Jagdausübungsberechtigten des Jagdbezirks, in dem das Wild erlegt wurde oder verendet ist, entscheiden, ob sie das Stück Wild der Person, die die Wildfolge aufgenommen hat, überlassen. Das Wild wird auf den Abschussplan der Person angerechnet, die es erhält.

(6) Wildfolgevereinbarungen können auch durch die Satzungen der Hegegemeinschaften[1] geschlossen werden.

§ 24 *aufgehoben*

VI. Abschnitt: Jagdausübung

§ 25 Wegerecht

(1) Können Jagdausübungsberechtigte ihren Jagdbezirk nur auf einem nicht zumutbaren Umweg erreichen, so dürfen sie und ihre Jagdgäste einen fremden Jagdbezirk in Jagdausrüstung auch auf einem nicht zum allgemeinen Gebrauch bestimmten Weg (Jägernotweg) betreten; diesen kann die Jagdbehörde festlegen. Die Eigentümerin oder der Eigentümer des Grundstücks, über das der Notweg führt, kann eine angemessene Entschädigung verlangen. Die Höhe der Entschädigung setzt die Jagdbehörde auf Antrag fest.

(2) Bei Benutzung des Notweges dürfen Schusswaffen nur ungeladen und in einem Überzug und Hunde nur an der Leine mitgeführt werden.

§ 26 Jagdliche Einrichtungen

(1) Soweit andere öffentlich-rechtliche Rechtsvorschriften nicht entgegenstehen, dürfen die Jagdausübungsberechtigten auf land- und forstwirtschaftlich genutzten Grundstücken jagdliche Einrichtungen errichten, sofern dies den Grundeigentümerinnen oder Grundeigentümern angezeigt wurde, ihnen die Duldung der Einrichtung zugemutet werden kann und sie auf Verlangen eine angemessene Entschädigung erhalten. Dabei

1 Siehe § 10 LJagdG

müssen Hochsitze sich unbeschadet Satz 1 nach Art und Standort in die Landschaft einfügen.

(2) Jagdliche Einrichtungen sind von den bisherigen Jagdausübungsberechtigten unverzüglich, spätestens jedoch innerhalb von drei Monaten nach Beendigung des Pachtverhältnisses zu entfernen, falls nicht die nachfolgenden Jagdausübungsberechtigten sie übernehmen. Darüber hinaus sind nicht mehr benötigte oder unbrauchbare jagdliche Einrichtungen unverzüglich von den jeweiligen Jagdausübungsberechtigten zu entfernen.

§ 27 Jagdhunde

(1) Bei der Such-, Drück- und Treibjagd, bei der Jagd auf Wasserwild sowie bei der Nachsuche auf Schalenwild sind für den jeweiligen Zweck brauchbare Jagdhunde in genügender Zahl mitzuführen und zu verwenden. Die Voraussetzungen für die Brauchbarkeit bestimmt die oberste Jagdbehörde. Ein Jagdhund gilt als brauchbar, wenn er eine Brauchbarkeitsprüfung oder eine gleichgestellte Prüfung bestanden hat. Brauchbarkeitsprüfungen werden von der Landesjägerschaft nach einer von der obersten Jagdbehörde anerkannten Prüfungsordnung[1] durchgeführt. In der Prüfungsordnung können Prüfungen anderer Vereinigungen als gleichgestellt zugelassen werden, sofern diese die Brauchbarkeit der Jagdhunde gewährleisten.

(2) Außerhalb befriedeter Bezirke gehört die Jagdhundeausbildung einschließlich Prüfung zur Jagdausbildung.

§ 28 Fangjagd
(zu § 19 Abs. 2 Bundesjagdgesetz)

(1) Die Jagd mit Fanggeräten (Fangjagd) ist im Rahmen der Zielsetzungen dieses Gesetzes zulässig.

Die Fangjagd ist so auszuüben, dass dem zu fangenden Wild keine vermeidbaren Leiden oder Schmerzen zugefügt werden und Gefahren für Menschen und nicht bejagbare Tiere so weit wie möglich verhindert werden[2]. Es dürfen nur Fanggeräte verwendet werden, deren Bauart zugelassen ist und die regelmäßig auf ihre zuverlässige Funktion über-

---

1 Ordnung zur Durchführung von Brauchbarkeitsprüfungen für Jagdhunde (BPO) in Schleswig-Holstein gültig ab 1. September 2011, erhältlich beim Landesjagdverband Schleswig-Holstein e.V.

2 Siehe § 19 Abs. 1 Nr. 9 BJG (A)

prüft werden. Die Fangjagd darf nur ausüben, wer an einem anerkannten Ausbildungslehrgang teilgenommen hat.

(2) Näheres über die Bauartzulassung, die Funktionsprüfung, die Anwendung und Registrierung von Fanggeräten sowie die Voraussetzungen für die Anerkennung von Ausbildungslehrgängen regelt die oberste Jagdbehörde durch Verordnung[1].

§ 29 Zulässige Handlungen, sachliche Verbote und Ausnahmen
(zu §§ 19, 19a, 28 Bundesjagdgesetz, Abweichung von § 22 Abs. 4 Satz 4 Bundesjagdgesetz)

(1) In der Zeit vom 1. November bis 31. Januar kann Rot- und Damwild zur Nachtzeit erlegt werden, soweit das zur Erfüllung der Abschusspläne erforderlich ist. Auf Antrag der Mehrheit der im Kreis vertretenen Hochwild-Hegegemeinschaften kann die Jagdbehörde die Regelung nach Satz 1 einschränken oder aufheben.

(2) Bei schweren Wildschäden kann die Jagdbehörde auf Antrag die Erlegung einzelner Stücke der in Absatz 1 genannten Wildarten zur Nachtzeit außerhalb der in Absatz 1 genannten Zeit genehmigen.

(3) Die oberste Jagdbehörde kann für bestimmte Wildarten zu wissenschaftlichen, Lehr- und Forschungszwecken Ausnahmen von den Verboten des § 19a des Bundesjagdgesetzes zulassen.

(4) Abweichend von § 22 Abs. 4 Satz 4 Bundesjagdgesetz kann die Jagdbehörde in Einzelfällen das Ausnehmen oder Unfruchtbarmachen der Gelege von Federwild im Interesse der Volksgesundheit, der Sicherheit der Luftfahrt, zur Abwendung erheblicher Wildschäden, zum Schutz der Pflanzen- und Tierwelt, zu Forschungs- und Unterrichtszwecken oder für Zwecke der Aufzucht mit Zustimmung des Jagdausübungsberechtigten gestatten, sofern es keine andere zufriedenstellende Lösung gibt. Die Genehmigung ist zu befristen und mit der Auflage zu verbinden, der Jagdbehörde innerhalb eines Monats nach Fristablauf mitzuteilen, in welchem Umfang von der Genehmigung Gebrauch gemacht worden ist.

(5) Es ist verboten,

1. in freier Wildbahn Arzneimittel im Sinne des Arzneimittelgesetzes in der Fassung der Bekanntmachung vom 11. Dezember 1998 (BGBl. I S. 3586) an Tiere, die dem Jagdrecht unterliegen, zu verabreichen, soweit nicht die Jagdbehörde die Verabreichung zum Zweck der Ge-

---

1 Fangjagdverordnung (C 12)

fahrenabwehr zugelassen hat; § 24 des Bundesjagdgesetzes bleibt unberührt;

2. bei der Jagd auf Wasserwild Bleischrot zu verwenden;
3. Hunde außerhalb der ordnungsgemäßen Jagdausübung unbeaufsichtigt in einem Jagdbezirk laufen zu lassen;
4. Jagdbezirke oder Teile von Jagdbezirken zum Zweck der Jagd oder der Hege einzugattern[1];
5. bei der Fallenjagd mit Pistolen und Revolvern zu schießen, wenn die Mündungsenergie der Geschosse nicht mindestens 100 Joule beträgt[2];
6. auf alle Tierarten, die nach § 2 Bundesjagdgesetz dem Jagdrecht unterliegen, mit Bolzen und Pfeilen zu schießen;
7. im Umkreis von 200 m von Querungshilfen für Wild, gemessen von der Mitte der Querungshilfe, Ansitzeinrichtungen aufzustellen;
8. Wild früher als sechs Monate nach dem Aussetzen zu bejagen[3];
9. die Ausübung der Jagd vorsätzlich zu stören oder zu behindern.

VII. Abschnitt: Wild- und Jagdschaden

§ 30 Verfahren in Wild- und Jagdschadenssachen
(zu § 35 Bundesjagdgesetz)

(1) Wild- oder Jagdschaden ist bei den örtlichen Ordnungsbehörden anzumelden.

(2) Wildschäden an Grundstücken, auf denen die Jagd ruht oder nicht ausgeübt werden darf[4], werden nicht erstattet. Diese Grundstücke bleiben bei der Berechnung der anteiligen Ersatzleistung für Wildschäden an anderen Grundstücken außer Betracht (§ 29 Abs. 1 Satz 2 des Bundesjagdgesetzes).

(3) Vor Beschreiten des ordentlichen Rechtsweges hat ein Feststellungsverfahren vor der örtlichen Ordnungsbehörde stattzufinden. Die näheren Bestimmungen erlässt die oberste Jagdbehörde durch Verordnung[5].

---

1 Siehe § 39 Abs. 3 LJagdG
2 Siehe auch § 19 Abs. 1 Nr. 2 d) BJG (A)
3 Siehe auch § 19 Abs.1 Nr. 18 BJG (A) und § 19 LJagdG
4 Siehe §§ 6 und 20 BJG (A) sowie § 4 LJagdG
5 Landesverordnung über Verfahren in Wild- und Jagdschadenssachen (C 19)

VIII. Abschnitt: Jagdverwaltung

§ 31 Jagdbehörden

(1) Oberste Jagdbehörde ist das für das Jagdwesen zuständige Ministerium.

(2) Untere Jagdbehörden sind die Landrätinnen und die Landräte und die Bürgermeisterinnen und die Bürgermeister der kreisfreien Städte. Sie nehmen diese Aufgabe als Aufgabe zur Erfüllung nach Weisung wahr.

(3) Erstreckt sich ein Jagdbezirk oder das Gebiet einer Hegegemeinschaft[1] über die Grenzen eines Kreises oder einer kreisfreien Stadt, so wird die zuständige untere Jagdbehörde von der obersten Jagdbehörde bestimmt.

§ 32 Sachliche Zuständigkeit

(1) Soweit durch Rechtsvorschrift nichts anderes bestimmt ist, führt die untere Jagdbehörde die Aufgaben nach dem Jagdrecht durch.

(2) Soweit durch Rechtsvorschrift nichts anderes bestimmt ist, ist für Jagdbezirke, in denen dem Land das Jagdrecht gemäß § 3 Abs. 2 Bundesjagdgesetz zusteht, die oberste Jagdbehörde zuständig. Sie ist weiter zuständig für die Aufhebung der Schonzeiten für bestimmte Gebiete oder für einzelne Jagdbezirke aus besonderen Gründen nach § 22 Abs. 1 Satz 3 des Bundesjagdgesetzes.

(3)Zuständig für die Erlaubnis zum Aushorsten von Ästlingen und Nestlingen der Habichte für Beizzwecke nach § 22 Abs. 4 Satz 3 des Bundesjagdgesetzes und für die Erlaubnis zum Sammeln der Eier von Silber- und Lachmöwen nach Maßgabe des § 22 Abs. 4 Satz 6 des Bundesjagdgesetzes ist das Landesamt für Landwirtschaft, Umwelt und ländliche Räume.

(4) Zuständige Jagdbehörde für bundeseigene Flächen, auf denen dem Bund die Jagdausübung zusteht, ist die Bundesanstalt für Immobilienaufgaben. Sie teilt den für die angrenzenden Jagdbezirke zuständigen unteren Jagdbehörden jährlich ihre Abschusspläne und die Jagdstrecken mit.

---

1 Siehe § 10 LJagdG

§ 33 Aufgaben und Befugnisse der Jagdbehörden, Auskunftspflicht

(1) Die Jagdbehörden haben

1. darüber zu wachen, dass die Bestimmungen nach diesem Gesetz oder anderen auf die ordnungsgemäße Ausübung des Jagdrechts gerichteten Vorschriften erfüllt werden,
2. Zuwiderhandlungen gegen die Rechtsvorschriften nach Nummer 1 zu verhüten, zu verfolgen oder bei deren Verfolgung mitzuwirken und zu diesem Zweck die nach pflichtgemäßem Ermessen notwendigen Anordnungen zu treffen. Die Zwangsmittel gemäß § 235 Landesverwaltungsgesetz für den Vollzug der Anordnungen gegenüber den Jagdausübungsberechtigten sowie deren Jagdgästen beschränken sich auf das Zwangsgeld und die Ersatzvornahme.

(2) Die Jagdausübungsberechtigten sind verpflichtet, den Jagdbehörden die zur Erfüllung ihrer Aufgaben erforderlichen Auskünfte zu erteilen.

§ 34 Kreisjägermeisterin oder Kreisjägermeister

(1) Bei der unteren Jagdbehörde werden auf Grund der Wahl nach den Absätzen 2 bis 5 eine Kreisjägermeisterin oder ein Kreisjägermeister sowie deren Stellvertretung bestellt. Diese beraten die untere Jagdbehörde in allen jagdlichen Fragen. Die untere Jagdbehörde ist an ihre Empfehlungen nicht gebunden.

(2) Die Kreisjägermeisterinnen oder Kreisjägermeister und ihre Stellvertreterinnen oder Stellvertreter werden für fünf Jahre gewählt; sie üben ihre Aufgaben ehrenamtlich aus. Ist es wegen der Größe des Kreisgebietes zur Entlastung der Kreisjägermeisterinnen oder Kreisjägermeister erforderlich, so kann die untere Jagdbehörde mit Zustimmung der Kreisjägermeisterinnen oder Kreisjägermeister deren Stellvertretung mit der Wahrnehmung der Aufgaben für einen Teil des Kreisgebietes oder für einzelne Sachgebiete betrauen.

(3) Zur Kreisjägermeisterin oder zum Kreisjägermeister und zur Stellvertreterin oder zum Stellvertreter darf nur gewählt werden, wer

1. jagdpachtfähig ist (§ 11 Abs. 5 des Bundesjagdgesetzes),
2. den Wohnsitz oder ständigen Aufenthalt in dem Kreise oder in der kreisfreien Stadt hat, in dem oder in der sie oder er zur Kreisjägermeisterin oder zum Kreisjägermeister gewählt werden soll.

(4) Zur Teilnahme an der Wahl der Kreisjägermeisterin oder des Kreisjägermeisters und der Stellvertreterin oder des Stellvertreters ist berechtigt, wer

1. Inhaberin oder Inhaber eines Jahresjagdscheines ist und
2. im Kreis oder in der kreisfreien Stadt ihren oder seinen Wohnsitz oder ständigen Aufenthalt hat oder Inhaberin oder Inhaber eines Eigenjagdbezirks ist oder eine Jagd gepachtet hat.

(5) Die untere Jagdbehörde leitet die Wahl der Kreisjägermeisterin oder des Kreisjägermeisters und ihrer oder seiner Stellvertreterin oder ihres oder seines Stellvertreters. Das Wahlverfahren regelt die oberste Jagdbehörde.

§ 35 Jagdbeirat
(zu § 37 Abs. 1 Bundesjagdgesetz)

(1) Bei der unteren Jagdbehörde wird ein Jagdbeirat gebildet. Er berät und unterstützt die untere Jagdbehörde in allen wichtigen Fragen der Jagdverwaltung. Seine Mitwirkung bei der Bestätigung oder der Festsetzung der Abschusspläne nach § 21 Abs. 2 Satz 1 des Bundesjagdgesetzes bleibt unberührt.

(2) Die untere Jagdbehörde beruft als Mitglieder des Jagdbeirates:

1. die Kreisjägermeisterin oder den Kreisjägermeister, in den Fällen des § 34 Abs. 2 Satz 2 auch deren Stellvertretung,
2. zwei von ihren jagdlichen Organisationen benannte Jägerinnen oder Jäger, die einen gültigen Jagdschein besitzen müssen,
3. je eine Vertreterin oder einen Vertreter der Landwirtschaft und der Forstwirtschaft, die von den berufsständischen Organisationen benannt werden,
4. eine Vertreterin oder einen Vertreter der Jagdgenossenschaften, die oder der von der Vertretungskörperschaft des Kreises oder der kreisfreien Stadt benannt werden,
5. als Vertreterinnen oder Vertreter des Naturschutzes die oder den jeweiligen Kreisbeauftragten für Naturschutz sowie eine vom Beirat für Naturschutz benannte Person, die Mitglied „einer nach § 3 des Umwelt-Rechtsbehelfsgesetzes vom 7. Dezember 2006 (BGBl. I S. 2816), zuletzt geändert durch Artikel 11 a des Gesetzes vom 11. August 2010 (BGBl. I S. 1163), in Verbindung mit § 40 Abs. 1 Landesnaturschutzgesetz in Schleswig-Holstein anerkannten Naturschutzvereinigung“ ist.

(3) Die Mitglieder des Jagdbeirats üben ihre Tätigkeit ehrenamtlich für die Dauer von fünf Jahren aus.

(4) Die Mitglieder des Jagdbeirats wählen aus ihrer Mitte eine Vorsitzende oder einen Vorsitzenden sowie eine stellvertretende Vorsitzende oder einen stellvertretenden Vorsitzenden. Der Jagdbeirat gibt sich eine Geschäftsordnung. Die Mitglieder des Jagdbeirates erhalten für die Durchführung ihrer Aufgaben eine Entschädigung nach den Bestimmungen der Gemeindeordnung und der Kreisordnung für ehrenamtlich tätige Bürgerinnen und Bürger.

(5) Die oder der Vorsitzende beruft die Sitzungen des Jagdbeirats ein und leitet sie. Sie oder er muss eine Sitzung einberufen, wenn die untere Jagdbehörde oder mindestens zwei Mitglieder des Jagdbeirats dies beantragen.

(6) Vertreterinnen oder Vertreter der unteren Jagdbehörde, der unteren Forstbehörde und der unteren Naturschutzbehörde werden zu den Sitzungen des Jagdbeirats eingeladen; ihnen ist auf Verlangen jederzeit das Wort zu erteilen.

§ 36 Landesjägerschaft
(zu § 37 Abs. 2 Bundesjagdgesetz)

(1) Weist eine Vereinigung von Jägerinnen und Jägern nach, dass ihr mindestens 50 % der Jagdscheininhaberinnen und Jagdscheininhaber des Landes angehören, so kann sie von der obersten Jagdbehörde als Landesjägerschaft anerkannt werden. Die Anerkennung ist zu widerrufen, wenn die Voraussetzung nach Satz 1 nicht mehr vorliegt.

(2) Die Jagdbehörde hat der Landesjägerschaft Gelegenheit zur Stellungnahme zu geben, wenn ein Jagdschein nach § 17 Abs. 2 Nr. 4 des Bundesjagdgesetzes versagt oder nach § 18 des Bundesjagdgesetzes in Verbindung mit § 17 Abs. 2 Nr. 4 des Bundesjagdgesetzes eingezogen werden soll. Die Landesjägerschaft kann bei der Jagdbehörde beantragen, dass ein Jagdschein wegen Verstoßes gegen die Grundsätze der Weidgerechtigkeit nicht erteilt oder eingezogen wird.

(3) Die oberste Jagdbehörde kann der Landesjägerschaft mit deren Zustimmung weitere Aufgaben des Jagdwesens übertragen, insbesondere in den Bereichen Aus- und Fortbildung der Jägerinnen und Jäger, Kontrolle der Normen für Fanggeräte[1], Schießausbildung, Ausbildungs- und Prüfungswesen für Jagdhunde, Durchführung der Jagdaufseherinnen- und Jagdaufseherlehrgänge sowie Anerkennung von Fährtenhunden[2].

1 Öffentlich-rechtlicher Vertrag mit der Landesjägerschaft zur Fangjagdverordnung (C 13)
2 Öffentlich-rechtlicher Vertrag mit der Landesjägerschaft zur Anerkennung von Nachsuchengespannen (C 15)

IX. Abschnitt: Ordnungswidrigkeiten

§ 37 Ordnungswidrigkeiten, Einziehung
(zu § 42 Bundesjagdgesetz)

(1) Ordnungswidrig handelt, wer vorsätzlich oder fahrlässig

1. entgegen § 4 Abs. 3 in befriedeten Bezirken Tiere fängt, tötet oder sich aneignet oder dort jagdliche Handlungen vornimmt;
2. entgegen § 11 Abs. 4 dieses Gesetzes in Verbindung mit § 12 Abs. 1 des Bundesjagdgesetzes den Abschluss, die Änderung oder Verlängerung eines Jagdpachtvertrages nicht innerhalb eines Monats anzeigt;
3. entgegen § 13 Abs. 2 die Erteilung einer Jagderlaubnis gegen Entgelt nicht anzeigt;
4. entgegen § 13 Abs. 3 als Jagdgast ohne Begleitung der Jagdausübungsberechtigten jagt, ohne einen gültigen Erlaubnisschein bei sich zu führen oder ihn auf Verlangen der Jagdschutzberechtigten nicht vorzeigt;
5. entgegen § 15 Abs. 1 Satz 4 und Abs. 2 Satz 3 die erforderlichen Anzeigen unterlässt;
6. entgegen § 17 Abs. 1 den Abschussplan nicht zu dem von der Jagdbehörde bestimmten Termin vorlegt;
7. entgegen § 17 Abs. 5 eine Streckenliste nicht oder nicht ordnungsgemäß führt, sie der Jagdbehörde auf Verlangen nicht vorlegt oder die Jagdstrecke der Jagdbehörde nicht bis zum 10. April schriftlich, anzeigt;
8. entgegen § 17 Abs. 7 trotz Anordnung der Jagdbehörde den Abschuss von Schalenwild mit Ausnahme von Rehwild nicht unverzüglich bei der Jagdbehörde oder der Leiterin oder dem Leiter der Hegegemeinschaft anzeigt oder trotz Anordnung der Jagdbehörde nicht den körperlichen Nachweis der Erfüllung des Abschussplanes führt;
9. entgegen § 18 Wild füttert;
10. entgegen § 19 Wild aussetzt;
11. gegenüber Jagdschutzberechtigten auf eine Aufforderung nach § 21 Abs. 1 Nr. 1 keine oder unrichtige Angaben zur Identität macht oder die Herausgabe der Gegenstände verweigert;

12. entgegen § 22 Abs. 1 der Jagdbehörde keine für die Durchführung unaufschiebbarer Maßnahmen des Jagdschutzes zuständige Person benennt;
13. entgegen § 22 Abs. 2 eine Anzeige unterlässt;
14. entgegen § 23 Abs. 1 nicht für eine fachgerechte Nachsuche sorgt;
15. entgegen § 23 Abs. 2 Satz 1 Nr. 1 das Überwechseln krankgeschossenen oder auf andere Weise schwer verletzten Wildes nicht unverzüglich anzeigt;
16. entgegen § 23 Abs. 5 Nr. 1 beim Betreten des Nachbarreviers eine Schusswaffe geladen mitnimmt;
17. entgegen § 23 Abs. 5 Nr. 2 Satz 2 das Wild nicht unverzüglich bei den Jagdausübungsberechtigten oder deren Beauftragten abliefert;
18. entgegen § 26 Abs. 2 jagdliche Einrichtungen nicht beseitigt;
19. entgegen § 27 keine brauchbaren Jagdhunde mitführt und verwendet;
20. entgegen § 28 die Fangjagd ausübt;
21. entgegen § 29 Abs. 5
    a) Arzneimittel an Tiere, die dem Jagdrecht unterliegen, verabreicht;
    b) bei der Jagd auf Wasserwild Bleischrot verwendet;
    c) Hunde außerhalb der ordnungsgemäßen Jagdausübung unbeaufsichtigt in einem Jagdbezirk laufen lässt;
    d) Jagdbezirke eingattert;
    e) bei der Fangjagd Pistolen oder Revolver mit einer Mündungsenergie von unter 100 Joule verwendet;
    f) auf Tierarten, die nach § 2 Bundesjagdgesetz dem Jagdrecht unterliegen, mit Bolzen und Pfeilen schießt;
    g) im Umkreis von 200 m von Querungshilfen für Wild Ansitzeinrichtungen aufstellt;
    h) Wild früher als sechs Monate nach dem Aussetzen bejagt;
22. entgegen § 33 Abs. 2 einem Auskunftsersuchen der Jagdbehörden nicht, nicht vollständig oder nicht rechtzeitig nachkommt oder falsche Angaben macht;
23. einer auf Grund des § 38 erlassenen Verordnung zuwiderhandelt, sofern sie für bestimmte Tatbestände auf diese Bußgeldvorschrift verweist.

(2) Ordnungswidrig handelt ferner, wer entgegen § 29 Abs. 5 Nr. 9 die Jagd vorsätzlich stört oder behindert.

(3) Die Ordnungswidrigkeit kann mit einer Geldbuße bis zu 5.000 Euro geahndet werden. Daneben kann die Einziehung des Jagdscheines für bestimmte Zeit angeordnet beziehungsweise der Jagdschein versagt werden.

(4) Ist eine Ordnungswidrigkeit nach diesem Gesetz begangen worden, können

1 Gegenstände, auf die sich die Ordnungswidrigkeit bezieht, und

2. Gegenstände, die zu ihrer Begehung oder Vorbereitung gebraucht worden oder bestimmt gewesen sind,

eingezogen werden. § 23 des Gesetzes über Ordnungswidrigkeiten ist anzuwenden.

(5) Zuständige Behörde nach § 36 Abs. 1 Nr. 1 des Gesetzes über Ordnungswidrigkeiten für die Verfolgung und Ahndung von Ordnungswidrigkeiten auf Grund des Bundesjagdgesetzes und dieses Gesetzes ist die nach § 32 zuständige Jagdbehörde.

X. Abschnitt: Schlussvorschriften

§ 38 Ermächtigungen

Die oberste Jagdbehörde wird ermächtigt, durch Verordnung die Bestimmungen zu treffen, die nach §§ 2, 7, 15, 17, 19, 20, 21, 22, 28, 29, 32, 35, 36, 44 des Bundesjagdgesetzes und den Ausführungsverordnungen zum Bundesjagdgesetz den Ländern vorbehalten sind.

§ 39 Überleitungsvorschriften

(1) Abrundungen von Jagdbezirken, die am 1. April 1953 bestanden, bleiben bis zum Fristablauf gültig, wenn sie nicht von der Jagdbehörde geändert oder aufgehoben werden.

(2) Unbefristete Abrundungen von Jagdbezirken, die mit den geltenden Rechtsvorschriften nicht im Einklang stehen, sind aufzuheben.

(3) Eingatterungen[1] zum Zweck der Jagd oder der Hege, die bei Inkrafttreten dieses Gesetzes genehmigt waren, dürfen für die Dauer ihrer

---

1 Siehe § 30 BJG (A) und § 29 Abs. 4 Nr. 4 LJagdG

Genehmigung, längstens jedoch bis zum 28. Oktober 2014 bestehen bleiben.

§ 40 Inkrafttreten

Dieses Gesetz tritt am Tage nach seiner Verkündung in Kraft. Hiervon abweichend treten § 16 Abs. 3 und 4 am 1. Januar 2000 und § 28 am 1. Juli 2000 in Kraft. Mit dem Inkrafttreten des Gesetzes treten die Landesverordnungen zur Bestimmung von Jagdbehörden vom 15. Juni 1978 (GVOBl. Schl.-H. S. 177)[1)], zuletzt geändert gemäß Verordnung vom 24. Oktober 1996 (GVOBl. Schl.-H. S. 652) und die Verordnung über die Mustersatzung für Jagdgenossenschaften vom 2. Juni 1954 (GVOBl. Schl.-H. S. 103)[2)], zuletzt geändert durch Verordnung vom 23. Juni 1967 (GVOBl. Schl.-H. S. 202) außer Kraft.

Verordnung über die Jagdzeiten

Vom 2. April 1977 (BGBl. I S. 531), zuletzt geändert durch Artikel 1 der Verordnung vom 25. April 2002 (BGBl. I S. 1487)

Auf Grund des § 22 Abs. 1 Satz 1 des Bundesjagdgesetzes in der Fassung der Bekanntmachung vom 29. September 1976 (BGBl. I S. 2849) wird mit Zustimmung des Bundesrates verordnet:

§ 1

(1) Die Jagd darf ausgeübt werden auf

1.	Rotwild	
	Kälber	vom 1. August bis 28. Februar
	Schmalspießer	vom 1. Juni bis 28. Februar
	Schmaltiere	vom 1. Juni bis 31. Januar
	Hirsche und Alttiere	vom 1. August bis 31. Januar
2.	Dam- und Sikawild	
	Kälber	vom 1. September bis 28. Februar
	Schmalspießer	vom 1. Juli bis 28. Februar
	Schmaltiere	vom 1. Juli bis 31. Januar
	Hirsche und Alttiere	vom 1. September bis 31. Januar
3.	Rehwild	
	Kitze	vom 1. September bis 28. Februar
	Schmalrehe	vom 1. Mai bis 31. Januar
	Ricken	vom 1. September bis 31. Januar
	Böcke	vom 1. Mai bis 15. Oktober
4.	Gamswild	vom 1. August bis 15. Dezember
5.	Muffelwild	vom 1. August bis 31. Januar
6.	Schwarzwild	vom 16. Juni bis 31. Januar
7.	Feldhasen	vom 1. Oktober bis 15. Januar
8.	Stein- und Baummarder	vom 16. Oktober bis 28. Februar
9.	Iltisse	vom 1. August bis 28. Februar
10.	Hermeline	vom 1. August bis 28. Februar
11.	Mauswiesel	vom 1. August bis 28. Februar
12.	Dachse	vom 1. August bis 31. Oktober
13.	Rebhühner	vom 1. September bis 15. Dezember
14.	Fasanen	vom 1. Oktober bis 15. Januar
15.	Wildtruthähne	vom 15. März bis 15. Mai und vom 1. Oktober bis 15. Januar
16.	Wildtruthennen	vom 1. Oktober bis 15. Januar
17.	Ringel- und Türkentauben	vom 1. November bis 20. Februar
18.	Höckerschwäne	vom 1. November bis 20. Februar
19.	Graugänse	vom 1. August bis 31. August und vom 1. November bis 15. Januar

20. Bläss-, Saat-, Ringel- und Kanadagänse	vom 1. November bis 15. Januar
21. Stockenten	vom 1. September bis 15. Januar
22. Pfeif-, Krick-, Spieß-, Berg-, Reiher-, Tafel-, Samt- und Trauerenten	vom 1. Oktober bis 15. Januar
23. Waldschnepfen	vom 16. Oktober bis 15. Januar
24. Blässhühner	vom 11. September bis 20. Februar
25. Lach-, Sturm-, Silber-, Mantel- und Heringsmöwen	vom 1. Oktober bis 10. Februar

(2) Vorbehaltlich der Bestimmungen des § 22 Abs. 4 des Bundesjagdgesetzes darf die Jagd das ganze Jahr ausgeübt werden beim Schwarzwild auf Frischlinge und Überläufer, auf Wildkaninchen und Füchse.

(3) Die in Absatz 1 festgesetzten Jagdzeiten umfassen nur solche Zeiträume einschließlich Tageszeiten, in denen nach den örtlich gegebenen äußeren Umständen für einen Jäger die Gefahr der Verwechslung von Tierarten nicht besteht.

§ 2

Diese Verordnung tritt am Tag nach der Verkündung in Kraft.

Landesverordnung über jagdbare Tierarten und über die Jagdzeiten

Vom 18. Oktober 2005 (GVOBl. Schl.-H. S. 508), geändert durch Landesverordnung vom 4. Januar 2010 (GVOBl. Schl.-H. S. 12)

Aufgrund des § 2 Abs. 2, § 19 Abs. 2 und des § 22 Abs. 1 Satz 3, Abs. 2 und Abs. 4 Satz 2 des Bundesjagdgesetzes in der Fassung der Bekanntmachung vom 29. September 1976 (BGBl. I S. 2849), zuletzt geändert durch Artikel 5 des Gesetzes vom 26. März 2008 (BGBl. I S. 426) in Verbindung mit § 38 des Landesjagdgesetzes vom 13. Oktober 1999 (GVOBl. Schl.-H. S. 300, ber. 2008, S. 135), zuletzt geändert durch Artikel 11 des Gesetzes vom 12. Dezember 2008 (GVOBl. Schl.-H. S. 791) verordnet das Ministerium für Landwirtschaft, Umwelt und ländliche Räume:

§ 1 Jagdbare Tierarten

Über die im § 2 Abs. 1 des Bundesjagdgesetzes aufgeführten Tierarten hinaus unterliegen folgende Tierarten dem Jagdrecht:

1. Marderhund (Nyctereutes procyonoides)
2. Mink (Mustela vison f. domestica)
3. Waschbär (Procyon lotor)
4. Nutria (Myocastor coypus)
5. Aaskrähen (Corvus corone)
6. Elster (Pica pica)
7. Nilgans (Alopochen aegyptiacus)

§ 2 Aufhebung von Jagdzeiten

Für folgende Wildarten werden die in der Verordnung über die Jagdzeiten vom 2. April 1977 (BGBl. I S. 531), zuletzt geändert durch Verordnung vom 25. April 2002 (BGBl. I S. 1487), festgesetzten Jagdzeiten aufgehoben:

1. Türkentaube
2. Ringelgans
3. Spieß-, Berg-, Tafel-, Samt- und Trauerente

§ 3 Jagdzeiten

(1) Für die nach Landesrecht jagdbaren Wildarten gelten folgende Jagdzeiten:

1.	Marderhund	ganzjährig	vorbehaltlich der Bestimmungen des § 22 Abs. 4 Satz 1 des Bundesjagdgesetzes
2.	Mink	ganzjährig	
3.	Waschbär	ganzjährig	
4.	Nutria	vom 1. August bis 28. Februar	
5.	Aaskrähen	vom 1. August bis 20. Februar	
6.	Elster	vom 1. August bis 28. Februar	
7.	Nilgans	vom 1. August bis 15. Januar	

(2) Zur Abwehr erheblicher landwirtschaftlicher Schäden und zum Schutze der heimischen Tierwelt ist der Fang von Aaskrähen und Elstern mit selektiv fangenden Einzelfangfallen während der Jagdzeit gestattet. Über die getätigten Fänge ist ein gesondertes Fangbuch zu führen, in welchem die verantwortlichen Jagdausübungsberechtigten die getätigten Fänge nach Arten und Anzahl aufzuschlüsseln und die Kontrollen der Fallen nachzuweisen haben.

(3) Abweichend von den durch die Verordnung über die Jagdzeiten festgesetzten Jagdzeiten darf die Jagd ausgeübt werden auf:

1.	Rebhühner	vom 1. Oktober bis 15. Dezember
2.	Ringeltauben	vom 20. August bis 30. April mit der Maßgabe, dass die Jagd in der Zeit vom 20. August bis 31. Oktober sowie vom 21. Februar bis 30. April nur zur Schadensabwehr ausgeübt werden darf, wenn sie in Trupps auf gefährdeten Acker- und Grünlandkulturen sowie Baumschulflächen einfallen.
3.	Graugänse und Kanadagänse	vom 1. August bis 15. Januar mit der Maßgabe, dass die Jagd auf Kanadagänse im August und für Grau- und Kanadagänse in der Zeit vom1. September bis 31. Oktober nur für Schadensabwehr auf gefährdeten Acker- und Grünlandkulturen ausgeübt werden darf.

(4) In den Kreisen Nordfriesland, Dithmarschen, Pinneberg und Steinburg darf nur außerhalb von Europäischen Vogelschutzgebieten und nur zur Schadensabwehr auf gefährdeten Acker- und Grünlandkulturen die Jagd auf Nonnengänse in der Zeit vom 1. Oktober bis zum 15. Januar ausgeübt werden. Die Notwendigkeit zur Abwehr erheblicher Schäden auf Grünlandkulturen muss zuvor durch einen anerkannten Sachverständigen festgestellt worden sein.

(5) In den Kreisen Nordfriesland, Dithmarschen, Steinburg, Pinneberg und auf der Insel Fehmarn darf die Jagd auf Pfeifenten zur Abwehr erheblicher Schäden auf gefährdeten Ackerkulturen auch zur Nachtzeit ausgeübt werden.

(6) Die außerhalb der Jagdzeit vom 1. November bis 20. Februar erlegten Ringeltauben sowie die erlegten Nonnengänse sind in der Wildnachweisung gesondert zu erfassen.

(7) Im Bereich der Deichkörper nach § 64 und § 65 des Landeswassergesetzes darf die Jagd auf Füchse und Wildkaninchen zur Gewährleistung der Deichsicherheit auch in der Setzzeit ausgeübt werden.

(8) Die Jagd auf Höckerschwäne darf in der Zeit vom 1. November bis 20. Februar nur mit Kugelschuss ausgeübt werden.

§ 4 Inkrafttreten, Außerkrafttreten

Diese Verordnung tritt am Tage nach ihrer Verkündung in Kraft und gilt bis zum 31. März 2015. Mit Inkrafttreten dieser Verordnung tritt die Landesverordnung über jagdbare Tiere und die Jagdzeiten vom 1. Juli 2002 (GVOBl. Schl.-H. S. 171) außer Kraft.

Zusammenfassung der Jagd- und Schonzeiten des Bundes und des Landes

gemäß Landesverordnung vom 18. Oktober 2005, geändert durch Landesverordnung vom 4. Januar 2010

(Fettdruck in rechter Spalte gibt die Abweichungen von der Bundesverordnung wieder)

Rotwild	
Kälber	01.08.–28.02.
Schmalspießer	01.06.–28.02.
Schmaltiere	01.06.–31.01.
Hirsche und Alttiere	01.08.–31.01.
Dam- und Sikawild	
Kälber	01.09.–28.02.
Schmalspießer	01.07.–28.02.
Schmaltiere	01.07.–31.01.
Hirsche und Alttiere	01.09.–31.01.
Rehwild	
Kitze	01.09.–28.02.
Schmalrehe	01.05.–31.01.
Ricken	01.09.–31.01.
Böcke	01.05.–15.10.
Muffelwild	01.08.–31.01.
Schwarzwild	16.06.–31.01., vorbehaltlich der Bestimmungen des § 22 Abs. 4 S. 1 des Bundesjagdgesetzes darf die Jagd das ganze Jahr ausgeübt werden auf Frischlinge und Überläufer
Feldhasen	01.10.–15.01.
Wildkaninchen*	ganzjährig vorbehaltlich der Bestimmungen des § 22 Abs. 4 S. 1 des Bundesjagdgesetzes
Nutrias	**01.08.–28.02.**
Füchse*	ganzjährig vorbehaltlich der Bestimmungen des § 22 Abs. 4 S. 1 des Bundesjagdgesetzes
Marderhunde	**ganzjährig vorbehaltlich der Bestimmungen des § 22 Abs. 4 S. 1 des Bundesjagdgesetzes**
Waschbären	**ganzjährig vorbehaltlich der Bestimmungen des § 22 Abs. 4 S. 1 des Bundesjagdgesetzes**

Stein- und Baummarder	16.10.–28.02.
Iltisse	01.08.–28.02.
Hermeline	01.08.–28.02.
Mauswiesel	01.08.–28.02.
Dachse	01.08.–31.10.
Minks	**ganzjährig vorbehaltlich der Bestimmungen des § 22 Abs. 4 S. 1 des Bundesjagdgesetzes**
Rebhühner	**01.10.–15.12.**
Fasanen	01.10.–15.01.
Ringel- und Türkentauben**	**Ringeltauben vom 20.08.–30.04. mit der Maßgabe, dass die Jagd in der Zeit vom 20.08.–31.10. sowie vom 21.02.–30.04. nur zur Schadensabwehr ausgeübt werden darf, wenn sie in Trupps auf gefährdeten Acker- und Grünlandkulturen sowie Baumschulflächen einfallen;** **Türkentauben: ganzjährige Schonzeit**
Höckerschwäne	01.11.–20.02. **nur mit Kugelschuss**
Graugänse	**01.08.–15.01. mit der Maßgabe, dass die Jagd in der Zeit vom 01.09. bis 31.10. nur zur Schadensabwehr auf gefährdeten Acker- und Grünlandkulturen ausgeübt werden darf**
Bläss-, Saat-, Ringel- und Kanadagänse	Blässgänse: 01.11.–15.01. **Kanadagänse: 01.08.–15.01. mit der Maßgabe, dass die Jagd in der Zeit vom 01.08.–31.10. nur zur Schadensabwehr auf gefährdeten Acker- und Grünlandkulturen ausgeübt werden darf** Saatgänse: 01.11.–15.01. **Ringelgänse: ganzjährige Schonzeit**
Nonnengänse**	**01.10.–15.01. nur außerhalb von Europäischen Vogelschutzgebieten und nur zur Schadensabwehr auf gefährdeten Acker- und Grünlandkulturen in den Kreisen Nordfriesland, Dithmarschen, Pinneberg und Steinburg. Die Notwendigkeit zur Abwehr erheblicher Schäden auf Grünlandkulturen muss zuvor durch einen anerkannten Sachverständigen festgestellt worden sein.**
Nilgänse	**01.08.–15.01.**
Stockenten	01.09.–15.01.

Pfeif-[***], Krick-, Spieß-, Berg-, Reiher-, Tafel-, Samt- und Trauerenten	01.10.–15.01. **nur Pfeif-, Krick- und Reiherenten (alle anderen Enten haben ganzjährige Schonzeit)**
Waldschnepfen	16.10.–15.01.
Blässhühner	11.09.–20.02.
Lach-, Sturm-, Silber-, Mantel- und Heringsmöwen	01.10.–10.02.
Aaskrähen[****]	01.08.–20.02.
Elstern[****]	01.08.–28.02.

§ 1 Abs. 3 Bundesjagdzeitenverordnung: Die festgesetzten Jagdzeiten umfassen nur solche Zeiträume einschließlich Tageszeiten, in denen nach den örtlich gegebenen äußeren Umständen für einen Jäger die Gefahr der Verwechslung von Tierarten nicht besteht.

---

* Im Bereich der Deichkörper nach § 64 und § 65 des Landeswassergesetzes darf die Jagd auf Füchse und Wildkaninchen zur Gewährleistung der Deichsicherheit auch in der Setzzeit ausgeübt werden.

** Die außerhalb der Jagdzeit vom 01.11.–20.02. erlegten Ringeltauben sowie die erlegten Nonnengänse sind in der Wildnachweisung gesondert zu erfassen.

*** In den Kreisen Nordfriesland, Dithmarschen, Steinburg und Pinneberg und auf der Insel Fehmarn darf die Jagd auf Pfeifenten zur Abwehr erheblicher Schäden auf gefährdeten Ackerkulturen auch zur Nachtzeit ausgeübt werden.

**** Zur Abwehr erheblicher landwirtschaftlicher Schäden und zum Schutze der heimischen Tierwelt ist auch der Fang von Aaskrähen und Elstern mit selektiv fangenden Einzelfangfallen während der Jagdzeit gestattet. Über die getätigten Fänge ist ein gesondertes Fangbuch zu führen, in welchem die verantwortlichen Jagdausübungsberechtigten die getätigten Fänge nach Arten und Anzahl aufzuschlüsseln und die Kontrollen der Fallen nachzuweisen haben.

Verordnung über den Schutz von Wild (Bundeswildschutzverordnung – BWildSchV)

Vom 25. Oktober 1985 (BGBl. I S. 2040), zuletzt geändert durch Artikel 3 der Verordnung vom 16. Februar 2005 (BGBl. I S. 258)

Auf Grund des § 36 Abs. 1 Nr. 2, 4 und 5 in Verbindung mit § 36 Abs. 3 des Bundesjagdgesetzes in der Fassung der Bekanntmachung vom 29. September 1976 (BGBl. I S. 2849) wird mit Zustimmung des Bundesrates verordnet:

§ 1 Anwendungsbereich, Begriffsbestimmungen

(1) Diese Verordnung findet Anwendung auf Tiere der in den Anlagen 1 und 4 genannten Arten. Für die Abgrenzung der Tierarten im Sinne dieser Verordnung ist ihre wissenschaftliche Bezeichnung maßgebend. Die Art schließt Unterarten ein, auch soweit diese im Geltungsbereich des Bundeswaldgesetzes in der Natur nicht vorkommen.

(2) Der Begriff Tiere im Sinne dieser Verordnung umfasst lebende und tote Tiere, ihre ohne weiteres erkennbaren Teile, ohne weiteres erkennbar aus ihnen gewonnenen Erzeugnissen sowie ihre Eier, sonstigen Entwicklungsformen und Nester.

§ 2 Verbote

(1) Es ist verboten, Tiere der in der Anlage 1 genannten Arten

1. in Besitz zu nehmen, zu erwerben, die tatsächliche Gewalt über sie auszuüben, sie zu be- oder verarbeiten oder sonst zu verwenden,
2. abzugeben, anzubieten, zu veräußern oder sonst in den Verkehr zu bringen sowie
3. für eine der in Nummer 2 genannten Tätigkeiten zu befördern.

Das Aneignungsrecht des Jagdausübungsberechtigten sowie Vorschriften der Länder nach § 36 Abs. 2 Nr. 2 des Bundesjagdgesetzes über das Aufnehmen, die Pflege und die Aufzucht verletzten oder kranken Wildes und dessen Verbleib bleiben unberührt.

(2) Die Verbote des Absatzes 1 gelten nicht für Tiere, an denen nach Inkrafttreten dieser Verordnung im Rahmen der Ausübung des Jagdrechts Eigentum erworben wurde. Diese Tiere dürfen nicht an Dritte gegen Entgelt abgegeben oder zu diesem Zweck befördert, gehalten oder angeboten werden. Ausgenommen von diesen Beschränkungen sind

1. Tiere der in Anlage 2 genannten Arten,
2. Tiere der in Anlage 3 genannten Arten, soweit die in Satz 2 aufgeführten Tätigkeiten nicht zu gewerbsmäßigen Zwecken erfolgen sowie
3. in der Natur aufgefundene tote Tiere, soweit sie für Zwecke der Forschung oder Lehre verwendet werden.

(3) Die Verbote des Absatzes 1 gelten ferner nicht für Tiere, die

1. vor Inkrafttreten dieser Verordnung in Übereinstimmung mit den Vorschriften zum Schutz der betreffenden Art im Geltungsbereich des Bundeswaldgesetzes erworben worden sind.
2. in Übereinstimmung mit den Vorschriften zum Schutz der betreffenden Art in den Geltungsbereich des Bundeswaldgesetzes gelangt sind. Für Tiere der in Anlage 1 genannten Arten, die auf Grund einer lediglich zum persönlichen Gebrauch oder als Hausrat zulässigen Einfuhr in den Geltungsbereich des Bundeswaldgesetzes gelangt sind, gelten die Beschränkungen des Absatzes 2 Satz 2 entsprechend.

(4) Die Verbote des Absatzes 1 gelten ferner nicht für Tiere der Arten Rebhuhn, Fasan, Wachtel und Stockente, die im Geltungsbereich des Bundeswaldgesetzes in der Gefangenschaft gezüchtet und nicht herrenlos geworden sind.

(5) Die nach Landesrecht zuständige Behörde kann im Einzelfall Ausnahmen von den Verboten des Absatzes 1 zulassen, soweit dies für die Verwertung beschlagnahmter oder eingezogener Tiere erforderlich ist. Sie kann ferner im Einzelfall Ausnahmen von den Verboten des Absatzes 1 sowie von den Verboten des Absatzes 2 Satz 2 und des Absatzes 3 Satz 2 zulassen, soweit dies

1. für Zwecke der Forschung oder Lehre,
2. zur Ansiedlung von Tieren in der freien Natur oder der damit zusammenhängenden Aufzucht oder
3. aus einem sonstigen vernünftigen Grund für eine Nutzung von Tieren in geringen Mengen

erforderlich ist und Belange des Arten- und Biotopschutzes sowie Rechtsakte des Rates oder der Kommission der Europäischen Gemeinschaften oder Verpflichtungen aus internationalen Artenschutzübereinkommen nicht entgegenstehen.

§ 3 Halten von Greifen und Falken

(1) Die Haltung von Greifen oder Falken der in Anlage 4 genannten Arten ist nur nach Maßgabe der Absätze 2 bis 6 zulässig.

(2) Wer Greife oder Falken hält

1. muss Inhaber eines auf seinen Namen lautenden gültigen Falknerjagdscheines sein,
2. darf insgesamt nicht mehr als zwei Exemplare der Arten Habicht, Steinadler und Wanderfalke halten,
3. hat unverzüglich die Greife und Falken dauerhaft und unverwechselbar nach Maßgabe des Absatzes 3 zu kennzeichnen und
4. hat der nach Landesrecht zuständigen Stelle
   a) spätestens bis zum 1. Juni 1986, bei späterem Beginn der Haltung binnen vier Wochen nach Begründung des Eigenbesitzes, den Bestand an Greifen und Falken und

b) nach der Bestandsanzeige jeweils unverzüglich den Zu- und Abgang von Greifen und Falken

schriftlich anzuzeigen; die Anzeige muss Angaben enthalten über Zahl, Art, Alter, Geschlecht, Herkunft, Verbleib, Standort, Verwendungszweck und Kennzeichen der Greife und Falken. Die Verlegung des regelmäßigen Standortes der Greife und Falken ist ebenfalls unverzüglich anzuzeigen. Das durch den Tod eines Tieres freigewordene Kennzeichen ist mit der Anzeige über den Abgang zurückzugeben.

(3) Die Kennzeichnung der gemäß Absatz 1 gehaltenen Greifen und Falken der Anlage 4 hat nach den Bestimmungen der §§ 12 bis 15 der Bundesartenschutzverordnung zu erfolgen.

(4) Die nach Landesrecht zuständige Behörde kann im Einzelfall von den Voraussetzungen des Absatzes 2 Nr. 1 und 2 Ausnahmen zulassen, wenn

1. die Haltung wissenschaftlichen, Lehr- und Forschungszwecken dient oder die Ausnahme zur Nachzucht für einen der vorstehenden Zwecke, zur Nachzucht für die Ausübung der Beizjagd oder zur Nachzucht für die Ansiedlung in der freien Natur erforderlich ist,
2. der Halter die erforderliche Zuverlässigkeit und ausreichende Kenntnisse über das Halten und die Pflege von Greifen und Falken besitzt und
3. eine fachgerechte Betreuung sowie eine den tierschutzrechtlichen Vorschriften entsprechende Haltung Gewähr leistet sind.

(5) Absatz 2 Nr. 1 und 2 ist nicht anzuwenden auf Greife und Falken, die bei Inkrafttreten dieser Verordnung in Übereinstimmung mit den zu ihrem Schutz geltenden Vorschriften gehalten werden. Die Anwendung des Absatzes 2 Nr. 1 und 2 auf die Erweiterung solcher Bestände und auf den Ersatz des Abgangs bleibt unberührt.

(6) Die Absätze 2 bis 5 gelten nicht für zoologische Einrichtungen von juristischen Personen des öffentlichen Rechts sowie für behördlich genehmigte oder anerkannte Auffang- und Pflegestationen.

§ 4 Aufzeichnungs- und Kennzeichnungspflichten

(1) Wer gewerbsmäßig

1. tote Tiere der in Anlage 5 genannten Arten oder Teile dieser Tiere präpariert oder
2. lebende oder tote Tiere der in Anlage 5 genannten Arten oder Teile dieser Tiere in den Verkehr bringt oder erwirbt,

hat über diese Tiere ein Aufnahme- und Auslieferungsbuch mit täglicher Eintragung nach dem Muster der Anlage 6 zu führen. Werden Tiere nach Nummer 2 im Einzelhandel abgegeben, brauchen Name und Anschrift des Empfängers sowie der Abgangstag nur bei den Tieren angegeben zu werden, deren Verkaufspreis über 250 Deutsche Mark beträgt.

(2) Alle Eintragungen in das Buch sind in dauerhafter Form vorzunehmen; § 43 Abs. 2 bis 4 Satz 1 und 2 des Handelsgesetzbuches gilt sinngemäß.

(3) Die Bücher mit den Belegen sind der nach Landesrecht zuständigen Stelle auf Verlangen zur Prüfung auszuhändigen.

(4) Die Bücher mit den Belegen sind fünf Jahre aufzubewahren. Die Aufbewahrungsfrist beginnt mit dem Schluss des Kalenderjahres, in dem die letzte Eintragung für ein abgeschlossenes Geschäftsjahr gemacht worden ist.

(5) Die in Absatz 1 genannten Tiere und Teile von Tieren sind zu kennzeichnen, soweit dies mit angemessenem Aufwand möglich ist.

§ 5 Rechtmäßiger Besitz, Nachweispflicht

Wer Tiere der in Anlage 5 genannten Arten besitzt oder die tatsächliche Gewalt darüber ausübt, kann sich gegenüber der zuständigen Behörde auf eine Berechtigung hierzu nur berufen, wenn er auf Verlangen nachweist, dass die Voraussetzungen für eine Ausnahme nach § 2 Abs. 2 bis 5 vorliegen, oder glaubhaft macht, dass er oder ein Dritter die Tiere bei Inkrafttreten dieser Verordnung in Besitz hatte. Für Gegenstände zum persönlichen Gebrauch oder Hausrat gilt dies nur, wenn Tatsachen die Annahme rechtfertigen, dass eine Berechtigung nach § 2 Abs. 2 bis 5 nicht besteht.

§ 6 Ordnungswidrigkeiten

Ordnungswidrig im Sinne des § 39 Abs. 2 Nr. 5 des Bundesjagdgesetzes handelt, wer vorsätzlich oder fahrlässig

1. entgegen § 2 Abs. 1 Satz 1 dort bezeichnete Tiere in Besitz nimmt, erwirbt, die tatsächliche Gewalt über sie ausübt, sie be- oder verarbeitet oder sonst verwendet, in den Verkehr bringt oder befördert,
2. entgegen § 2 Abs. 2 Satz 2 oder Abs. 3 Nr. 2 Satz 2 dort bezeichnete Tiere an Dritte gegen Entgelt abgibt oder zu diesem Zweck befördert, hält oder anbietet,
3. entgegen § 3 Abs. 2 Nr. 1 Greife oder Falken hält,
4. einer Vorschrift des § 3 Abs. 2 Nr. 2, 3 oder 4 über die Haltung oder Kennzeichnung von Greifen oder Falken, über Anzeigepflichten oder über die Pflicht zur Rückgabe eines freigewordenen Kennzeichens zuwiderhandelt oder
5. einer Vorschrift des § 4 Abs. 1 Satz 1, Abs. 2 bis 5 über die Führung, Form, Aushändigung oder Aufbewahrung von Aufnahme- und Auslieferungsbüchern oder Belegen oder über die Kennzeichnung von Tieren oder Teilen von Tieren zuwiderhandelt.

§ 7 Berlin-Klausel

(gegenstandslos)

§ 8 Inkrafttreten

§ 3 Abs. 2 Nr. 3 und 4 und Abs. 3, § 4 sowie § 6, soweit er sich auf die genannten Vorschriften bezieht, treten am 1. April 1986 in Kraft; im Übrigen tritt diese Verordnung am Tage nach der Verkündung in Kraft. Gleichzeitig treten außer Kraft.

…[1]

Anlage 1 (zu § 2 Abs. 1)

1. Haarwild

Steinwild *(Capra ibex* L.*)*,
Schneehase *(Lepus timidus* L.*)*,
Murmeltier *(Marmota marmota* L.*)*,
Seehund *(Phoca vitulina* L.*)*,

2. Federwild

Rebhuhn *(Perdix perdix* L.*)*,
Fasan *(Phasianus colchicus* L.*)*,
Wachtel *(Coturnix coturnix* L.*)*,
Auerwild *(Tetrao urogallus* L.*)*,
Birkwild *(Lyrurus tetrix* L.*)*,
Rackelwild *(Lyrurus tetrix × Tetrao urogallus)*,
Haselwild *(Tetrastes bonasia* L.*)*,
Alpenschneehuhn *(Lagopus mutus* MONTIN*)*,
Wildtruthuhn *(Meleagris gallopavo* L.*)*,
Hohltaube *(Columba oenas* L.*)*,
Ringeltaube *(Columba palumbus* L.*)*,
Turteltaube *(Streptopelia turtur* L.*)*,
Türkentaube *(Streptopelia decaocto* FRIVALDSKY*)*,
Höckerschwan *(Cygnus olor* GMELIN*)*,
Graugans *(Anser anser* L.*)*,
Blässgans *(Anser albifrons* SCOPOLI*)*,
Saatgans *(Anser fabalis LATHAM)*,
Kurzschnabelgans *(Anser brachyrhynchos* BAILLON*)*,
Ringelgans *(Branta bernicla* L.*)*,
Weißwangengans *(Branta leucopsis* BECHSTEIN*)*,
Kanadagans *(Branta canadensis* L.*)*,
Stockente *(Anas platyrhynchos* L.*)*,
Löffelente *(Anas clypeata* L.*)*,
Schnatterente *(Anas strepera* L.*)*,
Pfeifente *(Anas penelope* L.*)*,
Krickente *(Anas crecca* L.*)*,

---

1 Aufhebung landesrechtlicher Vorschriften in Baden-Württemberg, Hessen, Niedersachsen, Nordrhein-Westfalen und Saarland.

Spießente *(Anas acuta* L.*)*,
Kolbenente *(Netta rufina* PALLAS*)*,
Bergente *(Aythya marila* L.*)*,
Reiherente *(Aythya fuligula* L.*)*,
Tafelente *(Aythya ferina* L.*)*,
Schellente *(Bucephala clangula* L.*)*,
Brandente *(Tadorna tadorna* L.*)*,
Eisente *(Clangula hyemalis* L.*)*,
Samtente *(Melanitta fusca* L.*)*,
Trauerente *(Melanitta nigra* L.*)*,
Eiderente *(Somateria mollissima* L.*)*,
Mittelsäger *(Mergus serrator* L.*)*,
Gänsesäger *(Mergus merganser* L.*)*,
Zwergsäger *(Mergus albellus* L.*)*,
Waldschnepfe *(Scolopax rusticola* L.*)*,
Blässhuhn *(Fulica atra* L.*)*,
Mantelmöwe *(Larus marinus* L.*)*,
Heringsmöwe *(Larus fuscus* L.*)*,
Silbermöwe *(Larus argentatus* PONTOPPIDAN*)*,
Sturmmöwe *(Larus canus* L.*)*,
Lachmöwe *(Larus ridibundus* L.*)*,
Schwarzkopfmöwe *(Larus melanocephalus* TEMMINCK*)*,
Zwergmöwe *(Larus minutus* PALLAS*)*,
Dreizehenmöwe *(Rissa tridactyla* L.*)*,
Haubentaucher *(Podiceps cristatus* L.*)*,
Graureiher *(Ardea cinerea* L.*)*,
Kolkrabe *(Corvus corax* L.*)*.

Anlage 2 (zu § 2 Abs. 2 Satz 3 Nr. 1)

Rebhuhn *(Perdix perdix* L.*)*,
Fasan *(Phasianus colchicus* L.*)*,
Ringeltaube *(Columba palumbus* L.*)*,
Graugans *(Anser anser* L.*)*,
Stockente *(Anas platyrhynchos* L.*)*,
Pfeifente *(Anas penelope* L.*)*,
Krickente *(Anas crecca* L.*)*,
Spießente *(Anas acuta* L.*)*,
Tafelente *(Aythya ferina* L.*)*,
Blässhuhn *(Fulica atra* L.*)*.

Anlage 3 (zu § 2 Abs. 2 Satz 3 Nr. 2)

Blässgans *(Anser albifrons* SCOPOLI*)*,
Reiherente *(Aythya fuligula* L.*)*,
Waldschnepfe *(Scolopax rusticola* L.*)*.

Anlage 4 (zu § 3 Abs. 1)

Fischadler *(Pandion haliaeetus* L.*)*,
Wespenbussard *(Pernis apivorus* L.*)*,
Schwarzmilan *(Milvus migrans* BODDAERT*)*,
Rotmilan *(Milvus milvus* L.*)*,
Seeadler *(Haliaeetus albicilla* L.*)*,
Rohrweihe *(Circus aeruginosus* L.*)*,
Kornweihe *(Circus cyaneus* L.*)*,
Wiesenweihe *(Circus pygargus* L.*)*,
Sperber *(Accipiter nisus* L.*)*,
Habicht *(Accipiter gentilis* L.*)*,
Mäusebussard *(Buteo buteo* L.*)*,
Rauhfußbussard *(Buteo lagopus* BRUENNICH*)*,
Steinadler *(Aquila chrysaetos* L.*)*,
Turmfalke *(Falco tinnunculus* L.*)*,
Rotfußfalke *(Falco vespertinus* L.*)*,
Merlin *(Falco columbarius* L.*)*,
Baumfalke *(Falco subbuteo* L.*)*,
Wanderfalke *(Falco peregrinus* TUNSTALL*)*.

Anlage 5 (zu § 4 Abs. 1, § 5)

1. Haarwild

Steinwild *(Capra ibex* L.*)*,
Schneehase *(Lepus timidus* L.*)*,
Murmeltier *(Marmota marmota* L.*)*,
Seehund *(Phoca vitulina* L.*)*.

2. Federwild

Wachtel *(Coturnix coturnix* L.*)*,
Auerwild *(Tetrao urogallus* L.*)*,
Birkwild *(Lyrurus tetrix* L.*)*,
Rackelwild *(Lyrurus tetrix × Tetrao urogallus)*,
Haselwild *(Tetrastes bonasia* L.*)*,
Alpenschneehuhn *(Lagopus mutus* MONTIN*)*,
Hohltaube *(Columba oenas* L.*)*,
Turteltaube *(Streptopelia turtur* L.*)*,
Kurzschnabelgans *(Anser brachyrhynchos* BAILLON*)*,
Weißwangengans *(Branta leucopsis* BECHSTEIN*)*,
Löffelente *(Anas clypeata* L.*)*,
Schnatterente *(Anas strepera* L.*)*,
Kolbenente *(Netta rufina* PALLAS*)*,
Schellente *(Bucephala clangula* L.*)*,
Brandente *(Tadorna tadorna* L.*)*,
Eisente *(Clangula hyemalis* L.*)*,

Eiderente *(Somateria mollissima* L.*)*,
Mittelsäger *(Mergus serrator* L.*)*,
Gänsesäger *(Mergus merganser* L.*)*,
Zwergsäger *(Mergus albellus* L.*)*,
Schwarzkopfmöwe *(Larus melanocephalus* TEMMINCK*)*,
Zwergmöwe *(Larus minutus* PALLAS*)*,
Dreizehenmöwe *(Rissa tridactyla* L.*)*,
Haubentaucher *(Podiceps cristatus* L.*)*,
Graureiher *(Ardea cinerea* L.*)*,
Kolkrabe *(Corvus corax* L.*)*.

Anlage 6 (zu § 4 Abs. 1)

Aufnahme- und Auslieferungsbuch

Lfd. Nr.	Eingangstag	Bezeichnung der im Bestand vorhandenen oder übernommenen Sache nach Art, Zahl, ggf. Kennzeichen und ggf. Bezeichnung der zum Erwerb berechtigenden Dokumente	Name und genaue Anschrift des Einlieferers oder der sonstigen Bezugsquelle	Abgangstag	Name und genaue Anschrift des Empfängers oder Art des sonstigen Abganges

Landesverordnung über die Festsetzung einer Jagdzeit für Graureiher

Vom 1. September 1978 (GVOBl. Schl.-H. S. 299), zuletzt geändert durch LVO vom 20. März 1991 (GVOBl. Schl.-H. S. 241)

Auf Grund des § 22 Abs. 2 Satz 2 des Bundesjagdgesetzes in der Fassung der Bekanntmachung vom 29. September 1976 (BGBl. I S. 2849) in Verbindung mit § 39 Abs. 1 Nr. 11 des Landesjagdgesetzes in der Fassung der Bekanntmachung vom 13. April 1978 (GVOBl. Schl.-H. S. 129) wird verordnet:

§ 1

(1) Die Jagd auf Graureiher darf in der Zeit vom 1. August bis zum 31. Oktober in einem Umkreis von 200 m um Fischteiche einer anerkannten Fischzuchtanlage durch den Jagdausübungsberechtigten ausgeübt werden.

(2) Der Abschuss von mehr als acht Graureihern jährlich, der Abschuss außerhalb der in Absatz 1 genannten Zeit oder der Abschuss an fließenden Salmonidengewässern ist nur mit Genehmigung der obersten Jagdbehörde zulässig.

§ 2

(1) Die Ausübung der Jagd nach § 1 setzt voraus, dass die Notwendigkeit der Jagdausübung an der Fischzuchtanlage von der obersten Jagdbehörde anerkannt worden ist.

(2) Diese Anerkennung kann nur unter der Voraussetzung erfolgen, dass die Fischzuchtanlage im Sinne des § 146 des Bundesbaugesetzes berufsmäßig betrieben wird.

(3) Der Antrag auf Anerkennung ist vom Betreiber der Fischzuchtanlage über das Fischereiamt des Landes Schleswig-Holstein an die oberste Jagdbehörde zu richten.

§ 3

Bis zum 15. November jedes Jahres hat der Betreiber der Fischzuchtanlage der obersten Jagdbehörde über die Zahl der erlegten Graureiher zu berichten. § 20 Abs. 6 Satz 2 des Landesjagdgesetzes bleibt unberührt.

§ 4

Diese Verordnung tritt am Tage nach ihrer Verkündung in Kraft.

Landesverordnung über den Betrieb der Vogelkojen auf Föhr

Vom 23. Dezember 1994 (GVOBl. Schl.-H. 1995 S. 20), geändert durch Artikel 7 der Landesverordnung vom 21. Dezember 2007 (GVOBl. Schl.-H. S. 633)

Auf Grund des § 39 Abs. 1 Nr. 7 des Landesjagdgesetzes in der Fassung der Bekanntmachung vom 11. August 1994 (GVOBl. Schl.-H. S. 453) i. V. m. Art. 9 Abs. 1 Buchst. c der EG-Richtlinie über die Erhaltung der wild lebenden Vogelarten (79/409/EWG) in der Fassung vom 2. April 1979 (Amtsbl. der EG Nr. L 103 S. 1) wird verordnet:

§ 1

In den Vogelkojen auf Föhr

1. Neue Oevenumer Koje,
2. Alte Oevenumer Koje,
3. Oldsumer Koje und
4. Borgsumer Koje

darf wegen ihrer kulturhistorischen Bedeutung und zur Erhaltung der schutzwürdigen Funktion als Ruheinseln in der Kulturlandschaft auf Föhr der Fang von Enten im Rahmen der bei der Verkündung dieser Verordnung gültigen Satzung der Interessengemeinschaft „Föhrer Entenkojen" nach Maßgabe des § 2 durchgeführt werden.

§ 2

(1) Die Jagdbehörde erteilt auf Antrag eine schriftliche Erlaubnis zum Fang von Enten. Sie ist auf höchstens drei Jahre zu befristen.

(2) In der Erlaubnis ist die Anzahl der Enten, die jährlich in den in § 1 genannten Vogelkojen insgesamt gefangen und verwertet werden dürfen, festzulegen. Diese darf 1000 nicht überschreiten.

(3) Die Fangzeit ist innerhalb der Jagdzeit der Enten vom 1. September bis 15. Dezember zu befristen.

(4) Gefangene Stockenten dürfen verwertet werden. Alle sonstigen Enten sind auf Anforderung zu beringen und umgehend unversehrt freizulassen.

(5) Die Jagdbehörde überwacht in Absprache mit dem Landesbetrieb für Küstenschutz, Nationalpark und Meeresschutz die Einhaltung der Fangbedingungen.

(6) Jagdbehörde und Landesbetrieb für Küstenschutz, Nationalpark und Meeresschutz erhalten einen jährlichen Bericht über Fangbedingungen und Ergebnisse.

§ 3

Diese Verordnung tritt am Tage nach ihrer Verkündung in Kraft.

Landesverordnung über die Prüfung zum Erwerb des ersten Jagdscheines (Jägerprüfungsverordnung)

Vom 5. März 2012 (GVOBl. Schl.-H. S. 350)

Aufgrund des § 38 des Landesjagdgesetzes in der Fassung vom 13. Oktober 1999 (GVOBl. Schl.-H. S. 300), zuletzt geändert durch Gesetz vom 8. Februar 2012 (GVOBl. Schl.-H. S. 266) verordnet das Ministerium für Landwirtschaft, Umwelt und ländliche Räume:

§ 1 Zuständige Behörde

Die untere Jagdbehörde (Jagdbehörde) führt die Jägerprüfung (Prüfung) durch.

§ 2 Prüfungsausschuss

(1) Die Prüfung ist vor einem Prüfungsausschuss abzulegen. Der Prüfungsausschuss wird bei der Jagdbehörde gebildet. Jagdbehörden können gemeinsame Prüfungsausschüsse einsetzen.

(2) Der Prüfungsausschuss besteht aus der Kreisjägermeisterin oder dem Kreisjägermeister als Vorsitzender oder Vorsitzendem und mindestens vier weiteren Mitgliedern. Für die weiteren Mitglieder werden Stellvertretende bestellt.

(3) Die ehrenamtlich tätigen Mitglieder und deren Stellvertreterinnen oder Stellvertreter werden von der Jagdbehörde im Einvernehmen mit der oder dem Vorsitzenden nach Anhörung der betroffenen Kreisjägerschaften des Landesjagdverbandes aus den Reihen der Jahresjagdscheininhaberinnen oder Jahresjagdscheininhaber auf die Dauer von fünf Jahren widerruflich bestellt. Sie müssen die Voraussetzungen des § 11 Abs. 5 des Bundesjagdgesetzes in der Fassung der Bekanntmachung vom 29. September 1976 (BGBl I S. 2849), zuletzt geändert durch Artikel 38 des Gesetzes vom 9.Dezember 2010 (BGBl I S. 1934), erfüllen.

(4) Für die Geschäftsführung des Prüfungsausschusses bestellt die Jagdbehörde eine Schriftführerin oder einen Schriftführer, die oder der nicht Mitglied des Prüfungsausschusses ist.

§ 3 Anmeldung zur Prüfung

(1) Die oberste Jagdbehörde kann im Einvernehmen mit der Landesjägerschaft Grundlagen für die jagdliche Ausbildung vorgeben.

(2) Prüfungen finden nach Bedarf statt. Die Jagdbehörde hat den Anmelde- und Prüfungstermin rechtzeitig bekannt zu geben.

(3) Der Anmeldung bei der Jagdbehörde sind beizufügen:

1. der Nachweis über die Einzahlung der Prüfungsgebühren,
2. der Nachweis einer Haftpflichtversicherung für den Waffengebrauch,

3. der Nachweis der Einwilligung der gesetzlichen Vertreter für den Fall der Minderjährigkeit des Prüflings,
4. der Nachweis, dass der Prüfling an einem durch die oberste Jagdbehörde anerkannten Fangjagd-Ausbildungslehrgang teilnimmt; die Lehrgangsbescheinigung muss spätestens drei Tage vor Prüfungsbeginn vorgelegt werden,
5. gegebenenfalls der Nachweis über eine jagdliche Ausbildung (Abs. 1),
6. gegebenenfalls die Bescheinigung über bereits bestandene Prüfungsteile.

§ 4 Zulassung zur Prüfung

(1) Die Jagdbehörde entscheidet über die Zulassung zur Prüfung.

(2) Bewerberinnen oder Bewerber, die zur Prüfung zugelassen werden, erhalten mindestens zwei Wochen vor Prüfungsbeginn eine Ladung durch die Jagdbehörde.

(3) Zur Prüfung werden Bewerberinnen oder Bewerber nicht zugelassen,
1. bei denen die Anmeldeunterlagen (§ 3 Abs. 3) nicht vollständig sind
2. denen der Jagdschein nach § 17 Abs. 1 Nr. 2 des Bundesjagdgesetzes versagt werden müsste oder
3. die zum Zeitpunkt der schriftlichen Prüfung das 15. Lebensjahr noch nicht vollendet haben.

§ 5 Gegenstand und Umfang der Prüfung

(1) Die Prüfung ist nicht öffentlich. Vertreterinnen oder Vertreter der zuständigen Jagdbehörde müssen dem mündlich-praktischen Teil der Prüfung beiwohnen; die Teilnahme an den weiteren Teilen der Prüfung ist zulässig. Die Vorsitzende oder der Vorsitzende kann anderen Personen mit Zustimmung der Prüflinge die Anwesenheit bei der Prüfung gestatten.

(2) Die Vorsitzende oder der Vorsitzende hat die Prüfung vorzubereiten und den Mitgliedern des Prüfungsausschusses im Benehmen mit diesen die Prüfungsfächer zuzuteilen.

(3) Die Prüfung besteht aus folgenden Abschnitten:
1. Schießprüfung
2. Schriftlicher Teil und mündlich-praktischer Teil.

Sie ist in dieser Reihenfolge durchzuführen.

(4) Der schriftliche und der mündlich-praktische Teil bestehen aus folgenden Prüfungsfächern:
1. Kenntnisse der jagdbaren Tierarten, Wildbiologie, Wildhege, Jagdbetrieb, Wild- und Jagdschadensverhütung, Land- und Waldbau,
2. Waffenrecht, Waffentechnik und Führung von Jagdwaffen einschließlich Faustfeuerwaffen,
3. Führung von Jagdhunden, Behandlung des erlegten Wildes unter besonderer Berücksichtigung der hygienisch erforderlichen Maßnahmen und Beurteilung der gesundheitlich unbedenklichen Beschaffenheit des Wildbrets, insbesondere auch hinsichtlich seiner Verwendung als Lebensmittel,

4. Jagdrecht, jagdlich bedeutsame Regelungen des Tierschutz-, Wald- sowie Naturschutzrechtes sowie anderer Rechtsvorschriften.

(5) Die oberste Jagdbehörde kann für die Formulierung der Inhalte der Prüfungsfragen sowohl des schriftlichen als auch des mündlich-praktischen Teils in den Prüfungsfächern 1 bis 4 des Absatzes 4 im Einvernehmen mit der Landesjägerschaft Vorgaben erteilen.

§ 6 Schießprüfung

(1) Die Schießprüfung wird auf einer für das jagdliche Schießen zugelassenen Schießstätte abgenommen.

(2) Die Leitung des Schießens obliegt der Vorsitzenden oder dem Vorsitzenden oder einem von ihr oder ihm beauftragten Mitglied des Prüfungsausschusses. Sie oder er hat die Mitglieder des Prüfungsausschusses hinzuzuziehen. Die Schießprüfung kann in zwei Gruppen zu gleicher Zeit abgehalten werden. Je zwei Mitglieder des Prüfungsausschusses müssen bei der jeweiligen Gruppe anwesend sein.

(3) Die Schießprüfung wird unter Beachtung der Schießstandordnung und Schießvorschrift des Deutschen Jagdschutz-Verbandes e. V. in der ab 1. April 2005 geltenden Fassung (beim Landesjagdverband Schleswig-Holstein e. V., Böhnhusener Weg 6, 24220 Flintbek, zu beziehen und bei der obersten Jagdbehörde archivmäßig gesichert einzusehen) durchgeführt. Sie besteht aus folgenden Prüfungsteilen:

1. Büchsenschießen
   5 Schuss stehend angestrichen auf die DJV-Jagdscheibe Nummer 1 – links – (Rehbock), Entfernung 100 m. Es dürfen nur Büchsenpatronen verwendet werden, die mindestens für Rehwild zugelassen sind. Die Benutzung von Zielfernrohren ist gestattet. Es müssen mindestens drei Treffer in den Ringen 3 bis 10 erzielt werden. Mindestleistung 21 Ringe,
2. Flintenschießen
   10 Tontauben, 11 m Abstand, Trap, Tauben in einer Richtung und einer Höhe. Die Stände 2, 3 und 4 sowie der Wartestand werden durch die Prüflinge besetzt. Nach dem Beschießen einer Taube durch die Prüflinge erfolgt jeweils ein Standwechsel. Jede geworfene Taube darf zwei Mal beschossen werden. Es müssen mindestens drei Treffer erzielt werden.

(4) Schwerbehinderten kann der Prüfungsausschuss die Verwendung von Hilfsmitteln gestatten, wenn dadurch die Sicherheit der Waffenführung nicht beeinträchtigt wird und diese Hilfsmittel auch im praktischen Jagdbetrieb angewandt werden können.

(5) Ein Prüfling, der die Mindesttrefferzahl nicht erreicht oder die Waffen unvorsichtig oder unsicher handhabt, hat die Schießprüfung nicht bestanden. Dies schließt die Teilnahme am schriftlichen und mündlich-praktischen Teil der Prüfung nicht aus.

(6) Über die Ergebnisse der Schießprüfung ist eine Schießliste zu führen.

§ 7 Schriftlicher Teil der Prüfung

(1) Der Prüfungsausschuss stellt aus den vier Prüfungsfächern je 20 Fragen zusammen. Diese Fragen sind unter Aufsicht in einer Zeit von drei Stunden schriftlich zu beantworten. Die Antworten sind von zwei Mitgliedern des Prüfungsausschusses zu bewerten. Können diese sich über die Bewertung nicht einigen, entscheidet die Vorsitzende oder der Vorsitzende. Die Antworten sind wie folgt zu bewerten:

richtige Antwort	2 Punkte,
teilweise richtige Antwort	1 Punkt,
unrichtige Antwort:	0 Punkte.

(2) Die Prüfung in den vier Prüfungsfächern wird wie folgt benotet:

38 Punkte und mehr	sehr gut	-1-
32 bis 37 Punkte	gut	-2-
26 bis 31 Punkte	befriedigend	-3-
20 bis 25 Punkte	ausreichend	-4-
14 bis 19 Punkte	mangelhaft	-5-
weniger als 14 Punkte	ungenügend	-6-

§ 8 Mündlich-praktischer Teil der Prüfung

(1) Während der Prüfung müssen mindestens vier Mitglieder des Prüfungsausschusses ständig anwesend sein. Aus den vier Prüfungsfächern sind theoretische und praktische Aufgaben zu lösen. Die Prüfungszeit in einem Fach soll für den einzelnen Prüfling höchstens zehn Minuten betragen. Es dürfen jeweils bis zu 15 Prüflinge pro Prüfungsausschuss an einem Prüfungstag geprüft werden. Jeder Prüfling erhält für jedes Prüfungsfach eine Note, über die der Prüfungsausschuss entscheidet. Bei Stimmengleichheit entscheidet die Stimme der oder des Vorsitzenden.

(2) Die Leistungen der Prüflinge sind wie folgt zu bewerten:

sehr gut	-1-	für eine den Anforderungen in besonderem Maße entsprechende Leistung,
gut	-2-	für eine den Anforderungen voll entsprechende Leistung,
befriedigend	-3-	für eine den Anforderungen im Allgemeinen entsprechende Leistung,
ausreichend	-4-	für eine Leistung, die zwar Mängel aufweist, aber im Ganzen den Anforderungen noch entspricht,
Mangelhaft	-5-	für eine den Anforderungen nicht entsprechende Leistung, die jedoch erkennen lässt, dass Grundkenntnisse vorhanden sind,
ungenügend	-6-	für eine den Anforderungen nicht entsprechende Leistung, bei der selbst Grundkenntnisse nur lückenhaft vorhanden sind.

Zwischennoten werden nicht erteilt.

(3) Der mündlich-praktische Teil der Prüfung ist nicht bestanden, wenn der Prüfling in dem in § 5 Abs. 4 Nr. 2 genannten Prüfungsfach die Waffen unvorsichtig oder unsicher handhabt.

§ 9 Ergebnis der Prüfung

(1) Aus den Noten des schriftlichen und des mündlich-praktischen Teils ist für jedes Prüfungsfach eine Gesamtnote aus der Hälfte der Summe der beiden Einzelnoten zu bilden. Die Gesamtnoten werden nicht gerundet. Die Prüfung ist nicht bestanden wenn:

1. die Schießprüfung nicht bestanden ist,
2. der Prüfling in den in § 5 Abs. 4 Nr. 1 oder 2 genannten Prüfungsfächern eine schlechtere Gesamtnote als -4,4- erreicht,
3. der Prüfling in den in § 5 Abs. 4 Nr. 3 oder 4 genannten Prüfungsfächern eine schlechtere Gesamtnote als -5,4- erreicht,
4. der mündlich-praktische Teil der Prüfung nach § 8 Abs. 3 nicht bestanden ist oder
5. der mittlere Wert der Gesamtnoten nach Satz 1 unter -4,4- liegt.

Bei nicht bestandener Schießprüfung ist die Teilnahme und das Bestehen des Prüfungsabschnittes gemäß § 5 Abs. 3 Nr. 2 weiterhin möglich.

(2) Hat sich ein Prüfling unzulässiger Hilfsmittel bedient, muss die betreffende Prüfungsleistung mit ungenügend -6- bewertet werden.

(3) Der Prüfungsausschuss stellt das Prüfungsergebnis fest. Über das Ergebnis ist eine Niederschrift zu fertigen, die von allen Mitgliedern des Prüfungsausschusses zu unterzeichnen ist. Die Niederschrift muss die wesentlichen Abschnitte des Prüfungsablaufes und die Bewertung der Prüfungsleistungen enthalten. Die Schießliste und die schriftlichen Prüfungsarbeiten sind von der Jagdbehörde für die Dauer von fünf Jahren, die Niederschrift, in der das Prüfungsergebnis festgestellt ist, ist unbefristet aufzubewahren.

(4) Über die bestandene Prüfung oder den bestandenen Prüfungsabschnitt erhält der Prüfling ein Zeugnis nach anliegendem Muster. Das Zeugnis ist von allen Mitgliedern des Prüfungsausschusses, sowie von der Behörde zu unterzeichnen.

(5) Bei nicht bestandener Prüfung ist dem Prüfling auf Verlangen ein schriftlicher Bescheid zu erteilen.

(6) Über das Ergebnis der Prüfung ist den Ausbildungsleiterinnen und Ausbildungsleitern auf Anfrage Auskunft zu erteilen.

§ 10 Wiederholung der Prüfung

(1) Die Jägerprüfung kann beliebig oft wiederholt werden. Nicht bestandene Prüfungsabschnitte (§ 5 Abs. 3 Satz 1) können innerhalb eines Zeitraumes von zwölf Monaten beliebig oft wiederholt werden, um zum Bestehen der Jägerprüfung zu führen. Das gilt auch, wenn Prüflinge aus von ihnen nicht zu vertretenden Gründen an einzelnen Prüfungsabschnitten nicht teilnehmen können. Wiederholungsprüfun-

gen sowie nicht abgelegte Prüfungsabschnitte im Sinne von Satz 3 können auch vor Prüfungsausschüssen anderer Jagdbehörden abgenommen werden.

(2) Hat der Prüfling die erforderlichen Leistungen in einem oder in beiden der Schießprüfungsteile (§ 6 Abs. 3 Nr. 1 und 2) nicht erbracht, ist ihm die einmalige Wiederholung der gesamten Schießprüfung oder des nicht erfüllten Schießprüfungsteiles an demselben Tage zu ermöglichen. Bei einer späteren Wiederholung der Schießprüfung müssen beide Teile der Schießprüfung wiederholt werden.

(3) Das Prüfungszeugnis erteilt der Prüfungsausschuss, vor dem die Wiederholungsprüfung bestanden wurde.

§ 11 Vorschriften über die Prüfung zur Erlangung des ersten Falknerjagdscheines

(1) Wird die Prüfung lediglich zur Erlangung des ersten Falknerjagdscheines abgelegt, entfallen die Nachweise gemäß § 3 Abs. 3 Nr. 2 und 4 und die Schießprüfung gemäß § 6.

(2) Im schriftlichen und im mündlich-praktischen Teil der Prüfung werden Fragen aus dem Prüfungsfach des § 5 Abs. 4 Nr. 2 nicht gestellt.

(3) In der schriftlichen Prüfung sind je 20 Fragen aus den Prüfungsfächern des § 5 Abs. 4 Nr. 1, 3 und 4 zu stellen und in einer Zeit von 2 1/4 Stunden zu beantworten.

(4) Die Prüfung ist nicht bestanden, wenn

1. der Prüfling in dem in § 5 Abs. 4 Nr. 1 genannten Prüfungsfach eine schlechtere Gesamtnote als -4,4- erreicht,
2. der Prüfling in den in § 5 Abs. 4 Nr. 3 oder 4 genannten Prüfungsfächern eine schlechtere Gesamtnote als -5,4- erreicht oder
3. der mittlere Wert der Gesamtnoten aus dem schriftlichen und dem mündlich-praktischen Teil unter -4,4- liegt.

(5) Im Prüfungszeugnis ist zu vermerken, dass die Prüfung nur zum Nachweis der Voraussetzungen für den Erwerb eines Falknerjagdscheines abgelegt wurde.

§ 12 Inkrafttreten, Außerkrafttreten

Diese Verordnung tritt am Tage nach der Verkündung in Kraft und mit Ablauf von fünf Jahren außer Kraft

Anlage

Prüfungszeugnis

Frau/Herr ....

wohnhaft ....

geboren am .... in ....

hat am ....

vor dem Prüfungsausschuss bei der unteren Jagdbehörde des Kreises/
der kreisfreien Stadt ....

die Prüfung zum Erwerb des ersten Jagdscheines

den Prüfungsabschnitt ....[1]

bestanden.

...., den ....

....
Die Vorsitzende/Der Vorsitzende
des Prüfungsausschusses

(Siegel)

Die Mitglieder
....
....
....
....

Unterschrift der Behörde ....

1 Nichtzutreffendes streichen

Landesverordnung über die Falknerprüfung (Falknerprüfungsordnung)

Vom 13. Juni 1979 (GVOBl. Schl.-H. S. 406)

Auf Grund des § 15 Abs. 7 des Bundesjagdgesetzes in der Fassung der Bekanntmachung vom 29. September 1976 (BGBl. I S. 2849) in Verbindung mit § 39 Abs. 1 Nr. 4 des Landesjagdgesetzes in der Fassung der Bekanntmachung vom 13. April 1978 (GVOBl. Schl.-H. S. 129) wird verordnet:

§ 1 Prüfungsausschuss

(1) Die Prüfung zur Erlangung des ersten Falknerjagdscheines ist vor dem Ausschuss abzulegen, der bei der obersten Jagdbehörde gebildet wird.

(2) Der Prüfungsausschuss besteht aus

1. drei Vertretern der Falknerei,
2. einem Vertreter der Jägerschaft,
3. einem Vertreter der Vogelkunde.

(3) Die Mitglieder des Prüfungsausschusses werden von der obersten Jagdbehörde auf die Dauer von vier Jahren bestellt. Alle Mitglieder des Prüfungsausschusses sollen jagdpachtfähig im Sinne des § 11 Abs. 5 des Bundesjagdgesetzes sein. Die im Absatz 2 Nr. 1 genannten Mitglieder des Prüfungsausschusses müssen auf dem Gebiet der Falknerei erfahren sein und mindestens fünf Jahre die Falknerei ausgeübt haben.

(4) Der Prüfungsausschuss wählt aus seiner Mitte mit Stimmenmehrheit den Vorsitzenden und dessen Stellvertreter. Der Vorsitzende soll dem Personenkreis nach Absatz 2 Nr. 1 angehören.

(5) Der Prüfungsausschuss ist beschlussfähig, wenn der Vorsitzende oder sein Stellvertreter und mindestens drei weitere Mitglieder anwesend sind.

(6) Die oberste Jagdbehörde kann die Bestellung eines Mitgliedes des Prüfungsausschusses aus wichtigem Grund widerrufen.

(7) Die Mitglieder des Prüfungsausschusses sind ehrenamtlich tätig.

(8) Für die Geschäftsführung des Prüfungsausschusses bestellt die oberste Jagdbehörde einen Schriftführer. Der Schriftführer ist nicht Mitglied des Prüfungsausschusses.

§ 2 Prüfungsgebiete, Prüfungsverfahren

(1) Die Falknerprüfung besteht aus einem schriftlichen und einem mündlich-praktischen Teil. Sie ist in dieser Reihenfolge durchzuführen.

Der schriftliche und der mündlich-praktische Teil gliedern sich in folgende Prüfungsfächer:

1. Kenntnis der in Mitteleuropa heimischen Greifvögel, insbesondere ihrer Lebensverhältnisse und -bedingungen einschließlich ihrer Gefährdung und der Gefährdungsursachen;
2. Haltung, Pflege und Abtragen von Beizvögeln;
3. Ausübung der Beizjagd einschließlich der Kenntnisse des Beizwildes und der Haltung und Führung von Hunden und Frettchen für die Beizjagd;
4. Rechtsgrundlagen der Falknerei, des Greifvogelschutzes, einschließlich der Beschaffung und des Inverkehrbringens von Greifvögeln.

(2) Die oberste Jagdbehörde erarbeitet mit den Mitgliedern des Prüfungsausschusses aus den vier Prüfungsfächern für jede Prüfung je 6 Fragen. Die 24 Fragen sind schriftlich zu stellen und in einer Zeit von einer Stunde zu beantworten. Die schriftlichen Antworten in den einzelnen Prüfungsfächern sind gemäß § 4 zu bewerten.

(3) In der mündlich-praktischen Prüfung, auf die das Schwergewicht zu legen ist, sind theoretische und praktische Aufgaben aus den vier Prüfungsfächern zu lösen. Die Leistungen in der mündlich-praktischen Prüfung sind je Prüfungsfach gemäß § 4 zu bewerten.

(4) Der Vorsitzende hat die Prüfung vorzubereiten und den Mitgliedern des Prüfungsausschusses im Benehmen mit diesen die Prüfungsfächer im mündlichen Teil der Prüfung zuzuteilen.

(5) Die oberste Jagdbehörde setzt die Prüfungstermine im Einvernehmen mit dem Vorsitzenden des Prüfungsausschusses nach Bedarf fest und teilt sie mindestens zwei Monate vorher den Bewerbern, die sich bei der obersten Jagdbehörde um die Zulassung zur Falknerprüfung beworben haben, mit.

(6) Die Prüfung ist nicht öffentlich. Vertreter der obersten Jagdbehörde können bei der Prüfung anwesend sein.

(7) Über den wesentlichen Hergang der Prüfung ist eine Niederschrift zu fertigen, die von allen Mitgliedern des Prüfungsausschusses zu unterzeichnen ist. Die Niederschrift ist bei der obersten Jagdbehörde aufzubewahren.

(8) Bei der mündlich-praktischen Prüfung sollen die Prüflinge in Gruppen von höchstens dreien geprüft werden. Der Prüfling soll in der Regel nicht länger als zehn Minuten in jedem Fach geprüft werden.

§ 3 Zulassung

(1) Der Antrag auf Zulassung zur Prüfung ist spätestens einen Monat vor dem Termin bei der obersten Jagdbehörde einzureichen.

(2) Dem Antrag sind beizufügen:

1. ein amtliches Führungszeugnis, das nicht älter als sechs Monate sein darf,
2. ein Nachweis über die Einzahlung der Prüfungsgebühr,
3. der Nachweis über die bestandene Jägerprüfung.

(3) Zu der Prüfung dürfen nicht zugelassen werden:

1. Bewerber, die bei Beginn der Prüfung das 15. Lebensjahr nicht vollendet haben,

2. Bewerber, denen nach § 17 Abs. 1 Nr. 2 des Bundesjagdgesetzes der Jagdschein versagt werden muss. Im Übrigen entscheidet die oberste Jagdbehörde über die Zulassung. Sie kann den in § 17 Abs. 2 des Bundesjagdgesetzes genannten Personen die Zulassung versagen,
3. Bewerber, die keine bestandene Jägerprüfung nachweisen können.

(4) Zur Prüfung sind nur Personen zugelassen, die im Land Schleswig-Holstein ihren Hauptwohnsitz haben. Die oberste Jagdbehörde kann Ausnahmen zulassen.

(5) Die Entscheidung über den Antrag auf Zulassung zu der Prüfung ist dem Bewerber rechtzeitig vor dem Termin für die mündliche Prüfung bekannt zu geben. Wird der Bewerber zur Prüfung nicht zugelassen, erhält er einen schriftlichen Bescheid.

§ 4 Bewertung der Leistung

(1) Die Leistungen der Prüflinge sind in jedem Prüfungsteil mit „bestanden“ oder „nicht bestanden“ zu bewerten. Im mündlich-praktischen Teil der Prüfung sind die Leistungen in jedem Prüfungsfach (§ 2 Abs. 1 Nr. 1–4) gesondert zu bewerten.

(2) Der mündliche Teil der Prüfung ist bestanden, wenn die Leistungen in drei Prüfungsfächern mit „bestanden“ bewertet worden sind.

(3) Der Prüfungsausschuss entscheidet in geheimer Beratung über das Prüfungsergebnis. Bei Stimmengleichheit ist die Leistung mit „bestanden“ zu bewerten.

(4) Die Prüfung ist bestanden, wenn der Prüfling den schriftlichen und den mündlich-praktischen Teil der Prüfung bestanden hat.

(5) Ein Prüfling kann von der weiteren Teilnahme an der Prüfung ausgeschlossen werden, wenn er einen Täuschungsversuch begeht. Die Prüfung gilt dann als nicht bestanden.

§ 5 Prüfungsbescheid

(1) Der Prüfling, der die Prüfung bestanden hat, erhält ein Prüfungszeugnis nach dem Muster der Anlage.

(2) Der Prüfling, der die Prüfung nicht bestanden hat oder für den die Prüfung als nicht bestanden gilt, erhält einen schriftlichen Bescheid.

§ 7 Wiederholung der Prüfung

Die Wiederholung einer nicht bestandenen Prüfung ist frühestens nach Ablauf eines Jahres zulässig.

§ 8 Diese Verordnung tritt am Tage nach ihrer Verkündung in Kraft.

Prüfungszeugnis zur Erlangung des ersten Falknerjagdscheines

Herr/Frau/Fräulein ______________________________

wohnhaft in ______________________________

(Ort, Straße, Haus-Nr.)

geboren am ______________ in ______________

hat vor dem bei der obersten Jagdbehörde des Landes Schleswig-Holstein gebildeten Prüfungsausschuss die gemäß § 15 Abs. 7 des Bundesjagdgesetzes i. d. F. vom 29.9.1976 (BGBl. I S. 2849) in Verbindung mit § 39 Abs. 1 Nr. 4 des Landesjagdgesetzes i. d. F. vom 13.4.1978 (GVOBl. Schl.-H. S. 129) erforderliche Prüfung zur Erlangung des ersten Falknerjagdscheines

am mit Erfolg abgelegt.

______________________, den ________

(Prüfungsort)

Der Prüfungsausschuss

____

(Vorsitzender)

______________________ ______________________

(Beisitzer) (Beisitzer)

______________________ ______________________

(Beisitzer) (Beisitzer)

Landesverordnung über Verwaltungsgebühren

Vom 15. Oktober 2008 (GVOBl. Schl.-H. S. 383) – Auszug –

Tarif-stelle	Gegenstand	
7	**Jagd-, Fischerei- und Forstwesen**	**Gebühr Euro**
7.1	Jagdangelegenheiten	
7.1.1	Jägerprüfungsordnung vom 6. Februar 2006 (GVOBl. Schl.-H. S. 19)	
7.1.1.1	Prüfung zum Erwerb des ersten Jagdscheines	180
7.1.1.2	Prüfung nicht bestandener oder nicht abgelegter Prüfungsabschnitte	90
7.1.2	Falknerprüfungsordnung vom 13. Juni 1979 (GVOBl. Schl.-H. S. 406)	
7.1.2.1	Prüfung zur Erlangung des ersten Falknerjagdscheines	80
7.1.3	Bundesjagdgesetz in der Fassung der Bekanntmachung vom 29. September 1976 (BGBl. I S. 2849), zuletzt geändert durch Artikel 5 des Gesetzes vom 26. März 2008 (BGBl. I S. 426), Landesjagdgesetz (LJagdG) vom 13. Oktober 1999 (GVOBl. Schl.-H. S. 300), zuletzt geändert durch Artikel 11 des Gesetzes vom 12. Dezember 2008 (GVOBl. Schl.-H. S. 791)	
7.1.3.1	Erteilung von Jagdscheinen	
	a) Jahresjagdschein	
	aa) für ein Jagdjahr	35
	bb) für zwei Jagdjahre	45
	cc) für drei Jagdjahre	55
	b) Tagesjagdschein	15
	c) Falknerjagdschein	15
	d) Jahresjagdschein für Jugendliche	20
	e) Doppelausfertigung	20
7.1.3.2	Ausnahme für Pächter nach § 11 Abs. 5 des Bundesjagdgesetzes	50
7.1.3.3	Einziehung und Sperre von Jagdscheinen gem. § 18 Bundesjagdgesetz und § 37 Abs. 2 LJagdG	50 bis 200
7.1.3.4	Erteilung einer Ausnahmegenehmigung zum Aushorsten von Junghabichten für Beizzwecke gem. § 22 Abs. 4 des Bundesjagdgesetzes	50 bis 200

7.1.3.5	Abrundung oder Änderung von Jagdbezirken nach § 3 LJagdG	50 bis 250
7.1.3.6.	Erklärung von Grundflächen zu befriedeten Bezirken gem. § 4 Abs. 2 LJagdG	50 bis 250
7.1.3.7	Erlaubnis zu einer beschränkten Jagdausübung im befriedeten Bezirk gem. § 4 Abs. 3 und 4 LJagdG	50 bis 150
7.1.3.8	Bestätigung und Widerruf einer Jagdaufseherin oder eines Jagdaufsehers nach § 20 LJagdG	40
7.1.4	Anerkennung von Fischzuchtanlagen nach der Landesverordnung über die Festsetzung einer Jagdzeit für Graureiher vom 1. September 1978 (GVOBl. Schl.-H. S. 299), zuletzt geändert durch Verordnung vom 20. März 1991 (GVOBl. Schl.-H. S. 241)	50 bis 250
7.1.5	Bundeswildschutzverordnung vom 25. Oktober 1985 (BGBl. I S. 2040), zuletzt geändert durch Verordnung vom 16. Februar 2005 (BGBl. I S. 258)	
7.1.5.1	Entscheidungen nach § 3 Abs. 4	25 bis 260
7.1.5.2	Zulassung einer Ausnahme nach § 2 Abs. 5 Nr. 3	10 bis 260

Anmerkung zu Tarifstelle 7.1.5:

Amtshandlungen sind gebühren- und auslagenfrei, soweit sie wissenschaftliche, Lehr- oder Forschungszwecke einschließlich der Nachzucht für diese Zwecke betreffen.

Anmerkung zu Tarifstelle 7.1:

1. Die Gebührenpflicht nach den Tarifstellen 7.1.3, 7.1.4 und 7.1.5 umfasst auch die Ablehnung der beantragten Amtshandlung.
2. Sonstige Prüfungen, Untersuchungen und andere Amtshandlungen im Interesse oder auf Veranlassung des Gebührenschuldners, soweit keine Gebühr nach Tarifstelle 7.1 vorgesehen ist — 10 bis 50

Landesverordnung über die Jagdabgabe

Vom 19. November 2010 (GVOBl. Schl.-H. S. 725)

Aufgrund des § 16 Abs. 1 Satz 4 des Landesjagdgesetzes vom 13. Oktober 1999 (GVOBl. Schl.-H. S. 300, ber. 2008 S. 138). zuletzt geändert durch Artikel 11 Haushaltsstrukturgesetz 2009/2010 vom 12. Dezember 2008 (GVOBl. Schl.-H. S. 791), verordnet das Ministerium für Landwirtschaft, Umwelt und ländliche Räume:

§ 1

Die Jagdabgabe beträgt

1.	für den Jahresjagdschein	
	für ein Jagdjahr	35,– €,
	für zwei Jagdjahre	70,– €,
	für drei Jagdjahre	100,– €,
2.	für den Tagesjagdschein	10,– €,
3.	für den Jahresjagdschein für Jugendliche	15,– €

§ 2

Diese Verordnung tritt am 1. Januar 2011 in Kraft. Gleichzeitig tritt die Landesverordnung über die Höhe der Jagdabgabe vom 8. Dezember 2005 (GVOBl. Schl.-H. S. 559) außer Kraft.

Diese Verordnung tritt mit Ablauf des 31. Dezembers 2015 außer Kraft.

Richtlinie für die Gewährung von Zuwendungen aus den Mitteln der Jagdabgabe durch das Land Schleswig-Holstein

Bekanntmachung des Ministeriums für Landwirtschaft, Umwelt und ländliche Räume vom 1. Februar 2006 (Amtsbl. Schl.-H. S. 115) und vom 20. Oktober 2011 -V 542- (Amtsbl. Schl.-H. S. 817)

1. Zuwendungszweck, Rechtsgrundlage

Das Land Schleswig-Holstein gewährt auf Grundlage des § 16 Abs. 3 LJagdG nach Maßgabe dieser Richtlinie und den Verwaltungsvorschriften zu § 44 Landeshaushaltsordnung (LHO) Zuwendungen aus dem Aufkommen aus der Jagdabgabe zur Förderung des Jagdwesens.

Zuwendungen nach dieser Richtlinie dienen der Verwirklichung der Ziele einer naturnahen Jagd im Sinne des § 1 des Landesjagdgesetzes des Landes Schleswig-Holstein (Landesjagdgesetz – LJagdG) vom 13. Oktober 1999 (GVOBl. Schl.-H. S. 300) i. V. m. § 1 Bundesjagdgesetz (BJG).

Mit den Zuwendungen sollen solche Maßnahmen durchgeführt werden, die für eine naturnahe Ausrichtung der Jagd, den Schutz des Wildes, den Erhalt und die Verbesserung seiner Lebensgrundlagen sowie zu seiner nachhaltigen Nutzung unter der größtmöglichen Förderung der biologischen Vielfalt erforderlich sind.

Ein Rechtsanspruch auf Gewährung von Zuwendungen nach dieser Richtlinie besteht nicht. Vielmehr entscheidet die Bewilligungsbehörde aufgrund ihres pflichtgemäßen Ermessens im Rahmen der verfügbaren Haushaltsmittel.

2. Gegenstand der Förderung

2.1 Zuwendungsfähig sind alle regional übergeordneten Maßnahmen zur Förderung des Jagdwesens nach § 16 Abs. 3 LJagdG unter Berücksichtigung der §§ 1 und 2 LJagdG, insbesondere:

- Aufwendungen für Maßnahmen zur Erhaltung und Verbesserung der Lebensgrundlagen des Wildes.
- Untersuchungen der Lebens- und Umweltbedingungen der Wildarten sowie von Möglichkeiten zur Verhütung und Verminderung von Wildschäden.
- Erfassung von Wildbeständen und Untersuchungen von Wildbestandsveränderungen (Monitoring).
- die Errichtung und der Betrieb von Muster- und Lehrrevieren für eine naturnahe Jagd sowie sonstige Maßnahmen und Einrichtungen zur Aus- und Fortbildung der nach dem Landesjagdgesetz am Jagdwesen beteiligten Personen.
- Öffentlichkeitsarbeit, Informationsschriften und Mitteilungsblätter, Jugendarbeit.

- Untersuchungen und Maßnahmen zur Verbesserung der Tierschutzgerechtigkeit einschließlich der Förderung des Jagdhundewesens, der Wildgesundheit, der Jagdtechniken und der Sicherheit bei der Jagd sowie Untersuchungen und Maßnahmen zur umweltgerechten Ausgestaltung von Schwerpunktschießständen, die eine herausragende Bedeutung für die Aus- und Fortbildung haben. Außerdem Ausgaben für Aufgaben des Jagdwesens, die entsprechend § 36 (3)LJagdG an die Landesjägerschaft übertragen wurden.

2.2 Bis zu einer Höhe von 25 % des Aufkommens aus der Jagdabgabe sind weiterhin Maßnahmen der Kreisjägerschaften zur Förderung des Jagdwesens nach § 16 Abs. 3 LJagdG unter Berücksichtigung der §§ 1 und 2 LJagdG zuwendungsfähig, insbesondere:

- Maßnahmen zur Erhaltung und Verbesserung der Lebensgrundlagen des Wildes und zur Erfassung von Wildbeständen (Wildmonitoring); gemäß § 2 LJagdG sollen u. a. Maßnahmen der Erhaltung, Verbesserung, Vermehrung und Vernetzung von natürlichen und naturnahen Wildtierlebensräumen erfolgen (z. B. Deckungszonen, Feldgehölzen, Gehölzstreifen und Verbissgehölzen). Naturraumtypische Pflanzengesellschaften sollen gefördert werden. Dazu gehören auch Wildobst- und Streuobstpflanzungen, die Schaffung bzw. Renaturierung von Kleingewässern und die Anlage von Knicks. Die Förderung dieser Maßnahmen dient der Erreichung der Ziele des § 2 LJagdG und soll daher mindestens 50% des Gesamtbetrages laut Zuwendungsbescheid ausmachen.
- Maßnahmen zur Förderung des jagdlichen Schießens,
- Untersuchungen und Maßnahmen zur umweltgerechten Ausgestaltung von Schwerpunktschießständen, die eine herausragende Bedeutung für die Aus- und Fortbildung haben,
- Maßnahmen zur Förderung des Jagdhundewesens,
- Maßnahmen und Einrichtungen zur Aus- und Fortbildung und der Öffentlichkeitsarbeit,
- Maßnahmen zur Förderung des Bläserwesens,
- Maßnahmen des Jagdschutzes, Schaffung von Musteranlagen zur Verhütung und Verminderung von Wildschäden,
- besondere Projekte

2.3 Nicht zuwendungsfähig sind:

- Öffentlich-rechtliche Abgaben, Gebühren,
- Ausgaben für einen Flächenerwerb,
- Ausgleichs- und Ersatzmaßnahmen,
- die nach § 15 Umsatzsteuergesetz abziehbaren Vorsteuerbeträge, und zwar unabhängig davon, ob der Begünstigte den Vorsteuerabzug tatsächlich geltend macht oder nicht,

- Aufwendungen, wenn oder soweit sie anschließend wieder gespendet werden,
- Aufwands- und Fahrtkostenerstattungen, soweit sie vom Empfänger wieder der Organisation gespendet werden,
- Reisekosten, soweit sie die nach Bundesreisekostengesetz anerkennungsfähigen Ausgaben übersteigen, sowie Tagegelder,
- selbständige Fachgutachten, Untersuchungen, Studien und Veranstaltungen usw. ohne unmittelbaren Projektbezug,
- Aufwendungen, zu deren Übernahme Dritte verpflichtet sind,
- Fernmeldegebühren aufgrund privater Orts- und Ferngespräche und entsprechende Faxgebühren,
- Bewirtung und Präsente,
- Maßnahmen, die bereits begonnen worden sind, es sei denn, der vorzeitige Beginn wurde in besonders begründeten Fällen auf schriftlichen Antrag hin ausnahmsweise zugelassen.

3. Zuwendungsempfänger

Zuwendungsempfänger sind:

3.1 Vereinigungen der Jägerinnen und Jäger in Schleswig-Holstein unter besonderer Berücksichtigung der Landesjägerschaft.

3.2 Weitere juristische oder natürliche Personen, die sich satzungsgemäß oder durch Vertrag zur Förderung des Jagdwesens, der jagdwissenschaftlichen Forschung oder von Aufgaben des Artenschutzes jagdbarer Tiere verpflichtet haben.
Nicht organisierte Eigenjagdbesitzerinnen und Eigenjagdbesitzer oder Jagdpächterinnen und Jagdpächter dürfen bei Maßnahmen gem. Ziffer 2.2, 1. Tiret, nicht benachteiligt werden.

4. Zuwendungsvoraussetzungen

Bewilligungsbehörde ist die oberste Jagdbehörde (Ministerium für Landwirtschaft, Umwelt und ländliche Räume des Landes Schleswig-Holstein, Mercatorstraße 3, 24106 Kiel).

Außer den in § 44 LHO und den dazu ergangenen Verwaltungsvorschriften müssen folgende Zuwendungsvoraussetzungen erfüllt sein:

4.1 Die Gewährung einer Zuwendung ist bis zum 30. November des Vorjahres zu beantragen. Die Berücksichtigung später eingegangener Anträge behält sich die Bewilligungsbehörde vor. Im Antrag müssen die beabsichtigten Maßnahmen und genaue Angaben über die Verwendung der beantragten Zuwendung aufgeführt werden.

4.2 Mittel Dritter, insbesondere der EU und des Bundes, sind vorrangig in Anspruch zu nehmen. Bei Nichtbeantragung erfolgt eine fiktive Anrechnung.

4.3 Art und Umfang der Zuwendung
Die Zuwendung wird als Projektförderung im Wege der Anteilfinanzierung gewährt und besteht aus einem nicht rückzahlbaren Zuschuss zu den zuwendungsfähigen Ausgaben.
Maßnahmen gemäß Ziffer 2 dieser Richtlinie können mit bis zu 75 %, bei biotopgestaltenden Maßnahmen gem. Ziffer 2.2, 1. Tiret, mit bis zu 85 % der zuwendungsfähigen Ausgaben gefördert werden.
Die Eigenbeteiligung (Eigenleistung und Eigenmittel) kann auch durch unbare Eigenleistungen ehrenamtlich Tätiger bis zu einer Höhe von 70 % des Aufwandes nachgewiesen werden, der sich bei der Vergabe der Arbeiten an ein Unternehmen ergeben würde. Alternativ können bei Projekten unbare Eigenleistungen in Form von Eigenarbeit mit 10,– Euro pro Stunde bewertet werden.
Die Vollfinanzierung eines Projektes ist nur in begründeten Ausnahmefällen möglich.
Bemessungsgrundlage sind die nachweisbaren zuwendungsfähigen Ausgaben, die unter Anlegung eines strengen Maßstabes für eine sparsame, wirtschaftliche und zweckmäßige Ausführung des jeweiligen Projektes im Bewilligungszeitraum entstehen. Bewilligungszeitraum ist das jeweilige Haushaltsjahr.

5. Sonstige Zuwendungsbestimmungen

5.1 Eine Weiterleitung der Zuwendung an Dritte durch die Zuwendungsempfängerin oder den Zuwendungsempfänger ist nicht zulässig. Untergliederungen der Landesjägerschaft gelten nicht als Dritte.

5.2 Über die geförderten Gegenstände darf die Zuwendungsempfängerin oder der Zuwendungsempfänger nach Ablauf von 5 Jahren nach Auszahlung der Zuwendung frei verfügen (Nr. 4.1 ANBest-P). Ausnahmen von dieser Regelung können im Zuwendungsbescheid zugelassen werden.

5.3 Werden im Rahmen von Maßnahmen, deren Zuwendungszweck nicht ausschließlich auf den Erwerb von beweglichen oder unbeweglichen Sachen gerichtet ist, Gegenstände beschafft, kann die Bewilligungsbehörde im Zuwendungsbescheid verlangen, dass diese Gegenstände, sofern ihre übliche Lebensdauer über die Projektlaufzeit hinausgeht, nach Beendigung der Maßnahme zu veräußern sind und der Erlös anteilig an das Land abzuführen ist.

5.4 Bei Maßnahmen gem. Ziffer 2.2, 1. Tiret, ist die Abstimmung mit den sonstigen Förderungen im Naturschutz- und Forstbereich sicherzustellen.

6. Verfahren

6.1 Antragsverfahren:
Die Förderung der Maßnahmen erfolgt grundsätzlich nur auf schriftlichen Antrag. Mit dem Zuwendungsantrag sind vorzulegen:

- eine Projektbeschreibung.
- ein Kosten- und Finanzierungsplan mit einer Übersicht über alle zu erwartenden Ausgaben und Einnahmen.

- Kostenvoranschläge.
- Erklärung zur Förderung anderer Stellen.
- eine Erklärung, dass mit der Maßnahme noch nicht begonnen worden ist.
- eine Erklärung zur Vorsteuerabzugsberechtigung.
- Ggf. notwendige Genehmigungen (z. B. nach Landesnaturschutz- oder Landeswaldgesetz)

  Zweifelsfragen sind mit der Bewilligungsbehörde abzustimmen.

6.2 Die Zuwendungsempfängerin bzw. der Zuwendungsempfänger hat zu dem im Zuwendungsbescheid angegebenen Zeitpunkt einen einfachen Verwendungsnachweis vorzulegen.
Der einfache Verwendungsnachweis besteht aus einem Sachbericht und einem zahlenmäßigen Nachweis, in dem Einnahmen und Ausgaben entsprechend der Gliederung des Finanzierungsplanes summarisch zusammenzustellen sind.

6.3 Ergibt sich bei der Anwendung der Richtlinie eine im Einzelfall nicht beabsichtigte Härte oder liegen besondere landespolitische Interessen vor, können im Einvernehmen mit dem Finanzministerium Ausnahmen von dieser Richtlinie zugelassen werden.

6.4 Für die Bewilligung, Auszahlung und Abrechnung der Zuwendung sowie für den Nachweis und die Prüfung der Verwendung und die ggf. erforderliche Aufhebung des Zuwendungsbescheides und die Rückforderung der gewährten Zuwendung gelten die „Allgemeinen Nebenbestimmungen für Zuwendungen zur Projektförderung (ANBest-P)“ zu § 44 LHO i. V. m. der entsprechenden Regelung des Landesverwaltungsgesetzes (§§ 116, 117, 117a LVwG), soweit nicht in den Förderrichtlinien Abweichungen zugelassen worden sind.

7. Inkrafttreten

Diese Richtlinie gilt bis zum 31. Dezember 2014.

Landesverordnung über die Fangjagd (Fangjagdverordnung)

Vom 5. August 2013 (GVOBl. Schl.-H. S. 350)

Aufgrund des § 28 Abs. 2 des Landesjagdgesetzes vom 13. Oktober 1999 (GVOBl. Schl.-H. S. 300, zuletzt geändert durch Artikel 1 des Gesetzes vom 8. Februar 2012 (GVOBl. Schl.-H. S. 266), verordnet das Ministerium für Energiewende, Landwirtschaft, Umwelt und ländliche Räume:

§ 1 Verbotene Fanggeräte

Das Verbot des § 19 Abs. 1 Nr. 9 des Bundesjagdgesetzes umfasst die Verwendung folgender Fanggeräte (Fallen):

1. Knüppelfallen (einschließlich Prügel- und Rasenfallen),
2. Marderschlagbäume,
3. Scherenfallen,
4. Totschlagfallen aller Art, die durch Tritt oder Druck ausgelöst werden,
5. Drahtbügelschlagfallen (einschließlich Fallen nach Conibear-Bauart),
6. Wippbrettkastenfallen.

§ 2 Fallen für den Lebendfang

Fallen für den Lebendfang sind bauartzugelassen, wenn

1. sie gewährleisten, dass Tiere unversehrt lebend gefangen werden,
2. dem gefangenen Tier ein ausreichend großer Fangraum gewährt wird und
3. der Innenraum so gestaltet ist, dass Verletzungen ausgeschlossen werden.

Dabei müssen Kasten- oder Röhrenfallen einen abgedunkelten Fangraum aufweisen. Satz 2 gilt nicht für Drahtgitterfallen zum Lebendfang von Jungfüchsen und Kaninchen.

§ 3 Fallen für den Totfang

(1) Als Fallen für den Totfang sind nur Fallen, die über einen Köderabzug ausgelöst werden und folgende technische Anforderungen erfüllen, bauartzugelassen:

Typ	Mindest-klemmkräfte	Bügelweiten	
Schwanenhals	300 Newton	über 66 cm bis 74 cm	geeignet für Dachs, Fuchs, Marderhund und Waschbär
Schwanenhals	250 Newton	über 51 cm bis 66 cm	geeignet für Dachs, Fuchs, Marderhund und Waschbär
Schwanenhals	225 Newton	über 41 cm bis 51 cm	geeignet für Marder und Iltis
Eiabzugeisen	200 Newton	bis 41 cm	geeignet für Marder und Iltis

(2) Die oberste Jagdbehörde kann andere Bauarten zulassen, wenn sie ein sofortiges Töten gewährleisten und Belange der öffentlichen Sicherheit und des Tier- und Artenschutzes nicht entgegenstehen.

§ 4 Funktionsprüfung und Registrierung von Fanggeräten

(1) Es dürfen nur Fanggeräte verwendet werden, die dauerhaft und unverwechselbar so gekennzeichnet sind, dass sie der jeweiligen Eigentümerin oder dem jeweiligen Eigentümer zugeordnet werden können, und die funktionssicher sind.

(2) Vor der erstmaligen Verwendung müssen die Fanggeräte bei der Prüfstelle (Absatz 3) auf ihre Bauartzulassung und Funktionssicherheit überprüft, registriert und gekennzeichnet sein. Die Überprüfung ist alle vier Jahre zu wiederholen. Satz 2 gilt nicht für stationär eingebaute Fallen für den Lebendfang (z. B. Betonrohrfallen). Die Kosten für die Überprüfung und Registrierung trägt die Eigentümerin oder der Eigentümer.

(3) Die Prüfstelle wird von der obersten Jagdbehörde im Amtsblatt für Schleswig-Holstein bekannt gegeben. Sie führt ein Verzeichnis über die Ergebnisse der Funktionsprüfung sowie die Namen und Anschriften der Eigentümerinnen und Eigentümer der gekennzeichneten Fanggeräte. Die Aufzeichnungen sind der Jagdbehörde auf Verlangen mitzuteilen und mindestens fünf Jahre lang aufzubewahren.

§ 5 Anwendung von Fanggeräten

(1) Fallen für den Totfang

1. müssen über eine für die jeweilige Tierart ausreichende Bügelweite verfügen,
2. müssen die für das sofortige Töten des Tieres ausreichende Klemmkraft besitzen,
3. dürfen nur in geschlossenen Räumen, Fanggärten, in Fangbunkern oder Fangkisten aufgestellt werden, deren Zugangsöffnung bei Bügelweiten bis zu 51 cm nicht größer als 8 cm, bei den übrigen Bügelweiten nicht größer als 25 cm sein darf,

4. sind im unmittelbaren Gefahrenbereich mit dem Hinweis auf einem wetterfesten Schild „Vorsicht Falle – Verletzungsgefahr“ verbunden mit einem zur Warnung dienenden Piktogramm zu versehen.

(2) Fallen für den Lebendfang und den Totfang sind täglich mindestens morgens und abends zu kontrollieren. Drahtgitterfallen zum Fang von Jungfüchsen und Kaninchen sind tagsüber im Abstand von zwei Stunden zu kontrollieren. Satz 1 und 2 gelten nicht für Fallen, die über ein elektronisches Meldesystem (sog. Handymelder) verfügen.

(3) Der Einsatz lebender Lockvögel bei der Fangjagd ist nicht zulässig.

§ 6 Anerkennung von Ausbildungslehrgängen

Ausbildungslehrgänge müssen rechtliche Grundlagen der Fallenjagd, Grundzüge des Tierschutz- und des Artenschutzrechts sowie theoretische und praktische Kenntnisse über Funktion, artenspezifischen Einsatz, Einbau und Wartung von Fallen vermitteln. Die oberste Jagdbehörde erkennt entsprechende Ausbildungslehrgänge auf Antrag an. Bei Berufsjägerinnen und Berufsjägern steht die erfolgreiche Ausbildung zur Revierjägerin oder zum Revierjäger der Teilnahme an einem anerkannten Ausbildungslehrgang gleich.

§ 7 Inkrafttreten, Außerkrafttreten

Diese Verordnung tritt am 1. Januar 2014 in Kraft. Sie tritt am 31. Dezember 2018 außer Kraft.

Öffentlich-rechtlicher Vertrag mit der Landesjägerschaft Schleswig-Holstein zur Fangjagdverordnung

Vom 16. August 2000 und 1. November 2002

Aufgrund des § 36 Abs. 3 des Landesjagdgesetzes Schleswig-Holstein vom 13. Oktober 1999 (GVOBl. Schl.-H. S. 300), des § 4 Abs. 3 der Fangjagdverordnung vom 19. Juli 2000 (GVOBl. Schl.-H. S. 553) und des § 24 Abs. 2 in Verbindung mit den §§ 121–129 des Landesverwaltungsgesetzes in der Fassung vom 2. Juni 1992 (GVOBl. Schl.-H. S. 243)

schließen

das Ministerium für Umwelt, Natur und Forsten des Landes Schleswig-Holstein, Mercatorstraße 3, 24106 Kiel, als oberste Jagdbehörde,

nachfolgend: oberste Jagdbehörde

und

der Landesjagdverband Schleswig-Holstein e. V., Krusenrotter Weg 67, 24113 Kiel, als Landesjägerschaft,

nachfolgend: Landesjägerschaft

folgenden öffentlich-rechtlichen Vertrag:

§ 1 Gegenstand des Vertrages

Die Landesjägerschaft übernimmt alle Aufgaben der Prüfstelle gem. § 4 Abs. 2 und 3 der Fangjagdverordnung. Sie wird unabhängig von einer Verbandszugehörigkeit für alle Personen tätig, die Fallen überprüfen, registrieren und kennzeichnen lassen wollen.

§ 2 Durchführung der Prüfung und Registrierung

(1) Die Landesjägerschaft überprüft die Voraussetzungen für die Bauartzulassung und die Funktionssicherheit von Fallen für den Lebendfang gem. § 2 und für den Totfang gem. § 3 Abs. 1 der Fangjagdverordnung.

(2) Fallen, die die Voraussetzungen der §§ 2 und 3 der Fangjagdverordnung erfüllen, werden von der Landesjägerschaft registriert. Die Registrierung erfolgt in der Weise, dass Vor- und Zuname, Kreis und vollständige Adresse der Eigentümerin oder des Eigentümers, die Ergebnisse und das Datum der Überprüfung sowie die Kennzeichnung der Fallen nach Absatz 3 in einer Liste eingetragen werden. Die Landesjägerschaft weist die Eigentümerin oder den Eigentümer in geeigneter Weise darauf hin, dass sie die Daten gemäß § 4 Abs. 3 Satz 3 der Fangjagdverordnung mindestens fünf Jahre aufbewahren und der zuständigen Jagdbehörde auf deren Verlangen mitteilen muss.

(3) Die registrierten Fallen, werden von der Landesjägerschaft dauerhaft und unverwechselbar mit einer Prüfplombe versehen. Diese Plombe enthält neben dem

Buchstaben „**L**" für Lebendfangfallen oder dem Buchstaben „**T**" für Totfangfallen eine fortlaufende Nummerierung.

(4) Die Landesjägerschaft führt regionale Termine für die Überprüfung der Fanggeräte durch. Daneben bietet die Landesjägerschaft auch eine zentrale Überprüfung, Registrierung und Kennzeichnung an. Entsprechende Bekanntmachungen erfolgen im Mitteilungsblatt „Jäger und Fischer".

§ 3 Ausführung, Kostenausgleich

Die Landesjägerschaft schafft in eigener Verantwortung die sachlichen und personellen Voraussetzungen, die für eine ordnungsgemäße Wahrnehmung der von ihr übernommenen Aufgaben erforderlich sind. Die Höhe des zu zahlenden Entgelts beträgt 8,– DM für jede geprüfte und registrierte Falle. Entstehende Fehlbeträge sind bei Vorlage entsprechender Nachweise im Rahmen der verfügbaren Mittel aus der Jagdabgabe förderungsfähig.

§ 4 Kündigung

Erfüllt die Landesjägerschaft Verpflichtungen aus diesem Vertrag nicht, ist die oberste Jagdbehörde nach einer erfolglosen Abmahnung zur fristlosen Kündigung berechtigt. § 127 des Landesverwaltungsgesetzes bleibt unberührt.

§ 5 Vertragsdauer

Dieser Vertrag gilt bis zum 31. März 2007. Er verlängert sich automatisch um jeweils ein Jahr, wenn nicht eine der beiden Vertragsparteien der Verlängerung bis zum Ende des vorhergehenden Kalenderjahres widerspricht.

Anmerkung: Die Bekanntgabe der Prüfstelle erfolgte im Amtsbl. Schl.-H. 2000, S. 574.

Voraussetzungen für die Anerkennung von Fangjagd-Ausbildungslehrgängen nach § 6 der Landesverordnung über die Fangjagd vom 30. April 2002

– Stand: 1. Juni 2006 –

Erlass des Ministeriums für Landwirtschaft, Umwelt und ländliche Räume des Landes Schleswig-Holstein vom 9. Juni 2006

1. Die Lehrgangsleitung bescheinigt die Teilnahme am Fangjagd-Ausbildungslehrgang. Grundlage hierfür ist die nachgewiesene Teilnahme am gesamten Fangjagd-Ausbildungslehrgang.
2. Der Fangjagd-Ausbildungslehrgang hat den nachstehenden inhaltlichen, qualitativen und zeitlichen Anforderungen zu genügen.

Inhalt	**Anforderung an Ausbilderin bzw. Ausbilder**	**Mindest-Ausbildungszeit (Stunden)**
A. Rechtliche Grundlagen der Fangjagd Grundzüge des Jagdrechts Bestimmungen der Fangjagdverordnung Sicherheits- und Unfallverhütungsvorschriften	Jägerin bzw. Jäger und Juristin bzw. Jurist oder Jäger bzw. Jägerin und Absolventin bzw. Absolvent der Verwaltungsfachhochschule, Fachbereich Verwaltung oder Polizei (Diplom) oder	2
B. Tier- und Artenschutzrecht Grundzüge des Tierschutzrechtes Grundzüge des Artenschutzrechtes	Jägerin bzw. Jäger und Absolventin bzw. Absolvent im Bereich Biologie, Forstwirtschaft, Landwirtschaft, Veterinärmedizin (Diplom) sowie Nachweis der Prüfung für die Laufbahn des höheren oder des gehobenen Dienstes oder Jägerin oder Jäger mit vergleichbarer Qualifikation oder	1,5

C. **Praxis der Fangjagd** Zulässige Fallen und ihre Funktionen, Einsatz, Einbau, Wartung und Kontrolle	Berufsjägerin bzw. Berufsjäger Zusätzlich erforderlich für Teil C: Eingehende praktische Fangjagderfahrungen	6 die Hälfte davon im Revier

Im Teil A werden behandelt:

1. Das gesellschaftliche Umfeld der Fangjagd
2. Wer darf Fanggeräte stellen, kontrollieren, sich gefangenes Wild aneignen?
3. Sachliche Verbote des § 19 Bundesjagdgesetz im Hinblick auf die Fangjagd
4. Das Tatbestandsmerkmal „Fangen“ nach § 42 Bundesnaturschutzgesetz i. V. m. § 4 Bundesartenschutzverordnung; Art. 8 und 9 EG-Vogelschutzrichtlinie
5. Örtliche Verbote des § 20 Abs. 1 Bundesjagdgesetz
6. Jagd- und Schonzeiten
7. Besondere Erfordernisse beim Fang von Aaskrähen und Elstern
8. Die Bestimmungen der Fangjagdverordnung
9. Die Verkehrssicherungspflicht der Fallenstellenden
10. Unfallverhütungsvorschriften Jagd der Berufsgenossenschaften zur Fangjagd
11. Der Fallenfang in befriedeten Bezirken
12. Der Fallenfang außerhalb der Jagdausübung

Im Teil B werden behandelt:

1. Rechtliche Grundlagen hinsichtlich der Tierschutzgerechtigkeit der Fangjagd
2. Inhaltliche Anforderungen an die Tierschutzgerechtigkeit der Fangjagd
3. Maßnahmen mit dem Ziel, eine tierschutzgerechte Fangjagd zu gewährleisten
4. Rechtliche Grundlagen hinsichtlich der Artenschutzgerechtigkeit der Fangjagd
5. Inhaltliche Anforderungen an die Artenschutzgerechtigkeit der Fangjagd
6. Maßnahmen mit dem Ziel, eine artenschutzgerechte Fangjagd zu gewährleisten

Im Teil C werden behandelt:

1. Bauartzugelassene Fallen
2. Funktion der bauartzugelassenen Fallen
3. Artspezifischer Falleneinsatz
4. Wartung der Fallen
5. Fallenkontrollen
6. Tötung nach Lebendfang

Öffentlich-rechtlicher Vertrag mit der Landesjägerschaft Schleswig-Holstein zur Anerkennung von Nachsuchengespannen

Vom 14. September 2001

A) Präambel

Gem. § 23 Abs. 3 des Landesjagdgesetzes Schleswig-Holstein – LJagdG – vom 13. Oktober 1999 (GVOBl. Schl.-H. S. 300) sind die Jagdausübungsberechtigten der Jagdbezirke, die durch eine Nachsuche von Schalenwild voraussichtlich berührt werden, nach Benachrichtigung verpflichtet, einer Führerin oder einem Führer von anerkannten Fährtenhunden (Nachsuchengespann) unverzüglich zu gestatten, ihre Jagdbezirke zur Nachsuche zu betreten und das kranke oder verletzte Schalenwild zu erlegen. Können die Jagdausübungsberechtigten nicht erreicht werden, so sind die Führerinnen oder Führer von anerkannten Fährtenhunden auch ohne Einwilligung der Jagdausübungsberechtigten berechtigt, die Handlungen nach Satz 1 durchzuführen.

Gem. § 36 Abs. 3 LJagdG kann die oberste Jagdbehörde der Landesjägerschaft mit deren Zustimmung die Anerkennung von Fährtenhunden übertragen.

B) Öffentlich-rechtlicher Vertrag

Aufgrund des § 36 Abs. 3 des Landesjagdgesetzes und des § 24 Abs. 2 in Verbindung mit den §§ 121–129 des Landesverwaltungsgesetzes in der Fassung vom 2. Juni 1992 (GVOBl. Schl.-H. S. 243) schließen

das Ministerium für Umwelt, Natur und Forsten des Landes Schleswig-Holstein, Mercatorstraße 3, 24106 Kiel, als oberste Jagdbehörde,

nachfolgend: oberste Jagdbehörde

und

der Landesjagdverband Schleswig-Holstein e. V., Krusenrotter Weg 67, 24113 Kiel, als Landesjägerschaft,

nachfolgend: Landesjägerschaft

folgenden öffentlich-rechtlichen Vertrag:

§ 1 Gegenstand des Vertrages

(1) Die Landesjägerschaft übernimmt die Aufgabe der Anerkennung von Nachsuchengespannen unabhängig von der Verbandszugehörigkeit der Hundeführerin oder des Hundeführers. Die Anerkennung ist auf vier Jahre zu befristen und mit einem Widerrufsvorbehalt beim Wegfall der Voraussetzungen lt. § 2 zu versehen. Die Anerkennung begründet keinen Anspruch auf finanzielle Förderung.

(2) Die oberste Jagdbehörde behält sich in begründeten Einzelfällen ebenfalls den Widerruf einer Anerkennung vor.

§ 2 Voraussetzung für die Anerkennung

(1) Die Führerin oder der Führer eines Fährtenhundes muss einen Hund einer Jagdgebrauchshunderasse, der für die erschwerte Arbeit auf Schweiß besonders geeignet ist, erfolgreich geführt und sich entsprechend fortgebildet haben. Diese Person muss im Besitz eines gültigen Jahresjagdscheines sein und die Gewähr dafür bieten, in der Regel bei Anforderungen zur Verfügung zu stehen.

(2) Die Eignung als Fährtenhund wird nachgewiesen durch eine bestandene Verbandsschweißprüfung oder die Vorprüfung bei den Schweißhunderassen sowie durch mindestens fünf erfolgreiche erschwerte Nachsuchen. Nach Anerkennung sind für jeweils zwei Jahre mindestens fünfzehn erschwerte Nachsuchen nachzuweisen.

(3) Als erschwerte Nachsuchen werden i. d. R. eine Riemenarbeit von mehr als 300 m, auf einer mindestens 4 Stunden alten Fährte, ohne Schnee, und mit Verleitung berücksichtigt. Bei sehr dichtem Bewuchs (Brombeeren, Raps u. a.) und wenn das Stück Wild durch eine Hetze zur Strecke kommt, kann die Länge auch unterschritten sein. Wenn die Fluchtfährte nur durch intensive Vorsuche mit dem Hund bestätigt werden kann, gilt auch diese Arbeit als unter erschwerten Bedingungen geleistet. Erschwerende Faktoren sind auch extreme Witterungsverhältnisse.

(4) Über die nachzuweisenden Arbeiten ist jeweils ein Nachsuchenbericht gem. Anlage[1] zu fertigen und der Landesjägerschaft vorzulegen.

§ 3 Information der Jagdbehörden und der Jägerschaft

(1) Über die Anerkennung erteilt die Landesjägerschaft der Führerin oder dem Führer eines anerkannten Fährtenhundes eine Bescheinigung.

(2) Über jede Anerkennung und jeden Widerruf informiert die Landesjägerschaft unverzüglich die oberste Jagdbehörde, die wiederum die unteren Jagdbehörden unterrichtet. Die Landesjägerschaft veröffentlicht darüber hinaus halbjährlich eine aktuelle Liste der anerkannten Fährtenhunde im Mitteilungsblatt für Jäger und Fischer.

§ 4 Vertragsdauer und Kündigung

(1) Dieser Vertrag tritt mit dem heutigen Tage in Kraft und gilt bis zum 31. März 2004. Er verlängert sich stillschweigend um jeweils ein Jahr, wenn er nicht von einem der Vertragspartner mit einer Frist von einem halben Jahr gekündigt wird.

(2) Erfüllt die Landesjägerschaft Verpflichtungen aus diesem Vertrag nicht, ist die oberste Jagdbehörde nach einer erfolglosen Abmahnung zur fristlosen Kündigung berechtigt. § 127 des Landesverwaltungsgesetzes bleibt unberührt.

---

1 Die Anlage ist nicht abgedruckt.

Landesverordnung über die Fütterung und Kirrung von Wild

Vom 1. Dezember 2000 (GVOBl. Schl.-H. S. 607)

Aufgrund des § 18 Abs. 3 des Landesjagdgesetzes vom 13. Oktober 1999 (GVOBl. Schl.-H. S. 300) verordnet das Ministerium für Umwelt, Natur und Forsten:

§ 1 Verbotene Futtermittel

Das Verfüttern proteinhaltiger Erzeugnisse und von Fetten aus Gewebe warmblütiger Landtiere und von Fischen sowie von Mischfuttermitteln, die diese Einzelfuttermittel enthalten, an wildlebende Tiere, die dem Jagdrecht unterliegen (Wild), ist verboten[1].

§ 2 Inkrafttreten

Diese Verordnung tritt am Tage nach der Verkündung in Kraft.

1 Die Ordnungswidrigkeit kann mit einer Geldbuße bis zu 10.000 DM geahndet werden.

Erläuterungen zu Fütterung und Kirrung von Wild

Erläuterungen des Ministeriums für Umwelt, Naturschutz und Landwirtschaft des Landes Schleswig-Holstein als oberste Jagdbehörde und des Landesjagdverbandes Schleswig-Holstein e.V.

Veröffentlicht im Jäger & Fischer in Schleswig-Holstein Oktober 2004

Im Rahmen des vom Landtag im Jahre 1999 beschlossenen Landesjagdgesetzes (LJagdG) wurde die Fütterung von Schalenwild verboten. Gründe waren die stark verbesserten Nahrungsbedingungen als Folge der veränderten Landwirtschaft (u.a. nährstoffreicher Wintergetreide, -raps- und Maisanbau) und der flächendeckenden Nährstoffeinträge über die Luft und der in Schleswig-Holstein in der Regel milden Winter. Damit waren nur noch Vorgaben zu Notzeitfütterung und Kirrung erforderlich. Die Verwendung nicht artgerechter Futtermittel kann zu physiologischen Schädigungen des Wildes und zu erhöhten Wildschäden führen. In und an Gewässern soll das Fütterungsverbot eine Überdüngung verhindern.

Den Jägerinnen und Jägern im Lande sollen die nachstehenden Ausführungen als Orientierungshilfe im praktischen Jagdbetrieb dienen.

Der Themenkomplex „Fütterung / Kirrung" wird in Schleswig-Holstein noch mit relativ wenigen gesetzlichen Vorgaben beschrieben.

Missbräuchliche Handhabungen des landesgesetzlich gesteckten Rahmens haben in anderen Bundesländern zum Erlass von detaillierten Verordnungen über Fütterung und Kirrung von Wild geführt. Daher sollte die Jägerschaft wohl überlegt und verantwortungsbewusst mit dem gesetzlichen Rahmen umgehen. Dies gilt insbesondere für die zulässige Kirrung von Schwarzwild zum Zwecke der Bejagung, die keinesfalls zu einer verbotenen Fütterung führen darf!

Zum Begriff „Fütterung"

Als Fütterung gilt grundsätzlich jede Stelle, an der dem Wild Futter, auch in geringen Mengen, angeboten wird. Der Tatbestand der Fütterung ist auch dann gegeben, wenn Futtermittel auf den Boden gestreut werden, also weder eine Raufe noch Tröge vorhanden sind.

Nicht zu den verbotenen Fütterungen zählt die Anlage natürlicher Wildäsungsflächen wie z. B. Wildäcker, Wildwiesen und Verbissgehölze.

Fütterung in und an Gewässern

Die Fütterung (auch Kirrung) von Wild in und an Gewässern ist nicht zulässig.

Abseits von Gewässern darf Federwild bzw. Haarwild (außer Schalenwild) gefüttert werden (z. B. Fasanenschütte mit Körnerfutter, Luderplatz mit zulässigen tierischen Nebenprodukten).

Fütterung von Schalenwild, Notzeitfütterung

§ 18 LJagdG verbietet die Fütterung von Schalenwild (auch Ablenkfütterung) in der freien Wildbahn
Die Jagdbehörde kann lediglich eine sog. Notzeitfütterung zulassen.

Erlaubt ist die Kirrung von Schwarzwild (s. § 18 Abs. 2 LJagdG).

Die **Kirrung von *Schwarzwild*** ist eine Methode, um Wild mit dem **Ziel der Erlegung** anzulocken. Sie unterliegt folgenden Beschränkungen:

- **artgerechte Kirrmittel,**
- **geringe Kirrmengen** und **gelegentliches Kirren,**
- **anderem Schalenwild nicht zugänglich**.

(vgl. DJV-Position: Fütterung-Ablenkfütterung-Kirrung, 1998)

Artgerechte Kirrmittel

Als artgerecht ist nur die in der Natur von **Schwarzwild** aufgenommene Nahrung anzusehen (z. B. Getreide, Mais, Eicheln, Kartoffeln, Ackerbohnen, Erbsen, Wild- und heimisches Obst.
An dieser Stelle muss auf die "Landesverordnung über die Fütterung und Kirrung von Wild" vom 1. Dezember 2000 hingewiesen werden, die im Zuge der BSE-Diskussion erlassen wurde. Danach ist das
„Verfüttern proteinhaltiger Erzeugnisse und von Fetten aus Gewebe warmblütiger Landtiere und von Fischen sowie von Mischfuttermitteln, die diese Einzelfuttermittel enthalten, an wildlebende Tiere, die dem Jagdrecht unterliegen (Wild), verboten."

Geringe Kirrmengen und **gelegentliches Kirren**

§ 18 legt fest, dass Kirrungen nur mit „geringen Futtermengen" vorgenommen werden dürfen. Insbesondere zur Verhinderung von Missbräuchen hat die oberste Jagdbehörde eine Verordnungsermächtigung erhalten.
Wesentlich ist, dass die Kirrmenge so zu bemessen ist, dass Schwarzwild lediglich angelockt wird und sich an dieser Stelle nur so lange aufhält, dass es erlegt werden kann.
„Gelegentliches Kirren" bedeutet, mit jagdlichem Anstand Kirrungen ausschließlich auf den Zeitraum der tatsächlich möglichen Jagdausübung (also keinesfalls ganzjährig) sowie in der Anzahl der Kirrstellen je Revier so zu beschränken, dass sie nicht tatsächlich zu Fütterungen bzw. Ablenkfütterungen werden. Abstimmungen mit den angrenzenden Jagdausübungsberechtigten sind auch hier erforderlich.

Anderem Schalenwild nicht zugänglich Wichtig ist, dass die Kirrmittel in den Boden eingebracht bzw. so abgedeckt werden, dass die **Aufnahme durch anderes Schalenwild ausgeschlossen** ist.

Sog. Kirrautomaten und Rolltonnen können die gesetzlichen Vorgaben nur dann erfüllen, wenn das Futter anderem Schalenwild nicht zugänglich ist. Alle Einrichtungen dürfen nur die gesetzlich festgelegte geringe Futtermenge freigeben und zudem nicht als verbotene Ablenkfütterung missbraucht werden.

Ahndung von Verstößen Neben der Festsetzung einer Geldbuße bis zu 5.000 Euro kann die Einziehung des Jagdscheines für bestimmte Zeit angeordnet bzw. der Jagdschein versagt werden. Missbräuche wurden bereits den Jagdbehörden gemeldet.

Mustersatzung für Jagdgenossenschaften

Erlass des Ministeriums für Landwirtschaft, Umwelt und ländliche Räume des Landes Schleswig-Holstein, Stand: März 2013

Satzung der Jagdgenossenschaft ....

Aufgrund des § 8 des Landesjagdgesetzes wird folgende Satzung erlassen:

§ 1 Name, Sitz und Aufsichtsbehörde

(1) Die Jagdgenossenschaft führt den Namen „Jagdgenossenschaft ..." Sie hat ihren Sitz in ... und ist eine Körperschaft des öffentlichen Rechts.

(2) Aufsichtsbehörde ist der Landrat des Kreises/Bürgermeister der kreisfreien Stadt ... als untere Jagdbehörde.

§ 2 Mitgliedschaft

(1) Mitglieder der Jagdgenossenschaft sind die jeweiligen Eigentümerinnen und Eigentümer der zum gemeinschaftlichen Jagdbezirk gehörenden bejagbaren Grundstücke (Jagdgenossinnen und Jagdgenossen).

(2) Die zum Jagdbezirk gehörenden bejagbaren Grundstücke sowie deren jeweilige Eigentümer werden in einem Genossenschaftskataster aufgeführt. Das Genossenschaftskataster wird vom Jagdvorstand aufgestellt und auf dem Laufenden gehalten. Eigentumsänderungen, Flächenveränderungen und Änderungen der Bankverbindung haben die Mitglieder unverzüglich dem Vorstand mitzuteilen und nachzuweisen.

(3) Grundstücke, die auf der Grundlage von § 6a des Bundesjagdgesetzes (Befriedung von Grundflächen aus ethischen Gründen) als befriedet erklärt worden sind, werden weiterhin im Genossenschaftskataster geführt. Deren Eigentümerinnen und Eigentümer sind für die Zeit der Befriedung nicht Mitglied der Jagdgenossenschaft.

(4) Die Mitglieder der Jagdgenossenschaft sind berechtigt, zu allen für die Jagdgenossenschaft wichtigen Angelegenheiten, insbesondere zur Satzung, zum Genossenschaftskataster, zum Jagdpachtvertrag, zum Verteilungsplan und zur Beitragsliste, Auskunft und Akteneinsicht von der Jagdgenossenschaft zu verlangen.

§ 3 Aufgaben

(1) Die Jagdgenossenschaft hat die Aufgabe, das ihr zustehende Jagdausübungsrecht im Interesse der Mitglieder zu verwalten und zu nutzen. Sie hat nach Maßgabe der gesetzlichen Bestimmungen und der Jagdpachtverträge für den Ersatz der den Mitgliedern entstehenden Wildschäden zu sorgen.

(2) Sie kann zur Erfüllung ihrer Aufgaben von den Mitgliedern Umlagen nach dem Verhältnis der Flächengröße der bejagbaren Grundstücke erheben.

§ 4 Organe

Organe der Jagdgenossenschaft sind die Genossenschaftsversammlung und der Jagdvorstand.

§ 5 Genossenschaftsversammlung

(1) Die Genossenschaftsversammlung ist die Versammlung der anwesenden und vertretenen Mitglieder. Sie ist nicht öffentlich. Dritte können teilnehmen, wenn die Genossenschaftsversammlung dies beschließt. Vertreterinnen und Vertretern der Jagdbehörden ist die Anwesenheit jederzeit gestattet; ihnen ist auf Antrag das Wort zu erteilen.

(2) Die Genossenschaftsversammlung beschließt über alle für die Jagdgenossenschaft wichtigen Angelegenheiten, insbesondere über

a) die Satzung und deren Änderungen,
b) die Wahl und die Abberufung des Jagdvorstandes,
c) Anträge auf Abrundung, Zusammenlegung und Teilung des gemeinschaftlichen Jagdbezirkes,
d) die Art der Jagdnutzung des gemeinschaftlichen Jagdbezirkes,
e) die Einholung von Angeboten zur Verpachtung und die Pachtbedingungen,
f) die Erteilung des Zuschlages bei der Jagdverpachtung,
g) die Änderung, Verlängerung und Beendigung laufender Jagdpachtverträge,
h) die Verwendung des Reinertrages der Jagdnutzung,
i) die Erhebung und Verwendung von Umlagen,
j) die Wahl von zwei Kassenprüferinnen oder Kassenprüfern für jeweils zwei Jahre, die Rechnungsprüfung und die Entlastung des Jagdvorstandes.
k) die Beauftragung kostenpflichtiger rechtlicher Beratung oder Vertretung und die Erhebung von Klagen.

§ 6 Durchführung der Genossenschaftsversammlung

(1) Innerhalb von zwei Jahren findet mindestens eine Genossenschaftsversammlung statt. Außerordentliche Versammlungen sind von der Jagdvorsteherin oder dem Jagdvorsteher einzuberufen, wenn dieses von wenigstens einem Viertel der stimmberechtigten Personen unter Angabe der Gründe schriftlich verlangt wird.

(2) Alle Versammlungen sind von der Jagdvorsteherin oder dem Jagdvorsteher unter Angabe der Tagesordnung mit einer Frist von mindestens zwei Wochen durch Bekanntgabe gem. § 11 Abs. 2 einzuberufen. Die Jagdvorsteherin oder der Jagdvorsteher leitet die Versammlung.

§ 7 Beschlussfassung der Jagdgenossenschaft

(1) Die Genossenschaftsversammlung ist beschlussfähig, wenn mindestens ein Zehntel der stimmberechtigten Mitglieder vertreten sind. Bei Beschlussunfähigkeit

ist eine erneute Versammlung einzuberufen, die ohne Rücksicht auf die Zahl der vertretenen Stimmen beschlussfähig ist. Die Einladung zu dieser Versammlung kann mit der ursprünglichen Einladung verbunden werden.

(2) Beschlüsse über der Genossenschaftsversammlung vorbehaltene Angelegenheiten nach § 5 dürfen nur gefasst werden, wenn sie in der Tagesordnung gemäß § 6 Abs. 2 aufgeführt sind. Es darf hierüber nicht mehrfach während einer Versammlung abgestimmt werden.

(3) Beschlüsse der Jagdgenossenschaft und Wahlen bedürfen sowohl der Mehrheit der anwesenden und vertretenen Mitglieder als auch der Mehrheit der bei der Beschlussfassung vertretenen Grundfläche. Mitglieder, die sich bei der Beschlussfassung der Stimme enthalten, sind bei der Feststellung der Zahl der anwesenden und vertretenen Mitglieder zu berücksichtigen. Bei Stimmengleichheit kommt kein Beschluss zustande.

(4) Die Beschlussfassung erfolgt in der Regel durch offene Abstimmung. Eine Abstimmung durch Stimmzettel ist durchzuführen, wenn dies von einem Viertel der bei der Beschlussfassung anwesenden Mitglieder beantragt wird. Die Beschlussfassung über die Auskehrung des Reinertrages an die Jagdgenossen (§ 10 Abs. 3) erfolgt in jedem Fall durch offene Abstimmung.

(5) In der Genossenschaftsversammlung kann sich jedes Mitglied durch ein anderes volljähriges Mitglied der Jagdgenossenschaft, den Ehegatten, die eingetragene Lebenspartnerin oder den eingetragenen Lebenspartner, einen volljährigen Verwandten in gerader Linie oder in der Seitenlinie bis zum 3. Grad oder eine im ständigen Dienst des Vertretenen beschäftigte, volljährige Person vertreten lassen. Es bedarf hierzu einer schriftlichen Vollmacht. Mehr als drei Vollmachten pro Person sind nicht zulässig. Die von einem Bevollmächtigten vertretene Grundfläche darf einschließlich seiner eigenen Grundfläche ein Drittel der Gesamtfläche des Gebietes der Jagdgenossenschaft nicht überschreiten. Die Sätze 1 bis 4 gelten nicht für die vertretungsberechtigten Organe einer juristischen Person und die gesetzlichen Vertreter oder gesetzliche Vertreter oder Vertreterin eines Mitglieds der Jagdgenossenschaft. In diesen Fällen können der Vertreter oder die Vertreterin ihrerseits einen Bevollmächtigten unter Beachtung der Sätze 1 bis 4 bestellen.

(6) Mitglieder sowie ihre Vertretung dürfen in sämtlichen Angelegenheiten beratend und entscheidend mitwirken und während der Beratung und Entscheidung anwesend sein, auch dann, wenn die Entscheidung ihnen selbst einen unmittelbaren Vorteil oder Nachteil bringen kann.

(7) Jedes Mitglied der Jagdgenossenschaft hat eine Stimme. Bei Grundstücken, die im Miteigentum oder Gesamthandseigentum mehrerer Personen stehen, kann das Stimmrecht nur einheitlich mit einer Stimme ausgeübt werden. Abwesende Miteigentümerinnen, Miteigentümer, Gesamthandseigentümerinnen und Gesamthandseigentümer gelten als durch die anwesenden Mit- oder Gesamthandseigentümerinnen oder -eigentümer vertreten.

(8) Über die Beschlüsse der Jagdgenossenschaft ist eine Niederschrift zu fertigen. Aus ihr muss hervorgehen, wie viele Mitglieder sowie Vertreterinnen oder Vertreter anwesend waren und welche Grundfläche von Ihnen vertreten wurde, ferner wie

viele Personen für die Beschlussfassung stimmten und wie groß die von diesen vertretene Fläche war. Die Niederschrift ist von der Jagdvorsteherin oder dem Jagdvorsteher und von der Schriftführerin oder dem Schriftführer zu unterzeichnen. Eine Ausfertigung der Niederschrift ist der Jagdbehörde innerhalb von drei Wochen nach der Genossenschaftsversammlung zur Verfügung zu stellen.

§ 8 Jagdvorstand

(1) Der Jagdvorstand besteht aus der Jagdvorsteherin oder dem Jagdvorsteher als Vorsitzende oder Vorsitzenden und zwei weiteren Vorstandsmitgliedern. Im Rahmen der Wahl wird festgelegt, welche Personen die Aufgaben der ständigen Vertretung der Jagdvorsteherin oder des Jagdvorstehers, der Schriftführung und der Kassenführung übernehmen. Für die beiden weiteren Vorstandsmitglieder werden insgesamt zwei Stellvertreterinnen oder Stellvertreter gewählt. Die Mitglieder des Jagdvorstandes und die Stellvertreterinnen oder Stellvertreter müssen selbst nicht Jagdgenosse sein.

(2) Die Amtszeit des Jagdvorstandes beträgt vier Jahre. Sie beginnt mit dem auf die Wahl folgenden Geschäftsjahr (§ 10 Abs. 2 Satz 2), es sei denn, dass im Zeitpunkt der Wahl kein gewählter Jagdvorstand vorhanden ist; in diesem Fall beginnt sie mit der Wahl und verlängert sich um die Zeit von der Wahl bis zum Beginn des nächsten Geschäftsjahres. Die Amtszeit verlängert sich bis zur Wahl eines neuen Jagdvorstandes um höchstens drei Monate, wenn innerhalb der letzten drei Monate vor dem Ende der satzungsmäßigen Amtszeit mindestens eine Genossenschaftsversammlung stattgefunden hat und es in dieser nicht zur Wahl eines neuen Jagdvorstandes gekommen ist. Beim vorzeitigen Ausscheiden einer im Absatz 1 genannten Person ist in der nächsten Versammlung der Jagdgenossenschaft, spätestens jedoch innerhalb eines Jahres nach dem Ausscheiden, für den Rest der Amtszeit eine Ersatzwahl vorzunehmen.

(3) Die Mitglieder des Jagdvorstandes sind ehrenamtlich tätig. Sie können für ihre baren Auslagen, soweit sie angemessen und unabweisbar notwendig sind, Ersatz verlangen.

(4) Der Jagdvorstand vertritt die Jagdgenossenschaft gerichtlich und außergerichtlich. Er verwaltet ihre Angelegenheiten und ist an die Beschlüsse der Genossenschaftsversammlung gebunden. Soll die Jagdgenossenschaft durch den Abschluss von Verträgen oder sonst durch Abgabe von Willenserklärungen verpflichtet werden, so sind dazu nur sämtliche Mitglieder des Jagdvorstandes gem. Abs. 1 Satz 1 gemeinsam befugt. Im Übrigen kann der Vorstand einzelnen Mitgliedern durch Mehrheitsbeschluss Vertretungsvollmacht erteilen. Beim Abschussplan genügt die alleinige Unterschrift der Jagdvorsteherin oder des Jagdvorstehers.

(5) Der Jagdvorstand hat insbesondere folgende Aufgaben zu erfüllen:

a) das Anlegen und Führen des Genossenschaftskatasters sowie der Stimmliste,

b) die Einberufung und Leitung der Genossenschaftsversammlung durch die Jagdvorsteherin oder den Jagdvorsteher,

c) die Ausführung der Genossenschaftsbeschlüsse,

d) die Führung der Kassengeschäfte und des Schriftverkehrs;

e) die Aufstellung und Vorlage des Haushaltsplanes und die Vorlage der Jahresrechnung,

f) die Aufstellung des Verteilungsplanes und der Beitragsliste,

g) die Vornahme von Bekanntmachungen und Bekanntgaben.

§ 9 Sitzungen des Jagdvorstandes

(1) Der Jagdvorstand tritt auf Einladung der Jagdvorsteherin oder des Jagdvorstehers nach Bedarf zusammen. Er muss einberufen werden, wenn ein Mitglied des Jagdvorstandes dies schriftlich beantragt. Der Jagdvorstand ist beschlussfähig, wenn drei Mitglieder anwesend sind. Er fasst seine Beschlüsse in nicht öffentlicher Sitzung mit der Mehrheit der Stimmen.

(2) Ein Mitglied des Jagdvorstandes darf in sämtlichen Angelegenheiten beratend oder entscheidend mitwirken und während der Beratung und Entscheidung anwesend sein, auch dann, wenn die Entscheidung ihm selbst einen unmittelbaren Vorteil oder Nachteil bringen kann.

(3) In Angelegenheiten, die der Beschlussfassung durch die Genossenschaftsversammlung vorbehalten sind (§ 5), entscheidet der Jagdvorstand, falls die Erledigung keinen Aufschub duldet. In diesen Fällen hat die Jagdvorsteherin oder der Jagdvorsteher unverzüglich die Zustimmung der Genossenschaftsversammlung einzuholen. Diese kann die Dringlichkeitsentscheidung aufheben, soweit nicht schon Rechte Dritter entstanden sind.

(4) Über Beschlüsse des Jagdvorstandes ist eine Niederschrift zu fertigen und von den Teilnehmerinnen und Teilnehmern zu unterzeichnen.

§ 10 Anteil an Nutzungen und Lasten

(1) Der Anteil der Mitglieder an den Nutzungen und Lasten richtet sich nach dem Verhältnis der Flächen ihrer bejagbaren Grundstücke im Jagdbezirk.

(2) Zur Feststellung des Anteils der Mitglieder stellt der Jagdvorstand für jedes Jagdjahr einen Verteilungsplan oder eine Beitragsliste auf. Geschäftsjahr der Jagdgenossenschaft ist das Jagdjahr (1. April bis 31. März). Die Bekanntgabe über die Aufstellung und die Möglichkeit der Einsichtnahme erfolgt gem. § 11 Abs. 2.

(3) Beschließt die Genossenschaftsversammlung, den Reinertrag nicht an die Mitglieder zu verteilen, so kann jedes Mitglied, das dem Beschluss nicht zugestimmt hat, sich der Stimme enthalten hat oder nicht anwesend war, binnen eines Monats nach Bekanntmachung der Beschlussfassung schriftlich die Auszahlung seines Anteils verlangen. Mitglieder, die dem Beschluss über die anderweitige Verwendung des Reinertrages der Jagdnutzung zugestimmt haben, sind in der Niederschrift namentlich aufzuführen. Der Jagdvorstand hat den Beschluss gem. § 11 Abs. 2 bekannt zu geben.

(4) Ist die Auszahlung aus Gründen unterblieben, die von dem betroffenen Mitglied zu vertreten sind, erlischt der Anspruch auf Auszahlung sechs Monate nach Bekanntgabe des Verteilungsplanes.

§ 11 Bekanntmachungen und Bekanntgaben[1]

(1) Örtliche Bekanntmachungen der Jagdgenossenschaft erfolgen durch Abdruck in der / in dem ... (Name der Tageszeitung).

(2) Sonstige Bekanntgaben für die Mitglieder der Jagdgenossenschaft werden entweder in Papierform übermittelt oder im Internet unter der Adresse www. ... (Internetadresse) bereitgestellt.

oder

(1) Örtliche Bekanntmachungen der Jagdgenossenschaft erfolgen durch Bereitstellung im Internet unter der Adresse www. ... (Internetadresse).

Bei Bekanntmachungen von Satzungen und Satzungsänderungen wird in der/in dem ... (Name der Tageszeitung) unter Angabe der Internetadresse auf die Bekanntmachung hingewiesen.

(2) Sonstige Bekanntgaben für die Mitglieder der Jagdgenossenschaft werden entweder in Papierform übermittelt oder im Internet unter der Adresse www. ... (Internetadresse) bereitgestellt.

§ 12 Inkrafttreten

Diese Satzung tritt mit dem Tage nach ihrer Bekanntmachung in Kraft. Gleichzeitig tritt die bisherige Satzung vom ... in der Fassung der Änderung vom .... außer Kraft.

Vorstehende Satzung ist in der Genossenschaftsversammlung vom ..., in der ... Mitglieder mit einer Grundfläche von ...ha vertreten waren, beschlossen worden.

Ausgefertigt am ....

....

Der Jagdvorstand

---

1 Abweichende Formen der Bekanntmachung und Bekanntgabe bedürfen der Genehmigung der Jagdbehörde

Landesverordnung über Verfahren in Wild- und Jagdschadenssachen

Vom 18. November 2008 (GVOBl. Schl.-H. S. 667)

Aufgrund des § 30 Abs. 3 des Landesjagdgesetzes vom 13. Oktober 1999 (GVOBl. Schl.-H. S. 300), zuletzt geändert durch Artikel 10 des Gesetzes vom 13. Dezember 2007 (GVOBl. Schl.-H. S. 499, ber. 2008 S. 135), verordnet das Ministerium für Landwirtschaft, Umwelt und ländliche Räume:

§ 1 Feststellungsverfahren

Das Feststellungsverfahren besteht aus dem Versuch einer gütlichen Einigung und dem Vorbescheid. Erfolgt die Anmeldung des Schadens nicht innerhalb der in § 34 Bundesjagdgesetz gesetzten Frist, lehnt die örtliche Ordnungsbehörde die Einleitung des Feststellungsverfahrens schriftlich ab. Diese Mitteilung ist zu begründen und den Geschädigten zuzustellen.

§ 2 Gütliche Einigung

(1) Die örtliche Ordnungsbehörde, in deren Zuständigkeitsbereich das Grundstück liegt, an dem oder auf dem der Schaden entstanden ist, benachrichtigt unverzüglich nach Anmeldung des Schadens durch die Geschädigten die Ersatzpflichtigen mit dem Ziel einer gütlichen Einigung. Die bestellte Wild- und Jagdschadenschätzerin oder der Wild- und Jagdschadenschätzer soll zu dem Termin hinzugezogen werden, wenn Anlass zu der Annahme besteht, dass eine gütliche Einigung der Beteiligten nicht möglich sein wird oder eine Beteiligte oder ein Beteiligter die Hinzuziehung der Schätzerin oder des Schätzers fordert.

(2) Eine gütliche Einigung liegt vor, wenn die Geschädigten und die Ersatzverpflichteten Festlegungen getroffen haben, welche Entschädigung zu leisten ist und wer die Kosten der Wild- oder Jagdschadenschätzung trägt. Die örtliche Ordnungsbehörde nimmt die Erklärungen der Beteiligten in einer von diesen und ihr zu unterzeichnenden Niederschrift auf. Beteiligte sind die Geschädigten und die zum Schadenersatz gemäß § 29 ff. Bundesjagdgesetz Verpflichteten einschließlich der Jagdpächterinnen und Jagdpächter, die einen Wildschaden ganz oder teilweise zu erstatten haben.

§ 3 Vorbescheid

(1) Schlägt eine gütliche Einigung fehl, erhält die örtliche Ordnungsbehörde das Gutachten über die Wildschadenschätzung und erlässt einen schriftlichen Vorbescheid. Er ist mit einer Begründung, einer Kostenentscheidung nach billigem Ermessen und einer Rechtsmittelbelehrung zu versehen und den Beteiligten zuzustellen.

(2) Alle Beteiligten können beantragen, dass bei landwirtschaftlich genutzten Grundstücken die Festsetzung des Schadens in einem Termin kurz vor der Ernte

erfolgen soll. Dem Antrag muss stattgegeben werden, wenn die Höhe des Schadens vorher nicht einwandfrei festgestellt werden kann. Die Ermittlung ist jedoch soweit durchzuführen, als dies zur endgültigen Feststellung der Schadenhöhe notwendig ist. Über die Verhandlung ist eine Niederschrift aufzunehmen.

§ 4 Kosten des Feststellungsverfahrens

Zu den Kosten des Feststellungsverfahrens gehören der Personal- und Sachaufwand der Behörde für die Erstellung der Niederschrift nach § 2 Absatz 2 sowie für die Erstellung des Vorbescheides und, soweit durch sie veranlasst, die Vergütung für die Schätzung. Die den Beteiligten entstandenen Aufwendungen werden nicht erstattet.

§ 5 Wildschadenschätzung

(1) Die örtliche Ordnungsbehörde bestellt für die Dauer von fünf Jahren eine Wild- und Jagdschadenschätzerin oder einen Wild- und Jagdschadenschätzer sowie eine Stellvertreterin oder einen Stellvertreter. Sie verpflichtet die Schätzerinnen oder Schätzer durch Handschlag darauf, dass sie ihre Gutachten unparteiisch und nach bestem Wissen und Gewissen erstatten werden. Die Bestellung kann bei Vorliegen wichtiger Gründe widerrufen werden.

(2) Zur Schätzung von Wild- oder Jagdschäden, die an Forstpflanzen entstehen, bestellt die örtliche Ordnungsbehörde forstsachverständige Schätzerinnen oder Schätzer. Die Vorschriften des Absatzes 1 finden entsprechende Anwendung.

(3) Eine Schätzerin oder ein Schätzer darf bei einer Schätzung nicht mitwirken, wenn sie oder er selbst, ihr Ehegatte oder seine Ehegattin, ihre eingetragene Lebenspartnerin oder sein eingetragener Lebenspartner oder eine Person, die mit ihr oder ihm in gerader oder in der Seitenlinie ersten Grades verwandt oder verschwägert ist, Beteiligte des Feststellungsverfahrens sind.

(4) Die Schätzerin oder der Schätzer kann eine Vergütung in entsprechender Anwendung der für Sachverständige geltenden Bestimmungen des Justizvergütungs- und -entschädigungsgesetzes (JVEG) vom 5. Mai 2004 (BGBl. I 2004 S. 718, 776), zuletzt geändert durch Artikel 18 des Gesetzes vom 12. Dezember 2007 (BGBl. I S. 2840), verlangen, wobei das Honorar nach § 9 Abs. 1 JVEG nach der Honorargruppe 1 bemessen und ab der zweiten Stunde halbiert wird.

§ 6 Zwangsvollstreckung

(1) Aus der Niederschrift über die Einigung (§ 2 Abs. 2) oder dem unanfechtbar gewordenen Vorbescheid findet die Zwangsvollstreckung nach den Vorschriften der Zivilprozessordnung über die Zwangsvollstreckung aus Vergleichen statt (§ 794 Abs. 1 Nr. 1 der Zivilprozessordnung).

(2) Für die Erteilung der Vollstreckungsklausel ist das Amtsgericht zuständig, zu dessen Bezirk die mit dem Verfahren befasste örtliche Ordnungsbehörde gehört.

§ 7 Ordentlicher Rechtsweg

(1) Gegen den Vorbescheid steht den Beteiligten innerhalb von zwei Wochen nach dessen Zustellung das Recht der Klage vor dem Amtsgericht zu, in dessen Bezirk die mit dem Feststellungsverfahren befasste örtliche Ordnungsbehörde liegt. Wird die Durchführung des Feststellungsverfahrens abgelehnt oder ein Vorbescheid ohne ausreichenden Grund in angemessener Frist nicht erlassen, ist die Klage ebenfalls zulässig.

(2) Die Klage ist zu richten

1. von den Ersatzberechtigten gegen die Ersatzverpflichteten auf Zahlung des Betrages, um den der verlangte Schadenersatz die Festsetzung der örtlichen Ordnungsbehörde übersteigt,
2. von den Ersatzverpflichteten gegen die Ersatzberechtigten auf völlige oder teilweise Aufhebung des Bescheides der örtlichen Ordnungsbehörde.

(3) Gelangt das Gericht zu einer von dem Vorbescheid abweichenden Beurteilung, ändert es zugleich die im Vorbescheid getroffene Kostenentscheidung ab.

§ 8 Inkrafttreten

Diese Verordnung tritt am 1. Januar 2009 in Kraft. Sie tritt mit Ablauf des 31. Dezember 2013 außer Kraft.

Erlasse zum Vorkommen, zur Begrenzung und zur Freigabe von Rotwild und Sikawild in Schleswig-Holstein

A) Erlass des Ministers für Ernährung, Landwirtschaft und Forsten des Landes Schleswig-Holstein vom 21. April 1980

1) Grundsätze

Nach den Berichten der Jagdbehörden kommt Rotwild in Schleswig-Holstein in den in der beigefügten Karte[1] dargestellten Gebieten als Standwild vor. Diese Rotwildvorkommen werden im wesentlichen durch Hegegemeinschaften im Sinne des § 10a BJG und § 9 LJagdG betreut.

Ziel der Hege des Rotwildes muss es nach § 1 BJG sein, einen den landschaftlichen und landeskulturellen Verhältnissen angepassten gesunden Rotwildbestand zu erhalten sowie seine Lebensgrundlagen zu sichern.

Bei der ständig zunehmenden Belastung der Reviere bedarf die Sicherung der Lebensgrundlagen des zur Landschaft gehörenden empfindlichen Rotwildes besonderer Sorgfalt.

Darüber hinaus kann jedoch das Rotwild erhebliche Schäden in der Land- und Forstwirtschaft verursachen, die besonders bedauerlich werden, wenn sie im Wald eine extreme Artenverarmung nach sich ziehen.

Diese Belange der Landeskultur sind ebenso sorgfältig zu berücksichtigen, wie die Bewahrung der Lebensgrundlagen. Die Jagdbehörden, aber auch die reviernahe arbeitenden Hegegemeinschaften (Hochwildhegeringe bzw. Rotwildhegeringe) haben hier eine sehr verantwortungsvolle Aufgabe durch ihre Entscheidungen zu erfüllen.

Innerhalb der Rotwildvorkommen muss ein für die örtlichen land- und forstwirtschaftlichen Verhältnisse tragbarer Wildstand angehalten werden. Generelle Richtwerte der Wilddichte gibt es wegen der unterschiedlichen Verhältnisse in den einzelnen Lebensräumen nicht. Sie sind nach den örtlichen Erfahrungen verantwortlich einzuschätzen. Darüber hinaus darf es aber aus den vorgenannten Gründen nicht zugelassen werden, dass neue Rotwildvorkommen begründet werden, die zudem mit anderen Wildarten konkurrieren können.

Unter diesen Gesichtspunkten wird gem. § 39 Abs. 3 LJagdG folgendes bestimmt:

2) Grenzen der Rotwildhegegemeinschaften

Die Grenzen der Rotwildhegegemeinschaften sollten grundsätzlich eine Ausweitung nicht erfahren. Es erscheint jedoch notwendig, Reviere mit ständigem Rotwildvorkommen zwischen den bestehenden Hegegemeinschaften in diese mit einzubezie-

---

1 Die Karte kann bei den Jagdbehörden eingesehen werden.

hen, um zu einer einheitlichen Betreuung des Bestandes zu kommen. Diese Notwendigkeit ist von den Jagdbehörden im Rahmen ihrer örtlichen Zuständigkeit zu prüfen und ggf. zu betreiben.

3) Grenzen des Rotwildvorkommens

Die Grenzen des gesamten Rotwildvorkommens im Lande sind in der beigefügten Karte[1]dargestellt und werden wie folgt beschrieben:

Nach Norden ist mit Ausnahme des Vorkommens um Elsdorf der Nord-Ostsee-Kanal die Grenze, nach Westen die Linie Wacken–Itzehoe–Barmstedt–Quickborn.

Das Vorkommen des Kreises Hzgt. Lauenburg ist nach Norden durch die Linie Lübeck–Oldesloe (BAB) begrenzt, das Vorkommen des Kreises Segeberg nach Osten im wesentlichen durch die B 404 und nördlich durch die Kreisgrenze und die Stadt Neumünster. Im Kreis Rendsburg-Eckernförde erfolgt die Begrenzung durch die BAB Neumünster-Rendsburg.

Für das Elsdorfer Vorkommen nördlich des Kanals gilt die Kreisgrenze vom Kanal bis einschließlich Lohe-Föhrden und eine Linie von dort nach Rendsburg als Grenze.

Innerhalb der beschriebenen Gebiete befinden sich kleinere rotwildfreie Räume, die bei der Abschussfestsetzung zum Schutz der Hegebemühungen der Rotwildhegegemeinschaften anders zu berücksichtigen sind als die Gebiete außerhalb der oben beschriebenen Grenzen.

4) Freigabe von Rotwild

a) *Innerhalb der Rotwildhegegemeinschaften* wird der Abschuss wie bisher durch die Jagdbehörde auf Vorschlag der Hegegemeinschaft im Einvernehmen mit dem Jagdbeirat (§ 21 Abs. 2 BJG) bestätigt oder festgesetzt. Die letzte Verantwortung im Sinne der o. a. Grundsätze trägt die Jagdbehörde.

b) *Außerhalb des Rotwildgesamtvorkommens* (der unter 3) beschriebenen Grenzen) ist für alles vorkommende Rotwild – außer Kronenhirschen – der Abschuss gemäß § 27 BJG, jedoch nicht außerhalb der Jagdzeit, anzuordnen.

Im Bereich des Kreises Ostholstein und im nördlichen Teil des Kreises Plön kann darüber hinaus entsprechend 4b) Abs. 1 auch der Abschuss von Kronenhirschen angeordnet werden.

Nördlich des Nord-Ostsee-Kanals, östlich der BAB Rendsburg-Flensburg, ist der Abschuss jeglichen auftretenden Rotwildes einschließlich von Kronenhirschen entsprechend 4b) Abs. 1 anzuordnen, um den in diesem Raum stehenden Sikabestand nicht durch Bastardierung zu gefährden.

c) *Innerhalb der Gesamtvorkommen* sollten zum Schutz der Bemühungen der Rotwildhegegemeinschaften die nicht zu diesen gehörenden und im allgemeinen rotwildfreien Reviere nicht mit einem Abschuss bedacht werden. Es kann jedoch

1 Die Karte kann bei den Jagdbehörden eingesehen werden.

erforderlich werden, dass zur Zurückdrängung oder Wildschadensverhütung, soweit dies nicht durch Beunruhigung zu erreichen ist, *Kahlwild* freigegeben werden muss.

Im Grundsatz sollten aber die Hegegemeinschaften durch Beschränkung der Wilddichte bewusst darauf achten, dass Rotwild nicht in diese Gebiete drängt.

5) Abschussrichtlinien

Auf die Richtlinien für die Durchführung des Rotwildabschusses in Schleswig-Holstein vom 19. Februar 1969 (Amtsbl. Schl.-H. S. 133) wird verwiesen.

Eine Abstimmung zwischen benachbarten Hegeringen ist vorzunehmen.

6) Meine Erlasse bezüglich Freigabe von Rotwild

– Az.: VIII 6 J 11 vom 12.8.1970, 19.2.1976 und 12.1.1979 bzw. entgegenstehende Einzelregelengen werden hiermit als gegenstandslos aufgehoben.

7) Sikawild im Rotwildgebiet

Innerhalb der Grenzen des Gesamtrotwildvorkommens ist der Abschuss jeglichen auftretenden *Sikawildes* zur Vermeidung der Bastardierung mit Rotwild gemäß § 27 BJG, jedoch nicht außerhalb der Jagdzeit, anzuordnen

B) Erlass des Ministeriums für Landwirtschaft, Umwelt und ländliche Räume des Landes Schleswig-Holstein vom 24. November 2005

Mit vorstehendem Erlass wurden Vorkommen, Begrenzung und Freigabe von Rotwild und Sikawild festgelegt.

Seit dieser Zeit haben sich Verschiebungen der räumlichen Vorkommen bis zur Neubegründung von Rotwildbeständen ergeben.

Im Bereich Jardelunder Moor – ausgehend von Dänemark – hat sich ein neuer Rotwildbestand etabliert, der außerhalb des seinerzeit festgelegten Rotwildgesamtvorkommens liegt. Intensive Abstimmungen mit allen Beteiligten vor Ort haben zu einem Einvernehmen auch mit der obersten Jagdbehörde geführt, den Bestand im Rahmen einer am 2.12.2004 gegründeten Rotwildhegegemeinschaft zu bewirtschaften. Das Kerngebiet auf deutscher Seite der **Rotwildhegegemeinschaft „Frøslev-Jardelunder Moor und Umgebung“** soll im Jardelunder Moor liegen. Damwild ist im Bereich der Rotwildhegegemeinschaft nicht zu hegen.

Das Rotwildgebiet wird begrenzt durch:

Im Osten von der A 7 von der Landesgrenze bis zur B 199, im Süden durch die B 199 bis Wallsbüll, die L 1 Wallsbüll/Medelby und die L 212 Medelby bis zur Kreisgrenze Schleswig-Flensburg/Nordfriesland, im Westen Kreisgrenze Schleswig-Flensburg zwischen L 212 und der Landesgrenze.

Die im vorstehenden Erlass aufgeführten Rotwildvorkommen werden somit um diesen Bereich erweitert.

Im Übrigen besteht Veranlassung, auf Folgendes hinzuweisen:

In Anbetracht der Bemühungen, der Verinselung des Rotwildes entgegenzutreten, ist vorgesehen, den o. a. Erlass von 1980 zu überarbeiten. Grundlage soll der Managementplan Rotwild Schleswig-Holstein werden. Das Institut für Wildbiologie und Jagdkunde der Universität Göttingen ist beauftragt, ein wildökologisches Verbundsystem anhand der Leitwildart Rothirsch zu erarbeiten und einen Maßnahmenplan zum Management der Art zu erstellen. Ziel ist die Vernetzung der Rotwildvorkommen sowie das Aufzeigen von Maßnahmen zur Erhaltung der genetischen Vielfalt unter Berücksichtigung der ökologischen Funktion der Leitwildart Rothirsch.

Nach einer Umfrage im Jahr 2003 bei den Kreisen, in denen Rotwild in Hegegemeinschaften bewirtschaftet wird, wurde in einer Vielzahl von Fällen außerhalb der Hegegemeinschaften, jedoch *innerhalb* der Gesamtvorkommen von ca. 600.000 ha, Hirsche und Kahlwild freigegeben. Diese Reviere, in denen nur sporadisch Rotwild vorkommt, sollen jedoch grundsätzlich keine Freigaben erhalten, damit das Rotwild den ausgewiesenen Gesamtlebensraum nutzen kann. Damit soll der Zerschneidung der Lebensräume und der Verinselung der Vorkommen entgegengewirkt werden. Bei entsprechenden Vorkommen könnten gegebenenfalls die Hegegemeinschaften entsprechend erweitert werden und eine planmäßige Bewirtschaftung erfolgen.

Bei gleichzeitigem Vorkommen von Rot- und Damwild hat das Rotwild Vorrang in dem Lebensraum.

Innerhalb der Grenzen der Rotwildgesamtvorkommen ist der Abschuss jeglichen auftretenden Sikawildes zur Vermeidung der Bastardierung mit Rotwild anzuordnen. Gleiches gilt für in Bereichen von Sikawildhegegemeinschaften auftretendes Rotwild.

Um der Verinselung von Rotwildvorkommen gegenzusteuern, ist nunmehr *außerhalb* der Rotwildgesamtvorkommen im Einzelfall die Freigabe von Kahlwild und vor allem von Hirschen der Klasse III davon abhängig zu machen, dass trotz nachgewiesener Vergrämungsmaßnahmen Schäden in Land- und Forstwirtschaft eintreten. Neue Einstands- und Setztraditionen sollen allerdings verhindert werden.

Richtlinie für die Hege und Bejagung des Rotwildes in Schleswig-Holstein

Erlass des Ministeriums für Umwelt, Natur und Forsten vom 30. Juni 1997

Das Rotwild ist das größte frei lebende Wildtier in Schleswig-Holstein. Es ist hier heimisch. Größere, inselartig innerhalb landwirtschaftlicher Flächen liegende Wälder prägen seine Lebensräume. Wegen seiner besonderen Sozialstruktur und Störempfindlichkeit bedarf das Rotwild gezielter Hegebemühungen.

1. Hegeziel

Rotwild in Schleswig-Holstein ist in gesunden und zahlenmäßig begrenzten Beständen zu erhalten. Im Hinblick auf Geschlechterverhältnis und Altersaufbau sind naturnahe Strukturen anzustreben. Die Hege umfasst auch die Pflicht zur Sicherung und Verbesserung der Lebensgrundlagen des Rotwildes. Insbesondere ist für ausreichende natürliche Äsung und Ruhe in den Lebensräumen zu sorgen. Die Kerneinstandsbereiche sollten als Schutzgebiete für das Rotwild in ausreichender Größe besonders beruhigt werden.

Die Höhe der Bestände ist den landschaftlichen und landeskulturellen Verhältnissen anzupassen. Beeinträchtigungen einer ordnungsgemäßen Land- und Forstwirtschaft sowie von Naturschutzzielen sind möglichst zu vermeiden. Bei Vorkommen weiterer Schalenwildarten im gleichen Lebensraum hat die Hege des Rotwildes Vorrang.

2. Fütterung

Eine Fütterung des Rotwildes ist unter den klimatischen Verhältnissen in Schleswig-Holstein nicht erforderlich. Sie soll unterbleiben, um unerwünschte, unnatürliche Wildkonzentrationen zu vermeiden.

3. Altersstufen und Klassen

Es werden folgende Altersstufen und Klassen zu Grunde gelegt:

a) *Männliches Rotwild*	Altersstufen	Klassen
Hirschkälber		
Junge Hirsche	1- bis 3-jährig	Klasse III
Mittelalte Hirsche	4- bis 9-jährig	Klasse II
Alte Hirsche	10-jährig und älter	Klasse I

b) *Weibliches Rotwild*	Altersstufen
Wildkälber	
Schmaltiere	1-jährig
Alttiere	2-jährig und älter

4. Abschussplanung

Eine sinnvolle Abschussplanung kann in der Regel nur revierübergreifend für großräumige Hegegemeinschaften durchgeführt werden, deren Grenzen sich an den vom Rotwild besiedelten Lebensräumen orientieren.

Grundlage für die Abschussplanung ist die Wildbestandsermittlung. Die Rotwildbestände lassen sich nur annäherungsweise erfassen. Zur Herleitung wirklichkeitsnaher Berechnungsgrundlagen eignen sich eine Reihe von Weisern:

a) Statistische Auswertung von Abschussergebnissen, Bestandesermittlungen und Zuwachsberechnungen in Form von Zeitreihen,

b) Wiederholte großräumige Erfassungen, z. B. nach Neuschnee,

c) Zustand der Vegetation, insbesondere im Walde,

d) Körperliche und gesundheitliche Verfassung.

Zur Erfassung und Darstellung von Wildschäden im Walde ist die Forstbehörde hinzuzuziehen. Dieser ist Gelegenheit zu geben, der Jagdbehörde und dem Jagdbeirat ihre Erkenntnisse ggf. am Objekt zu demonstrieren und zu erläutern.

Der Zuwachs beträgt ca. 70 % der am 1. April vorhandenen Alt- und Schmaltiere. Es ist ein Geschlechterverhältnis von 1 : 1 für den Gesamtbestand anzustreben.

Das von der Jagdbehörde festzusetzende Abschusssoll muss so bemessen sein, dass die angestrebte Wilddichte und die erwünschte Struktur der Rotwildbestände baldmöglichst hergestellt und sodann erhalten werden. Bei überhöhten Beständen ist die notwendige Verminderung vornehmlich durch Eingriffe beim weiblichen Wild herbeizuführen.

Die Erfüllung des Abschussplanes ist zwingendes Gebot. Bei Nichterfüllung haben die Jagdbehörden die Möglichkeit, im folgenden Jahr den entsprechenden Abschussanteil in Nachbarrevieren freizugeben oder dem Abschusssoll aufzuschlagen.

Sofern einzelne Reviere ihren Abschuss erfüllt haben und hierdurch eine tragbare Wilddichte nicht hergestellt wurde, sollen die Jagdbehörden auf Antrag in Absprache mit den überregionalen Zusammenschlüssen (Hegegemeinschaften) großzügig Nachbewilligungen für weibliches Rotwild erteilen.

5. Abschuss-Freigabe in Revieren außerhalb der Rotwildlebensräume

Die oberste Jagdbehörde legt in Abstimmung mit den Hegegemeinschaften auf der Grundlage entsprechender Erhebungen die Lebensräume des Rotwildes fest, in welchen eine planmäßige Hege und Bejagung stattfinden soll. Wechselt Rotwild in Gebiete außerhalb der festgelegten Lebensräume, sollen die Jagdbehörden für eine baldige Abschussfreigabe sorgen. Dies gilt nicht für Hirsche der Klassen I und II.

6. Aufteilung des Abschusses

Bei einem angenommenen Geschlechterverhältnis von 1 : 1 sowie einem ausgeglichenen Altersaufbau ist eine Aufteilung des Abschusses wie folgt anzustreben:

a) *Männliches Rotwild*	
Hirschkälber	40–50 %
Junge Hirsche	30–35 %
Mittelalte Hirsche	5–10 %
Alte Hirsche	10–15 %

b) *Weibliches Rotwild*	
Wildkälber	35–45 %
Schmaltiere	10–20 %
Alttiere	40–50 %

7. Durchführung des Abschusses

Den Hegegemeinschaften wird freigestellt, den vorgegebenen Rahmen durch die Herausgabe regional verbindlicher Abschussrichtlinien auszufüllen. Der Abschuss nach den Altersklassen ist dabei einzuhalten. Das anliegende Formblatt für den Abschussplan wird hiermit bekannt gemacht.

Auf eine übermäßige Festlegung von Gütemerkmalen und Geweihgewichtsbegrenzungen als Abschusskriterien für das männliche Rotwild ist aus Gründen der Erhaltung der genetischen Vielfalt zu verzichten. Folgende Grundsätze sind zu beachten:

- Bei der Durchführung des Abschusses sollen bevorzugt die schwächeren, nicht der Normalentwicklung entsprechenden Stücke erlegt werden.
- Die Bejagung ist so störungsarm wie möglich zu gestalten. In Waldrevieren eignen sich hierzu besonders schwerpunktmäßig durchgeführte Bewegungsjagden.
- Der überwiegende Teil des zu erlegenden männlichen Rotwildes soll in der Jugendklasse (Hirschkälber und junge Hirsche) zur Strecke kommen. Abschusserfüllung geht hierbei vor überspitzten Qualitätsansprüchen. Das Zielalter für die Hirsche der Klasse I kann auf Grund regionaler Erfordernisse auf 12 Jahre erhöht werden.
- Hirsche mit abnormen Geweihen (z. B. Mönche, Einstangenhirsche) oder stark zurückgesetzte Hirsche (z. B. Hirsche mit Geweihstümpfen) können über den Abschussplan hinaus freigegeben werden und werden der Klasse zugeordnet, die ihrer tatsächlichen Geweihentwicklung entspricht.
- Die Erfüllung des Abschusses an weiblichem Rotwild ist unabdingbare Voraussetzung, um das Hegeziel erreichen zu können. Ein rechtzeitiger Beginn der Bejagung dient diesem Ziel.

8. Kontrolle des Abschusses

Eine vollständige und richtige Erfassung der Jahresstrecke einschließlich des Fallwildes nach Geschlecht, Altersstufen und Klassen ist Voraussetzung für die Überwachung der Bestandesentwicklung und bildet eine wichtige Grundlage für die Abschussplanung in den Folgejahren.

Fallwild ist ungeachtet der Verwertungsmöglichkeit auf den Abschuss anzurechnen.

9. Hege- und Trophäenschau

Anlässlich der Hegeschauen sollen die Abschuss- und Bestandesentwicklungen des männlichen und weiblichen Rotwildes dargestellt und die künftigen Bewirtschaftungsziele erläutert werden.

Eine jährliche Begutachtung der Geweihe des männlichen Rotwildes einschließlich der Unterkiefer dient der Darstellung und Kontrolle der Hegebemühungen. Die Hegeschauen sind in der Regel von den Hegegemeinschaften zu organisieren und durchzuführen. Die Jagdbehörden können zusätzlich Hege- und Trophäenschauen anordnen.

10. Inkrafttreten

Diese Richtlinie tritt am 01.04.1998 in Kraft. Die „Richtlinien für die Durchführung des Rotwildabschusses in Schleswig-Holstein“ vom 19.02.1969 (Amtsbl. Schl.-H. S. 133) verlieren zu diesem Zeitpunkt ihre Gültigkeit.

Name des/der Jagdausübungsberechtigten:

____

____

Abschussplan Rotwild

Gemeinschaftlicher/Eigen-Jagdbezirk

____

Gemeinde/Stadt/Kreis

____

Reviergröße: ____________ (ha)

Hegering: ____________

____

Revier-Nr.: ____________

Jagd-jahr		geschätzter Bestand 1.4.	Zuwachs 70 %	vorge-schlagener Abschuss	fest-gesetzter Abschuss	durch-geführter Abschuss	Fallwild Verkehr	Fallwild Sonstiges	Gesamt-strecke
	Wildkälber	–							
	Schmaltiere		–						
	Alttiere		–						
	Summe weibl. Wild								
	Hirschkälber	–							
	Junge Hirsche III		–						
	Mittelalte Hirsche II		–						
	Alte Hirsche I		–						
	Summe männl. Wild								
	Wildkälber	–							
	Schmaltiere		–						
	Alttiere		–						
	Summe weibl. Wild								
	Hirschkälber	–							
	Junge Hirsche III		–						
	Mittelalte Hirsche II		–						
	Alte Hirsche I		–						
	Summe männl. Wild								
	Wildkälber	–							
	Schmaltiere		–						
	Alttiere		–						
	Summe weibl. Wild								
	Hirschkälber	–							
	Junge Hirsche III		–						
	Mittelalte Hirsche II		–						
	Alte Hirsche I		–						
	Summe männl. Wild								

Unterschriften:

Revierinhaber/-in

Jagdbehörde

Jagdvorsteher/-in oder Eigenjagdbesitzer/-in

Unterschriften:

Revierinhaber/-in

Jagdbehörde

Jagdvorsteher/-in oder Eigenjagdbesitzer/-in

Unterschriften:

Revierinhaber/-in

Jagdbehörde

Jagdvorsteher/-in oder Eigenjagdbesitzer/-in

Erlasse zum Vorkommen, zur Begrenzung und zur Freigabe von Damwild in Schleswig-Holstein

Das Damwild hat in den zurückliegenden 30 Jahren nahezu die gesamte Fläche Schleswig-Holsteins erschlossen. Offensichtlich ist es nicht gelungen, die Ziele der Erlasse auf räumliche Begrenzung der Damwildbestände und Damwildfreie Räume umzusetzen.

Die Erlasse des Ministers für Ernährung, Landwirtschaft und Forsten des Landes Schleswig-Holstein vom 30. Oktober 1980 und 2. März 1981 wurden daher mit Erlass vom 11. Juli 2011 aufgehoben.

Richtlinie für die Hege und Bejagung des Damwildes in Schleswig-Holstein

Erlass des Ministeriums für Umwelt, Natur und Forsten vom 30. Juni 1997

Das Damwild wurde im Mittelalter in Schleswig-Holstein eingebürgert. Es hat sich in den letzten Jahrzehnten räumlich und zahlenmäßig stark ausgebreitet, da die Biotopverhältnisse dieser Wildart zusagen. Die vorhandenen Vorkommen sind auf die gegenwärtigen Einstandsgebiete zu begrenzen.

1. Hegeziel

Ziel der Damwildhege ist die Erhaltung und Entwicklung gesunder, ökologisch und wildbiologisch vertretbarer Bestände mit ausgewogener Altersstruktur. Die Hege umfasst auch die Pflicht zur Sicherung und Verbesserung der Lebensgrundlagen des Damwildes. Insbesondere ist für ausreichende, natürliche Äsung in den Lebensräumen zu sorgen.

Die Höhe der Bestände ist den landschaftlichen und landeskulturellen Verhältnissen anzupassen. Beeinträchtigungen einer ordnungsgemäßen Land- und Forstwirtschaft sowie von Naturschutzzielen sind möglichst zu vermeiden. Das Vorkommen anderer Schalenwildarten im gleichen Lebensraum ist bei der Hege und Bejagung angemessen zu berücksichtigen. Bei Vorkommen von Rotwild im gleichen Lebensraum hat dessen Hege Vorrang.

2. Fütterung

Eine Fütterung des Damwildes ist unter den klimatischen Verhältnissen in Schleswig-Holstein nicht erforderlich. Sie soll unterbleiben, um unerwünschte, unnatürliche Wildkonzentrationen zu vermeiden.

3. Altersstufen und Klassen

Es werden folgende Altersstufen und Klassen zu Grunde gelegt:

a) *Männliches Damwild*	Altersstufen	Klassen
Hirschkälber		
Junge Hirsche	1- bis 2-jährig	Klasse III
Mittelalte Hirsche	3- bis 7-jährig	Klasse II
Alte Hirsche	8-jährig und älter	Klasse I

b) *Weibliches Damwild*	Altersstufen
Wildkälber	
Schmaltiere	1-jährig
Alttiere	2-jährig und älter

4. Abschussplanung

Eine sinnvolle Abschussplanung kann in der Regel nur revierübergreifend für großräumige Hegegemeinschaften durchgeführt werden, deren Grenzen sich an den von Damwild besiedelten Lebensräumen orientieren sollen.

Grundlage für die Abschussplanung ist die Wildbestandsermittlung. Die Damwildbestände lassen sich nur annäherungsweise erfassen. Zur Herleitung wirklichkeitsnaher Berechnungsgrundlagen eignen sich eine Reihe von Weisern:

a) Statistische Auswertung von Abschussergebnissen, Bestandesermittlungen und Zuwachsberechnungen in Form von Zeitreihen,

b) Wiederholte großräumige Erfassungen, z. B. nach Neuschnee,

c) Zustand der Vegetation, insbesondere im Walde,

d) Körperliche und gesundheitliche Verfassung.

Zur Erfassung und Darstellung von Wildschäden im Walde ist die Forstbehörde hinzuzuziehen. Dieser ist Gelegenheit zu geben, der Jagdbehörde und dem Jagdbeirat ihre Erkenntnisse ggf. am Objekt zu demonstrieren und zu erläutern.

Der Zuwachs beträgt ca. 75 % der am 1. April vorhandenen Alt- und Schmaltiere. Es ist ein Geschlechterverhältnis von 1 : 1 für den Gesamtbestand anzustreben.

Das von der Jagdbehörde festzusetzende Abschusssoll muss so bemessen sein, dass die angestrebte Wilddichte und die erwünschte Struktur der Damwildbestände baldmöglichst hergestellt und sodann erhalten werden. Bei überhöhten Beständen ist die notwendige Verminderung vornehmlich durch Eingriffe beim weiblichen Wild herbeizuführen.

Die Erfüllung des Abschusses ist zwingendes Gebot. Bei Nichterfüllung haben die Jagdbehörden die Möglichkeit, im folgenden Jahr den entsprechenden Abschussanteil in Nachbarrevieren freizugeben oder dem Abschusssoll aufzuschlagen.

Sofern einzelne Reviere ihren Abschuss erfüllt haben und hierdurch eine tragbare Wilddichte nicht hergestellt wurde, sollen die Jagdbehörden auf Antrag in Absprache mit den überregionalen Zusammenschlüssen (Hegegemeinschaften) großzügig Nachbewilligungen für weibliches Damwild erteilen.

5. Abschussfreigabe in Revieren außerhalb der Damwildlebensräume

Die oberste Jagdbehörde legt in Abstimmung mit den Hegegemeinschaften auf der Grundlage entsprechender Erhebungen die Lebensräume des Damwildes fest, in welchen eine planmäßige Hege und Bejagung stattfinden soll. Wechselt Damwild in Gebiete außerhalb der festgelegten Lebensräume, sollen die Jagdbehörden für eine baldige Abschussfreigabe sorgen. Dies gilt nicht für Hirsche der Klassen I und II.

6. Aufteilung des Abschusses

Bei einem angenommenen Geschlechterverhältnis von 1 : 1 sowie einem ausgeglichenen Altersaufbau ist eine Aufteilung des Abschusses wie folgt anzustreben:

a) *Männliches Damwild*	
Hirschkälber	40–50 %
Junge Hirsche	30–35 %
Mittelalte Hirsche	5–10 %
Alte Hirsche	10–15 %

b) *Weibliches Damwild*	
Wildkälber	35–45 %
Schmaltiere	10–20 %
Alttiere	40–50 %

7. Durchführung des Abschusses

Den Hegegemeinschaften wird freigestellt, den vorgegebenen Rahmen durch die Herausgabe regional verbindlicher Abschussrichtlinien auszufüllen. Der Abschuss nach den Altersklassen ist dabei einzuhalten. Das anliegende Formblatt für den Abschussplan wird hiermit bekannt gemacht.

Folgende Grundsätze sind zu beachten:

- Bei der Durchführung des Abschusses sollen bevorzugt die schwächeren, nicht der Normalentwicklung entsprechenden Stücke erlegt werden.
- Die Bejagung ist so störungsarm wie möglich zu gestalten. In Waldrevieren eignen sich hierzu besonders schwerpunktmäßig durchgeführte Bewegungsjagden.
- Der überwiegende Teil des zu erlegenden männlichen Damwildes soll in der Jugendklasse (Hirschkälber und junge Hirsche) zur Strecke kommen. Abschusserfüllung geht hierbei vor überspitzten Qualitätsansprüchen. Die mittelalten Hirsche sind weitgehend zu schonen, um einen entsprechenden Anteil alter, reifer Schaufler heranwachsen lassen zu können. Das Zielalter für die Hirsche der Klasse I kann auf Grund regionaler Erfordernisse auf 10 Jahre erhöht werden.
- Hirsche mit abnormen Geweihen (z. B. Mönche, Einstangenhirsche) oder stark zurückgesetzte Hirsche (z. B. Hirsche mit Geweihstümpfen) können über den Abschussplan hinaus freigegeben werden und werden der Klasse zugeordnet, die ihrer tatsächlichen Geweihentwicklung entspricht.
- Die Erfüllung des Abschusses an weiblichem Damwild ist unabdingbare Voraussetzung, um das Hegeziel erreichen zu können. Ein rechtzeitiger Beginn der Bejagung dient diesem Ziel.

8. Kontrolle des Abschusses

Eine vollzählige und richtige Erfassung der Jahresstrecke einschließlich des Fallwildes nach Geschlecht, Altersstufen und Klassen ist Voraussetzung für die Überwachung der Bestandesentwicklung und bildet eine wichtige Grundlage für die Abschussplanung in den Folgejahren.

Bei hohen Fallwildverlusten durch den Straßenverkehr kann es insbesondere beim männlichen Damwild erforderlich werden, durch eine geänderte Abschussverteilung die angestrebte Altersstruktur sicherzustellen.

Fallwild ist in der Regel ungeachtet der Verwertungsmöglichkeit auf den Abschuss anzurechnen.

9. Hege- und Trophäenschau

Anlässlich der Hegeschauen sollen die Abschuss- und Bestandesentwicklungen des männlichen und weiblichen Damwildes dargestellt und die künftigen Bewirtschaftungsziele erläutert werden.

Eine Begutachtung der Geweihe des männlichen Damwildes einschließlich der Unterkiefer dient der Darstellung und Kontrolle der Hegebemühungen. Die Hegeschauen sind in der Regel von den Hegegemeinschaften zu organisieren und durchzuführen. Die Jagdbehörden können zusätzlich Hege- und Trophäenschauen anordnen.

10. Inkrafttreten

Diese Richtlinie tritt am 01.04.1998 in Kraft. Die „Richtlinien für die Durchführung des Damwildabschusses in Schleswig-Holstein“ vom 19.02.1969 (Amtsbl. Schl.-H. S. 132) verlieren zu diesem Zeitpunkt ihre Gültigkeit.

Name des/der Jagdausübungsberechtigten:

____

____

Abschussplan Damwild

Gemeinschaftlicher/Eigen-Jagdbezirk

____

Gemeinde/Stadt/Kreis

____

Reviergröße: __________ (ha)

Hegering: __________

____

Revier-Nr.: __________

Jagd-jahr		geschätzter Bestand 1.4.	Zuwachs 75 %	vorge-schlagener Abschuss	fest-gesetzter Abschuss	durch-geführter Abschuss	Fallwild Verkehr	Fallwild Sonstiges	Gesamt-strecke
	Wildkälber	–							
	Schmaltiere		–						
	Alttiere		–						
	Summe weibl. Wild								
	Hirschkälber	–							
	Junge Hirsche III		–						
	Mittelalte Hirsche II		–						
	Alte Hirsche I		–						
	Summe männl. Wild								
	Wildkälber	–							
	Schmaltiere		–						
	Alttiere		–						
	Summe weibl. Wild								
	Hirschkälber	–							
	Junge Hirsche III		–						
	Mittelalte Hirsche II		–						
	Alte Hirsche I		–						
	Summe männl. Wild								
	Wildkälber	–							
	Schmaltiere		–						
	Alttiere		–						
	Summe weibl. Wild								
	Hirschkälber	–							
	Junge Hirsche III		–						
	Mittelalte Hirsche II		–						
	Alte Hirsche I		–						
	Summe männl. Wild								

Unterschriften:
Revierinhaber/-in
Jagdbehörde
Jagdvorsteher/-in oder
Eigenjagdbesitzer/-in

Unterschriften:
Revierinhaber/-in
Jagdbehörde
Jagdvorsteher/-in oder
Eigenjagdbesitzer/-in

Unterschriften:
Revierinhaber/-in
Jagdbehörde
Jagdvorsteher/-in oder
Eigenjagdbesitzer/-in

Richtlinie für die Hege und Bejagung des Rehwildes in Schleswig-Holstein

Erlass des Ministeriums für Umwelt, Natur und Forsten vom 15. August 1996

Das Rehwild ist eine Wildart, die trotz des geringen Waldanteils in Schleswig-Holstein nahezu flächendeckend verbreitet ist. Entsprechend groß ist die jagdliche Bedeutung.

1. Ziele

Ziel der Rehwildhege ist die Erhaltung und Entwicklung ökologisch und wildbiologisch vertretbarer sowie jagdlich nachhaltig nutzbarer Bestände. Bei der Hege und Bejagung des Rehwildes sind gesicherte Erkenntnisse der Ökosystem- und Wildtierforschung zu berücksichtigen.

Die Waldarmut in Schleswig-Holstein führt im Winter zu einer Konzentration des Rehwildes im Walde. Dem kann durch die Schaffung von Äsungs-, Deckungs- und Ruhebereichen in der freien Landschaft entgegengewirkt werden. Im Walde wirkt sich die Verbesserung der natürlichen Äsungs- und Deckungsverhältnisse durch einen naturnahen Waldbau vorteilhaft für das Rehwild und die Vegetation aus. Ziel der Hege und Bejagung des Rehwildes soll es auch sein, die Verjüngung der Hauptbaumarten in größeren Wäldern in der Regel ohne Zäunung o. ä. zu ermöglichen.

2. Fütterung

Eine Fütterung des Rehwildes ist unter den klimatischen Verhältnissen in Schleswig-Holstein normalerweise nicht erforderlich.

3. Altersstufen und Klassen

Der Abschussplanung sind folgende Altersstufen und Klassen zu Grunde zu legen:

a) *Männliches Rehwild*	Altersstufen	Klassen
Bockkitze	bis 1-jährig	Jugendklasse – I –
Jährlinge	1-jährig	
Rehböcke	2-jährig u. älter	Altersklasse – II –

b) *Weibliches Rehwild*	Altersstufen	Klassen
Rickenkitze	bis 1-jährig	Jugendklasse
Schmalrehe	1-jährig	
Ricken	2-jährig u. älter	Altersklasse

4. Abschussplanung

Grundlage für die Bejagung des Rehwildes ist der gesetzlich vorgeschriebene Abschussplan, der zu erfüllen ist. Bei Nichterfüllung haben die Jagdbehörden die Möglichkeit, im folgenden Jahr den entsprechenden Abschussanteil dem Abschusssoll aufzuschlagen oder in Nachbarrevieren freizugeben.

Die Festsetzung einer Zielwilddichte für Rehwild ist nicht möglich, da sich der vorhandene Bestand nur unzureichend erfassen lässt.

Als Weiser für die Bestandeshöhe und den festzusetzenden Abschuss sollen herangezogen werden:

a) Getätigte Abschüsse der Vorjahre als Zeitreihe

b) Anteil von Fallwild

c) Zustand des Wildes
   - Körpergewichte
   - Krankheiten und Parasiten
   - Knopfböcke

d) Zustand der Vegetation, insbesondere im Walde

e) Schätzungen der Bestandeshöhe

Zur Erfassung und Darstellung der Verbisssituation im Walde ist die Forstbehörde hinzuzuziehen. Dieser ist Gelegenheit zu geben, der Jagdbehörde und dem Jagdbeirat den Vegetationszustand zu demonstrieren und zu erläutern.

Es kann in Schleswig-Holstein von einem jagdlich nutzbaren Zuwachs von 100–150 % der im Frühjahr vorhandenen Ricken und Schmalrehe ausgegangen werden. Es ist ein Geschlechterverhältnis von 1 : 1 für den Gesamtbestand anzustreben. Sofern ein Überhang an weiblichem Rehwild vorhanden ist, muss dieser zur Verringerung der Zuwachsrate gezielt abgebaut werden.

5. Aufteilung des Abschusses

Bei einem angenommenen Geschlechterverhältnis von 1 : 1 ist der Abschuss wie folgt aufzuteilen:

a) *Männliches Rehwild*

Bockkitze Jährlinge	Jugendklasse	ca. 50 %
2-jährige und ältere Rehböcke	Altersklasse	ca. 50 %
		100 %

b) *Weibliches Rehwild*

Rickenkitze Schmalrehe	Jugendklasse	ca. 60 %
Ricken	Altersklasse	ca. 40 %
		100 %

Durch diese Abschussverteilung wird ein ausgewogener Altersaufbau gefördert. Verkehrsfallwild ist beim Altersaufbau zu berücksichtigen, jedoch nicht auf das Abschusssoll anzurechnen.

6. Durchführung des Abschusses

Die Bejagung ist für das Wild so störungsarm wie möglich zu gestalten. Für die Abschussdurchführung sollen intervallartig die Zeiträume genutzt werden, in denen das Rehwild besonders aktiv ist.

In deckungsarmen Revieren soll mit dem Abschuss des weiblichen Rehwildes am 1. September begonnen werden. Bis zum 15. Oktober soll hier der Abschuss im Wesentlichen durchgeführt sein.

Für Waldreviere bieten sich alle Arten der Gemeinschaftsjagd (Gemeinschaftsansitz, Ansitzdrückjagd, Stöberjagd) an. Der Rehwildabschuss soll nach Möglichkeit am 31. Dezember vollständig erfüllt sein.

7. Kontrolle des Abschusses

Eine vollzählige und richtige Erfassung der Jahresstrecke einschließlich des Fallwildes nach Geschlecht, Altersstufen und Klassen ist Voraussetzung für die Überwachung der Bestandesentwicklung und bildet eine wichtige Grundlage für die Abschussplanung in den Folgejahren.

8. Hegeschau

Die Jagdbehörden können Trophäen- und Hegeschauen für Rehwild anordnen. Sie sollen so gestaltet werden, dass die Abschuss- und Bestandesentwicklung des männlichen und weiblichen Wildes dargestellt und die Abschussweiser in einer Hegeschau erläutert werden. Gehörne sind zusammen mit Unterkiefer zu präsentieren, um die Altersgliederung des Abschusses einschätzen zu können.

9. Inkrafttreten

Diese Richtlinie tritt am 01.04.1997 in Kraft. Das beigefügte Abschussplanformular ist Bestandteil der Richtlinie. Die „Richtlinie über die Abschussregelung beim Rehwild in Schleswig Holstein“ (Erlass des Ministers für Ernährung, Landwirtschaft und Forsten vom 09.02.1976) verliert zu diesem Zeitpunkt ihre Gültigkeit.

Name des/der Jagdausübungsberechtigten:

....

....

Abschussplan Rehwild

Gemeinschaftlicher / Eigen - Jagdbezirk

....

Gemeinde / Stadt / Kreis

....

Jagd-jahr	geschätzter Bestand		vorgeschlagener Abschuss						festgesetzter Abschuss						durchgeführter Abschuss						Fallwild Verkehr			Fallwild sonstiges			Gesamt-strecke			
	männlich	weiblich	I Jährlinge, Bockkitze	II Böcke	Summe der Böcke	Schmalrehe, Rickenkitze	Ricken	Summe Rehwild	I Jährlinge, Bockkitze	II Böcke	Summe der Böcke	Schmalrehe, Rickenkitze	Ricken	Summe Rehwild	I Jährlinge, Bockkitze	II Böcke	Summe der Böcke	Schmalrehe, Rickenkitze	Ricken	Summe Rehwild	männlich	weiblich	Summe Rehwild	männlich	weiblich	Summe Rehwild	männlich	weiblich	Summe Rehwild	
1	2	3	4	5	6	7	8	9	10	11	12	13	14	15	16	17	18	19	20	21	22	23	24	25	26	27	28	29	30	31
Zahlen des Jagdjahres 1996/1997																														
97/98																														
98/99																														
99/00																														
00/01																														
01/02																														
02/03																														
03/04																														
04/05																														
05/06																														

Reviergröße: ....(ha)

Hegering:..

....

Revier-Nr.: ....

Unterschriften:

Revierinhaber/-in

Jagdbehörde

Jagdvorsteher/-in oder Eigenjagdbesitzer/-in

Unfallverhütungsvorschrift „Jagd“ (VSG 4.4)

der landwirtschaftlichen Berufsgenossenschaft

§ 1 Grundsätze

(1) Diese Unfallverhütungsvorschrift gilt für den Umgang mit Waffen und Munition sowie für die Ausübung der Jagd.

§ 2 Waffen und Munition

(1) Es dürfen nur Schusswaffen verwendet werden, die den Bestimmungen des Waffengesetzes entsprechen und nach dem Bundesjagdgesetz für jagdliche Zwecke zugelassen sind. Die Waffen müssen funktionssicher sein und dürfen nur bestimmungsgemäß verwendet werden.

Durchführungsanweisung zu Absatz 1

1. Eine Waffe ist z. B. funktionssicher, wenn sie zuverlässig gesichert werden kann, ihr Verschluss dicht ist und wenn sie keine Laufaufbauchungen, Laufdellen oder die Funktionssicherheit beeinträchtigende Rostnarben aufweist.
2. Keine bestimmungsgemäße Verwendung ist z. B. die Benutzung der Waffe zum
   - Niederhalten von Zäunen beim Übersteigen,
   - Aufstoßen von Hochsitzluken,
   - Erschlagen des Wildes.
3. Auf die einschlägigen Bestimmungen
   - des Waffengesetzes (WaffG),
   - der Verordnungen zum Waffengesetz (WaffV),
   - der Verwaltungsvorschrift zum Waffengesetz (Waff VwV),
   - des Bundesjagdgesetzes (BJG)

   wird hingewiesen.

(2) Es darf nur die für die jeweilige Schusswaffe bestimmte Munition in einwandfreiem Zustand verwendet werden.

Durchführungsanweisung zu Absatz 2

1. Hinweise auf die verwendbare Munition geben z. B. die Angaben auf der Schusswaffe.
2. In nicht einwandfreiem Zustand ist z. B. feucht gewordene Munition, selbst wenn sie getrocknet wurde.

(3) Auch nicht gewerbsmäßig hergestellte Munition muss den gesetzlichen Bestimmungen entsprechen.

Durchführungsanweisung zu Absatz 3

1. Hierzu gehört z. B. wiedergeladene Munition.
2. Auf die einschlägigen Bestimmungen des Waffengesetzes und des Sprengstoffgesetzes wird hingewiesen.

(4) Flintenlaufgeschosspatronen müssen so mitgeführt werden, dass Verwechslungen mit Schrotpatronen ausgeschlossen sind.

§ 3 Ausübung der Jagd

(1) Schusswaffen dürfen nur während der tatsächlichen Jagdausübung geladen sein. Die Laufmündung ist stets – unabhängig vom Ladezustand – in eine Richtung zu halten, in der niemand gefährdet wird. Nach dem Laden ist die Waffe zu sichern.

(2) Eine gestochene Waffe ist sofort zu sichern und zu entstechen, falls der Schuss nicht abgegeben wurde.

(3) Beim Besteigen von Fahrzeugen und während der Fahrt muss die Schusswaffe entladen sein. Beim Besteigen oder Verlassen eines Hochsitzes, beim Überwinden von Hindernissen oder in ähnlichen Gefahrlagen müssen die Läufe (Patronenlager) entladen sein.

(4) Ein Schuss darf erst abgegeben werden, wenn sich der Schütze vergewissert hat, dass niemand gefährdet wird.

Durchführungsanweisung zu Absatz 4

Eine Gefährdung ist z. B. dann gegeben, wenn

- Personen durch Geschosse oder Geschossteile verletzt werden können, die an Steinen, gefrorenem Boden, Ästen, Wasserflächen oder am Wildkörper abprallen oder beim Durchschlagen des Wildkörpers abgelenkt werden,
- beim Schießen mit Einzelgeschossen kein ausreichender Kugelfang vorhanden ist.

(5) Von Wasserfahrzeugen aus darf im Stehen nur geschossen werden, wenn das Fahrzeug gegen Umschlagen und der Schütze gegen Stürzen gesichert sind.

(6) Bei einer mit besonderen Gefahren verbundenen Jagdausübung ist ein Begleiter zur Hilfeleistung mitzunehmen.

Durchführungsanweisung zu Absatz 6

Besondere Gefahren können sich ergeben z. B. durch Witterungs-, Gelände- und Bodenverhältnisse, vor allem im Hochgebirge, auf Gewässern und in Mooren oder bei der Nachsuche auf wehrhaftes Wild.

(7) Fangeisen dürfen nur mit einer entsprechenden Vorrichtung gespannt und nur mit einem geeigneten Gegenstand ge- bzw. entsichert werden.

(8) Fangeisen dürfen fängisch nur so aufgestellt werden, dass keine Personen gefährdet werden.

Durchführungsanweisung zu Absatz 8

Eine Gefährdung kann z. B. vermieden werden, wenn Fangeisen in verblendeten Fangbunkern, Fallenkästen oder Fangburgen aufgestellt werden.

§ 4 Besondere Bestimmungen für Gesellschaftsjagden[1]

(1) Bei Gesellschaftsjagden muss der Unternehmer einen Jagdleiter bestimmen, wenn er nicht selbst diese Aufgabe wahrnimmt. Die Anordnungen des Jagdleiters sind zu befolgen.

---

1 Zur Planung und Durchführung der Erntejagden siehe auch das 2009 erschienene Informationsblatt „Erntejagden – aber sicher" der Landwirtschaftlichen Berufsgenossenschaft Schleswig-Holstein und Hamburg.

Durchführungsanweisung zu Absatz 1

Zur Gesellschaftsjagd gehören z. B. Treibjagden und Drückjagden.

(2) Der Jagdleiter hat den Schützen und Treibern die erforderlichen Anordnungen für den gefahrlosen Ablauf der Jagd zu geben. Er hat insbesondere die Schützen und Treiber vor Beginn der Jagd zu belehren und ihnen die Signale bekannt zu geben.

Durchführungsanweisung zu Absatz 2

Zur Belehrung gehört insbesondere der Hinweis auf die Vorschriften in Absatz 3 sowie in den Absätzen 6 bis 11.

(3) Sofern der Jagdleiter nichts anderes anordnet, ist die Waffe erst auf dem Stand zu laden und nach Beendigung des Treibens sofort zu entladen.

(4) Der Jagdleiter hat Personen, die infolge mangelnder geistiger und körperlicher Eignung besonders unfallgefährdet sind, die Teilnahme an der Jagd zu untersagen.

(5) Der Jagdleiter kann für einzelne Aufgaben Beauftragte einsetzen.

Durchführungsanweisung zu Absatz 5

Zu den Aufgaben des Beauftragten können z. B. das Einweisen der Schützen in die Schützenstände und das Führen der Treiberwehr gehören.

(6) Bei Standtreiben haben der Jagdleiter oder die von ihm zum Anstellen bestimmten Beauftragten den Schützen ihre jeweiligen Stände anzuweisen und den jeweils einzuhaltenden Schussbereich genau zu bezeichnen. Nach Einnehmen der Stände haben sich die Schützen mit den jeweiligen Nachbarn zu verständigen; bei fehlender Sichtverbindung hat der Jagdleiter diese Verständigung sicherzustellen. Sofern der Jagdleiter nichts anderes bestimmt, darf der Stand vor Beendigung des Treibens weder verändert noch verlassen werden. Verändert oder verlässt ein Schütze mit Zustimmung des Jagdleiters seinen Stand, so hat er sich vorher mit seinen Nachbarn zu verständigen.

(7) Wenn sich Personen in Gefahr bringender Nähe befinden, darf in diese Richtung weder angeschlagen noch geschossen werden. Ein Durchziehen mit der Schusswaffe durch die Schützen- oder Treiberlinie ist unzulässig.

(8) Mit Büchsen- oder Flintenlaufgeschossen darf nicht in das Treiben hineingeschossen werden. Ausnahmen kann der Jagdleiter nur unter besonderen Verhältnissen zulassen, sofern hierdurch eine Gefährdung ausgeschlossen ist.

Durchführungsanweisung zu Absatz 8

Besondere Verhältnisse können z. B. gegeben sein durch die Geländeform oder bei Ansitzdrückjagden.

(9) Bei Kesseltreiben bestimmt der Jagdleiter, ab wann nicht mehr in den Kessel geschossen werden darf; spätestens darf jedoch nach dem Signal „Treiber rein“ nicht mehr in den Kessel geschossen werden.

(10) Die Waffe ist außerhalb des Treibens stets ungeladen, mit geöffnetem Verschluss und mit der Mündung nach oben oder abgeknickt, zu tragen. Bei besonderen Witterungsverhältnissen kann der Jagdleiter zulassen, dass Waffen geschlossen und mit der Mündung nach unten getragen werden, wenn sie entladen sind.

(11) Durchgeh- oder Treiberschützen dürfen während des Treibens nur entladene Schusswaffen mitführen. Dies gilt nicht für Feldstreifen und Kesseltreiben.

Durchführungsanweisung zu Absatz 11

1. Als Feldstreife kann nach Entscheidung des Jagdleiters auch eine Streife mit flankierenden und vorgestellten Schützen in sonstigem übersichtlichen Gelände gelten.
2. Das Mitführen der Schusswaffe mit entladenen Läufen (Patronenlager) ist ausnahmsweise für den Durchgeh- oder Treiberschützen zulässig
   - für den Eigenschutz
   - für den Fangschuss,
   - für den Schuss auf vom Hund gestelltes Wild.

(12) Bei Gesellschaftsjagden müssen sich alle an der Jagd unmittelbar Beteiligten deutlich farblich von der Umgebung abheben.

Durchführungsanweisung zu Absatz 12

Als deutlich farbliche Abhebung eignen sich bei Treibern, Treiber- und Durchgehschützen z. B. gelbe Regenbekleidung oder Brustumhänge in orange-roter Signalfarbe, bei Schützen z. B. ein orangerotes Signalband am Hut.

(13) Bei schlechten Sichtverhältnissen hat der Jagdleiter die Jagd einzustellen.

Durchführungsanweisung zu Absatz 13

Schlechte Sichtverhältnisse liegen z. B. vor bei dichtem Nebel, einsetzender Dunkelheit oder Schneetreiben.

§ 5 Nachsuche

(1) Der Hundeführer wird durch den Unternehmer oder seinen Beauftragten als Jagdleiter bestimmt; er hat damit Weisungsrecht bei der Nachsuche, falls weitere Personen beteiligt sind.

(2) Der Hundeführer muss die notwendige persönliche Schutzausrüstung benutzen.

Durchführungsanweisung zu Absatz 2

Hierzu kann z. B. das Tragen von Schutzbrille und Schutzhandschuhen gehören.

(3) Der Lauf der Waffe ist vor eindringenden Fremdkörpern zu schützen.

Durchführungsanweisung zu Absatz 3

Hierzu eignen sich z. B. Klebestreifen aus durchschießbarem Material.

(4) Kinder und Jugendliche dürfen nicht an der Nachsuche teilnehmen.

(5) Der Unternehmer hat bei der Nachsuche für die Bereitstellung von Erste-Hilfe-Material zu sorgen.

Durchführungsanweisung zu Absatz 5

Auf die Unfallverhütungsvorschrift „erste Hilfe“ (VSG 1.3) wird verwiesen.

(6) Es gelten im Übrigen die Vorschriften von § 4 Absätze 2, 3, 5, 6, 7, 10 und 12 entsprechend.

§ 6 Übungsschießen

(1) Das Übungsschießen ist nur auf behördlich zugelassenen Schießständen erlaubt.

Durchführungsanweisung zu Absatz 1

1. Die behördliche Zulassung kann auf Grundlage des Bundesimmissionsschutzgesetzes oder des Waffengesetzes erfolgen.
2. Auf die Schießstandordnung und die Schießvorschrift des Deutschen Jagdschutz-Verbandes e.V. wird hingewiesen.

(2) Beim Schießen ist geeigneter Gehörschutz zu tragen.

Durchführungsanweisung zu Absatz 2

Als geeigneter Gehörschutz sind z. B. Gehörschutzkapseln anzusehen. Auf die Unfallverhütungsvorschrift „Allgemeine Vorschriften für Sicherheit und Gesundheitsschutz" (VSG 1.1) wird verwiesen.

§ 7 Hochsitze

(1) Der Unternehmer muss sicherstellen, dass

1. Hochsitze, ihre Zugänge sowie Stege fachgerecht errichtet und mit Einrichtungen gegen das Abstürzen von Personen gesichert sind,
2. bei ortsveränderlichen Hochsitzen die Standsicherheit Gewähr leistet ist,
3. Hochsitze vor jeder Benutzung, mindestens jedoch einmal jährlich, geprüft werden,
4. nicht mehr benötigte Einrichtungen abgebaut werden.

Durchführungsanweisung zu Absatz 1 Ziffer 1

1. Als Absturzsicherung bei Ansitzleitern wird die Waffenauflage angesehen.
2. Auf die Unfallverhütungsvorschrift „Allgemeine Vorschriften für Sicherheit und Gesundheitsschutz" (VSG 1.1) und die Unfallverhütungsvorschrift „Arbeitsstätten – bauliche Anlagen und Einrichtungen" (VSG 2.1) wird verwiesen.
3. Als fachgerecht hergestellt gelten Jagdeinrichtungen, wenn z. B. die Hinweise in der Broschüre „Sichere Hochsitzkonstruktion" beachtet sind.

Durchführungsanweisung zu Absatz 1 Ziffer 2

Auf die Unfallverhütungsvorschrift „Technische Arbeitsmittel" (VSG 3.1) wird verwiesen.

(2) Aufgenagelte Sprossen sind nur an geneigt stehenden Leitern zulässig. Sie sind mit den Leiterholmen fest zu verbinden und auf diesen nach unten hin abzustützen.

§ 8 Ordnungswidrigkeiten

Ordnungswidrig im Sinne des § 209 Absatz 1 Nr. 1 Siebtes Buch Sozialgesetzbuch (SGB VII) handelt, wer vorsätzlich oder fahrlässig den Bestimmungen des

§ 2 Abs. 1,

§ 3 Abs. 1 Satz 1,

§ 4 Abs. 1 Satz 1, Abs. 2, 3, 6, 7, Abs. 8 Satz 1, Abs. 10 Satz 1 oder Abs. 11 Satz 1,

§ 5 Abs. 4,

§ 6 Abs. 1 oder
§ 7 Abs. 1 Ziffern 3 oder 4
zuwiderhandelt.

§ 9 Inkrafttreten

Diese Unfallverhütungsvorschrift tritt am 1. Januar 2000 in Kraft. Gleichzeitig tritt die Unfallverhütungsvorschrift „Jagd“ (UVV 4.4) vom 1. Januar 1981 außer Kraft.

Waffengesetz (WaffG)

Vom 11. Oktober 2002 (BGBl. I S. 3970, 4592, 2003 I S. 1957), zuletzt geändert durch Artikel 2 des Gesetzes vom 4. März 2013 (BGBl. I. S. 362) – Auszug –

§ 1 Gegenstand und Zweck des Gesetzes, Begriffsbestimmungen

(1) Dieses Gesetz regelt den Umgang mit Waffen oder Munition unter Berücksichtigung der Belange der öffentlichen Sicherheit und Ordnung.

(2) Waffen sind

1. Schusswaffen oder ihnen gleichgestellte Gegenstände und
2. tragbare Gegenstände,
   a) die ihrem Wesen nach dazu bestimmt sind, die Angriffs- oder Abwehrfähigkeit von Menschen zu beseitigen oder herabzusetzen, insbesondere Hieb- und Stoßwaffen;
   b) die, ohne dazu bestimmt zu sein, insbesondere wegen ihrer Beschaffenheit, Handhabung oder Wirkungsweise geeignet sind, die Angriffs- oder Abwehrfähigkeit von Menschen zu beseitigen oder herabzusetzen, und die in diesem Gesetz genannt sind.

(3) Umgang mit einer Waffe oder Munition hat, wer diese erwirbt, besitzt, überlässt, führt, verbringt, mitnimmt, damit schießt, herstellt, bearbeitet, instand setzt oder damit Handel treibt.

(4) Die Begriffe der Waffen und Munition sowie die Einstufung von Gegenständen nach Absatz 2 Nr. 2 Buchstabe b als Waffen, die Begriffe der Arten des Umgangs und sonstige waffenrechtliche Begriffe sind in der Anlage 1 (Begriffsbestimmungen) zu diesem Gesetz näher geregelt.

§ 2 Grundsätze des Umgangs mit Waffen oder Munition, Waffenliste

(1)Der Umgang mit Waffen oder Munition ist nur Personen gestattet, die das 18. Lebensjahr vollendet haben.

(2) Der Umgang mit Waffen oder Munition, die in der Anlage 2 (Waffenliste) Abschnitt 2 zu diesem Gesetz genannt sind, bedarf der Erlaubnis.

(3) Der Umgang mit Waffen oder Munition, die in der Anlage 2 Abschnitt 1 zu diesem Gesetz genannt sind, ist verboten.

(4) Waffen oder Munition, mit denen der Umgang ganz oder teilweise von der Erlaubnispflicht oder von einem Verbot ausgenommen ist, sind in der Anlage 2 Abschnitt 1 und 2 genannt. Ferner sind in der Anlage 2 Abschnitt 3 die Waffen und Munition genannt, auf die dieses Gesetz ganz oder teilweise nicht anzuwenden ist.

...

§ 3 Umgang mit Waffen oder Munition durch Kinder und Jugendliche

(1) Jugendliche dürfen im Rahmen eines Ausbildungs- oder Arbeitsverhältnisses abweichend von § 2 Abs. 1 unter Aufsicht eines weisungsbefugten Waffenberechtigten mit Waffen oder Munition umgehen.

(2) Jugendliche dürfen abweichend von § 2 Abs. 1 Umgang mit geprüften Reizstoffsprühgeräten haben.

(3) Die zuständige Behörde kann für Kinder und Jugendliche allgemein oder für den Einzelfall Ausnahmen von Alterserfordernissen zulassen, wenn besondere Gründe vorliegen und öffentliche Interessen nicht entgegenstehen.

§ 4 Voraussetzungen für eine Erlaubnis

(1) Eine Erlaubnis setzt voraus, dass der Antragsteller

1. das 18. Lebensjahr vollendet hat (§ 2 Abs. 1),
2. die erforderliche Zuverlässigkeit (§ 5) und persönliche Eignung (§ 6) besitzt,
3. die erforderliche Sachkunde nachgewiesen hat (§ 7),
4. ein Bedürfnis nachgewiesen hat (§ 8) und
5. bei der Beantragung eines Waffenscheins oder einer Schießerlaubnis eine Versicherung gegen Haftpflicht in Höhe von 1 Million Euro – pauschal für Personen- und Sachschäden – nachweist.

(2) Die Erlaubnis zum Erwerb, Besitz, Führen oder Schießen kann versagt werden, wenn der Antragsteller seinen gewöhnlichen Aufenthalt nicht seit mindestens fünf Jahren im Geltungsbereich dieses Gesetzes hat.

(3) Die zuständige Behörde hat die Inhaber von waffenrechtlichen Erlaubnissen in regelmäßigen Abständen, mindestens jedoch nach Ablauf von drei Jahren, erneut auf ihre Zuverlässigkeit und ihre persönliche Eignung zu prüfen sowie in den Fällen des Absatzes 1 Nr. 5 sich das Vorliegen einer Versicherung gegen Haftpflicht nachweisen zu lassen.

(4) Die zuständige Behörde hat drei Jahre nach Erteilung der ersten waffenrechtlichen Erlaubnis das Fortbestehen des Bedürfnisses zu prüfen. Dies kann im Rahmen der Prüfung nach Absatz 3 erfolgen. Die zuständige Behörde kann auch nach Ablauf des in Satz 1 genannten Zeitraums das Fortbestehen des Bedürfnisses prüfen.

§ 5 Zuverlässigkeit

(1) Die erforderliche Zuverlässigkeit besitzen Personen nicht,

1. die rechtskräftig verurteilt worden sind
   a) wegen eines Verbrechens oder
   b) wegen sonstiger vorsätzlicher Straftaten zu einer Freiheitsstrafe von mindestens einem Jahr, wenn seit dem Eintritt der Rechtskraft der letzten Verurteilung zehn Jahre noch nicht verstrichen sind,
2. bei denen Tatsachen die Annahme rechtfertigen, dass sie

a) Waffen oder Munition missbräuchlich oder leichtfertig verwenden werden,

b) mit Waffen oder Munition nicht vorsichtig oder sachgemäß umgehen oder diese Gegenstände nicht sorgfältig verwahren werden,

c) Waffen oder Munition Personen überlassen werden, die zur Ausübung der tatsächlichen Gewalt über diese Gegenstände nicht berechtigt sind.

(2) Die erforderliche Zuverlässigkeit besitzen in der Regel Personen nicht, die

1. a) wegen einer vorsätzlichen Straftat,

b) wegen einer fahrlässigen Straftat im Zusammenhang mit dem Umgang mit Waffen, Munition oder explosionsgefährlichen Stoffen oder wegen einer fahrlässigen gemeingefährlichen Straftat,

c) wegen einer Straftat nach dem Waffengesetz, dem Gesetz über die Kontrolle von Kriegswaffen, dem Sprengstoffgesetz oder dem Bundesjagdgesetz zu einer Freiheitsstrafe, Jugendstrafe, Geldstrafe von mindestens 60 Tagessätzen oder mindestens zweimal zu einer geringeren Geldstrafe rechtskräftig verurteilt worden sind oder bei denen die Verhängung von Jugendstrafe ausgesetzt worden ist, wenn seit dem Eintritt der Rechtskraft der letzten Verurteilung fünf Jahre noch nicht verstrichen sind,

...

5. wiederholt oder gröblich gegen die Vorschriften eines der in Nummer 1 Buchstabe c genannten Gesetze verstoßen haben.

...

(4) Ist ein Verfahren wegen Straftaten im Sinne des Absatzes 1 Nr. 1 oder des Absatzes 2 Nr. 1 noch nicht abgeschlossen, so kann die zuständige Behörde die Entscheidung über den Antrag auf Erteilung einer waffenrechtlichen Erlaubnis bis zum rechtskräftigen Abschluss des Verfahrens aussetzen.

(5) Die zuständige Behörde hat im Rahmen der Zuverlässigkeitsprüfung folgende Erkundigungen einzuholen:

1. die unbeschränkte Auskunft aus dem Bundeszentralregister;
2. die Auskunft aus dem zentralen staatsanwaltschaftlichen Verfahrensregister hinsichtlich der in Absatz 2 Nr. 1 genannten Straftaten;
3. die Stellungnahme der örtlichen Polizeidienststelle, ob Tatsachen bekannt sind, die Bedenken gegen die Zuverlässigkeit begründen; die örtliche Polizeidienststelle schließt in ihre Stellungnahme das Ergebnis der von ihr vorzunehmenden Prüfung nach Absatz 2 Nr. 4 ein.

Die nach Satz 1 Nr. 2 erhobenen personenbezogenen Daten dürfen nur für den Zweck der waffenrechtlichen Zuverlässigkeitsprüfung verwendet werden.

§ 6 Persönliche Eignung

(1) Die erforderliche persönliche Eignung besitzen Personen nicht, wenn Tatsachen die Annahme rechtfertigen, dass sie

1. geschäftsunfähig sind,

2. abhängig von Alkohol oder anderen berauschenden Mitteln, psychisch krank oder debil sind oder
3. auf Grund in der Person liegender Umstände mit Waffen oder Munition nicht vorsichtig oder sachgemäß umgehen oder diese Gegenstände nicht sorgfältig verwahren können oder dass die konkrete Gefahr einer Fremd- oder Selbstgefährdung besteht.

Die erforderliche persönliche Eignung besitzen in der Regel Personen nicht, wenn Tatsachen die Annahme rechtfertigen, dass sie in ihrer Geschäftsfähigkeit beschränkt sind. Die zuständige Behörde soll die Stellungnahme der örtlichen Polizeidienststelle einholen. Der persönlichen Eignung können auch im Erziehungsregister eingetragene Entscheidungen oder Anordnungen nach § 60 Abs. 1 Nr. 1 bis 7 des Bundeszentralregistergesetzes entgegenstehen.

(2) Sind Tatsachen bekannt, die Bedenken gegen die persönliche Eignung nach Absatz 1 begründen, oder bestehen begründete Zweifel an vom Antragsteller beigebrachten Bescheinigungen, so hat die zuständige Behörde dem Betroffenen auf seine Kosten die Vorlage eines amts- oder fachärztlichen oder fachpsychologischen Zeugnisses über die geistige oder körperliche Eignung aufzugeben.

(3) Personen, die noch nicht das 25. Lebensjahr vollendet haben, haben für die erstmalige Erteilung einer Erlaubnis zum Erwerb und Besitz einer Schusswaffe auf eigene Kosten ein amts- oder fachärztliches oder fachpsychologisches Zeugnis über die geistige Eignung vorzulegen. Satz 1 gilt nicht für den Erwerb und Besitz von Schusswaffen im Sinne von § 14 Abs. 1 Satz 2.

(4) Das Bundesministerium des Innern wird ermächtigt, durch Rechtsverordnung mit Zustimmung des Bundesrates Vorschriften über das Verfahren zur Erstellung, über die Vorlage und die Anerkennung der in den Absätzen 2 und 3 genannten Gutachten bei den zuständigen Behörden zu erlassen.

§ 7 Sachkunde

(1) Den Nachweis der Sachkunde hat erbracht, wer eine Prüfung vor der dafür bestimmten Stelle bestanden hat oder seine Sachkunde durch eine Tätigkeit oder Ausbildung nachweist.

...

§ 8 Bedürfnis, allgemeine Grundsätze

Der Nachweis eines Bedürfnisses ist erbracht, wenn gegenüber den Belangen der öffentlichen Sicherheit oder Ordnung

1. besonders anzuerkennende persönliche oder wirtschaftliche Interessen, vor allem als Jäger, Sportschütze, Brauchtumsschütze, Waffen- oder Munitionssammler, Waffen- oder Munitionssachverständiger, gefährdete Person, als Waffenhersteller oder -händler oder als Bewachungsunternehmer, und

2. die Geeignetheit und Erforderlichkeit der Waffen oder Munition für den beantragten Zweck

glaubhaft gemacht sind.

...

§ 10 Erteilung von Erlaubnissen zum Erwerb, Besitz, Führen und Schießen

(1) Die Erlaubnis zum Erwerb und Besitz von Waffen wird durch eine Waffenbesitzkarte oder durch Eintragung in eine bereits vorhandene Waffenbesitzkarte erteilt. Für die Erteilung einer Erlaubnis für Schusswaffen sind Art, Anzahl und Kaliber der Schusswaffen anzugeben. Die Erlaubnis zum Erwerb einer Waffe gilt für die Dauer eines Jahres, die Erlaubnis zum Besitz wird in der Regel unbefristet erteilt.

(1a) Wer eine Waffe auf Grund einer Erlaubnis nach Absatz 1 Satz 1 erwirbt, hat binnen zwei Wochen der zuständigen Behörde unter Benennung von Name und Anschrift des Überlassenden den Erwerb schriftlich anzuzeigen und seine Waffenbesitzkarte zur Eintragung des Erwerbs vorzulegen.

(2) Eine Waffenbesitzkarte über Schusswaffen, die mehrere Personen besitzen, kann auf diese Personen ausgestellt werden. Eine Waffenbesitzkarte kann auch einem schießsportlichen Verein oder einer jagdlichen Vereinigung als juristischer Person erteilt werden. Sie ist mit der Auflage zu verbinden, dass der Verein der Behörde vor Inbesitznahme von Vereinswaffen unbeschadet des Vorliegens der Voraussetzung des § 4 Abs. 1 Nr. 5 eine verantwortliche Person zu benennen hat, für die die Voraussetzungen nach § 4 Abs. 1 Nr. 1 bis 3 nachgewiesen sind; diese benannte Person muss nicht vertretungsberechtigtes Organ des Vereins sein. Scheidet die benannte verantwortliche Person aus dem Verein aus oder liegen in ihrer Person nicht mehr alle Voraussetzungen nach § 4 Abs. 1 Nr. 1 bis 3 vor, so ist der Verein verpflichtet, dies unverzüglich der zuständigen Behörde mitzuteilen. Benennt der Verein nicht innerhalb von zwei Wochen eine neue verantwortliche Person, für die die Voraussetzungen nach § 4 Abs. 1 Nr. 1 bis 3 nachgewiesen werden, so ist die dem Verein erteilte Waffenbesitzerlaubnis zu widerrufen und die Waffenbesitzkarte zurückzugeben.

(3) Die Erlaubnis zum Erwerb und Besitz von Munition wird durch Eintragung in eine Waffenbesitzkarte für die darin eingetragenen Schusswaffen erteilt. In den übrigen Fällen wird die Erlaubnis durch einen Munitionserwerbsschein für eine bestimmte Munitionsart erteilt; sie ist für den Erwerb der Munition auf die Dauer von sechs Jahren zu befristen und gilt für den Besitz der Munition unbefristet. Die Erlaubnis zum nicht gewerblichen Laden von Munition im Sinne des Sprengstoffgesetzes gilt auch als Erlaubnis zum Erwerb und Besitz dieser Munition. Nach Ablauf der Gültigkeit des Erlaubnisdokuments gilt die Erlaubnis für den Besitz dieser Munition für die Dauer von sechs Monaten fort.

(4) Die Erlaubnis zum Führen einer Waffe wird durch einen Waffenschein erteilt. Eine Erlaubnis nach Satz 1 zum Führen von Schusswaffen wird für bestimmte Schusswaffen auf höchstens drei Jahre erteilt; die Geltungsdauer kann zweimal um höchstens je drei Jahre verlängert werden, sie ist kürzer zu bemessen, wenn nur ein vorübergehendes Bedürfnis nachgewiesen wird. Der Geltungsbereich des Waffen-

scheins ist auf bestimmte Anlässe oder Gebiete zu beschränken, wenn ein darüber hinausgehendes Bedürfnis nicht nachgewiesen wird. Die Voraussetzungen für die Erteilung einer Erlaubnis zum Führen von Schreckschuss-, Reizstoff- und Signalwaffen sind in der Anlage 2 Abschnitt 2 Unterabschnitt 3 Nr. 2 und 2.1 genannt (Kleiner Waffenschein).

(5) Die Erlaubnis zum Schießen mit einer Schusswaffe wird durch einen Erlaubnisschein erteilt.

...

§ 12 Ausnahmen von den Erlaubnispflichten

...

(3) Einer Erlaubnis zum Führen von Waffen bedarf nicht, wer

...

2. diese nicht schussbereit und nicht zugriffsbereit von einem Ort zu einem anderen Ort befördert, sofern der Transport der Waffe zu einem von seinem Bedürfnis umfassten Zweck oder im Zusammenhang damit erfolgt;

...

§ 13 Erwerb und Besitz von Schusswaffen und Munition durch Jäger, Führen und Schießen zu Jagdzwecken

(1) Ein Bedürfnis für den Erwerb und Besitz von Schusswaffen und der dafür bestimmten Munition wird bei Personen anerkannt, die Inhaber eines gültigen Jagdscheines im Sinne von § 15 Abs. 1 Satz 1 des Bundesjagdgesetzes sind (Jäger), wenn

1. glaubhaft gemacht wird, dass sie die Schusswaffen und die Munition zur Jagdausübung oder zum Training im jagdlichen Schießen einschließlich jagdlicher Schießwettkämpfe benötigen, und
2. die zu erwerbende Schusswaffe und Munition nach dem Bundesjagdgesetz in der zum Zeitpunkt des Erwerbs geltenden Fassung nicht verboten ist (Jagdwaffen und -munition).

(2) Für Jäger gilt § 6 Abs. 3 Satz 1 nicht. Bei Jägern, die Inhaber eines Jahresjagdscheines im Sinne von § 15 Abs. 2 in Verbindung mit Abs. 1 Satz 1 des Bundesjagdgesetzes sind, erfolgt keine Prüfung der Voraussetzungen des Absatzes 1 Nr. 1 sowie des § 4 Abs. 1 Nr. 4 für den Erwerb und Besitz von Langwaffen und zwei Kurzwaffen, sofern die Voraussetzungen des Absatzes 1 Nr. 2 vorliegen.

(3) Inhaber eines gültigen Jahresjagdscheines im Sinne des § 15 Abs. 2 in Verbindung mit Abs. 1 Satz 1 des Bundesjagdgesetzes bedürfen zum Erwerb von Langwaffen nach Absatz 1 Nr. 2 keiner Erlaubnis. Die Ausstellung der Waffenbesitzkarte oder die Eintragung in eine bereits erteilte Waffenbesitzkarte ist binnen zwei Wochen durch den Erwerber zu beantragen.

(4) Für den Erwerb und vorübergehenden Besitz gemäß § 12 Abs. 1 Nr. 1 von Langwaffen nach Absatz 1 Nr. 2 steht ein Jagdschein im Sinne von § 15 Abs. 1 Satz 1 des Bundesjagdgesetzes einer Waffenbesitzkarte gleich.

(5) Jäger bedürfen für den Erwerb und Besitz von Munition für Langwaffen nach Absatz 1 Nr. 2 keiner Erlaubnis, sofern sie nicht nach dem Bundesjagdgesetz in der jeweiligen Fassung verboten ist.

(6) Ein Jäger darf Jagdwaffen zur befugten Jagdausübung einschließlich des Ein- und Anschießens im Revier, zur Ausbildung von Jagdhunden im Revier, zum Jagdschutz oder zum Forstschutz ohne Erlaubnis führen und mit ihnen schießen; er darf auch im Zusammenhang mit diesen Tätigkeiten die Jagdwaffen nicht schussbereit ohne Erlaubnis führen. Der befugten Jagdausübung gleichgestellt ist der Abschuss von Tieren, die dem Naturschutzrecht unterliegen, wenn die naturschutzrechtliche Ausnahme oder Befreiung die Tötung durch einen Jagdscheininhaber vorsieht.

(7) Inhabern eines Jugendjagdscheines im Sinne von § 16 des Bundesjagdgesetzes wird eine Erlaubnis zum Erwerb und Besitz von Schusswaffen und der dafür bestimmten Munition nicht erteilt. Sie dürfen Schusswaffen und die dafür bestimmte Munition nur für die Dauer der Ausübung der Jagd oder des Trainings im jagdlichen Schießen einschließlich jagdlicher Schießwettkämpfe ohne Erlaubnis erwerben, besitzen, die Schusswaffen führen und damit schießen; sie dürfen auch im Zusammenhang mit diesen Tätigkeiten die Jagdwaffen nicht schussbereit ohne Erlaubnis führen.

(8) Personen in der Ausbildung zum Jäger dürfen nicht schussbereite Jagdwaffen in der Ausbildung ohne Erlaubnis unter Aufsicht eines Ausbilders erwerben, besitzen und führen, wenn sie das 14. Lebensjahr vollendet haben und der Sorgeberechtigte und der Ausbildungsleiter ihr Einverständnis in einer von beiden unterzeichneten Berechtigungsbescheinigung erklärt haben. Die Person hat in der Ausbildung die Berechtigungsbescheinigung mit sich zu führen.

...

§ 20 Erwerb und Besitz von Schusswaffen durch Erwerber infolge Erbfalls

(1) Der Erbe hat binnen eines Monats nach der Annahme der Erbschaft oder dem Ablauf der für die Ausschlagung der Erbschaft vorgeschriebenen Frist die Ausstellung einer Waffenbesitzkarte für die zum Nachlass gehörenden erlaubnispflichtigen Schusswaffen oder ihre Eintragung in eine bereits ausgestellte Waffenbesitzkarte zu beantragen; für den Vermächtnisnehmer oder durch Auflage Begünstigten beginnt diese Frist mit dem Erwerb der Schusswaffen.

(2) Dem Erwerber infolge eines Erbfalls ist die gemäß Absatz 1 beantragte Erlaubnis abweichend von § 4 Abs. 1 zu erteilen, wenn der Erblasser berechtigter Besitzer war und der Antragsteller zuverlässig und persönlich geeignet ist.

...

§ 32 Mitnahme von Waffen oder Munition in den, durch den oder aus dem Geltungsbereich des Gesetzes, Europäischer Feuerwaffenpass

...

(6) Personen, die ihren gewöhnlichen Aufenthalt im Geltungsbereich des Gesetzes haben und Schusswaffen oder Munition nach Anlage 1 Abschnitt 3 (Kategorien A bis D) in einen anderen Mitgliedstaat mitnehmen wollen, wird ein Europäischer Feuerwaffenpass ausgestellt, wenn sie zum Besitz der Waffen, die in den Europäischen Feuerwaffenpass eingetragen werden sollen, berechtigt sind.

...

§ 36 Aufbewahrung von Waffen oder Munition

(1) Wer Waffen oder Munition besitzt, hat die erforderlichen Vorkehrungen zu treffen, um zu verhindern, dass diese Gegenstände abhanden kommen oder Dritte sie unbefugt an sich nehmen. Schusswaffen dürfen nur getrennt von Munition aufbewahrt werden, sofern nicht die Aufbewahrung in einem Sicherheitsbehältnis erfolgt, das mindestens der Norm DIN/EN 1143-1 Widerstandsgrad 0 (Stand Mai 1997)[1] oder einer Norm mit gleichem Schutzniveau eines anderen Mitgliedstaates des Übereinkommens über den Europäischen Wirtschaftsraum (EWR-Mitgliedstaat) entspricht.

(2) Schusswaffen, deren Erwerb nicht von der Erlaubnispflicht freigestellt ist, und verbotene Waffen sind mindestens in einem der Norm DIN/EN 1143-1 Widerstandsgrad 0 (Stand Mai 1997) entsprechenden oder gleichwertigen Behältnis aufzubewahren; als gleichwertig gilt insbesondere ein Behältnis der Sicherheitsstufe B nach VDMA[2] [3]24992 (Stand Mai 1995). Für bis zu zehn Langwaffen gilt die sichere Aufbewahrung auch in einem Behältnis als gewährleistet, das der Sicherheitsstufe A nach VDMA 24992 (Stand Mai 1995) oder einer Norm mit gleichem Schutzniveau eines anderen EWR-Mitgliedstaates entspricht. Vergleichbar gesicherte Räume sind als gleichwertig anzusehen.

(3) Wer erlaubnispflichtige Schusswaffen, Munition oder verbotene Waffen besitzt oder die Erteilung einer Erlaubnis zum Besitz beantragt hat, hat der zuständigen Behörde die zur sicheren Aufbewahrung getroffenen oder vorgesehenen Maßnahmen nachzuweisen. Besitzer von erlaubnispflichtigen Schusswaffen, Munition oder verbotenen Waffen haben außerdem der Behörde zur Überprüfung der Pflichten aus den Absätzen 1 und 2 Zutritt zu den Räumen zu gestatten, in denen die Waffen und die Munition aufbewahrt werden. Wohnräume dürfen gegen den Willen des Inhabers nur zur Verhütung dringender Gefahren für die öffentliche Sicherheit betreten werden; das Grundrecht der Unverletzlichkeit der Wohnung (Artikel 13 des Grundgesetzes) wird insoweit eingeschränkt.

---

1 Herausgegeben im Beuth-Verlag GmbH, Berlin und Köln
2 Verband Deutscher Maschinen- und Anlagenbau e.V.
3 Herausgegeben im Beuth-Verlag GmbH, Berlin und Köln

Anmerkung: Vgl. § 13 AWaffV

...

§ 37 Anzeigepflichten

(1) Wer Waffen oder Munition, deren Erwerb der Erlaubnis bedarf,

1. beim Tode eines Waffenbesitzers, als Finder oder in ähnlicher Weise,
2. als Insolvenzverwalter, Zwangsverwalter, Gerichtsvollzieher oder in ähnlicher Weise

in Besitz nimmt, hat dies der zuständigen Behörde unverzüglich anzuzeigen. Die zuständige Behörde kann die Waffen und die Munition sicherstellen oder anordnen, dass sie binnen angemessener Frist unbrauchbar gemacht oder einem Berechtigten überlassen werden und dies der zuständigen Behörde nachgewiesen wird. Nach fruchtlosem Ablauf der Frist kann die zuständige Behörde die Waffen oder Munition einziehen. Ein Erlös aus der Verwertung steht dem nach bürgerlichem Recht bisher Berechtigten zu.

(2) Sind jemandem Waffen oder Munition, deren Erwerb der Erlaubnis bedarf, oder Erlaubnisurkunden abhanden gekommen, so hat er dies der zuständigen Behörde unverzüglich anzuzeigen und, soweit noch vorhanden, die Waffenbesitzkarte und den Europäischen Feuerwaffenpass zur Berichtigung vorzulegen. Die örtliche Behörde unterrichtet zum Zweck polizeilicher Ermittlungen die örtliche Polizeidienststelle über das Abhandenkommen.

(3) Wird eine Schusswaffe, zu deren Erwerb es einer Erlaubnis bedarf, oder eine verbotene Schusswaffe nach Anlage 2 Abschnitt 1 Nr. 1.2 nach den Anforderungen der Anlage 1 Abschnitt 1 Unterabschnitt 1 Nr. 1.4 unbrauchbar gemacht oder zerstört, so hat der Besitzer dies der zuständigen Behörde binnen zwei Wochen schriftlich anzuzeigen und ihr auf Verlangen den Gegenstand vorzulegen. Dabei hat er seine Personalien sowie Art, Kaliber, Herstellerzeichen oder Marke und – sofern vorhanden – die Herstellungsnummer der Schusswaffe anzugeben.

(4) Inhaber waffenrechtlicher Erlaubnisse und Bescheinigungen sind verpflichtet, bei ihrem Wegzug ins Ausland ihre neue Anschrift der zuletzt für sie zuständigen Waffenbehörde mitzuteilen.

§ 38 Ausweispflichten

Wer eine Waffe führt, muss

1. seinen Personalausweis oder Pass und
   a) wenn es einer Erlaubnis zum Erwerb bedarf, die Waffenbesitzkarte oder, wenn es einer Erlaubnis zum Führen bedarf, den Waffenschein,

...

2. in den Fällen des § 13 Abs. 6 den Jagdschein

mit sich führen und Polizeibeamten oder sonst zur Personenkontrolle Befugten auf Verlangen zur Prüfung aushändigen. In den Fällen des § 13 Abs. 3 und § 14 Abs. 4 Satz 2 genügt an Stelle der Waffenbesitzkarte ein schriftlicher Nachweis darüber, dass die Antragsfrist noch nicht verstrichen oder ein Antrag gestellt worden ist. Satz 1 gilt nicht in Fällen des § 12 Abs. 3 Nr. 1.

...

§ 40 Verbotene Waffen

...

(3) Inhaber einer jagdrechtlichen Erlaubnis und Angehörige von Leder oder Pelz verarbeitenden Berufen dürfen abweichend von § 2 Abs. 3 Umgang mit Faustmessern nach Anlage 2 Abschnitt 1 Nr. 1.4.2 haben, sofern sie diese Messer zur Ausübung ihrer Tätigkeit benötigen.

...

§ 42a Verbot des Führens von Anscheinswaffen und bestimmten tragbaren Gegenständen

(1) Es ist verboten

1. Anscheinswaffen,
2. Hieb- und Stoßwaffen nach Anlage 1 Abschnitt 1 Unterabschnitt 2 Nr. 1.1 oder
3. Messer mit einhändig feststellbarer Klinge (Einhandmesser) oder feststehende Messer mit einer Klingenlänge über 12 cm

zu führen.

(2)Absatz 1 gilt nicht

1. für die Verwendung bei Foto-, Film oder Fernsehaufnahmen oder Theateraufführungen,
2. für den Transport in einem verschlossenen Behältnis,
3. für das Führen der Gegenstände nach Absatz 1 Nr. 2 und 3, sofern ein berechtigtes Interesse vorliegt.

Weitergehende Regelungen bleiben unberührt.

(3) Ein berechtigtes Interesse nach Absatz 2 Nr. 3 liegt insbesondere vor, wenn das Führen der Gegenstände im Zusammenhang mit der Berufsausübung erfolgt, der Brauchtumspflege, dem Sport oder einem allgemein anerkannten Zweck dient.

§ 51 Strafvorschriften

(1) Mit Freiheitsstrafe von einem Jahr bis zu fünf Jahren wird bestraft, wer entgegen § 2 Abs. 1 oder 3, jeweils in Verbindung mit Anlage 2 Abschnitt 1 Nr. 1.2.1, eine dort genannte Schusswaffe zum Verschießen von Patronenmunition nach Anlage 1 Abschnitt 1 Unterabschnitt 3 Nr. 1.1 erwirbt, besitzt, überlässt, führt, verbringt, mitnimmt, herstellt, bearbeitet, instand setzt oder damit Handel treibt.

...

(3) In minder schweren Fällen ist die Strafe Freiheitsstrafe bis zu drei Jahren oder Geldstrafe.

(4) Handelt der Täter fahrlässig, so ist die Strafe Freiheitsstrafe bis zu zwei Jahren oder Geldstrafe.

§ 52 Strafvorschriften

(1) Mit Freiheitsstrafe von sechs Monaten bis zu fünf Jahren wird bestraft, wer

1. entgegen § 2 Abs. 1 oder 3, jeweils in Verbindung mit Anlage 2 Abschnitt 1 Nr. 1.1 oder 1.3.4, eine dort genannte Schusswaffe oder einen dort genannten Gegenstand erwirbt, besitzt, überlässt, führt, verbringt, mitnimmt, herstellt, bearbeitet, instand setzt oder damit Handel treibt,

   ...

(2) Der Versuch ist strafbar.

(3) Mit Freiheitsstrafe bis zu drei Jahren oder mit Geldstrafe wird bestraft, wer

1. entgegen § 2 Abs. 1 oder 3, jeweils in Verbindung mit Anlage 2 Abschnitt 1 Nr. 1.2.2 bis 1.2.5, 1.3.1 bis 1.3.3, 1.3.5, 1.3.7, 1.3.8, 1.4.1 Satz 1, Nr. 1.4.2 bis 1.4.4 oder 1.5.3 bis 1.5.7, einen dort genannten Gegenstand erwirbt, besitzt, überlässt, führt, verbringt, mitnimmt, herstellt, bearbeitet, instand setzt oder damit Handel treibt,
2. ohne Erlaubnis nach § 2 Abs. 2 in Verbindung mit Anlage 2 Abschnitt 2 Unterabschnitt 1 Satz 1
   a) eine Schusswaffe erwirbt, besitzt, führt oder
   b) Munition erwirbt oder besitzt,

wenn die Tat nicht in Absatz 1 Nr. 2 Buchstabe a oder b mit Strafe bedroht ist,

...

§ 52a Strafvorschriften

Mit Freiheitsstrafe bis zu drei Jahren oder mit Geldstrafe wird bestraft, wer eine in § 53 Absatz 1 Nummer 19 bezeichnete Handlung vorsätzlich begeht und dadurch die Gefahr verursacht, dass eine Schusswaffe oder Munition abhanden kommt oder darauf unbefugt zugegriffen wird.

§ 53 Bußgeldvorschriften

(1) Ordnungswidrig handelt, wer vorsätzlich oder fahrlässig

1. entgegen § 2 Abs. 1 eine nicht erlaubnispflichtige Waffe oder nicht erlaubnispflichtige Munition erwirbt oder besitzt,
2. entgegen § 2 Abs. 1 oder 3, jeweils in Verbindung mit Anlage 2 Abschnitt 1 Nr. 1.3.6, einen dort genannten Gegenstand erwirbt, besitzt, überlässt, führt, verbringt, mitnimmt, herstellt, bearbeitet, instand setzt oder damit Handel treibt,

3. ohne Erlaubnis nach § 2 Abs. 2 in Verbindung mit Abs. 4, dieser in Verbindung mit Anlage 2 Abschnitt 2 Unterabschnitt 1 Satz 1, mit einer Schusswaffe schießt,

...

7. entgegen § 13 Abs. 3 Satz 2, ...oder § 20 Absatz 1 die Ausstellung einer Waffenbesitzkarte oder die Eintragung der Waffe in eine bereits erteilte Waffenbesitzkarte nicht beantragt,

...

19. entgegen § 36 Abs. 1 Satz 2 oder Abs. 2 eine Schusswaffe aufbewahrt,

20. entgegen § 38 Satz 1 eine dort genannte Urkunde nicht mit sich führt oder nicht oder nicht rechtzeitig aushändigt,

...

21a. entgegen § 42a Abs. 1 eine Anscheinswaffe, eine dort genannte Hieb- oder Stoßwaffe oder ein dort genanntes Messer führt,

...

23. einer Rechtsverordnung ... oder einer vollziehbaren Anordnung auf Grund einer solchen Rechtsverordnung zuwiderhandelt, soweit die Rechtsverordnung für einen bestimmten Tatbestand auf diese Bußgeldvorschrift verweist.

(2) Die Ordnungswidrigkeit kann mit einer Geldbuße bis zu zehntausend Euro geahndet werden.

...

Anlage 1 (zu § 1 Abs. 4) Begriffsbestimmungen

Abschnitt 1: Waffen- und munitionstechnische Begriffe, Einstufung von Gegenständen

Unterabschnitt 1: Schusswaffen

1. Schusswaffen im Sinne des § 1 Abs. 2 Nr. 1

1.1 Schusswaffen

Schusswaffen sind Gegenstände, die zum Angriff oder zur Verteidigung, zur Signalgebung, zur Jagd, zur Distanzinjektion, zur Markierung, zum Sport oder zum Spiel bestimmt sind und bei denen Geschosse durch einen Lauf getrieben werden.

1.2 Gleichgestellte Gegenstände

Den Schusswaffen stehen gleich tragbare Gegenstände,

1.2.1 die zum Abschießen von Munition für die in Nummer 1.1 genannten Zwecke bestimmt sind,

1.2.2 bei denen bestimmungsgemäß feste Körper gezielt verschossen werden, deren Antriebsenergie durch Muskelkraft eingebracht und durch eine Sperrvorrichtung gespeichert werden kann (z. B. Armbrüste). Dies gilt nicht für feste Körper, die mit elastischen Geschossspitzen (z. B. Saugnapf aus

Gummi) versehen sind, bei denen eine maximale Bewegungsenergie der Geschossspitzen je Flächeneinheit von 0,16 J/cm² nicht überschritten wird.

1.3 Wesentliche Teile von Schusswaffen, Schalldämpfer

Wesentliche Teile von Schusswaffen und Schalldämpfer stehen, soweit in diesem Gesetz nichts anderes bestimmt ist, den Schusswaffen gleich, für die sie bestimmt sind. Dies gilt auch dann, wenn sie mit anderen Gegenständen verbunden sind und die Gebrauchsfähigkeit als Waffenteil nicht beeinträchtigt ist oder mit allgemein gebräuchlichen Werkzeugen wiederhergestellt werden kann.

...

Wesentliche Teile sind

1.3.1 der Lauf oder Gaslauf, der Verschluss sowie das Patronen- oder Kartuschenlager, wenn diese nicht bereits Bestandteil des Laufes sind; der Lauf ist ein aus einem ausreichend festen Werkstoff bestehender rohrförmiger Gegenstand, der Geschossen, die hindurchgetrieben werden, ein gewisses Maß an Führung gibt, wobei dies in der Regel als gegeben anzusehen ist, wenn die Länge des Laufteils, der die Führung des Geschosses bestimmt, mindestens das Zweifache des Kalibers beträgt; der Gaslauf ist ein Lauf, der ausschließlich der Ableitung der Verbrennungsgase dient; der Verschluss ist das unmittelbar das Patronen- oder Kartuschenlager oder den Lauf abschließende Teil;

1.3.2 bei Schusswaffen, bei denen zum Antrieb ein entzündbares flüssiges oder gasförmiges Gemisch verwendet wird, auch die Verbrennungskammer und die Einrichtung zur Erzeugung des Gemisches;

1.3.3 bei Schusswaffen mit anderem Antrieb auch die Antriebsvorrichtung, sofern sie fest mit der Schusswaffe verbunden ist;

1.3.4 bei Kurzwaffen auch das Griffstück oder sonstige Waffenteile, soweit sie für die Aufnahme des Auslösemechanismus bestimmt sind.
Als wesentliche Teile gelten auch vorgearbeitete wesentliche Teile von Schusswaffen sowie Teile/Reststücke von Läufen und Laufrohlingen, wenn sie mit allgemein gebräuchlichen Werkzeugen fertiggestellt werden können.
Schalldämpfer sind Vorrichtungen, die der wesentlichen Dämpfung des Mündungsknalls dienen und für Schusswaffen bestimmt sind.

...

1.6 Anscheinswaffen

Anscheinswaffen sind

1.6.1 Schusswaffen, die ihrer äußeren Form nach im Gesamterscheinungsbild den Anschein von Feuerwaffen (Anlage 1 Abschnitt 1 Unterabschnitt 1 Nr. 2.1) hervorrufen und bei denen zum Antrieb der Geschosse keine heißen Gase verwendet werden.

1.6.2 Nachbildungen von Schusswaffen mit dem Aussehen von Schusswaffen nach Nummer 1.6.1 oder

1.6.3 unbrauchbar gemachte Schusswaffen mit dem Aussehen von Schusswaffen nach Nummer 1.6.1

Ausgenommen sind solche Gegenstände, die erkennbar nach ihrem Gesamterscheinungsbild zum Spiel oder für Brauchtumsveranstaltungen bestimmt sind oder Teil einer kulturhistorisch bedeutsamen Sammlung im Sinne des § 17 sind oder werden sollen oder Schusswaffen, für die gemäß § 10 Abs. 4 eine Erlaubnis zum Führen erforderlich ist. Erkennbar nach ihrem Gesamterscheinungsbild zum Spiel bestimmt sind insbesondere Gegenstände, deren Größe die einer entsprechenden Feuerwaffe um 50 Prozent über- oder unterschreiten, neonfarbene Materialien enthalten oder keine Kennzeichnungen von Feuerwaffen aufweisen.

2. Arten von Schusswaffen

2.1 Feuerwaffen; dies sind Schusswaffen nach Nummer 1.1, bei denen ein Geschoss mittels heißer Gase durch einen oder aus einem Lauf getrieben wird.

2.2 Automatische Schusswaffen; dies sind Schusswaffen, die nach Abgabe eines Schusses selbsttätig erneut schussbereit werden und bei denen aus demselben Lauf durch einmalige Betätigung des Abzuges oder einer anderen Schussauslösevorrichtung mehrere Schüsse abgegeben werden können (Vollautomaten) oder durch einmalige Betätigung des Abzuges oder einer anderen Schussauslösevorrichtung jeweils nur ein Schuss abgegeben werden kann (Halbautomaten). Als automatische Schusswaffen gelten auch Schusswaffen, die mit allgemein gebräuchlichen Werkzeugen in automatische Schusswaffen geändert werden können. Als Vollautomaten gelten auch in Halbautomaten geänderte Vollautomaten, die mit den in Satz 2 genannten Hilfsmitteln wieder in Vollautomaten zurückgeändert werden können. Double-Action-Revolver sind keine halbautomatischen Schusswaffen. Beim Double-Action-Revolver wird bei Betätigung des Abzuges durch den Schützen die Trommel weitergedreht, so dass das nächste Lager mit einer neuen Patrone vor den Lauf und den Schlagbolzen zu liegen kommt, und gleichzeitig die Feder gespannt. Beim weiteren Durchziehen des Abzuges schnellt der Hahn nach vorn und löst den Schuss aus.

2.3 Repetierwaffen; dies sind Schusswaffen, bei denen nach Abgabe eines Schusses über einen von Hand zu betätigenden Mechanismus Munition aus einem Magazin in das Patronenlager nachgeladen wird.

2.4 Einzelladerwaffen; dies sind Schusswaffen ohne Magazin mit einem oder mehreren Läufen, die vor jedem Schuss aus demselben Lauf von Hand geladen werden.

2.5 Langwaffen; dies sind Schusswaffen, deren Lauf und Verschluss in geschlossener Stellung insgesamt länger als 30 cm sind und deren kürzeste bestimmungsgemäß verwendbare Gesamtlänge 60 cm überschreitet; Kurzwaffen sind alle anderen Schusswaffen.

2.6 Schreckschusswaffen; dies sind Schusswaffen mit einem Kartuschenlager, die zum Abschießen von Kartuschenmunition bestimmt sind.

2.7 Reizstoffwaffen; dies sind Schusswaffen mit einem Patronen- oder Kartuschenlager, die zum Verschießen von Reiz- oder anderen Wirkstoffen bestimmt sind.

2.8 Signalwaffen; dies sind Schusswaffen mit einem Patronen- oder Kartuschenlager oder tragbare Gegenstände nach Nummer 1.2.1, die zum Verschießen von pyrotechnischer Munition bestimmt sind.

2.9 Druckluft- und Federdruckwaffen sind Waffen, bei denen zum Antrieb der Geschosse kalte Treibgase verwendet werden; Federdruckwaffen sind Schusswaffen, bei denen entweder Federkraft direkt ein Geschoss antreibt (auch als Federkraftwaffen bezeichnet) oder ein federbelasteter Kolben in einem Zylinder bewegt wird und ein vom Kolben erzeugtes Luftpolster das Geschoss antreibt. Druckluftwaffen sind Schusswaffen, bei denen Luft in einen Druckbehälter vorkomprimiert und gespeichert sowie über ein Ventilsystem zum Geschossantrieb freigegeben wird. Waffen, bei denen zum Antrieb der Geschosse kalte Treibgase Verwendung finden, sind z. B. Druckgaswaffen.

3. Weitere Begriffe zu den wesentlichen Teilen

3.1 Austauschläufe sind Läufe für ein bestimmtes Waffenmodell oder -system, die ohne Nacharbeit ausgetauscht werden können.

3.2 Wechselläufe sind Läufe, die für eine bestimmte Waffe zum Austausch des vorhandenen Laufes vorgefertigt sind und die noch eingepasst werden müssen.

3.3 Einsteckläufe sind Läufe ohne eigenen Verschluss, die in die Läufe von Waffen größeren Kalibers eingesteckt werden können.

3.4 Wechseltrommeln sind Trommeln für ein bestimmtes Revolvermodell, die ohne Nacharbeit gewechselt werden können.

3.5 Wechselsysteme sind Wechselläufe einschließlich des für sie bestimmten Verschlusses.

3.6 Einstecksysteme sind Einsteckläufe einschließlich des für sie bestimmten Verschlusses.

3.7 Einsätze sind Teile, die den Innenmaßen des Patronenlagers der Schusswaffe angepasst und zum Verschießen von Munition kleinerer Abmessungen bestimmt sind.

4. Sonstige Vorrichtungen für Schusswaffen

4.1 Zielscheinwerfer sind für Schusswaffen bestimmte Vorrichtungen, die das Ziel beleuchten. Ein Ziel wird dann beleuchtet, wenn es mittels Lichtstrahlen bei ungünstigen Lichtverhältnissen oder Dunkelheit für den Schützen erkennbar dargestellt wird. Dabei ist es unerheblich, ob das Licht sichtbar oder unsichtbar (z. B. infrarot) ist und ob der Schütze weitere Hilfsmittel für die Zielerkennung benötigt.

4.2 Laser oder Zielpunktprojektoren sind für Schusswaffen bestimmte Vorrichtungen, die das Ziel markieren. Ein Ziel wird markiert, wenn auf diesem für den Schützen erkennbar ein Zielpunkt projiziert wird.

4.3 Nachtsichtgeräte oder Nachtzielgeräte sind für Schusswaffen bestimmte Vorrichtungen, die eine elektronische Verstärkung oder einen Bildwandler und eine Montageeinrichtung für Schusswaffen besitzen. Zu Nachtzielgeräten zählen auch Nachtsichtvorsätze und Nachtsichtaufsätze für Zielhilfsmittel (Zielfernrohre).

5. Reizstoffe sind Stoffe, die bei ihrer bestimmungsgemäßen Anwendung auf den Menschen eine belästigende Wirkung durch Haut- und Schleimhautreizung, insbesondere durch einen Augenreiz ausüben und resorptiv nicht giftig wirken.

6. Nachbildungen von Schusswaffen sind Gegenstände,
   - die nicht als Schusswaffen hergestellt wurden,
   - die die äußere Form einer Schusswaffe haben,
   - aus denen nicht geschossen werden kann und
   - die nicht mit allgemein gebräuchlichen Werkzeugen so umgebaut oder verändert werden können, dass aus ihnen Munition, Ladungen oder Geschosse verschossen werden können.

Unterabschnitt 2: Tragbare Gegenstände

1. Tragbare Gegenstände nach § 1 Abs. 2 Nr. 2 Buchstabe a sind insbesondere

1.1 Hieb- und Stoßwaffen (Gegenstände, die ihrem Wesen nach dazu bestimmt sind, unter unmittelbarer Ausnutzung der Muskelkraft durch Hieb, Stoß, Stich, Schlag oder Wurf Verletzungen beizubringen),

...

1.3 Schleudern, die zur Erreichung einer höchstmöglichen Bewegungsenergie eine Armstütze oder eine vergleichbare Vorrichtung besitzen oder für eine solche Vorrichtung eingerichtet sind (Präzisionsschleudern) sowie Armstützen und vergleichbare Vorrichtungen für die vorbezeichneten Gegenstände.

2. Tragbare Gegenstände im Sinne des § 1 Abs. 2 Nr. 2 Buchstabe b sind

2.1 Messer,

2.1.1 deren Klingen auf Knopf- oder Hebeldruck hervorschnellen und hierdurch oder beim Loslassen der Sperrvorrichtung festgestellt werden können (Springmesser),

2.1.2 deren Klingen beim Lösen einer Sperrvorrichtung durch ihre Schwerkraft oder durch eine Schleuderbewegung aus dem Griff hervorschnellen und selbsttätig oder beim Loslassen der Sperrvorrichtung festgestellt werden (Fallmesser),

2.1.3 mit einem quer zur feststehenden oder verstellbaren Klinge verlaufenden Griff, die bestimmungsgemäß in der geschlossenen Faust geführt oder eingesetzt werden (Faustmesser),

2.1.4 Faltmesser mit zweigeteilten, schwenkbaren Griffen (Butterflymesser),

2.2 Gegenstände, die bestimmungsgemäß unter Ausnutzung einer anderen als mechanischen Energie Tieren Schmerzen beibringen (z. B. Elektroimpulsgeräte), mit Ausnahme der ihrer Bestimmung entsprechend im Bereich der Tierhaltung oder bei der sachgerechten Hundeausbildung Verwendung findenden Gegenstände (z. B. Viehtreiber).

Unterabschnitt 3: Munition und Geschosse

1. Munition ist zum Verschießen aus Schusswaffen bestimmte

1.1 Patronenmunition (Hülsen mit Ladungen, die ein Geschoss enthalten, und Geschosse mit Eigenantrieb),

Abschnitt 2: Waffenrechtliche Begriffe

Im Sinne dieses Gesetzes

1. erwirbt eine Waffe oder Munition, wer die tatsächliche Gewalt darüber erlangt,
2. besitzt eine Waffe oder Munition, wer die tatsächliche Gewalt darüber ausübt,
3. überlässt eine Waffe oder Munition, wer die tatsächliche Gewalt darüber einem anderen einräumt,
4. führt eine Waffe, wer die tatsächliche Gewalt darüber außerhalb der eigenen Wohnung, Geschäftsräume, des eigenen befriedeten Besitztums oder einer Schießstätte ausübt,
5. verbringt eine Waffe oder Munition, wer diese Waffe oder Munition über die Grenze zum dortigen Verbleib oder mit dem Ziel des Besitzwechsels in den, durch den oder aus dem Geltungsbereich des Gesetzes zu einer anderen Person oder zu sich selbst transportieren lässt oder selbst transportiert,
6. nimmt eine Waffe oder Munition mit, wer diese Waffe oder Munition vorübergehend auf einer Reise ohne Aufgabe des Besitzes zur Verwendung über die Grenze in den, durch den oder aus dem Geltungsbereich des Gesetzes bringt,
7. schießt, wer mit einer Schusswaffe Geschosse durch einen Lauf verschießt, Kartuschenmunition abschießt, mit Patronen- oder Kartuschenmunition Reiz- oder andere Wirkstoffe verschießt oder pyrotechnische Munition verschießt,
8.

8.1 werden Waffen oder Munition hergestellt, wenn aus Rohteilen oder Materialien ein Endprodukt oder wesentliche Teile eines Endproduktes erzeugt werden; als Herstellen von Munition gilt auch das Wiederladen von Hülsen,

8.2 wird eine Schusswaffe insbesondere bearbeitet oder instand gesetzt, wenn sie verkürzt, in der Schussfolge verändert oder so geändert wird, dass andere Munition oder Geschosse anderer Kaliber aus ihr verschossen werden können, oder wenn wesentliche Teile, zu deren Einpassung eine Nacharbeit erforderlich ist, ausgetauscht werden; eine Schusswaffe wird weder bearbeitet noch instand gesetzt, wenn lediglich geringfügige Änderungen, insbesondere am Schaft oder an der Zieleinrichtung, vorgenommen werden,

9. treibt Waffenhandel, wer gewerbsmäßig oder selbstständig im Rahmen einer wirtschaftlichen Unternehmung Schusswaffen oder Munition ankauft, feilhält, Bestellungen entgegennimmt oder aufsucht, anderen überlässt oder den Erwerb, den Vertrieb oder das Überlassen vermittelt,
10. sind Kinder Personen, die noch nicht 14 Jahre alt sind,
11. sind Jugendliche Personen, die mindestens 14, aber noch nicht 18 Jahre alt sind;

12. ist eine Waffe schussbereit, wenn sie geladen ist, das heißt, dass Munition oder Geschosse in der Trommel, im in die Waffe eingefügten Magazin oder im Patronen- oder Geschosslager sind, auch wenn sie nicht gespannt ist;
13. ist eine Waffe zugriffsbereit, wenn sie unmittelbar in Anschlag gebracht werden kann; sie ist nicht zugriffsbereit, wenn sie in einem verschlossenen Behältnis mitgeführt wird.

...

Anlage 2 (zu § 2 Abs. 2 bis 4) Waffenliste

Abschnitt 1: Verbotene Waffen

Der Umgang mit folgenden Waffen und Munition ist verboten:

1.1 Waffen (§ 1 Abs. 2), mit Ausnahme halbautomatischer tragbarer Schusswaffen, die in der Anlage zum Gesetz über die Kontrolle von Kriegswaffen (Kriegswaffenliste) in der Fassung der Bekanntmachung vom 22. November 1990 (BGBl. I S. 2506) oder deren Änderungen aufgeführt sind, nach Verlust der Kriegswaffeneigenschaft;

1.2 Schusswaffen im Sinne des § 1 Abs. 2 Nr. 1 nach den Nummern 1.2.1 bis 1.2.3 und deren Zubehör nach Nummer 1.2.4, die

1.2.1 Vollautomaten im Sinne der Anlage 1 Abschnitt 1 Unterabschnitt 1 Nr. 2.2 oder

1.2.1.2 Vorderschaftrepetierflinten, bei denen anstelle des Hinterschaftes ein Kurzwaffengriff vorhanden ist oder die Waffengesamtlänge in der kürzest möglichen Verwendungsform weniger als 95 cm oder die Lauflänge weniger als 45 cm beträgt, sind;

1.2.2 ihrer Form nach geeignet sind, einen anderen Gegenstand vorzutäuschen oder die mit Gegenständen des täglichen Gebrauchs verkleidet sind (z. B. Koppelschlosspistolen, Schießkugelschreiber, Stockgewehre, Taschenlampenpistolen);

1.2.3 über den für Jagd- und Sportzwecke allgemein üblichen Umfang hinaus zusammengeklappt, zusammengeschoben, verkürzt oder schnell zerlegt werden können;

1.2.4 für Schusswaffen bestimmte

1.2.4.1 Vorrichtungen sind, die das Ziel beleuchten (z. B. Zielscheinwerfer) oder markieren (z. B. Laser oder Zielpunktprojektoren);

1.2.4.2 Nachtsichtgeräte und Nachtzielgeräte mit Montagevorrichtung für Schusswaffen sowie Nachtsichtvorsätze und Nachtsichtaufsätze für Zielhilfsmittel (z. B. Zielfernrohre) sind, sofern die Gegenstände einen Bildwandler oder eine elektronische Verstärkung besitzen;

...

1.4 Tragbare Gegenstände im Sinne des § 1 Abs. 2 Nr. 2 Buchstabe b nach den Nummern 1.4.1 bis 1.4.4

1.4.1 Spring- und Fallmesser nach Anlage 1 Abschnitt 1 Unterabschnitt 2 Nr. 2.1.1 und 2.1.2. Hiervon ausgenommen sind Springmesser, wenn die Klinge seitlich aus dem Griff herausspringt und der aus dem Griff herausragende Teil der Klinge

- höchstens 8,5 cm lang ist, und
- nicht zweiseitig geschliffen ist;

1.4.2 Faustmesser nach Anlage 1 Abschnitt 1 Unterabschnitt 2 Nr. 2.1.3;

1.4.3 Butterflymesser nach Anlage 1 Abschnitt 1 Unterabschnitt 2 Nr. 2.1.4;

1.4.4 Gegenstände, die unter Ausnutzung einer anderen als mechanischen Energie Tieren Verletzungen beibringen (z. B. Elektroimpulsgeräte[1]), sofern sie nicht als gesundheitlich unbedenklich amtlich zugelassen sind und ein amtliches Prüfzeichen tragen zum Nachweis der gesundheitlichen Unbedenklichkeit oder bestimmungsgemäß in der Tierhaltung Verwendung finden;

...

Abschnitt 2: Erlaubnispflichtige Waffen

Unterabschnitt 1: Erlaubnispflicht

Der Umgang, ausgenommen das Überlassen, mit Waffen im Sinne des § 1 Abs. 2 Nr. 1 (Anlage 1 Abschnitt 1 Unterabschnitt 1 Nr. 1 bis 4) und der dafür bestimmten Munition bedarf der Erlaubnis, soweit solche Waffen oder Munition nicht nach Unterabschnitt 2 für die dort bezeichneten Arten des Umgangs von der Erlaubnispflicht freigestellt sind. In Unterabschnitt 3 sind die Schusswaffen oder Munition aufgeführt, bei denen die Erlaubnis unter erleichterten Voraussetzungen erteilt wird. Ist eine erlaubnispflichtige Feuerwaffe in eine Waffe umgearbeitet worden, deren Erwerb und Besitz unter erleichterten und wegfallenden Erlaubnisvoraussetzungen möglich wäre, so richtet sich die Erlaubnispflicht nach derjenigen für die ursprüngliche Waffe. Dies gilt nicht für veränderte Langwaffen nach Anlage 1 Abschnitt 1 Unterabschnitt 1 Nr. 1.5 (Salutwaffen).

Unterabschnitt 2: Erlaubnisfreie Arten des Umgangs

1. Erlaubnisfreier Erwerb und Besitz

1.1 Druckluft-, Federdruckwaffen und Waffen, bei denen zum Antrieb der Geschosse kalte Treibgase Verwendung finden, wenn den Geschossen eine Bewegungsenergie von nicht mehr als 7,5 Joule erteilt wird und die das Kennzeichen nach Anlage 1 Abbildung 1 zur Ersten Verordnung zum Waffengesetz vom 24. Mai 1976 (BGBl. I S. 1285) in der zum Zeitpunkt des Inkrafttretens dieses Gesetzes geltenden Fassung oder ein durch Rechtsverordnung nach § 25 Abs. 1 Nr. 1 Buchstabe c bestimmtes Zeichen tragen;

---

1 Siehe E 1, § 3 Nr. 11

1.2 Druckluft-, Federdruckwaffen und Waffen, bei denen zum Antrieb der Geschosse kalte Treibgase Verwendung finden, die vor dem 1. Januar 1970 oder in dem in Artikel 3 des Einigungsvertrages genannten Gebiet vor dem 2. April 1991 hergestellt und entsprechend den zu diesem Zeitpunkt geltenden Bestimmungen in den Handel gebracht worden sind;

1.3 Schreckschuss-, Reizstoff- und Signalwaffen, die der zugelassenen Bauart nach § 8 des Beschussgesetzes entsprechen und das Zulassungszeichen nach Anlage 1 Abbildung 2 zur Ersten Verordnung zum Waffengesetz vom 24. Mai 1976 (BGBl. I S. 1285) in der zum Zeitpunkt des Inkrafttretens dieses Gesetzes geltenden Fassung oder ein durch Rechtsverordnung nach § 25 Abs. 1 Nr. 1 Buchstabe c bestimmtes Zeichen tragen;

1.4 Kartuschenmunition für die in Nummer 1.3 bezeichneten Schusswaffen;

...

2. Erlaubnisfreier Erwerb und Besitz durch Inhaber einer Waffenbesitzkarte (unbeschadet der Eintragungspflicht nach § 10 Abs. 1a)

2.1 Wechsel- und Austauschläufe gleichen oder geringeren Kalibers einschließlich der für diese Läufe erforderlichen auswechselbaren Verschlüsse (Wechselsysteme);

2.2 Wechseltrommeln, aus denen nur Munition verschossen werden kann, bei der gegenüber der für die Waffe bestimmten Munition Geschossdurchmesser und höchstzulässiger Gebrauchsgasdruck gleich oder geringer sind;
für Schusswaffen, die bereits in der Waffenbesitzkarte des Inhabers einer Erlaubnis eingetragen sind.

2a Erlaubnisfreier Erwerb und Besitz durch Inhaber einer Waffenbesitzkarte
Einsteckläufe und dazugehörige Verschlüsse (Einstecksysteme) sowie Einsätze, die dazu bestimmt sind, Munition mit kleinerer Abmessung zu verschießen, und die keine Einsteckläufe sind;
für Schusswaffen, die bereits in der Waffenbesitzkarte des Inhabers einer Erlaubnis eingetragen sind.

Allgemeine Waffengesetz-Verordnung (AWaffV)

Vom 27. Oktober 2003 (BGBL. I S. 2123) , zuletzt geändert durch Artikel 1 der Verordnung vom 17. Dezember 2012 (BGBl. I S. 2698) – Auszug –

...

§ 13 Aufbewahrung von Waffen oder Munition

(1) In einem Sicherheitsbehältnis, das der Norm DIN/EN 1143-1 Widerstandsgrad 0 (Stand: Mai 1997)** oder einer Norm mit gleichem Schutzniveau eines anderen Mitgliedstaates des Übereinkommens über den Europäischen Wirtschaftsraum (EWR-Mitgliedstaat) oder der Sicherheitsstufe B nach VDMA 24992 (Stand: Mai 1995) entspricht, dürfen nicht mehr als zehn Kurzwaffen (Anlage 1 Abschnitt 1 Unterabschnitt 1 Nr. 2.6, dritter Halbsatz zum Waffengesetz), zu deren Erwerb und Besitz es einer Erlaubnis bedarf, oder zehn nach Anlage 2 Abschnitt 1 Nr. 1.1 bis 1.2.3 zum Waffengesetz verbotene Waffen aufbewahrt werden; unterschreitet das Gewicht des Behältnisses 200 Kilogramm oder liegt die Verankerung gegen Abriss unter einem vergleichbaren Gewicht, so verringert sich die Höchstzahl der aufzubewahrenden Waffen auf fünf. Wird die in Satz 1 genannte Anzahl überschritten, so darf die Aufbewahrung nur in einem Sicherheitsbehältnis, das mindestens der Norm DIN/EN 1143-1 Widerstandsgrad I (Stand: Mai 1997) oder einer Norm mit gleichem Schutzniveau eines anderen EWR-Mitgliedstaates entspricht, oder in einer entsprechenden Mehrzahl von Sicherheitsbehältnissen nach Satz 1 erfolgen.

(2) Werden mehr als zehn Langwaffen (Anlage 1 Abschnitt 1 Unterabschnitt 1 Nr. 2.6, erster und zweiter Halbsatz zum Waffengesetz), zu deren Erwerb und Besitz es einer Erlaubnis bedarf, aufbewahrt, so darf die Aufbewahrung nur in einem Sicherheitsbehältnis, das mindestens einer der in Absatz 1 Satz 1 genannten Normen entspricht, oder in einer entsprechenden Mehrzahl von Sicherheitsbehältnissen nach § 36 Abs. 2 Satz 2 des Waffengesetzes erfolgen.

(3) Munition, deren Erwerb nicht von der Erlaubnispflicht freigestellt ist, darf nur in einem Stahlblechbehältnis ohne Klassifizierung mit Schwenkriegelschloss oder einer gleichwertigen Verschlussvorrichtung oder in einem gleichwertigen Behältnis aufbewahrt werden.

(4) Werden Langwaffen, zu deren Erwerb und Besitz es einer Erlaubnis bedarf, in einem Sicherheitsbehältnis, das der Sicherheitsstufe A nach VDMA 24992 (Stand: Mai 1995) entspricht, aufbewahrt, so ist es für die Aufbewahrung von bis zu fünf Kurzwaffen, zu deren Erwerb und Besitz es einer Erlaubnis bedarf, und der Munition für die Lang- und Kurzwaffen ausreichend, wenn sie in einem Innenfach erfolgt, das den Sicherheitsanforderungen nach Absatz 1 Satz 1 entspricht; in diesem Fall dürfen die Kurzwaffen und die Munition innerhalb des Innenfaches zusammen aufbewahrt werden. Im Falle der Aufbewahrung von Schusswaffen in einem Sicherheitsbehältnis der Sicherheitsstufe A oder B nach VDMA 24992 ist es für die Aufbewahrung der dazugehörigen Munition ausreichend, wenn sie in einem Innenfach aus Stahlblech ohne Klassifizierung mit Schwenkriegelschloss oder einer

gleichwertigen Verschlussvorrichtung erfolgt; nicht zu den dort aufbewahrten Waffen gehörige Munition darf zusammen aufbewahrt werden.

(5) Die zuständige Behörde kann eine andere gleichwertige Aufbewahrung der Waffen zulassen. Insbesondere kann von Sicherheitsbehältnissen im Sinne des § 36 Abs. 1 und 2 des Waffengesetzes oder im Sinne der Absätze 1 bis 3 abgesehen werden, wenn die Waffen und die Munition in einem Waffenraum aufbewahrt werden, der dem Stand der Technik entspricht.

(6) In einem nicht dauernd bewohnten Gebäude dürfen nur bis zu drei Langwaffen, zu deren Erwerb und Besitz es einer Erlaubnis bedarf, aufbewahrt werden. Die Aufbewahrung darf nur in einem mindestens der Norm DIN/EN 1143-1 Widerstandsgrad I entsprechenden Sicherheitsbehältnis erfolgen. Die zuständige Behörde kann Abweichungen in Bezug auf die Art oder Anzahl der aufbewahrten Waffen oder das Sicherheitsbehältnis auf Antrag zulassen.

(7) Die zuständige Behörde kann auf Antrag bei einer Waffen- oder Munitionssammlung unter Berücksichtigung der Art und der Anzahl der Waffen oder der Munition und ihrer Gefährlichkeit für die öffentliche Sicherheit und Ordnung von den Vorgaben der Absätze 1 bis 6 insbesondere unter dem Gesichtspunkt der Sichtbarkeit zu Ausstellungszwecken abweichen und dabei geringere oder höhere Anforderungen an die Aufbewahrung stellen; bei Sammlungen von Waffen, deren Modell vor dem 1. Januar 1871 entwickelt worden ist, und bei Munitionssammlungen soll sie geringere Anforderungen stellen. Dem Antrag ist ein Aufbewahrungskonzept beizugeben.

(8) Die zuständige Behörde kann auf Antrag von Anforderungen an die Sicherheitsbehältnisse nach § 36 Abs. 1 und 2 des Waffengesetzes oder nach den Absätzen 1 bis 3 oder an einen Waffenraum nach Absatz 5 Satz 2 absehen, wenn ihre Einhaltung unter Berücksichtigung der Art und der Anzahl der Waffen und der Munition und ihrer Gefährlichkeit für die öffentliche Sicherheit und Ordnung eine besondere Härte darstellen würde. In diesem Fall hat sie die niedrigeren Anforderungen festzusetzen.

(9) Bestehen begründete Zweifel, dass Normen anderer EWR-Mitgliedstaaten im Schutzniveau den in § 36 Abs. 1 und 2 des Waffengesetzes oder in den Absätzen 1 bis 4 genannten Normen gleichwertig sind, kann die Behörde vom Verpflichteten die Vorlage einer Stellungnahme insbesondere des Deutschen Instituts für Normung verlangen.

(10) Die gemeinschaftliche Aufbewahrung von Waffen oder Munition durch berechtigte Personen, die in einer häuslichen Gemeinschaft leben, ist zulässig.

(11) Bei der vorübergehenden Aufbewahrung von Waffen im Sinne des Absatzes 1 Satz 1 oder des Absatzes 2 oder von Munition außerhalb der Wohnung, insbesondere im Zusammenhang mit der Jagd oder dem sportlichen Schießen, hat der Verpflichtete die Waffen oder Munition unter angemessener Aufsicht aufzubewahren oder durch sonstige erforderliche Vorkehrungen gegen Abhandenkommen oder unbefugte Ansichnahme zu sichern, wenn die Aufbewahrung gemäß den Anforderungen der Absätze 1 bis 8 nicht möglich ist.

Anmerkung: Vgl. § 36 WaffG

…

§ 33 Europäischer Feuerwaffenpass

(1) Die Geltungsdauer des Europäischen Feuerwaffenpasses nach § 32 Abs. 6 des Waffengesetzes beträgt fünf Jahre; soweit bei Jägern oder Sportschützen in ihm nur Einzellader-Langwaffen mit glattem Lauf oder mit glatten Läufen eingetragen sind, beträgt sie zehn Jahre. Die Geltungsdauer kann zweimal um jeweils fünf Jahre verlängert werden.

…

§ 34 Ordnungswidrigkeiten

Ordnungswidrig im Sinne des § 53 Abs. 1 Nr. 23 des Waffengesetzes handelt, wer vorsätzlich oder fahrlässig

…

12. entgegen § 13 Abs. 1, 2, 3 oder 6 Satz 1 oder 2 Waffen oder Munition aufbewahrt,

…

Strafgesetzbuch (StGB)

in der Fassung der Bekanntmachung vom 13. November 1998 (BGBl. I S. 3322), zuletzt geändert durch Gesetz vom 29. Mai 2013 (BGBl. I S. 1386) – Auszug –

...

§ 32 Notwehr

(1) Wer eine Tat begeht, die durch Notwehr geboten ist, handelt nicht rechtswidrig.

(2) Notwehr ist die Verteidigung, die erforderlich ist, um einen gegenwärtigen rechtswidrigen Angriff von sich oder einem anderen abzuwenden.

§ 33 Überschreitung der Notwehr

Überschreitet der Täter die Grenzen der Notwehr aus Verwirrung, Furcht oder Schrecken, so wird er nicht bestraft.

§ 34 Rechtfertigender Notstand

Wer in einer gegenwärtigen, nicht anders abwendbaren Gefahr für Leben, Leib, Freiheit, Ehre, Eigentum oder ein anderes Rechtsgut eine Tat begeht, um die Gefahr von sich oder einem anderen abzuwenden, handelt nicht rechtswidrig, wenn bei Abwägung der widerstreitenden Interessen, namentlich der betroffenen Rechtsgüter und des Grades der ihnen drohenden Gefahren, das geschützte Interesse das beeinträchtigte wesentlich überwiegt. Dies gilt jedoch nur, soweit die Tat ein angemessenes Mittel ist, die Gefahr abzuwenden.

§ 35 Entschuldigender Notstand

(1) Wer in einer gegenwärtigen, nicht anders abwendbaren Gefahr für Leben, Leib oder Freiheit eine rechtswidrige Tat begeht, um die Gefahr von sich, einem Angehörigen oder einer anderen ihm nahe stehenden Person abzuwenden, handelt ohne Schuld. Dies gilt nicht, soweit dem Täter nach den Umständen, namentlich weil er die Gefahr selbst verursacht hat oder weil er in einem besonderen Rechtsverhältnis stand, zugemutet werden konnte, die Gefahr hinzunehmen; jedoch kann die Strafe nach § 49 Abs. 1 gemildert werden, wenn der Täter nicht mit Rücksicht auf ein besonderes Rechtsverhältnis die Gefahr hinzunehmen hatte.

(2) Nimmt der Täter bei Begehung der Tat irrig Umstände an, welche ihn nach Absatz 1 entschuldigen würden, so wird er nur dann bestraft, wenn er den Irrtum vermeiden konnte. Die Strafe ist nach § 49 Abs. 1 zu mildern.

...

§ 113 Widerstand gegen Vollstreckungsbeamte

(1) Wer einem Amtsträger oder Soldaten der Bundeswehr, der zur Vollstreckung von Gesetzen, Rechtsverordnungen, Urteilen, Gerichtsbeschlüssen oder Verfügungen berufen ist, bei der Vornahme einer solchen Diensthandlung mit Gewalt oder durch Drohung mit Gewalt Widerstand leistet oder ihn dabei tätlich angreift, wird mit Freiheitsstrafe bis zu zwei Jahren oder mit Geldstrafe bestraft.

(2) In besonders schweren Fällen ist die Strafe Freiheitsstrafe von sechs Monaten bis zu fünf Jahren. Ein besonders schwerer Fall liegt in der Regel vor, wenn

1. der Täter oder ein anderer Beteiligter eine Waffe bei sich führt, um diese bei der Tat zu verwenden, oder
2. der Täter durch eine Gewalttätigkeit den Angegriffenen in die Gefahr des Todes oder einer schweren Gesundheitsschädigung bringt.

(3) Die Tat ist nicht nach dieser Vorschrift strafbar, wenn die Diensthandlung nicht rechtmäßig ist. Dies gilt auch dann, wenn der Täter irrig annimmt, die Diensthandlung sei rechtmäßig.

(4) Nimmt der Täter bei Begehung der Tat irrig an, die Diensthandlung sei nicht rechtmäßig, und konnte er den Irrtum vermeiden, so kann das Gericht die Strafe nach seinem Ermessen mildern (§ 49 Abs. 2) oder bei geringer Schuld von einer Bestrafung nach dieser Vorschrift absehen. Konnte der Täter den Irrtum nicht vermeiden und war ihm nach den ihm bekannten Umständen auch nicht zuzumuten, sich mit Rechtsbehelfen gegen die vermeintlich rechtswidrige Diensthandlung zu wehren, so ist die Tat nicht nach dieser Vorschrift strafbar; war ihm dies zuzumuten, so kann das Gericht die Strafe nach seinem Ermessen mildern (§ 49 Abs. 2) oder von einer Bestrafung nach dieser Vorschrift absehen.

§ 114 Widerstand gegen Personen, die Vollstreckungsbeamten gleichstehen

(1) Der Diensthandlung eines Amtsträgers im Sinne des § 113 stehen Vollstreckungshandlungen von Personen gleich, die die Rechte und Pflichten eines Polizeibeamten haben oder Hilfsbeamte der Staatsanwaltschaft sind, ohne Amtsträger zu sein.

(2) § 113 gilt entsprechend zum Schutz von Personen, die zur Unterstützung bei der Diensthandlung zugezogen sind.

...

§ 292 Jagdwilderei

(1) Wer unter Verletzung fremden Jagdrechts oder Jagdausübungsrechts

1. dem Wild nachstellt, es fängt, erlegt oder sich oder einem Dritten zueignet oder
2. eine Sache, die dem Jagdrecht unterliegt, sich oder einem Dritten zueignet, beschädigt oder zerstört,

wird mit Freiheitsstrafe bis zu drei Jahren oder mit Geldstrafe bestraft.

(2) In besonders schweren Fällen ist die Strafe Freiheitsstrafe von drei Monaten bis zu fünf Jahren. Ein besonders schwerer Fall liegt in der Regel vor, wenn die Tat

1. gewerbs- oder gewohnheitsmäßig,
2. zur Nachtzeit, in der Schonzeit, unter Anwendung von Schlingen oder in anderer nicht weidmännischer Weise oder
3. von mehreren mit Schusswaffen ausgerüsteten Beteiligten gemeinschaftlich

begangen wird.

(3) Die Absätze 1 und 2 gelten nicht für die in einem Jagdbezirk zur Ausübung der Jagd befugten Personen hinsichtlich des Jagdrechts auf den zu diesem Jagdbezirk gehörenden nach § 6a Bundesjagdgesetz für befriedet erklärten Grundflächen.

§ 293 Fischwilderei

Wer unter Verletzung fremden Fischereirechts oder Fischereiausübungsrechts

1. fischt oder
2. eine Sache, die dem Fischereirecht unterliegt, sich oder einem Dritten zueignet, beschädigt oder zerstört,

wird mit Freiheitsstrafe bis zu zwei Jahren oder mit Geldstrafe bestraft.

§ 294 Strafantrag

In den Fällen des § 292 Abs. 1 und des § 293 wird die Tat nur auf Antrag des Verletzten verfolgt, wenn sie von einem Angehörigen oder an einem Ort begangen worden ist, wo der Täter die Jagd oder die Fischerei in beschränktem Umfang ausüben durfte.

§ 295 Einziehung

Jagd- und Fischereigeräte, Hunde und andere Tiere, die der Täter oder Teilnehmer bei der Tat mit sich geführt oder verwendet hat, können eingezogen werden. § 74a ist anzuwenden.

…

Strafprozessordnung (StPO)

in der Fassung vom 7. April 1987 (BGBl. I S. 1074), zuletzt geändert durch Artikel 3 des Gesetzes vom 4. Juli 2013 (BGBl. I S. 2182) – Auszug –

…

§ 127

(1) Wird jemand auf frischer Tat betroffen oder verfolgt, so ist, wenn er der Flucht verdächtig ist oder seine Identität nicht sofort festgestellt werden kann, jedermann befugt, ihn auch ohne richterliche Anordnung vorläufig festzunehmen. Die Feststellung der Identität einer Person durch die Staatsanwaltschaft oder die Beamten des Polizeidienstes bestimmt sich nach § 163b Abs. 1.

(2) Die Staatsanwaltschaft und die Beamten des Polizeidienstes sind bei Gefahr im Verzug auch dann zur vorläufigen Festnahme befugt, wenn die Voraussetzungen eines Haftbefehls oder eines Unterbringungsbefehls vorliegen.

(3) Ist eine Straftat nur auf Antrag verfolgbar, so ist die vorläufige Festnahme auch dann zulässig, wenn ein Antrag noch nicht gestellt ist. Dies gilt entsprechend, wenn eine Straftat nur mit Ermächtigung oder auf Strafverlangen verfolgbar ist.

…

Allgemeines Verwaltungsgesetz für das Land Schleswig-Holstein (Landesverwaltungsgesetz – LVwG)

In der Fassung der Bekanntmachung vom 2. Juni 1992 (GVOBl. Schl.-H. S. 243, 534), zuletzt geändert durch Artikel 1 des Gesetzes vom 21. Juni 2013 (GVOBl. S. 254) – Auszug –

...

Unterabschnitt 5 Ausübung unmittelbaren Zwangs

I. Allgemeine Vorschriften über den unmittelbaren Zwang

§ 250 Rechtliche Grundlagen

(1) Lassen Rechtsvorschriften die Anwendung unmittelbaren Zwangs zu, so gelten für die Art und Weise der Ausübung des unmittelbaren Zwangs die §§ 251 bis 261 und, soweit sich aus ihnen nichts Abweichendes ergibt, die übrigen Vorschriften dieses Gesetzes.

(2) Das Recht der Polizeivollzugsbeamtinnen und Polizeivollzugsbeamten zur Verteidigung in den Fällen der Notwehr und des Notstandes bleibt unberührt.

§ 251 Begriffsbestimmung

(1) Unmittelbarer Zwang ist die Einwirkung auf Personen oder Sachen durch

1. körperliche Gewalt,
2. Hilfsmittel der körperlichen Gewalt,
3. Waffen.

(2) Körperliche Gewalt ist jede unmittelbare körperliche Einwirkung auf Personen oder Sachen.

(3) Hilfsmittel der körperlichen Gewalt sind insbesondere Fesseln, Wasserwerfer, technische Sperren, Diensthunde, Dienstpferde, Dienstfahrzeuge, Reizstoffe und Sprengmittel; Sprengmittel dürfen nicht gegen Personen angewandt werden.

(4) Als Waffen sind Schlagstöcke, Pistole, Revolver, Gewehr und Maschinenpistole zugelassen.

§ 252 Vollzugsbeamtinnen und Vollzugsbeamte

(1) Unmittelbarer Zwang darf nur durch Vollzugsbeamtinnen und Vollzugsbeamte ausgeübt werden.

(2) Vollzugsbeamtinnen und Vollzugsbeamte sind

1. Polizeivollzugsbeamtinnen und Polizeivollzugsbeamte und
2. andere Personen, die vom Träger der Aufgabe ermächtigt sind, unmittelbaren Zwang auszuüben.

(3) Das Innenministerium kann durch Verordnung bestimmen, dass einzelne Gruppen von Vollzugsbeamtinnen und Vollzugsbeamten der Ermächtigung nach Absatz 2 Nr. 2 nicht bedürfen.

§ 253 Handeln auf Anordnung

(1) Vollzugsbeamtinnen und Vollzugsbeamte sind verpflichtet, unmittelbaren Zwang anzuwenden, der im Vollzugsdienst von ihrer oder ihrem oder seiner oder seinem Vorgesetzten oder einer sonst dazu befugten Person angeordnet wird. Dies gilt nicht, wenn die Anordnung die Menschenwürde verletzt oder nicht zu dienstlichen Zwecken erteilt worden ist.

(2) Eine Anordnung darf nicht befolgt werden, wenn dadurch eine Straftat begangen würde. Befolgt die Vollzugsbeamtin oder der Vollzugsbeamte die Anordnung trotzdem, so trifft sie oder ihn eine Schuld nur, wenn sie oder er erkennt oder wenn es nach den ihr oder ihm bekannten Umständen offensichtlich ist, dass dadurch eine Straftat begangen wird.

(3) Bedenken gegen die Rechtmäßigkeit der Anordnung hat die Vollzugsbeamtin oder der Vollzugsbeamte der oder dem Anordnenden gegenüber vorzubringen, soweit das nach den Umständen möglich ist.

(4) § 36 Abs. 2 und 3 des Beamtenstatusgesetzes ist nicht anzuwenden.

§ 254 Hilfeleistung für Verletzte

Wird unmittelbarer Zwang angewendet, ist Verletzten, soweit es nötig ist und die Lage es zulässt, Beistand zu leisten und ärztliche Hilfe zu verschaffen.

II. Einsatz und Anwendung von Fesseln und Waffen

§ 255 Fesselung von Personen

Eine Person, die nach diesem Gesetz oder anderen Gesetzen festgehalten wird, darf gefesselt werden,

1. wenn Tatsachen dafür sprechen, dass sie
   a) andere Personen angreifen oder Sachen von nicht geringem Wert beschädigen wird,
   b) fliehen wird oder befreit werden soll oder
   c) sich töten oder verletzen wird,
2. wenn sie Widerstand leistet.

§ 256 Zum Gebrauch von Schusswaffen Berechtigte

Die Befugnis zum Gebrauch von Schusswaffen steht ausschließlich zu

1. den Polizeivollzugsbeamtinnen und Polizeivollzugsbeamten,
2. den Beamtinnen und Beamten und anderen Bediensteten der Gerichte und Behörden der Justizverwaltung, die mit Sicherungs- und Vollzugsaufgaben betraut sind, jedoch nicht den Gerichtsvollzieherinnen und Gerichtsvollziehern,
3. den Bahnpolizeibeamtinnen und Bahnpolizeibeamten,
4. den im Forst- und Jagdschutz verwendeten Bediensteten, die entweder einen Diensteid geleistet haben oder aufgrund der gesetzlichen Vorschriften als Forst- und Jagdschutzberechtigte eidlich verpflichtet oder amtlich bestätigt worden sind.

§ 257 Allgemeine Vorschriften für den Schusswaffengebrauch

(1) Schusswaffen dürfen nur gebraucht werden, wenn andere Maßnahmen des unmittelbaren Zwangs erfolglos angewendet worden sind oder offensichtlich keinen Erfolg versprechen.

(2) Der Schusswaffengebrauch ist unzulässig, wenn Unbeteiligte gefährdet werden. Dies gilt nicht, wenn der Schusswaffengebrauch das einzige Mittel zur Abwehr einer gegenwärtigen Lebensgefahr ist.

(3) Gegen Personen, die dem äußeren Eindruck nach noch nicht 14 Jahre alt sind, dürfen Schusswaffen nicht gebraucht werden.

§ 258 Schusswaffengebrauch gegen Personen

(1) Gegen Personen ist der Gebrauch von Schusswaffen nur zulässig, um diese angriffs- oder fluchtunfähig zu machen und soweit der Zweck nicht durch Schusswaffengebrauch gegen Sachen erreicht werden kann.

(2) Schusswaffen dürfen gegen Personen nur gebraucht werden,

1. um eine gegenwärtige Gefahr für Leib oder Leben abzuwehren,
2. um die unmittelbar bevorstehende Begehung oder Fortsetzung eines Verbrechens oder eines Vergehens unter Anwendung oder Mitführung von Schusswaffen oder Explosivmitteln zu verhindern,
3. um eine Person anzuhalten, die sich der Festnahme oder Identitätsfeststellung durch Flucht zu entziehen versucht, wenn sie
   a) eines Verbrechens dringend verdächtig ist,
   b) eines Vergehens dringend verdächtig ist und Tatsachen dafür sprechen, dass sie von einer Schusswaffe oder einem Explosivmittel Gebrauch machen werde,
4. zur Vereitelung der Flucht oder zur Ergreifung einer Person, die in amtlichem Gewahrsam zu halten oder diesem zuzuführen ist
   a) aufgrund richterlicher Entscheidung wegen eines Verbrechens oder aufgrund des dringenden Verdachts eines Verbrechens,

b) aufgrund richterlicher Entscheidung wegen eines Vergehens oder aufgrund des dringenden Verdachts eines Vergehens, sofern tatsächliche Anhaltspunkte dafür bestehen, dass sie von einer Schusswaffe oder einem Explosivmittel Gebrauch machen wird,

5. um die gewaltsame Befreiung einer Person aus amtlichem Gewahrsam zu verhindern.

(3) Schusswaffen dürfen nach Absatz 2 Nr. 4 nicht gebraucht werden, wenn es sich um den Vollzug eines Jugendarrestes oder eines Strafarrestes handelt oder wenn die Flucht aus einer offenen Anstalt verhindert werden soll.

§ 259 Warnung

(1) Bevor unmittelbarer Zwang gegen Personen angewendet wird, ist zu warnen. Von der Warnung kann abgesehen werden, wenn die Umstände sie nicht zulassen, insbesondere wenn die sofortige Anwendung des Zwangsmittels zur Abwehr einer im einzelnen Falle bevorstehenden Gefahr notwendig ist. Als Warnung vor dem Schusswaffengebrauch gilt auch die Abgabe eines Warnschusses.

(2) Schusswaffen dürfen nur dann ohne Warnung gebraucht werden, wenn dies zur Abwehr einer gegenwärtigen Gefahr für Leib oder Leben erforderlich ist.

(3) Gegenüber einer Menschenmenge ist vor Anwendung unmittelbaren Zwanges möglichst so rechtzeitig zu warnen, dass sich Unbeteiligte noch entfernen können. Vor Gebrauch von Schusswaffen gegen Personen in einer Menschenmenge ist stets zu warnen; die Warnung ist vor dem Gebrauch zu wiederholen.

(4) Bei Gebrauch von technischen Sperren und Einsatz von Dienstpferden kann von der Warnung abgesehen werden.

§ 260 Verwaltungsvorschriften

Die allgemeinen Verwaltungsvorschriften über die Anwendung unmittelbaren Zwanges erlässt das Innenministerium für seinen Zuständigkeitsbereich; die anderen Ministerien erlassen sie für ihren Zuständigkeitsbereich im Einvernehmen mit dem Innenministerium.

III. Einschränkung von Grundrechten

§ 261 Einschränkung von Grundrechten

Für Maßnahmen, die nach den Bestimmungen dieses Unterabschnitts getroffen werden können, werden das Recht auf Leben und körperliche Unversehrtheit (Artikel 2 Abs. 2 Satz 1 des Grundgesetzes), das Recht der Freiheit der Person (Artikel 2 Abs. 2 Satz 2 des Grundgesetzes), das Recht der Unverletzlichkeit der Wohnung (Artikel 13 des Grundgesetzes) und das Eigentum (Artikel 14 des Grundgesetzes) eingeschränkt.

...

Landesverordnung über die Ermittlungspersonen der Staatsanwaltschaft

Vom 23. August 2010 (GVOBl. Schl.-H. S. 568) – Auszug –

Aufgrund des § 152 Abs. 2 Satz 1 des Gerichtsverfassungsgesetzes in der Fassung der Bekanntmachung vom 9. Mai 1975 (BGBl. I S. 1077), zuletzt geändert durch Artikel 5 des Gesetzes vom 30. Juli 2009 (BGBl. I S. 2474), in Verbindung mit § 1 Abs. 1 Nr. 11 der Justizermächtigungsübertragungsverordnung vom 4. Dezember 1996 (GVOBl. Schl.-H. S. 720), zuletzt geändert durch Artikel 2 der Verordnung vom 12. August 2010 (GVOBl. Schl.-H. S. 556), verordnet das Ministerium für Justiz, Gleichstellung und Integration:

§ 1

(1) Die Angehörigen folgender Beamten und Arbeitnehmergruppen sind Ermittlungspersonen der Staatsanwaltschaft:

...

4. Bei den Forst- und Fischereiverwaltungen des Landes, der Gemeinden und der Körperschaften des öffentlichen Rechts:
   a) Forstverwaltung:
      Forstoberamtsrätinnen und Forstoberamtsräte
      Forstamtsrätinnen und Forstamtsräte,
      Forstamtfrauen und Forstamtmänner
      Forstoberinspektorinnen und Forstoberinspektoren
      Forstinspektorinnen und Forstinspektoren
      Forstamtsinspektorinnen und Forstamtsinspektoren
      Forsthauptsekretärinnen und Forsthauptsekretäre
      Forstobersekretärinnen und Forstobersekretäre
      Forstsekretärinnen und Forstsekretäre[1]
      Forstassistentinnen und Forstassistenten[1] der unteren Forstbehörden im Außendienst
   b) Fischereiverwaltung:
      Amtsinspektorinnen und Amtsinspektoren
      Regierungsfischereihauptsekretärinnen und Regierungsfischereihauptsekretäre
      Regierungsfischereiobersekretärinnen und Regierungsfischereiobersekretäre
      Regierungsfischereisekretärinnen und Regierungsfischereisekretäre[1]
      Regierungsfischereiassistentinnen und Regierungsfischereiassistenten[1]

---

1 Sofern sie mindestens vier Jahre in dem der Beamtengruppe entsprechenden Dienst oder im Polizeidienst des Bundes oder eines Landes tätig sind und das 21. Lebensjahr vollendet haben.

...

(2) Ermittlungspersonen der Staatsanwaltschaft sind auch die in einem anderen Bundesland als Ermittlungspersonen der Staatsanwaltschaft bezeichneten Beamtinnen und Beamten oder Arbeitnehmerinnen und Arbeitnehmer, die im Lande Schleswig-Holstein berechtigt sind, polizeiliche Aufgaben wahrzunehmen.

(3) Beamtinnen und Beamte in der Probezeit stehen grundsätzlich den Beamtinnen oder Beamten ihrer Laufbahn gleich, denen ein Amt verliehen worden ist, Beamtinnen und Beamte in der Laufbahngruppe 2, erstes Einstiegsamt, jedoch nur, sofern sie ihre Laufbahnprüfung abgelegt haben oder mindestens zwei Jahre in einer der in dieser Verordnung bezeichneten Beamtengruppen verwendet worden sind.

§ 2

Unberührt bleibt die Bestellung zu Ermittlungspersonen der Staatsanwaltschaft kraft Gesetzes.

§ 3

Diese Verordnung tritt am Tage nach ihrer Verkündung in Kraft.

Gleichzeitig tritt die Landesverordnung über die Hilfsbeamtinnen und Hilfsbeamten der Staatsanwaltschaft vom 23. November 1995 (GVOBl. Schl.-H. S. 391) außer Kraft.

Tierschutzgesetz (TierSchG)

In der Fassung der Bekanntmachung vom 18. Mai 2006 (BGBl. I S. 1206, 1313), zuletzt geändert durch Artikel 1 des Gesetzes vom 4. Juli 2013 (BGBl. I S. 2182) – Auszug –

Erster Abschnitt Grundsatz

§ 1

Zweck dieses Gesetzes ist es, aus der Verantwortung des Menschen für das Tier als Mitgeschöpf dessen Leben und Wohlbefinden zu schützen. Niemand darf einem Tier ohne vernünftigen Grund Schmerzen, Leiden oder Schäden zufügen.

Zweiter Abschnitt Tierhaltung

§ 2

Wer ein Tier hält, betreut oder zu betreuen hat,

1. muss das Tier seiner Art und seinen Bedürfnissen entsprechend angemessen ernähren, pflegen und verhaltensgerecht unterbringen,
2. darf die Möglichkeit des Tieres zu artgemäßer Bewegung nicht so einschränken, dass ihm Schmerzen oder vermeidbare Leiden oder Schäden zugefügt werden,
3. muss über die für eine angemessene Ernährung, Pflege und verhaltensgerechte Unterbringung des Tieres erforderlichen Kenntnisse und Fähigkeiten verfügen.

§ 3

Es ist verboten,

...

3. ein im Haus, Betrieb oder sonst in Obhut des Menschen gehaltenes Tier auszusetzen oder es zurückzulassen, um sich seiner zu entledigen oder sich der Halter- oder Betreuerpflicht zu entziehen,
4. ein gezüchtetes oder aufgezogenes Tier einer wildlebenden Art in der freien Natur auszusetzen oder anzusiedeln, das nicht auf die zum Überleben in dem vorgesehenen Lebensraum erforderliche artgemäße Nahrungsaufnahme vorbereitet und an das Klima angepasst ist; die Vorschriften des Jagdrechts und des Naturschutzrechts bleiben unberührt,
5. ein Tier auszubilden oder zu trainieren, sofern damit erhebliche Schmerzen, Leiden oder Schäden für das Tier verbunden sind,

...

7. ein Tier an einem anderen lebenden Tier auf Schärfe abzurichten oder zu prüfen,
8. ein Tier auf ein anderes Tier zu hetzen, soweit dies nicht die Grundsätze weidgerechter Jagdausübung erfordern,

…

11. ein Gerät zu verwenden, das durch direkte Stromeinwirkung[1] das artgemäße Verhalten eines Tieres, insbesondere seine Bewegung, erheblich einschränkt oder es zur Bewegung zwingt und dem Tier dadurch nicht unerhebliche Schmerzen, Leiden oder Schäden zufügt, soweit dies nicht nach bundes- oder landesrechtlichen Vorschriften zulässig ist,

…

Dritter Abschnitt Töten von Tieren

§ 4

(1) Ein Wirbeltier darf nur unter wirksamer Schmerzausschaltung (Betäubung) in einem Zustand der Wahrnehmungs- und Empfindungslosigkeit oder sonst, soweit nach den gegebenen Umständen zumutbar, nur unter Vermeidung von Schmerzen getötet werden. Ist die Tötung eines Wirbeltieres ohne Betäubung im Rahmen weidgerechter Ausübung der Jagd oder auf Grund anderer Rechtsvorschriften zulässig oder erfolgt sie im Rahmen zulässiger Schädlingsbekämpfungsmaßnahmen, so darf die Tötung nur vorgenommen werden, wenn hierbei nicht mehr als unvermeidbare Schmerzen entstehen. Ein Wirbeltier töten darf nur, wer die dazu notwendigen Kenntnisse und Fähigkeiten hat.

…

§ 6

(1) Verboten ist das vollständige oder teilweise Amputieren von Körperteilen oder das vollständige oder teilweise Entnehmen oder Zerstören von Organen oder Geweben eines Wirbeltieres. Das Verbot gilt nicht, wenn

1. der Eingriff im Einzelfall
   a) nach tierärztlicher Indikation geboten ist oder
   b) bei jagdlich zu führenden Hunden für die vorgesehene Nutzung des Tieres unerlässlich ist und tierärztliche Bedenken nicht entgegenstehen,

…

Eingriffe nach Satz 2 Nr. 1 … sind durch einen Tierarzt vorzunehmen;

…

Zehnter Abschnitt Sonstige Bestimmungen zum Schutz der Tiere

§ 13

(1) Es ist verboten, zum Fangen, Fernhalten oder Verscheuchen von Wirbeltieren Vorrichtungen oder Stoffe anzuwenden, wenn damit die Gefahr vermeidbarer

1 Siehe D 1, Anlage 2 Abschnitt 1 Nr. 1.4.4

Schmerzen, Leiden oder Schäden für Wirbeltiere verbunden ist; dies gilt nicht für die Anwendung von Vorrichtungen oder Stoffen, die auf Grund anderer Rechtsvorschriften zugelassen sind. Vorschriften des Jagdrechts, des Naturschutzrechts, des Pflanzenschutzrechts und des Seuchenrechts bleiben unberührt.

(2) Das Bundesministerium wird ermächtigt, durch Rechtsverordnung mit Zustimmung des Bundesrates zum Schutz des Wildes Maßnahmen anzuordnen, die das Wild vor vermeidbaren Schmerzen oder Schäden durch land- oder forstwirtschaftliche Arbeiten schützen.

...

Zwölfter Abschnitt Straf- und Bußgeldvorschriften

§ 17

Mit Freiheitsstrafe bis zu drei Jahren oder mit Geldstrafe wird bestraft, wer

1. ein Wirbeltier ohne vernünftigen Grund tötet oder
2. einem Wirbeltier
   a) aus Rohheit erhebliche Schmerzen oder Leiden oder
   b) länger anhaltende oder sich wiederholende erhebliche Schmerzen oder Leiden

   zufügt.

§ 18

(1) Ordnungswidrig handelt, wer vorsätzlich oder fahrlässig

1. einem Wirbeltier, das er hält, betreut oder zu betreuen hat, ohne vernünftigen Grund erhebliche Schmerzen, Leiden oder Schäden zufügt,

...

4. einem Verbot nach § 3 Satz 1 zuwiderhandelt,
5. entgegen § 4 Abs. 1 ein Wirbeltier tötet,

...

8. einem Verbot nach § 6 Abs. 1 Satz 1 zuwiderhandelt oder entgegen § 6 Abs. 1 Satz 3 einen Eingriff vornimmt,

...

25. entgegen § 13 Abs. 1 Satz 1 eine Vorrichtung oder einen Stoff anwendet,

...

(4) Die Ordnungswidrigkeit kann in den Fällen des Absatzes 1 Nr. 1, ... Nr. 4 bis 9 ...und 25 ... mit einer Geldbuße bis zu fünfundzwanzigtausend Euro ... geahndet werden.

...

Tierseuchengesetz (TierSG)

In der Fassung der Bekanntmachung vom 22. Juni 2004 (BGBl. I S. 1260; 3588), zuletzt geändert durch Artikel 1 Abs. 87 des Gesetzes vom 22. Dezember 2011(BGBl. I S. 3044) – Auszug –

§ 1

(1) Dieses Gesetz regelt die Bekämpfung von Tierseuchen.

...

(2) Im Sinne dieses Gesetzes sind

1. Tierseuchen:

   Krankheiten oder Infektionen mit Krankheitserregern, die bei Tieren auftreten und auf

   a) Tiere oder

   b) Menschen (Zoonosen)

   übertragen werden können;

2. Haustiere:

   vom Menschen gehaltene Tiere einschließlich der Bienen und des Gehegewildes, jedoch ausschließlich der Fische;

3. Vieh:

   folgende Haustiere:

   a) Pferde, Esel, Maulesel, Maultiere, Zebras und Zebroide,

   b) Rinder einschließlich Bisons, Wisente und Wasserbüffel,

   c) Schafe und Ziegen,

   d) Schweine,

   e) Hasen, Kaninchen,

   f) Enten, Fasane, Gänse, Hühner, Laufvögel, Perlhühner, Rebhühner, Tauben, Truthühner und Wachteln,

   g) Wildklauentiere, die in Gehegen zum Zwecke der Gewinnung von Fleisch für den menschlichen Verzehr gehalten werden (Gehegewild),

   h) Kameliden;

4. Fische:

   Fische in allen Entwicklungsstadien einschließlich der Eier und des Spermas, die

   a) ständig oder zeitweise im Süßwasser leben oder

   b) im Meerwasser oder Brackwasser gehalten werden;
      als Fische in diesem Sinne gelten auch Neunaugen (Cyclostomata), Zehnfußkrebse (Dekapoden) und Weichtiere (Molluska);

5. verdächtige Tiere:

   seuchenverdächtige und ansteckungsverdächtige Tiere;

6. seuchenverdächtige Tiere:

   Tiere, an denen sich Erscheinungen zeigen, die den Ausbruch einer Tierseuche befürchten lassen;

7. ansteckungsverdächtige Tiere:

   Tiere, die nicht seuchenverdächtig sind, bei denen aber nicht auszuschließen ist, dass sie den Ansteckungsstoff aufgenommen haben;

...

II. Bekämpfung von Tierseuchen im Inland

Anzeigepflicht

§ 9

(1) Bricht eine anzeigepflichtige Tierseuche aus oder zeigen sich Erscheinungen, die den Ausbruch einer solchen Tierseuche befürchten lassen, so hat der Besitzer der betroffenen Tiere unverzüglich der zuständigen Behörde oder dem beamteten Tierarzt Anzeige zu machen und die kranken und verdächtigen Tiere von Orten, an denen die Gefahr der Ansteckung fremder Tiere besteht, fernzuhalten.

(2) Die gleichen Pflichten hat, wer in Vertretung des Besitzers den Betrieb leitet, wer mit der Aufsicht über Tiere an Stelle des Besitzers beauftragt ist, wer als Hirt, Schäfer, Schweizer, Senne oder in vergleichbarer Tätigkeit Tiere in Obhut hat oder wer Fischereiberechtigter, Fischereiausübungsberechtigter, Betreiber von Anlagen oder Einrichtungen zur Zucht, Haltung oder Halterung von Fischen ist. Die gleichen Pflichten hat für Tiere auf dem Transport ihr Begleiter, für Haustiere in fremdem Gewahrsam der Besitzer des betreffenden Gehöftes, der Stallungen, Koppeln oder Weideflächen.

(3) Zur unverzüglichen Anzeige sind auch die Tierärzte und Leiter tierärztlicher und sonstiger öffentlicher oder privater Untersuchungsstellen sowie alle Personen verpflichtet, die sich mit der Ausübung der Tierheilkunde, der künstlichen Besamung, der Leistungsprüfung in der tierischen Erzeugung oder gewerbsmäßig mit der Kastration von Tieren beschäftigen, desgleichen die Fleischkontrolleure, die Geflügelfleischkontrolleure, die Fischereisachverständigen, die Fischereiberater, die Fischereiaufseher, die Hufschmiede, die Hufpfleger und die Klauenschneider, ferner die Personen, die das Schlächtergewerbe betreiben, sowie solche, die sich gewerbsmäßig mit der Bearbeitung, Verwertung oder Beseitigung geschlachteter, getöteter oder verendeter Tiere oder tierischer Bestandteile beschäftigen, wenn sie, bevor ein behördliches Einschreiten stattgefunden hat, von dem Ausbruch einer anzeigepflichtigen Tierseuche oder von Erscheinungen, die den Ausbruch einer solchen Tierseuche befürchten lassen, Kenntnis erhalten.

...

Schutzmaßnahmen gegen die besondere Gefahr einer Tierseuche

§ 18

Zum Schutz gegen eine besondere Gefahr einer Tierseuche und für deren Dauer können unter Berücksichtigung der beteiligten Wirtschafts- und Verkehrsinteressen die nachstehenden Maßregeln (§§ 19 bis 30) angeordnet werden.

...

§ 23

Durchführung oder Verbot bestimmter Impfungen oder Maßnahmen diagnostischer oder therapeutischer Art bei den für die Tierseuche empfänglichen Tieren, Heilbehandlung von Tieren sowie Verbot oder Beschränkungen in der Befugnis zur Vornahme von Heilversuchen. Dem Tierhalter oder dem Jagdausübungsberechtigten kann die Verpflichtung auferlegt werden, die erforderliche Hilfe zu leisten sowie die in Satz 1 genannten Maßnahmen zu dulden oder, soweit die Maßnahmen dem Verpflichteten zuzumuten sind, durchzuführen.

§ 24

(1) Tötung der an der Tierseuche erkrankten oder verdächtigen Tiere.

(2) Tötung von Tieren, die für die Tierseuche empfänglich sind, wenn dies

1. zum Schutz gegen die Ausbreitung einer Tierseuche, die ihrer Beschaffenheit nach eine größere und allgemeinere Gefahr darstellt,
2. zur Beseitigung von Infektionsherden oder
3. für die Aufhebung von Sperren, die wegen des Auftretens von Tierseuchen verhängt worden sind,

erforderlich ist.

(3) Tötung von Tieren, die geeignet sind, die Tierseuche zu verschleppen, wenn dies

1. zum Schutz gegen die Ausbreitung einer Tierseuche, die ihrer Beschaffenheit nach eine größere und allgemeinere Gefahr darstellt, oder
2. zur Beseitigung von Infektionsherden

erforderlich ist.

(4) Für die Tötung von Tieren wild lebender Tierarten nach Absatz 2 oder 3 gilt Folgendes:
Die Tötung ist nur zulässig, wenn andere geeignete Maßnahmen zur wirksamen Bekämpfung der Tierseuche nicht zur Verfügung stehen. Die durch eine solche Anordnung betroffene Tierart darf durch die Maßnahme nicht der Gefahr der Ausrottung ausgesetzt sein. Die Anordnung kann auf bestimmte Gebiete beschränkt werden. Dem Jagdausübungsberechtigten, dem Grundstückseigentümer und dem Grundstücksbesitzer kann die Verpflichtung auferlegt werden, Angaben über Standorte der Tiere und die Lage von Bauen, Gehecken und Gelegen zu

machen, die erforderliche Hilfe zu leisten sowie die nach Absatz 2 oder 3 angeordneten Maßnahmen zu dulden oder, soweit die Maßnahme dem Verpflichteten zuzumuten ist, durchzuführen. Gemeinden und Gemeindeverbänden kann die Durchführung der angeordneten Maßnahmen auferlegt werden.

...

Entschädigung für Tierverluste

§ 66

Vorbehaltlich der in diesem Gesetz bezeichneten Ausnahmen wird eine Entschädigung in Geld geleistet

1. für Tiere, die auf behördliche Anordnung getötet worden oder nach Anordnung der Tötung verendet sind;
2. für Tiere, bei denen eine anzeigepflichtige Tierseuche nach dem Tode festgestellt worden ist, sofern die Voraussetzungen gegeben waren, unter denen die Tiere auf behördliche Anordnung hätten getötet werden müssen;
   a) für Tiere, bei denen Milzbrand, Rauschbrand oder Tollwut,
   b) für Rinder, bei denen Aujeszkysche Krankheit nach dem Tode festgestellt worden ist;

...

§ 68

Keine Entschädigung wird gewährt für

...

8. Wild oder gefangen gehaltene Wildtiere, ausgenommen Gehegewild;

...

10. Haustiere, die nicht Vieh oder Bienen sind;

...

III. Straf- und Bußgeldvorschriften

§ 74

(1) Mit Freiheitsstrafe bis zu zwei Jahren oder mit Geldstrafe wird bestraft, wer

1. unter Tieren eine anzeigepflichtige Tierseuche verbreitet,

...

(4) Wer fahrlässig eine der in Absatz 1 bezeichneten Handlungen begeht, wird mit Freiheitsstrafe bis zu einem Jahr oder mit Geldstrafe bestraft.

...

§ 76

…

(2) Ordnungswidrig handelt, wer vorsätzlich oder fahrlässig

…

3. entgegen § 9 in Verbindung mit einer Rechtsverordnung nach § 10 eine Anzeige nicht oder nicht rechtzeitig erstattet oder ein krankes oder verdächtiges Tier nicht von Orten, an denen die Gefahr der Ansteckung fremder Tiere besteht, fernhält;

…

(3) Die Ordnungswidrigkeit kann mit einer Geldbuße bis zu fünfundzwanzigtausend Euro geahndet werden.

…

Verordnung über anzeigepflichtige Tierseuchen

In der Fassung der Bekanntmachung vom 19. Juli 2011 (BGBl. I S. 1404), geändert durch Artikel 1 der Verordnung vom 12. Juni 2013 (BGBl. I S. 1576) – Auszug –

§ 1 Anzeigepflichtige Tierseuchen

Folgende Tierseuchen sind anzeigepflichtig:

1. Affenpocken,
1a. Afrikanische Pferdepest,
2. Afrikanische Schweinepest,
2a. Amerikanische Faulbrut,
3. Ansteckende Blutarmut der Einhufer,
3a. Ansteckende Blutarmut der Lachse,
4. (weggefallen)
5. Aujeszkysche Krankheit,
5a. Befall mit dem Kleinen Bienenbeutenkäfer (Aethina tumida),
5b. Befall mit der Tropilaelaps-Milbe,
6. Beschälseuche der Pferde,
7. Blauzungenkrankheit,
8. Bovine Herpesvirus Typ 1-Infektion (alle Formen),
8a. Bovine Virus Diarrhoe,
9. Brucellose der Rinder, Schweine, Schafe und Ziegen,
9a. Ebola-Virus-Infektion,
9b. Epizootische Hämorrhagie der Hirsche,
9c. Epizootische Hämatopoetische Nekrose,
9d. (weggefallen)
10. Enzootische Leukose der Rinder,
11. Geflügelpest,
12. Infektion mit Bonamia exitiosa,
12a. Infektion mit Bonamia ostreae,
12b. Infektion mit Marteilia refringens,
12c. Infektion mit Microcytos mackini,
12d. Infektion mit Perkinsus marinus,
12e. Infektion mit dem West-Nil-Virus bei einem Vogel oder Pferd,
12f. Infektiöse Epididymitis,
13. Infektiöse Hämatopoetische Nekrose der Salmoniden,
14. Koi Herpesvirus-Infektion der Karpfen,
15. Lumpy-skin-Krankheit (Dermatitis nodularis),
16. Lungenseuche der Rinder,

17. Maul- und Klauenseuche,
18. (weggefallen)
19. Milzbrand,
20. Newcastle-Krankheit,
20a. Niedrigpathogene aviäre Influenza bei einem gehaltenen Vogel,
21. Pest der kleinen Wiederkäuer,
21a. Pferdeenzephalomyelitis (alle Formen),
22. Pockenseuche der Schafe und Ziegen,
23. (weggefallen)
24. Rauschbrand,
25. Rifttal-Fieber,
26. Rinderpest,
27. Rotz,
28. Salmonellose der Rinder,
29. Schweinepest,
30. (weggefallen)
31. (weggefallen)
32. Stomatitis vesicularis,
32a. Taura-Syndrom,
33. Tollwut,
34. Transmissible Spongiforme Enzephalopathie (alle Formen),
35. Trichomonadenseuche der Rinder,
36. Tuberkulose der Rinder (Mykobakterium bovis und Mykobakterium caprae),
37. Vesikuläre Schweinekrankheit,
38. Vibrionenseuche der Rinder,
39. Virale Hämorrhagische Septikämie der Salmoniden.
40. Weißpünktchenkrankheit der Krebstiere,
41. Yellowhead Disease.

…

Verordnung zum Schutz gegen die Tollwut (Tollwut-Verordnung)

In der Fassung der Bekanntmachung vom 4. Oktober 2010 (BGBl. I S. 1313), – Auszug –

Begriffsbestimmungen

§ 1

Im Sinne dieser Verordnung liegen vor:

1. Ausbruch der Tollwut, wenn diese durch virologische Untersuchung nach einem in den vom Bundesministerium für Ernährung, Landwirtschaft und Verbraucherschutz) im Bundesanzeiger bekannt gemachten Arbeitsanleitungen zur Labordiagnostik von anzeigepflichtigen Tierseuchen (BAnz. S. 18304 vom 12. September 2000) beschriebenen Untersuchungsverfahren festgestellt worden ist;
2. Verdacht des Ausbruchs der Tollwut, wenn das Ergebnis der klinischen Untersuchung, der pathologischanatomischen Untersuchung, der molekularbiologischen Untersuchung oder der histologischen Untersuchung, jeweils in Verbindung mit epizootiologischen Anhaltspunkten, den Ausbruch der Tollwut befürchten lässt;
3. wirksamer Impfschutz bei Hunden und Katzen, wenn eine Impfung gegen Tollwut
   a) im Falle einer Erstimpfung bei Welpen im Alter von mindestens drei Monaten mindestens 21 Tage nach Abschluss der Grundimmunisierung und längstens um den Zeitraum zurückliegt, den der Impfstoffhersteller für eine Wiederholungsimpfung angibt, oder
   b) im Falle von Wiederholungsimpfungen die Impfungen jeweils innerhalb des Zeitraumes durchgeführt worden sind, den der Impfstoffhersteller für die jeweilige Wiederholungsimpfung angibt.
4. wild lebendes Tier: jedes für die Tollwut empfängliche wild lebende Tier, das in der Lage ist, die Tollwut zu verbreiten, insbesondere Füchse, Waschbären, Marderhunde und Fledermäuse.

...

Allgemeine Schutzmaßregeln

§ 4 Anzeige von Tierausstellungen

(1) Hunde- und Katzenausstellungen sowie Veranstaltungen ähnlicher Art mit Hunden und Katzen im gefährdeten Bezirk sind der zuständigen Behörde mindestens vier Wochen vor Beginn anzuzeigen.

(2) Soweit Hunde oder Katzen aus einem Mitgliedstaat oder Drittland an einer Hunde- oder Katzenausstellung oder einer Veranstaltung ähnlicher Art teilnehmen, ist diese Veranstaltung stets der zuständigen Behörde mindestens vier Wochen vor Beginn anzuzeigen.

(3) Die zuständige Behörde kann eine in Absatz 1 oder 2 bezeichnete Ausstellung oder Veranstaltung beschränken oder verbieten, soweit es aus Gründen der Seuchenbekämpfung erforderlich ist.

§ 5 Kennzeichnung

In einem gefährdeten Bezirk ist es verboten, Hunde außerhalb geschlossener Räume frei laufen zu lassen oder mit sich zu führen, wenn sie nicht ein Halsband, einen Gurt oder ein sonstiges Hundegeschirr tragen, auf oder an dem Name und Anschrift des Besitzers angegeben sind oder an dem eine Steuermarke befestigt ist. Dies gilt nicht für Hunde auf umfriedeten Grundstücken, von denen sie nicht entweichen können, und für Jagdhunde bei jagdlicher Verwendung[1].

...

Besondere Schutzmaßregeln bei wild lebenden Tieren

§ 11 Schutzmaßregeln im Verdachtsfall

Jagdausübungsberechtigte haben dafür zu sorgen, dass seuchenverdächtigen wild lebenden Tieren sofort nachgestellt wird und dass diese erlegt und unverzüglich unschädlich beseitigt werden. Ausgenommen von der Verpflichtung zur unschädlichen Beseitigung ist Untersuchungsmaterial zur Feststellung der Tollwut; bei Füchsen und kleineren Tieren ist das der ganze Tierkörper, bei größeren Tieren nur der Kopf. Wird das Untersuchungsmaterial nicht der zuständigen Behörde oder einem staatlichen Veterinäruntersuchungsamt abgeliefert, so ist der zuständigen Behörde mitzuteilen, wo es sich befindet.

§ 12 Schutzmaßregeln nach Feststellung des Ausbruchs und in sonstigen Fällen

(1) Ist der Ausbruch der Tollwut bei einem wild lebenden Tier, ausgenommen bei einer Fledermaus, amtlich festgestellt worden oder liegen sonst gesicherte Anhaltspunkte vor, dass die Tollwut durch ein wild lebendes Tier verbreitet wird, ordnet die zuständige Behörde zusätzlich zu den Untersuchungen nach § 3a

1. eine verstärkte Bejagung,
2. eine orale Immunisierung und
3. die Untersuchung nach der Anlage

wild lebender Tiere an, soweit ein Gebiet zum gefährdeten Bezirk nach § 8 Abs. 1 erklärt worden ist. Der Jagdausübungsberechtigte ist im Falle der behördlichen

1 Siehe auch Gefahrhundegesetz (E 6)

Anordnung nach Satz 1 zur verstärkten Bejagung und zur Mitwirkung bei der Auslegung der Impfköder im Rahmen der oralen Immunisierung verpflichtet.

(2) Den Zeitraum und den örtlichen Bereich, in denen die orale Immunisierung nach Absatz 1 Satz 1 Nummer 2 durchzuführen ist, die Art der Impfköderauslage, die Impfstrategie, die Anzahl der Impfköder, die Kontrolle des Impferfolges und den Abschluss der Impfmaßnahmen bestimmt die zuständige Behörde im Benehmen mit dem Friedrich-Loeffler-Institut. Dabei sind die Epidemiologie der Tollwut und die landschaftsstrukturellen Gegebenheiten zugrunde zu legen. Ferner muss der Zeitraum für die orale Immunisierung nach Absatz 1 Satz 1 Nummer 2 mindestens zwei Jahre nach dem letzten Tollwutfall im gefährdeten Bezirk andauern.

Desinfektion

§ 13

Nach Tötung und unschädlicher Beseitigung der verdächtigen Tiere muss der Besitzer die Ställe oder sonstigen Standorte sowie sämtliche Gegenstände, die Träger des Seuchenerregers sein können, unverzüglich nach näherer Anweisung der zuständigen Behörde reinigen und desinfizieren.

Aufhebung der Schutzmaßregeln

§ 14

(1) Die zuständige Behörde hebt Schutzmaßregeln auf, die sie wegen des Ausbruchs oder des Verdachts des Ausbruchs der Tollwut bei einem Haustier angeordnet hat, wenn die Tollwut bei Haustieren erloschen ist oder der Verdacht auf Tollwut bei Haustieren beseitigt ist oder sich als unbegründet erwiesen hat. Die Tollwut bei Haustieren gilt als erloschen und der Verdacht auf Tollwut bei Haustieren gut als beseitigt, wenn die seuchenkranken Haustiere oder seuchenverdächtigen Hunde und Katzen verendet oder getötet worden sind, die toten Tiere unschädlich beseitigt worden sind und die Desinfektion nach näherer Anweisung des beamteten Tierarztes durchgeführt und von ihm abgenommen worden ist.

(2) Die zuständige Behörde hebt Schutzmaßregein auf, die sie wegen des Ausbruchs der Tollwut oder des Verdachts des Ausbruchs der Tollwut bei einem wild lebenden Tier angeordnet hat, wenn die Tollwut bei wild lebenden Tieren erloschen ist oder der Verdacht auf Tollwut bei wild lebenden Tieren beseitigt ist oder sich als unbegründet erwiesen hat. Die Tollwut bei wild lebenden Tieren gilt als erloschen, wenn in dem gefährdeten Bezirk über einen Zeitraum von mindestens zwei Jahren Tollwut amtlich nicht festgestellt und eine Untersuchung wild lebender Tiere nach § 3a durchgeführt worden ist.

(3) Die zuständige Behörde kann ein Teilgebiet des gefährdeten Bezirks als tollwutfrei bestimmen, soweit

1. in diesem Gebiet über einen Zeitraum von mindestens zwei Jahren Tollwut amtlich nicht festgestellt worden ist und

2. ein gefährdeter Bezirk mit einer Fläche von mindestens 5 000 Quadratkilometern oder mit einem Radius von 40 Kilometern um die Abschuss-, Tötungs- oder Fundstelle, in dem die Feststellung des Ausbruchs der Tollwut weniger als zwei Jahre zurückliegt, bestehen bleibt.

Ordnungswidrigkeiten

§ 15

(1) Ordnungswidrig im Sinne des § 76 Abs. 2 Nr. 1 Buchstabe b des Tierseuchengesetzes handelt, wer vorsätzlich oder fahrlässig

1. einer vollziehbaren Anordnung nach § 2 Absatz 2, § 3a Satz 2, § 4 Absatz 3, § 6 Nummer 3 Satz 1, § 7 Absatz 1, § 9 Absatz 1, § 10 Absatz 3 oder § 12 Absatz 1 Satz 1, auch in Verbindung mit § 12a oder
2. einer mit einer Genehmigung nach § 3, § 6 Nummer 2 Satz 2, nach § 9 Absatz 3 Satz 3, auch in Verbindung mit § 10 Absatz 1 Satz 3, nach § 9 Absatz 4 oder § 10 Absatz 2 Satz 1 oder 2 verbundenen vollziehbaren Auflage

zuwiderhandelt.

(2) Ordnungswidrig im Sinne des § 76 Absatz 2 Nummer 2 des Tierseuchengesetzes handelt, wer vorsätzlich oder fahrlässig

...

2. entgegen § 4 Absatz 1 oder 2 eine Tierausstellung oder eine Veranstaltung ähnlicher Art nicht oder nicht rechtzeitig anzeigt,
3. entgegen § 5 Satz 1 einen Hund außerhalb geschlossener Räume ohne die vorgeschriebene Kennzeichnung frei laufen lässt oder mit sich führt,

...

9. entgegen § 11 Satz 1 nicht dafür sorgt, dass einem seuchenverdächtigen wild lebenden Tier sofort nachgestellt wird, dieses erlegt und unschädlich beseitigt wird oder
10. einer Vorschrift des § 13 über die Reinigung und Desinfektion zuwiderhandelt.

...

§ 15a Weitergehende Maßnahmen

Die Befugnis der zuständigen Behörde, bei Feststellung der Tollwut bei einem Haustier oder einem wild lebenden Tier weitergehende Maßnahmen nach § 79 Absatz 4 in Verbindung mit den §§ 17, 17b Absatz 1 Nummer 4 und den §§ 18 bis 30 des Tierseuchengesetzes anzuordnen, soweit diese zur Tierseuchenbekämpfung erforderlich sind und Rechtsakte der Europäischen Gemeinschaften oder der Europäischen Union nicht entgegenstehen, bleibt unberührt.

Anlage (zu § 12 Absatz 1)

Untersuchung wild lebender Tiere, ausgenommen Fledermäuse, zur Kontrolle des Impferfolges

1. Stichprobenumfang

   In einem Gebiet mit einer Fläche von mindestens 5 000 Quadratkilometern oder mit einem Radius von mindestens 40 Kilometern um die Abschuss-, Tötungs- oder Fundstelle sind zur Kontrolle des Impferfolges jährlich mindestens 60 erlegte wild lebende Füchse serologisch zu untersuchen. Übersteigt die Fläche eines Impfgebietes eine Fläche von 5 000 Quadratkilometern, kann die zuständige Behörde Untersuchungen in von ihr ausgewählten Gebieten innerhalb des Impfgebietes anordnen.

2. Auswahlkriterien

   a) Die Stichproben sind auf das gesamte Untersuchungsgebiet gleichmäßig zu verteilen.

   b) Die Stichproben sind zufällig auszuwählen, wobei in einem Zeitraum von vier Wochen nach der Köderauslage keine Stichproben erfolgen und Jungtiere wild lebender Tiere, insbesondere von Füchsen und Marderhunden, bis zur Herbstauslage nicht untersucht werden sollten, soweit nicht besondere Untersuchungsprogramme durchgeführt werden. Im Falle einer Untersuchung auf Grund eines besonderen Untersuchungsprogramms sind die Jungtiere altersmäßig zu kennzeichnen.

Verordnung zum Schutz gegen die Schweinepest und die Afrikanische Schweinepest (Schweinepest-Verordnung)

In der Fassung der Bekanntmachung vom 29. September 2011 (BGBl. I S. 1959) – Auszug –

...

7. Schutzmaßregeln beim Auftreten der Schweinepest oder der Afrikanischen Schweinepest bei Wildschweinen

§ 14a Gefährdeter Bezirk

(1) Im Falle des Verdachts auf Schweinepest oder Afrikanische Schweinepest bei einem Wildschwein ordnet die zuständige Behörde die serologische und virologische Untersuchung der erlegten oder verendeten Wildschweine an und führt epidemiologische Nachforschungen durch.

(2) Ist der Ausbruch der Schweinepest oder der Afrikanischen Schweinepest bei einem Wildschwein amtlich festgestellt, so legt die zuständige Behörde das Gebiet um die Abschuss- oder Fundstelle als gefährdeten Bezirk fest. Hierbei berücksichtigt sie die mögliche Weiterverbreitung des Erregers, die Wildschweinepopulation, Tierbewegungen innerhalb der Wildschweinepopulation, natürliche Grenzen sowie Überwachungsmöglichkeiten. Die Festlegung eines gefährdeten Bezirks und dessen Änderung oder Aufhebung werden von der zuständigen Behörde öffentlich bekannt gemacht und nachrichtlich im Bundesanzeiger veröffentlicht.

(3) Die zuständige Behörde bringt an den Hauptzufahrtswegen zu dem gefährdeten Bezirk und an geeigneten Stellen Schilder mit der deutlichen und haltbaren Aufschrift

1. im Falle der Schweinepest „Schweinepest bei Wildschweinen – Gefährdeter Bezirk“,
2. im Falle der Afrikanischen Schweinepest „Afrikanische Schweinepest bei Wildschweinen – Gefährdeter Bezirk“

gut sichtbar an.

(4) Mit Bekanntgabe der Festlegung des gefährdeten Bezirks haben Tierhalter im gefährdeten Bezirk

1. der zuständigen Behörde unverzüglich
   a) die Anzahl der gehaltenen Schweine unter Angabe ihrer Nutzungsart und ihres Standorts,
   b) verendete oder erkrankte, insbesondere fieberhaft erkrankte Schweine

   anzuzeigen,

2. die Schweine so abzusondern, dass sie nicht mit Wildschweinen in Berührung kommen können,
3. geeignete Desinfektionsmöglichkeiten an den Ein- und Ausgängen der Ställe oder sonstigen Standorte einzurichten,
4. verendete und erkrankte Schweine, bei denen der Verdacht auf Schweinepest oder Afrikanische Schweinepest nicht ausgeschlossen werden kann, nach näherer Anweisung der zuständigen Behörde serologisch oder virologisch auf Schweinepest oder Afrikanische Schweinepest untersuchen zu lassen,
5. Futter, Einstreu und sonstige Gegenstände, mit denen Schweine in Berührung kommen können, für Wildschweine unzugänglich aufzubewahren,
6. sicherzustellen, dass Hunde das Betriebsgelände nur unter Aufsicht verlassen.

(5) Außerdem gilt für den gefährdeten Bezirk Folgendes:

1. Auf öffentlichen oder privaten Straßen oder Wegen, ausgenommen auf betrieblichen Wegen, dürfen Schweine nicht getrieben werden.
2. Schweine dürfen weder in einen noch aus einem Betrieb im gefährdeten Bezirk verbracht werden.
3. Sperma, Eizellen und Embryonen von Schweinen dürfen zum Zwecke des innergemeinschaftlichen Handels aus dem gefährdeten Bezirk nicht verbracht werden.
4. Personen, die mit Wildschweinen in Berührung gekommen sind, haben Reinigungs- und Desinfektionsmaßnahmen nach näherer Anweisung der zuständigen Behörde durchzuführen.
5. Teile erlegter oder verendet aufgefundener Wildschweine sowie Gegenstände, mit denen Wildschweine in Berührung gekommen sein können, dürfen in einen Betrieb nicht verbracht werden.
6. Frisches Wildschweinefleisch oder ein Fleischerzeugnis aus frischem Wildschweinefleisch, das Wildschweinefleisch von im gefährdeten Bezirk erlegten Tieren enthält, darf aus dem gefährdeten Bezirk nicht verbracht werden.
7. Wildschweine dürfen aus dem gefährdeten Bezirk nicht verbracht werden.

(6) Die zuständige Behörde kann Ausnahmen genehmigen

...

2. von Absatz 5 Nummer 6 für das Versenden von frischem Wildschweinefleisch oder Fleischerzeugnissen aus frischem Wildschweinefleisch aus dem gefährdeten Bezirk in das sonstige Inland, soweit die Wildschweine, von denen das Fleisch gewonnen worden ist, virologisch mit negativem Ergebnis auf klassische Schweinepest untersucht worden sind.

(7) Die zuständige Behörde kann für das Verbringen von Schweinen in einen Betrieb im gefährdeten Bezirk Ausnahmen von Absatz 5 Nr. 2 genehmigen, soweit Belange der Tierseuchenbekämpfung nicht entgegenstehen.

(8) Die zuständige Behörde kann für den gefährdeten Bezirk, unter Berücksichtigung epidemiologischer Erkenntnisse

1. Maßnahmen in Bezug auf die Tötung von Wildschweinen einschließlich der Verpflichtung der Jagdausübungsberechtigten zur Mitwirkung und
2. die Reinigung von Personen und Fahrzeugen, die mit Wildschweinen in Berührung kommen können,

anordnen.

(9) Liegen gesicherte Anhaltspunkte dafür vor, dass die Schweinepest oder die Afrikanische Schweinepest durch Wildschweine verbreitet wird und ist eine Einschleppung der Schweinepest oder der Afrikanischen Schweinepest in ein bisher seuchenfreies Gebiet zu befürchten, kann die zuständige Behörde geeignete jagdliche Maßnahmen zur verstärkten Bejagung auch in diesem Gebiet anordnen.

§ 14b Notimpfung bei Wildschweinen

Die zuständige oberste Landesbehörde kann, vorbehaltlich der Zustimmung durch die Europäische Kommission, für den gefährdeten Bezirk oder für ein bestimmtes Gebiet innerhalb des gefährdeten Bezirks die Durchführung von Notimpfungen gegen Schweinepest bei Wildschweinen anordnen, wenn dies aus Gründen der Seuchenbekämpfung erforderlich ist. Zu diesem Zweck erstellt die zuständige oberste Landesbehörde einen Notimpfplan, der insbesondere Angaben enthält über die Seuchensituation, das Impfgebiet, die voraussichtliche Zahl der zu impfenden Wildschweine, das Impfverfahren einschließlich Maßnahmen zur Impfung von Jungtieren, die Dauer der Impfmaßnahmen, die Wirksamkeit des zu verwendenden Impfstoffs, Maßnahmen zur Vermeidung einer Ausbreitung des Impfvirus, zur Reduzierung der Jungtiere und zur Überprüfung der Ergebnisse durch die zuständige Behörde. Im Falle einer behördlichen Anordnung nach Satz 1 ist der Jagdausübungsberechtigte zur Mitwirkung bei der Auslegung der Impfköder im Rahmen der Notimpfung verpflichtet.

§ 14c Maßregeln zur Erkennung der Schweinepest oder der Afrikanischen Schweinepest

(1) Zur Erkennung der Schweinepest oder der Afrikanischen Schweinepest bei Wildschweinen gilt im gefährdeten Bezirk Folgendes:

1. Jagdausübungsberechtigte haben
   a) jedes erlegte Wildschwein unverzüglich nach näherer Anweisung der zuständigen Behörde zu kennzeichnen und einen von ihr vorgegebenen Begleitschein auszustellen;
   b) von jedem erlegten Wildschwein unverzüglich Proben nach näherer Anweisung der zuständigen Behörde zur virologischen und serologischen Untersuchung auf Schweinepest oder Afrikanische Schweinepest zu entnehmen, zu kennzeichnen und zusammen mit dem Tierkörper, dem Aufbruch und dem Begleitschein der durch die zuständige Behörde festgelegten Wildsammel- oder Annahmestelle zuzuführen;
   c) dafür Sorge zu tragen, dass bei Gesellschaftsjagden das Aufbrechen der Tiere und die Sammlung des Aufbruchs zentral an einem Ort erfolgt;

d) jedes verendet aufgefundene Wildschwein

aa) unverzüglich unter Angabe des Fundorts der zuständigen Behörde anzuzeigen und

bb) nach näherer Anweisung der zuständigen Behörde zu kennzeichnen, einen von ihr vorgegebenen Begleitschein auszustellen und der zuständigen Untersuchungseinrichtung zur virologischen und serologischen Untersuchung auf Schweinepest oder Afrikanische Schweinepest zuzuleiten.

2. Die zuständige Behörde ordnet an, dass der Aufbruch jedes erlegten Wildschweins oder jedes verendet aufgefundene Wildschwein in einem Verarbeitungsbetrieb für Material der Kategorie 1 oder 2 nach Artikel 24 Absatz 1 Buchstabe a der Verordnung (EG) Nr. 1069/2009 unschädlich zu beseitigen ist.

3. Wird bei einem erlegten Wildschwein Schweinepest oder Afrikanische Schweinepest auf Grund eines virologischen Untersuchungsergebnisses amtlich festgestellt, so ordnet die zuständige Behörde die unschädliche Beseitigung des Tierkörpers in einem Verarbeitungsbetrieb für Material der Kategorie 1 oder 2 nach Artikel 24 Absatz 1 Buchstabe a der Verordnung (EG) Nr. 1069/2009 an; sie ordnet die unschädliche Beseitigung weiterer Tierkörper an, wenn diese durch Kontakt kontaminiert sein können.

4. Wird bei einem erlegten Wildschwein ein serologischer Befund (Antikörpernachweis) erhoben, so kann die zuständige Behörde die unschädliche Beseitigung des Tierkörpers in einem Verarbeitungsbetrieb für Material der Kategorie 1 oder 2 nach Artikel 24 Absatz 1 Buchstabe a der Verordnung (EG) Nr. 1069/2009 anordnen.

Die zuständige Behörde kann anordnen, dass erlegte Wildschweine nur an von ihr bestimmten Stellen aufgebrochen werden dürfen. Die zuständige Behörde kann ferner anordnen, dass verendet aufgefundene Wildschweine abweichend von Satz 1 Nummer 1 Buchstabe d Doppelbuchstabe bb zu einer von ihr bestimmten Wildsammel- oder Annahmestelle verbracht werden, soweit eine nachteilige Beeinflussung der dort vorhandenen Lebensmittel ausgeschlossen werden kann.

(2) Zur Erkennung der Schweinepest oder der Afrikanischen Schweinepest bei Wildschweinen kann die zuständige Behörde für ein von ihr bestimmtes Gebiet anordnen, dass Jagdausübungsberechtigte

1. von erlegten Wildschweinen Proben entnehmen und der zuständigen Untersuchungseinrichtung zur virologischen und serologischen Untersuchung auf Schweinepest oder Afrikanische Schweinepest zuleiten und

2. verendet aufgefundene Wildschweine unter Angabe des Fundorts der zuständigen Behörde anzeigen und der zuständigen Untersuchungseinrichtung zur virologischen und serologischen Untersuchung auf Schweinepest oder Afrikanische Schweinepest zuleiten.

(3) Die zuständige oberste Landesbehörde kann, sofern eine Notimpfung der Wildschweine nach § 14b durchgeführt worden ist, frühestens sechs Monate nach dem letzten Nachweis von Schweinepest oder Afrikanischer Schweinepest bei Wildschweinen Ausnahmen von den Kennzeichnungs- und Untersuchungspflichten nach

Absatz 1 Nr. 1 Buchstabe a, b und d genehmigen, soweit Belange der Seuchenbekämpfung nicht entgegenstehen.

§ 14d Tilgungsplan

Die zuständige Behörde legt dem Bundesministerium

1. im Falle der Schweinepest bei Wildschweinen einen Plan zur Tilgung gemäß Artikel 16 Abs. 1 und 3 der Richtlinie 2001/89/EG,
2. im Falle der Afrikanischen Schweinepest bei Wildschweinen einen Plan zur Tilgung gemäß Artikel 16 Abs. 1 und 3 der Richtlinie 2002/60/EG

in der jeweils geltenden Fassung vor.

§ 14e Seuchenausbruch bei Wildschweinen in einem benachbarten Mitgliedstaat

Wird auf dem Gebiet eines benachbarten Mitgliedstaats der Ausbruch der Schweinepest oder der Afrikanischen Schweinepest bei Wildschweinen innerhalb einer Entfernung von zehn Kilometern von der deutschen Grenze festgestellt und der für das angrenzende Gebiet im Inland zuständigen Behörde amtlich zur Kenntnis gebracht, so ordnet diese die Maßnahmen entsprechend den §§ 14a bis 14d an.

...

Abschnitt 5 Ordnungswidrigkeiten

§ 25

(1) Ordnungswidrig im Sinne des § 76 Abs. 2 Nr. 1 Buchstabe b des Tierseuchengesetzes[1] handelt, wer vorsätzlich oder fahrlässig

...

2. einer vollziehbaren Anordnung nach

...

   b) § 6 Absatz 1 Satz 1, § 11c Satz 1, §§ 11d, 12 Absatz 1 oder 3, § 13 Absatz 1 Satz 1 oder Absatz 2 Nummer 1 Satz 2 oder Nummer 2 Buchstabe b Doppelbuchstabe bb, §§ 14, 14a Absatz 1 oder 4 Nummer 4, Absatz 5 Nummer 4 oder Absatz 8 Satz 1, § 14b Satz 1, § 14c Absatz 1 Satz 1 Nummer 1 Buchstabe a, b oder d Doppelbuchstabe bb oder Nummer 3 oder 4 oder Satz 2 oder 3 oder Absatz 2, §§ 14e, 23 Absatz 1 oder 2 oder § 24b Absatz 2 oder

...

zuwiderhandelt.

...

1 Die Ordnungswidrigkeit kann mit einer Geldbuße bis zu 25.000 Euro geahndet werden.

(2) Ordnungswidrig im Sinne des § 76 Absatz 2 Nummer 2 des Tierseuchengesetzes handelt, wer vorsätzlich oder fahrlässig

...

11. entgegen

...

 d) § 11a Absatz 3 Satz 1, § 13 Absatz 2 Nummer 2 Buchstabe a oder c oder § 14a Absatz 5 Nummer 2, 3, 5, 6 oder 7 oder § 23 Absatz 3

ein dort genanntes Tier, Teile eines dort genannten Tieres, dort genanntes Fleisch, ein dort genanntes Fleischerzeugnis, einen dort genannten Gegenstand oder Abfall verbringt,

...

15. entgegen § 11 Absatz 4 Nummer 2 eine Hausschlachtung vornimmt,

...

20. entgegen § 14a Absatz 4 Nummer 3 eine Desinfektionsmöglichkeit nicht oder nicht richtig einrichtet,
21. entgegen § 14a Absatz 4 Nummer 5 Futter, Einstreu oder einen sonstigen Gegenstand nicht oder nicht richtig aufbewahrt,
22. entgegen § 14a Absatz 4 Nummer 6 nicht sicherstellt, dass ein Hund das Betriebsgelände nur unter Aufsicht verlässt,

...

§ 25a Weitergehende Maßnahmen

Die Befugnis der zuständigen Behörde, bei Feststellung der Schweinepest oder Afrikanischen Schweinepest bei einem Hausschwein oder einem Wildschwein weitergehende Maßnahmen nach § 79 Absatz 4 in Verbindung mit den §§ 17, 17b Absatz 1 Nummer 4 und den §§ 18 bis 30 des Tierseuchengesetzes anzuordnen, soweit diese zur Seuchenbekämpfung erforderlich sind und Rechtsakte der Europäischen Gemeinschaften oder der Europäischen Union nicht entgegenstehen, bleibt unberührt.

Verordnung zum Schutz gegen die Geflügelpest (Geflügelpest-Verordnung)

In der Fassung der Bekanntmachung vom 8 Mai 2013 (BGBl. I S.1212)
– Auszug –

...

Abschnitt 3 Schutzmaßregeln bei Wildvögeln

Unterabschnitt 1 Allgemeine Schutzmaßregeln

§ 54 Früherkennung

(1) Zur Erkennung der Geflügelpest bei Wildvögeln haben Jagdausübungsberechtigte

1. nach näherer Anweisung der zuständigen Behörde Proben von erlegten Enten und Gänsen zur virologischen Untersuchung auf hochpathogenes aviäres Influenzavirus zu entnehmen und der von der zuständigen Behörde bestimmten Untersuchungseinrichtung zuzuleiten und
2. der zuständigen Behörde das gehäufte Auftreten kranker oder verendeter Wildvögel unter Angabe des Fundorts unverzüglich anzuzeigen.

Die zuständige Behörde kann die Untersuchung anderer Wildvögel anordnen, soweit dies aus Gründen der Tierseuchenbekämpfung erforderlich ist.

(2) Vögel der Ordnungen Gänsevögel und Regenpfeiferartige dürfen als Lockvögel zur Jagd auf Wildvögel nicht benutzt werden. Die zuständige Behörde kann abweichend von Satz 1 genehmigen, Vögel der genannten Ordnungen als Lockvögel zu nutzen, um Wildvögel

1. zum Zwecke der Probengewinnung nach Absatz 1 Satz 1 Nr. 1 oder Satz 2 oder
2. zur Durchführung des mit Artikel 1 der Entscheidung 2005/732/EG der Kommission vom 17. Oktober 2005 zur Genehmigung der Programme zur Durchführung von Erhebungen der Mitgliedstaaten über Geflügelpestvorkommen in Haus- und Wildgeflügelbeständen im Jahr 2005 und Festlegung von Vorschriften für die Übermittlung der Ergebnisse und die Kostenerstattung im Rahmen der finanziellen Beteiligung der Gemeinschaft an den Kosten der Durchführung dieser Programme (ABl. EU Nr. L 274 S. 95) für die Bundesrepublik Deutschland genehmigten Wildvogelmonitorings in der jeweils geltenden Fassung

anzulocken.

§ 64 Ordnungswidrigkeiten

(1) Ordnungswidrig im Sinne des § 76 Abs. 2 Nr. 1 Buchstabe b des Tierseuchengesetzes[1] handelt, wer vorsätzlich oder fahrlässig

...

2. einer vollziehbaren Anordnung nach ... § 54 Abs. 1 Satz 1 Nr. 1 oder Satz 2 ...

zuwiderhandelt.

...

1 Die Ordnungswidrigkeit kann mit einer Geldbuße bis zu 25.000 Euro geahndet werden.

Gesetz zur Vorbeugung und Abwehr der von Hunden ausgehenden Gefahren (Gefahrhundegesetz – GefHG)

Vom 28. Januar 2005 (GVOBl. Schl.-H. S. 51) – Auszug –

§ 1 Zweck des Gesetzes

Zweck des Gesetzes ist es, Gefahren für die öffentliche Sicherheit vorzubeugen und abzuwehren, die mit dem Halten und Führen von Hunden verbunden sind.

§ 2 Allgemeine Pflichten

(1) Hunde sind so zu halten und zu führen, dass von ihnen keine Gefahren für die öffentliche Sicherheit ausgehen. Eine Hundehalterin oder ein Hundehalter darf einen Hund nur solchen Personen überlassen, die die Gewähr dafür bieten, den Hund sicher im Sinne des Satzes 1 zu führen.

(2) Hunde sind an einer zur Vermeidung von Gefahren geeigneten Leine zu führen

1. in Fußgängerzonen, Haupteinkaufsbereichen und anderen innerörtlichen Bereichen, Straßen und Plätzen mit vergleichbarem Publikumsverkehr,
2. bei öffentlichen Versammlungen, Aufzügen, Volksfesten und sonstigen Veranstaltungen mit Menschenansammlungen,
3. in der Allgemeinheit zugänglichen umfriedeten oder anderweitig begrenzten Park-, Garten- und Grünanlagen mit Ausnahme besonders ausgewiesener Hundeauslaufgebiete,
4. bei Mehrfamilienhäusern auf Zuwegen, in Treppenhäusern, in Aufzügen, in Fluren und in sonstigen von der Hausgemeinschaft gemeinsam genutzten Räumen,
5. in öffentlichen Gebäuden und öffentlichen Verkehrsmitteln,
6. in Sportanlagen und auf Zelt- und Campingplätzen,
7. auf Friedhöfen,
8. auf Märkten und Messen.

Die zuständige Behörde kann von Satz 1 Ausnahmen zulassen, wenn im Einzelfall Menschen, Tiere oder Sachen nicht gefährdet werden.

(3) Es ist verboten, Hunde mitzunehmen in

1. Kirchen, Kindergärten, Schulen und Krankenhäuser,
2. Theater, Lichtspielhäuser, Konzert-, Vortrags- und Versammlungsräume und
3. Badeanstalten sowie auf Badeplätze, Kinderspielplätze und Liegewiesen.

Ferner ist es verboten, Hunde dort laufen zu lassen. Die Inhaberin oder der Inhaber des Hausrechts der in Satz 1 Nr. 1 und 2 genannten Einrichtungen kann Ausnahmen zulassen, wenn im Einzelfall Menschen, Tiere oder Sachen nicht gefährdet werden.

(4) Durch andere Rechtsvorschriften begründete Anleinpflichten und Mitnahmeverbote, die über die Regelungen in den Absätzen 2 und 3 hinausgehen, bleiben unberührt[1].

(5) Wer einen Hund außerhalb des befriedeten Besitztums der Hundehalterin oder des Hundehalters führt oder laufen lässt, hat diesem ein Halsband, eine Halskette oder eine vergleichbare Anleinvorrichtung mit einer Kennzeichnung anzulegen, aufgrund derer die Hundehalterin oder der Hundehalter ermittelt werden kann.

(6) Es ist verboten, Hunde mit dem Ziel einer gesteigerten Aggressivität und Gefährlichkeit auszubilden. Inhaberinnen und Inhaber einer Erlaubnis nach § 34a der Gewerbeordnung dürfen Hunde im Rahmen eines zugelassenen Bewachungsgewerbes einer ordnungsgemäßen Schutzdienstausbildung unterziehen.

§ 3 Erlaubnispflicht

(1) Wer einen nach Maßgabe der Absätze 2 und 3 gefährlichen Hund hält, bedarf der Erlaubnis, die persönlich zu beantragen ist. Gleiches gilt für Personen, die einen Hund halten, bei dem vor Inkrafttreten dieses Gesetzes das Vorliegen der Voraussetzungen des § 3 Abs. 1 der Gefahrhundeverordnung vom 28. Juni 2000 (GVOBl. Schl.-H. S. 533, ber. S. 549), geändert durch Verordnung vom 9. Mai 2003 (GVOBl. Schl.-H. S. 241), festgestellt wurde.

(2) Als gefährlich gelten die in § 2 Abs. 1 Satz 1 des Hundeverbringungs- und -einfuhrbeschränkungsgesetzes vom 12. April 2001 (BGBl. I S. 530) genannten Hunde[2].

(3) Als gefährlich gelten ferner:

1. Hunde, die eine über das natürliche Maß hinausgehende Kampfbereitschaft, Angriffslust, Schärfe oder eine in ihrer Wirkung vergleichbare, Mensch oder Tier gefährdende Eigenschaft, insbesondere Beißkraft und fehlende Bisslösung, besitzen[3],

---

1 Gemäß § 17 Abs. 2 Nr. 3 Landeswaldgesetz dürfen Hunde im Wald nur angeleint und auf Waldwegen geführt werden. Nach § 70 Abs. 1 Satz 2 Nr. 8 Landeswassergesetz sind Hunde auf Deichen anzuleinen. Siehe auch § 5 Tollwut-Verordnung.

2 Es handelt sich um Hunde der Rassen Pitbull-Terrier, American Staffordshire-Terrier, Staffordshire-Bullterrier und Bullterrier sowie deren Kreuzungen untereinander oder mit anderen Hunden.

3 Hiervon ist auszugehen, wenn die Reizschwelle und damit die Angriffs- und Beißhemmung des Hundes besonders niedrig ist, das Tier also ohne besondere Veranlassung oder ohne nennenswerten Außenreiz –gewissermaßen grundlos- in ein Angriffsverhalten übergeht. Im Zweifelsfall ist nach § 3 Abs. 5 zu verfahren.

2. Hunde, die einen Menschen gebissen haben, sofern dies nicht zur Verteidigung anlässlich einer strafbaren Handlung geschah[1],
3. Hunde, die außerhalb des befriedeten Besitztums der Hundehalterin oder des Hundehalters wiederholt in gefahrdrohender Weise Menschen angesprungen haben oder ein anderes Verhalten gezeigt haben, das Menschen ängstigt[2],
4. Hunde, die ein anderes Tier durch Biss geschädigt haben, ohne selbst angegriffen worden zu sein, oder die einen anderen Hund trotz dessen erkennbarer artüblicher Unterwerfungsgestik gebissen haben[3] oder
5. Hunde, die durch ihr Verhalten gezeigt haben, dass sie unkontrolliert Wild, Vieh oder andere Tiere hetzen oder reißen[4].

(4) Über das Vorliegen der Voraussetzungen des Absatzes 3 entscheidet die zuständige Behörde. Widerspruch und Klage gegen diese Entscheidung haben keine aufschiebende Wirkung.

(5) Zur Prüfung, ob es sich um einen gefährlichen Hund nach Absatz 2 oder Absatz 3 Nr. 1 handelt, kann die zuständige Behörde eine Begutachtung des Hundes bei einer Tierärztin oder einem Tierarzt, die oder der in der Verhaltenskunde von Hunden erfahren ist, auf Kosten der Hundehalterin oder des Hundehalters anordnen.

(6) Personen, die mit einer nach § 11 des Tierschutzgesetzes in der Fassung der Bekanntmachung vom 25. Mai 1998 (BGBl. I S. 1105, 1818), zuletzt geändert durch Artikel 153 der Verordnung vom 25. November 2003 (BGBl. I S. 2304), erteilten Erlaubnis ein Tierheim oder eine ähnliche Einrichtung betreiben, bedürfen für die dort untergebrachten Hunde keiner Erlaubnis nach Absatz 1.

(7) Einer Erlaubnis nach Absatz 1 bedarf ferner nicht, wer seine alleinige Wohnung oder Hauptwohnung außerhalb Schleswig-Holsteins hat und sich nicht länger als zwei Monate ununterbrochen in Schleswig-Holstein aufhält.

...

---

1 Eine Verteidigung anlässlich einer strafbaren Handlung liegt dann vor, wenn das Beißverhalten des Hundes geeignet war, den Straftatbestand ausfüllenden Angriff unmittelbar abzuwehren. Dies ist in aller Regel bei einem Angriff auf die körperliche Integrität oder bei Eigentumsdelikten der Fall (vgl. OVG Schleswig, Urteil vom 29. Mai 2001 = NVwZ 2001, S. 1300, 1305)

2 Gefahrdrohend ist ein Anspringen, wenn aus Sicht des Angesprungenen –objektiv nachvollziehbar- die Möglichkeit einer Verletzung bestanden hat, und dieser sich infolgedessen in seinem körperlichen oder seelischen Wohlbefinden beeinträchtigt sieht (vgl. VGH Kassel, Beschluss vom 21. Oktober 1996 = NJW 1997, S. 961). Maßstab dafür, ob das Verhalten des Hundes Menschen ängstigt, ist die allgemeine Verkehrsanschauung.

3 Bei Hundebeißereien geht es häufig um eine arttypische Klärung der Ranghierarchie. Hierbei kann es zu unbedeutenden Verletzungen eines Hundes kommen (z. B. beim spielerischen Schnappen), die für sich genommen die Gefährlichkeitsvermutung nicht rechtfertigen. Die Gefährlichkeit des Hundes ist hingegen regelmäßig dann anzunehmen, wenn der andere Hund infolge der Beißerei erheblich verletzt oder getötet worden ist.

4 Unkontrolliert ist das Verhalten, wenn der Hundehalter oder der Hundeführer den Hund am Hetzen nicht zu hindern vermag.

§ 15 Ausnahmen vom Anwendungsbereich

Dieses Gesetz gilt mit Ausnahme des § 2 Abs. 1 nicht für Diensthunde von Behörden, Hunde des Such- und Rettungsdienstes sowie des Katastrophenschutzes, Blindenführhunde, Behindertenbegleithunde, Herdengebrauchshunde und Jagdhunde im Rahmen ihres bestimmungsgemäßen Einsatzes und ihrer Ausbildung.

§ 16 Aufgabe, zuständige Behörde

Die Aufgaben nach diesem Gesetz mit Ausnahme des § 11 werden den amtsfreien Gemeinden und Ämtern zur Erfüllung nach Weisung übertragen. Zuständige Behörden im Sinne dieses Gesetzes sind die Bürgermeisterinnen und Bürgermeister der amtsfreien Gemeinden und die Amtsvorsteherinnen und Amtsvorsteher als örtliche Ordnungsbehörden, in deren Bezirk der Hund gehalten wird (Haltungsort).

...

§ 18 Ordnungswidrigkeiten

(1) Ordnungswidrig handelt, wer vorsätzlich oder fahrlässig

1. entgegen § 2 Abs. 1 Satz 1 einen Hund nicht so hält oder führt, dass von diesem keine Gefahr für die öffentliche Sicherheit ausgeht,
2. entgegen § 2 Abs. 1 Satz 2 einer Person überlässt, die nicht die Gewähr dafür bietet, den Hund sicher im Sinne des § 2 Abs. 1 Satz 1 zu führen,
3. entgegen § 2 Abs. 2 einen Hund nicht an der Leine führt,
4. entgegen § 2 Abs. 3 einen Hund mitnimmt oder dort laufen lässt,
5. entgegen § 2 Abs. 5 einem Hund ein Halsband, eine Halskette oder eine vergleichbare Anleinvorrichtung mit der vorgeschriebenen Kennzeichnung nicht anlegt,
6. entgegen § 2 Abs. 6 Satz 1 einen Hund ausbildet,
7. entgegen § 3 Abs. 1 einen Hund ohne die erforderliche Erlaubnis hält,

...

(2) Die Ordnungswidrigkeit kann mit einer Geldbuße bis zu 10.000 Euro geahndet werden.

(3) Verwaltungsbehörde im Sinne des § 36 Abs. 1 Nr. 1 des Gesetzes über Ordnungswidrigkeiten ist die zuständige Behörde nach § 16.

...

Tierschutz-Hundeverordnung

Vom 2. Mai 2001 (BGBl. I S. 838), geändert durch Artikel 3 des Gesetzes vom 19. April 2006 (BGBl. I S. 900) – Auszug –

...

§ 2 Allgemeine Anforderungen an das Halten

(1) Einem Hund ist ausreichend Auslauf im Freien außerhalb eines Zwingers oder einer Anbindehaltung sowie ausreichend Umgang mit der Person, die den Hund hält, betreut oder zu betreuen hat (Betreuungsperson), zu gewähren. Auslauf und Sozialkontakte sind der Rasse, dem Alter und dem Gesundheitszustand des Hundes anzupassen.

(2) Wer mehrere Hunde auf demselben Grundstück hält, hat sie grundsätzlich in der Gruppe zu halten, sofern andere Rechtsvorschriften dem nicht entgegenstehen. Von der Gruppenhaltung kann abgesehen werden, wenn dies wegen der Art der Verwendung, dem Verhalten oder dem Gesundheitszustand des Hundes erforderlich ist. Nicht aneinander gewöhnte Hunde dürfen nur unter Aufsicht zusammengeführt werden.

(3) Einem einzeln gehaltenen Hund ist täglich mehrmals die Möglichkeit zum länger dauernden Umgang mit Betreuungspersonen zu gewähren, um das Gemeinschaftsbedürfnis des Hundes zu befriedigen.

(4) Ein Welpe darf erst im Alter von über acht Wochen vom Muttertier getrennt werden. Satz 1 gilt nicht, wenn die Trennung nach tierärztlichem Urteil zum Schutz des Muttertieres oder des Welpen vor Schmerzen, Leiden oder Schäden erforderlich ist. Ist nach Satz 2 eine vorzeitige Trennung mehrerer Welpen vom Muttertier erforderlich, sollen diese bis zu einem Alter von acht Wochen nicht voneinander getrennt werden.

§ 3 Anforderungen an die Betreuung bei gewerbsmäßigem Züchten

Wer gewerbsmäßig mit Hunden züchtet, muss sicherstellen, dass für jeweils bis zu zehn Zuchthunde und ihre Welpen eine Betreuungsperson zur Verfügung steht, die die dafür notwendigen Kenntnisse und Fähigkeiten gegenüber der zuständigen Behörde nachgewiesen hat.

§ 4 Anforderungen an das Halten im Freien

(1) Wer einen Hund im Freien hält, hat dafür zu sorgen, dass dem Hund

1. eine Schutzhütte, die den Anforderungen des Absatzes 2 entspricht, und
2. außerhalb der Schutzhütte ein witterungsgeschützter, schattiger Liegeplatz mit wärmegedämmtem Boden zur Verfügung stehen. Während der Tätigkeiten, für die ein Hund ausgebildet wurde oder wird, hat die Betreuungsperson dafür zu

sorgen, dass dem Hund während der Ruhezeiten ein witterungsgeschützter und wärmegedämmter Liegeplatz zur Verfügung steht.

(2) Die Schutzhütte muss aus wärmedämmendem und gesundheitsunschädlichem Material hergestellt und so beschaffen sein, dass der Hund sich daran nicht verletzen und trocken liegen kann. Sie muss so bemessen sein, dass der Hund

1. sich darin verhaltensgerecht bewegen und hinlegen und
2. den Innenraum mit seiner Körperwärme warm halten kann, sofern die Schutzhütte nicht beheizbar ist.

§ 5 Anforderungen an das Halten in Räumen

(1) Ein Hund darf nur in Räumen gehalten werden, bei denen der Einfall von natürlichem Tageslicht sichergestellt ist. Die Fläche der Öffnungen für das Tageslicht muss bei der Haltung in Räumen, die nach ihrer Zweckbestimmung nicht dem Aufenthalt von Menschen dienen, grundsätzlich mindestens ein Achtel der Bodenfläche betragen. Satz 2 gilt nicht, wenn dem Hund ständig ein Auslauf ins Freie zur Verfügung steht. Bei geringem Tageslichteinfall sind die Räume entsprechend dem natürlichen Tag-Nacht-Rhythmus zusätzlich zu beleuchten. In den Räumen muss eine ausreichende Frischluftversorgung sichergestellt sein.

(2) Ein Hund darf in Räumen, die nach ihrer Zweckbestimmung nicht dem Aufenthalt von Menschen dienen, nur dann gehalten werden, wenn die benutzbare Bodenfläche den Anforderungen des § 6 Abs. 2 entspricht.

(3) Ein Hund darf in nicht beheizbaren Räumen nur gehalten werden, wenn

1. diese mit einer Schutzhütte nach § 4 Abs. 2 oder einem trockenen Liegeplatz, der ausreichend Schutz vor Luftzug und Kälte bietet, ausgestattet sind und
2. außerhalb der Schutzhütte nach Nummer 1 ein wärmegedämmter Liegebereich zur Verfügung steht.

§ 6 Anforderungen an die Zwingerhaltung

(1) Ein Hund darf in einem Zwinger nur gehalten werden, der den Anforderungen nach den Absätzen 2 bis 4 entspricht.

(2) In einem Zwinger muss

1. dem Hund entsprechend seiner Widerristhöhe folgende uneingeschränkt benutzbare Bodenfläche zur Verfügung stehen, wobei die Länge jeder Seite mindestens der doppelten Körperlänge des Hundes entsprechen muss und keine Seite kürzer als zwei Meter sein darf:

Widerristhöhe cm	Bodenfläche mindestens m^2
bis 50	6
über 50 bis 65	8
über 65	10,

2. für jeden weiteren in demselben Zwinger gehaltenen Hund sowie für jede Hündin mit Welpen zusätzlich die Hälfte der für einen Hund nach Nummer 1 vorgeschriebenen Bodenfläche zur Verfügung stehen,
3. die Höhe der Einfriedung so bemessen sein, dass der aufgerichtete Hund mit den Vorderpfoten die obere Begrenzung nicht erreicht. Abweichend von Satz 1 Nr. 1 muss für einen Hund, der regelmäßig an mindestens fünf Tagen in der Woche den überwiegenden Teil des Tages außerhalb des Zwingers verbringt, die uneingeschränkt benutzbare Zwingerfläche mindestens sechs Quadratmeter betragen.

(3) Die Einfriedung des Zwingers muss aus gesundheitsunschädlichem Material bestehen und so beschaffen sein, dass der Hund sie nicht überwinden und sich nicht daran verletzen kann. Der Boden muss trittsicher und so beschaffen sein, dass er keine Verletzungen oder Schmerzen verursacht und leicht sauber und trokken zu halten ist. Trennvorrichtungen müssen so beschaffen sein, dass sich die Hunde nicht gegenseitig beißen können. Mindestens eine Seite des Zwingers muss dem Hund freie Sicht nach außen ermöglichen. Befindet sich der Zwinger in einem Gebäude, muss für den Hund der freie Blick aus dem Gebäude heraus gewährleistet sein.

(4) In einem Zwinger dürfen bis zu einer Höhe, die der aufgerichtete Hund mit den Vorderpfoten erreichen kann, keine stromführenden Vorrichtungen, mit denen der Hund in Berührung kommen kann, oder Vorrichtungen, die elektrische Impulse aussenden, vorhanden sein.

(5) Werden mehrere Hunde auf einem Grundstück einzeln in Zwingern gehalten, so sollen die Zwinger so angeordnet sein, dass die Hunde Sichtkontakt zu anderen Hunden haben.

(6) Hunde dürfen in einem Zwinger nicht angebunden gehalten werden.

§ 7 Anforderungen an die Anbindehaltung

(1) Ein Hund darf in Anbindehaltung nur gehalten werden, wenn die Anforderungen der Absätze 2 bis 5 erfüllt sind.

(2) Die Anbindung muss

1. an einer Laufvorrichtung, die mindestens sechs Meter lang ist, frei gleiten können,
2. so bemessen sein, dass sie dem Hund einen seitlichen Bewegungsspielraum von mindestens fünf Metern bietet,
3. so angebracht sein, dass der Hund ungehindert seine Schutzhütte aufsuchen, liegen und sich umdrehen kann.

(3) Im Laufbereich dürfen keine Gegenstände vorhanden sein, die die Bewegungen des Hundes behindern oder zu Verletzungen führen können. Der Boden muss trittsicher und so beschaffen sein, dass er keine Verletzungen oder Schmerzen verursacht und leicht sauber und trocken zu halten ist.

(4) Es dürfen nur breite, nicht einschneidende Brustgeschirre oder Halsbänder verwendet werden, die so beschaffen sind, dass sie sich nicht zuziehen oder zu Verletzungen führen können.

(5) Es darf nur eine Anbindung verwendet werden, die gegen ein Aufdrehen gesichert ist. Das Anbindematerial muss von geringem Eigengewicht und so beschaffen sein, dass sich der Hund nicht verletzen kann.

(6) Bei Begleitung einer Betreuungsperson während der Tätigkeiten, für die der Hund ausgebildet wurde oder wird, kann er abweichend von Absatz 1 nach Maßgabe der Absätze 4 und 5 an einer mindestens drei Meter langen Anbindung angebunden werden.

(7) Die Anbindehaltung ist verboten bei

1. einem Hund bis zu einem Alter von zwölf Monaten,
2. einer tragenden Hündin im letzten Drittel der Trächtigkeit,
3. einer säugenden Hündin,
4. einem kranken Hund, wenn ihm dadurch Schmerzen, Leiden oder Schäden zugefügt würden.

§ 8 Fütterung und Pflege

(1) Die Betreuungsperson hat dafür zu sorgen, dass dem Hund in seinem gewöhnlichen Aufenthaltsbereich jederzeit Wasser in ausreichender Menge und Qualität zur Verfügung steht. Sie hat den Hund mit artgemäßem Futter in ausreichender Menge und Qualität zu versorgen.

(2) Die Betreuungsperson hat

1. den Hund unter Berücksichtigung des der Rasse entsprechenden Bedarfs regelmäßig zu pflegen und für seine Gesundheit Sorge zu tragen;
2. die Unterbringung mindestens einmal täglich und die Anbindevorrichtung mindestens zweimal täglich zu überprüfen und Mängel unverzüglich abzustellen;
3. für ausreichende Frischluft und angemessene Lufttemperaturen zu sorgen, wenn ein Hund ohne Aufsicht in einem Fahrzeug verbleibt;
4. den Aufenthaltsbereich des Hundes sauber und ungezieferfrei zu halten; Kot ist täglich zu entfernen.

§ 9 Ausnahmen für das vorübergehende Halten

Die zuständige Behörde kann von den Vorschriften des § 2 Abs. 2 und 3 sowie § 6 Abs. 1 in Verbindung mit Abs. 2 für das vorübergehende Halten von Hunden in Einrichtungen, die Fundhunde oder durch Behörden eingezogene Hunde aufnehmen, befristete Ausnahmen zulassen, wenn sonst die weitere Aufnahme solcher Hunde gefährdet ist.

§ 10 Ausstellungsverbot

Es ist verboten, Hunde, bei denen Körperteile, insbesondere Ohren oder Rute, zum Erreichen bestimmter Rassemerkmale vollständig oder teilweise amputiert wurden, auszustellen oder Ausstellungen solcher Hunde zu veranstalten. Das Ausstellungsverbot nach Satz 1 gilt nicht, sofern der Eingriff vor dem 1. September 2001 und in Übereinstimmung mit den Vorschriften des Tierschutzgesetzes in der zum Zeitpunkt des Eingriffs geltenden Fassung vorgenommen wurde.

...

§ 12 Ordnungswidrigkeiten[1]

(1) Ordnungswidrig im Sinne des § 18 Abs. 1 Nr. 3 Buchstabe a des Tierschutzgesetzes handelt, wer vorsätzlich oder fahrlässig

1. entgegen § 2 Abs. 4 Satz 1 einen Welpen vom Muttertier trennt,
2. entgegen § 3 nicht sicherstellt, dass für jeweils bis zu zehn Zuchthunde und ihre Welpen eine dort genannte Betreuungsperson zur Verfügung steht,
3. entgegen § 4 Abs. 1 Satz 1 Nr. 1 oder Satz 2 nicht dafür sorgt, dass dem Hund eine Schutzhütte oder ein Liegeplatz zur Verfügung steht,
4. entgegen § 5 Abs. 1 Satz 1 oder Abs. 2 oder 3, § 6 Abs. 1 oder 6 oder § 7 Abs. 1 oder 7 einen Hund hält oder
5. entgegen § 8 Abs. 2 Nr. 2 einen Mangel nicht oder nicht rechtzeitig abstellt.

(2) Ordnungswidrig im Sinne des § 18 Abs. 1 Nr. 3 Buchstabe b des Tierschutzgesetzes handelt, wer vorsätzlich oder fahrlässig entgegen § 10 Satz 1 einen Hund ausstellt oder eine Ausstellung veranstaltet.

...

1 Die Ordnungswidrigkeit kann mit einer Geldbuße bis zu 25.000 Euro geahndet werden.

Verordnung (EG) Nr. 1774/2002 des Europäischen Parlaments und des Rates mit Hygienevorschriften für nicht für den menschlichen Verzehr bestimmte tierische Nebenprodukte

Vom 3. Oktober 2002 (ABl. L 273 vom 10. Oktober 2002, S. 1) – Auszug –

Artikel 1 Geltungsbereich

(1) Diese Verordnung enthält tierseuchen- und hygienerechtliche Vorschriften für

a) die Abholung und Sammlung, Beförderung, Lagerung, Behandlung, Verarbeitung und Verwendung oder Beseitigung tierischer Nebenprodukte, um zu verhindern, dass diese Erzeugnisse die Gesundheit von Mensch oder Tier gefährden;

...

(2) Diese Verordnung gilt nicht für

...

c) ganze Körper oder Teile von Wildtieren, bei denen kein Verdacht auf Vorliegen einer auf Mensch oder Tier übertragbaren Krankheit besteht, außer Fisch, der für Handelszwecke angelandet wird, und Wildkörpern oder Teilen von Wildkörpern, die zur Herstellung von Jagdtrophäen verwendet werden;

...

Artikel 2 Begriffsbestimmungen

(1) Im Sinne dieser Verordnung bezeichnet der Ausdruck

...

b) „Material der Kategorie 1“ tierische Nebenprodukte gemäß Artikel 4;

c) „Material der Kategorie 2“ tierische Nebenprodukte gemäß Artikel 5;

...

f) „Nutztier“ Tiere, die von Menschen gehalten, gemästet oder gezüchtet und zur Erzeugung von Lebensmitteln (wie Fleisch, Milch und Eiern) oder zur Gewinnung von Wolle, Pelzen, Federn, Häuten oder anderer Erzeugnisse tierischen Ursprungs genutzt werden;

g) „Wildtier“ nicht von Menschen gehaltene Tiere;

h) „Heimtier“ Tiere von Arten, die normalerweise von Menschen zu anderen Zwecken als zu landwirtschaftlichen Nutzwecken gefüttert und gehalten, jedoch nicht verzehrt werden.

...

Artikel 4 Material der Kategorie 1

(1) Material der Kategorie 1 umfasst folgende tierische Nebenprodukte und jedes dieser Produkte enthaltende Material:

a) alle Körperteile, einschließlich Häute, folgender Tiere:

...

v) Wildtiere, wenn der Verdacht besteht, dass sie mit einer auf Mensch oder Tier übertragbaren Krankheit infiziert sind;

...

Artikel 5 Material der Kategorie 2

(1) Material der Kategorie 2 umfasst folgende tierische Nebenprodukte und jedes diese Produkte enthaltene Material:

...

e) andere als die in Artikel 4 aufgeführten Tiere und Teile von Tieren, die auf andere Weise als durch Schlachtung für den menschlichen Verzehr sterben, einschließlich Tiere, die zur Tilgung einer Tierseuche getötet werden;

...

(2) Material der Kategorie 2 ist nach Maßgabe des Artikels 7 unverzüglich abzuholen, abzutransportieren, zu kennzeichnen und – sofern die Artikel 23 und 24 nichts anderes bestimmen –

...

f) im Fall von ganzen Tierkörpern oder Teilen von Wildtieren, bei denen kein Verdacht auf Infektion mit auf Mensch oder Tier übertragbaren Krankheiten besteht, zur Herstellung von Jagdtrophäen in einer gemäß Artikel 18 für diesen Zweck zugelassenen technischen Anlage zu verwenden

...

Artikel 18 Zulassung von Heimtierfutterbetrieben und technischen Anlagen

(1) Heimtierfutterbetriebe und technische Anlagen bedürfen der Zulassung durch die zuständige Behörde[1].

...

Artikel 22 Einschränkungen in Bezug auf die Verwendung

(1) Folgende Verwendungen von tierischen Nebenprodukten und verarbeiteten Erzeugnissen sind verboten:

a) die Fütterung einer Art mit verarbeitetem tierischen Eiweiß, das aus Körpern oder Teilen von Körpern von Tieren derselben Art gewonnen wurde;

---

1 Zuständige Behörden sind die Kreise und kreisfreien Städte

b) die Fütterung von Nutztieren, außer Pelztieren, mit Küchen- und Speiseabfällen oder Futtermittel-Ausgangserzeugnissen, die Küchen- und Speiseabfälle enthalten oder daraus hergestellt wurden,

...

Artikel 24 Ausnahmen bezüglich der Beseitigung von tierischen Nebenprodukten

(1) Die zuständige Behörde[1] kann bei Bedarf entscheiden, dass

a) tote Heimtiere durch Vergraben direkt als Abfall entsorgt werden können;

...

Artikel 38 Inkrafttreten

...

Diese Verordnung ist in allen Teilen verbindlich und gilt unmittelbar in jedem Mitgliedstaat.

1 Zuständige Behörden sind die Kreise und kreisfreien Städte

Gesetz zur Durchführung gemeinschaftlicher Vorschriften für die Verarbeitung und Beseitigung nicht für den menschlichen Verzehr bestimmten tierischen Nebenprodukten (Tierische Nebenprodukte-Beseitigungsgesetz –TierNebG)

Vom 25. Januar 2004 (BGBl. I S. 82), zuletzt geändert durch Artikel 2 Abs. 91 des Gesetzes vom 22. Dezember 2011 (BGBl. I S. 3044) – Auszug –

...

§ 3 Verpflichtung zur Verarbeitung und Beseitigung

(1) Die nach Landesrecht zuständigen Körperschaften des öffentlichen Rechts (Beseitigungspflichtige) haben, soweit nach der Verordnung (EG) Nr. 1774/2002 tierische Nebenprodukte

1. der Kategorie 1 im Sinne des Artikels 4 Abs. 1 der Verordnung (EG) Nr. 1774/2002 oder
2. der Kategorie 2 im Sinne des Artikels 5 Abs. 1 der Verordnung (EG) Nr. 1774/2002 – ausgenommen Milch, Kolostrum, Gülle sowie Magen- und Darminhalt

abzuholen, zu sammeln, zu befördern, zu lagern, zu behandeln, zu verarbeiten oder zu beseitigen sind, die Voraussetzungen für die Abholung, Sammlung, Beförderung, Lagerung, Behandlung, Verarbeitung und Beseitigung zu schaffen. Sie sind vorbehaltlich des § 4 und unbeschadet des Artikels 24 der Verordnung (EG) Nr. 1774/2002 verpflichtet, das in ihrem Gebiet anfallende

1. Material der Kategorie 1 gemäß Artikel 4 Abs. 2 und 3 der Verordnung (EG) Nr. 1774/2002,
2. Material der Kategorie 2 – ausgenommen Milch, Kolostrum, Gülle sowie Magen- und Darminhalt – gemäß Artikel 5 Abs. 2 und 3 der Verordnung (EG) Nr. 1774/2002,

abzuholen, zu sammeln, zu befördern, zu lagern, zu behandeln, zu verarbeiten und zu beseitigen. Sie können sich zur Erfüllung dieser Pflicht Dritter bedienen. Satz 2 gilt auch für verendete wild lebende Tiere, sofern die zuständige Behörde eine Verarbeitung und Beseitigung anordnet.

...

§ 7 Meldepflicht

(1) Der Besitzer hat der Beseitigungspflichtigen, in deren Einzugsbereich das in § 3 Abs. 1 Satz 1 bezeichnete Material anfällt, unverzüglich zu melden, wenn das Material angefallen ist.

(2) Der Meldung bedarf es nicht, wenn
1. das in § 3 Abs. 1 Satz 1 bezeichnete Material regelmäßig abgeholt wird,
2. Tiere auf behördliche Anordnung getötet worden sind oder ihre Beseitigung behördlich angeordnet worden ist,
3. es sich um Material im Sinne des § 3 Abs. 1 Satz 1 Nr. 2 handelt, das an in Artikel 23 Abs. 2 Buchstabe c der Verordnung (EG) Nr. 1774/2002 genannte Tiere verfüttert werden soll,
4. verendete Tiere von dem Besitzer bei der Beseitigungspflichtigen abgeliefert werden,
5. verendete oder getötete Tiere zu diagnostischen Zwecken in eine staatliche Untersuchungseinrichtung oder in eine von der zuständigen Behörde bestimmte Untersuchungseinrichtung verbracht werden,
6. die Beseitigung toter Heimtiere durch Vergraben zugelassen ist.

(3) Fremde oder herrenlose Körper von Vieh, Wild, Hunden oder Katzen sind,
1. wenn sie auf einem Grundstück anfallen, von dem Grundstücksbesitzer,
2. wenn sie auf öffentlichen Straßen oder Plätzen anfallen, von dem Straßenbaulastträger,
3. wenn sie in Gewässern anfallen, von dem zur Unterhaltung Verpflichteten

unverzüglich zu melden.

(4) Der Besitzer des in § 3 Abs. 1 Satz 1 bezeichneten Materials hat dieses der Beseitigungspflichtigen zu überlassen.

§ 8 Abholungspflicht

(1) Die Beseitigungspflichtige hat das in § 3 Abs. 1 Satz 1 bezeichnete Material nach Maßgabe des Artikels 7 Abs. 1, 2 und 5 der Verordnung (EG) Nr. 1774/2002 unverzüglich abzuholen, zu sammeln, zu befördern und zu lagern. Satz 1 gilt nicht für die in § 7 Abs. 2 Nr. 4 bezeichneten Tiere sowie für kleine Heimtiere aus privaten Haushaltungen, mit Ausnahme von Hunden und Katzen.

...

§ 14 Bußgeldvorschriften

(1) Ordnungswidrig handelt, wer vorsätzlich oder fahrlässig

...

8. einer nach § 13 Abs. 1 Nr. 1 Buchstabe a, c oder d oder Nr. 2 bis 4 oder 5 Buchstabe a, b oder c oder Nr. 7 erlassenen Rechtsverordnung oder einer vollziehbaren Anordnung auf Grund einer solchen Rechtsverordnung zuwiderhandelt, soweit diese für einen bestimmten Tatbestand auf diese Bußgeldvorschrift verweist, oder
9. einer unmittelbar geltenden Vorschrift in Rechtsakten der Europäischen Gemeinschaft zuwiderhandelt, die inhaltlich einer Regelung entspricht, zu der die in Nummer 8 genannten Vorschriften ermächtigen, soweit eine Rechtsverord-

nung nach Absatz 4 für einen bestimmten Tatbestand auf diese Bußgeldvorschrift verweist.

(2) Ordnungswidrig handelt, wer vorsätzlich oder fahrlässig

1. entgegen § 7 Abs. 1 oder 3 eine Meldung nicht, nicht richtig oder nicht rechtzeitig macht

…

(3) Die Ordnungswidrigkeit kann in den Fällen des Absatzes 1 mit einer Geldbuße bis zu fünfzigtausend Euro und in den Fällen des Absatzes 2 mit einer Geldbuße bis zu zwanzigtausend Euro geahndet werden.

…

Verordnung zur Durchführung des Tierische Nebenprodukte-Beseitigungsgesetzes (Tierische Nebenprodukte-Beseitigungsverordnung – TierNebV)

Vom 27. Juli 2006 (BGBl. I S. 1735), zuletzt geändert durch Artikel 2 der Verordnung vom 23. April 2012 (BGBl. I S. 611) – Auszug –

...

§ 10 Verarbeitungsmethoden

(1) Material der Kategorie 1 sowie ... ist, ... zu verarbeiten. Satz 1 ist nicht anzuwenden

...

3. wenn einzelne Körper von Heimtieren nach § 27 Abs. 3 vergraben werden oder
4. wenn ganze Körper oder Teile von Wildtieren, bei denen kein Verdacht auf eine Infektion mit auf Mensch oder Tier übertragbaren Krankheiten besteht, zur Herstellung von Jagdtrophäen verwendet werden.

...

§ 27 Ausnahmen

(1) Die zuständige Behörde kann Ausnahmen von Artikel 6 Abs. 2 der Verordnung (EG) Nr. 1774/2002 im Hinblick auf Blut genehmigen, das zu Forschungszwecken oder zu Ausbildungszwecken für Jagdhunde verwendet wird.

(2) § 3 Abs. 1 Satz 1 und 2 des Tierische Nebenprodukte-Beseitigungsgesetzes vom 25. Januar 2004 (BGBl. I S. 82) gilt nach Maßgabe des Satzes 2 nicht für Heimtiere, soweit diese in einer Verbrennungsanlage nach Artikel 12 Abs. 1 der Verordnung (EG) Nr. 1774/2002 verbrannt werden. Bis zur Verbrennung sind die Heimtiere in der Verbrennungsanlage, in einem Zwischenbehandlungsbetrieb für Material der Kategorie 1 oder in einer tierärztlichen Praxis zu lagern.

(3) Artikel 4 Abs. 2 der Verordnung (EG) Nr. 1774/2002 gilt nicht für einzelne Körper von Heimtieren, soweit diese auf geeigneten und von der zuständigen Behörde hierfür besonders zugelassenen Plätzen oder auf einem dem Tierhalter gehörenden Gelände, jedoch nicht in Wasserschutzgebieten und nicht in unmittelbarer Nähe öffentlicher Wege und Plätze, vergraben werden. Die Tierkörper dürfen nur so vergraben werden, dass sie mit einer ausreichenden, mindestens 50 Zentimeter starken Erdschicht, gemessen vom Rand der Grube, bedeckt sind. § 32 Absatz 2 Satz 1, § 45 Absatz 2 Satz 1 und § 48 Absatz 2 Satz 1 des Wasserhaushaltsgesetzes bleiben unberührt.

...

§ 28 Ordnungswidrigkeiten

…

(2) Ordnungswidrig im Sinne des § 14 Abs. 2 Nr. 5 des Tierische Nebenprodukte-Beseitigungsgesetzes handelt, wer vorsätzlich oder fahrlässig

…

2. entgegen § 27 Abs. 2 Satz 2 ein Heimtier lagert oder
3. entgegen § 27 Abs. 3 Satz 2 ein Heimtier vergräbt.

…

Verordnung (EG) Nr. 178/2002 des Europäischen Parlaments und des Rates zur Festlegung der allgemeinen Grundsätze und Anforderungen des Lebensmittelrechts, zur Errichtung der Europäischen Behörde für Lebensmittelsicherheit und zur Festlegung von Verfahren zur Lebensmittelsicherheit

Vom 28. Januar 2002 (ABl. EG L 31 vom 1. Februar 2002 S. 1), zuletzt geändert durch Verordnung vom 4. März 2008 (ABl. EG L 60 vom 5. März 2008 S. 17) – Auszug –

Artikel 1 Ziel und Anwendungsbereich

(1) Diese Verordnung schafft die Grundlage für ein hohes Schutzniveau für die Gesundheit des Menschen und die Verbraucherinteressen bei Lebensmitteln unter besonderer Berücksichtigung der Vielfalt des Nahrungsmittelangebots, einschließlich traditioneller Erzeugnisse, wobei ein reibungsloses Funktionieren des Binnenmarkts gewährleistet wird. In ihr werden einheitliche Grundsätze und Zuständigkeiten, die Voraussetzungen für die Schaffung eines tragfähigen wissenschaftlichen Fundaments und effiziente organisatorische Strukturen und Verfahren zur Untermauerung der Entscheidungsfindung in Fragen der Lebensmittel- und Futtermittelsicherheit festgelegt.

...

(3) Diese Verordnung gilt für alle Produktions-, Verarbeitungs- und Vertriebsstufen von Lebensmitteln und Futtermitteln. Sie gilt nicht für die Primärproduktion für den privaten häuslichen Gebrauch oder für die häusliche Verarbeitung, Handhabung oder Lagerung von Lebensmitteln zum häuslichen privaten Verbrauch.

...

Artikel 3 Sonstige Definitionen

Im Sinne dieser Verordnung bezeichnet der Ausdruck

...

17. „Primärproduktion" die Erzeugung, die Aufzucht oder den Anbau von Primärprodukten einschließlich Ernten, Melken und landwirtschaftlicher Nutztierproduktion vor dem Schlachten. Sie umfasst auch das Jagen und Fischen und das Ernten wild wachsender Erzeugnisse.

...

F 1 · VO (EG) Lebensmittelsicherheit

Artikel 18 Rückverfolgbarkeit

(1) Die Rückverfolgbarkeit von Lebensmitteln und Futtermitteln, von der Lebensmittelgewinnung dienenden Tieren und allen sonstigen Stoffen, die dazu bestimmt sind oder von denen erwartet werden kann, dass sie in einem Lebensmittel oder Futtermittel verarbeitet werden, ist in allen Produktions-, Verarbeitungs- und Vertriebsstufen sicherzustellen.

...

Diese Verordnung ist in allen ihren Teilen verbindlich und gilt unmittelbar in jedem Mitgliedstaat.

Durchführungsverordnung (EU) Nr. 931/2011 der Kommission

Vom 19. September 2011 (Abl. EU L 242 vom 20. September 2011 S. 2)
– Auszug –

...

Artikel 3 Anforderungen an die Rückverfolgbarkeit

(1) Lebensmittelunternehmer stellen sicher, dass dem Lebensmittelunternehmer, dem das Lebensmittel geliefert wird, und auf Aufforderung der zuständigen Behörde folgende Informationen über Sendungen mit Lebensmitteln tierischen Ursprungs zur Verfügung gestellt werden:

a) eine genaue Beschreibung des Lebensmittels,

b) das Volumen oder die Menge des Lebensmittels,

c) Name und Anschrift des Lebensmittelunternehmers, von dem das Lebensmittel versendet wurde,

d) Name und Anschrift der Versenders (Eigentümers), falls es sich dabei nicht um den Lebensmittelunternehmer handelt, von dem das Lebensmittel versendet wurde;

e) Name und Anschrift des Lebensmittelunternehmers, an den das Lebensmittel versendet wird,

f) Name und Anschrift des Versenders (Eigentümers), falls es sich dabei nicht um den Lebensmittelunternehmer handelt, an den das Lebensmittel versendet wird,

g) eine Bezugsnummer zur Identifizierung der Partie, der Charge bzw. der Sendung sowie

h) das Versanddatum.

...

Diese Verordnung ist in allen Teilen verbindlich und gilt unmittelbar in jedem Mitgliedstaat.

Verordnung (EG) Nr. 852/2004 des Europäischen Parlaments und des Rates über Lebensmittelhygiene

Vom 29. April 2004 (ABl. EG L 139 vom 30. April 2004 S. 1, zuletzt geändert durch Verordnung vom 11. März 2009 (ABl. EG Nr. L 87 vom 31. März 2009 S. 109) – Auszug –

Artikel 1 Geltungsbereich

(1) Diese Verordnung enthält allgemeine Lebensmittelhygienevorschriften für Lebensmittelunternehmer unter besonderer Berücksichtigung folgender Grundsätze:

a) Die Hauptverantwortung für die Sicherheit eines Lebensmittels liegt beim Lebensmittelunternehmer.
b) Die Sicherheit der Lebensmittel muss auf allen Stufen der Lebensmittelkette, einschließlich der Primärproduktion, gewährleistet sein.
c) Bei Lebensmitteln, die nicht ohne Bedenken bei Raumtemperatur gelagert werden können, insbesondere bei gefrorenen Lebensmitteln, darf die Kühlkette nicht unterbrochen werden.
d) Die Verantwortlichkeit der Lebensmittelunternehmer sollte durch die allgemeine Anwendung von auf den HACCP-Grundsätzen beruhenden Verfahren in Verbindung mit einer guten Hygienepraxis gestärkt werden.
e) Leitlinien für eine gute Verfahrenspraxis sind ein wertvolles Instrument, das Lebensmittelunternehmern auf allen Stufen der Lebensmittelkette hilft, die Vorschriften der Lebensmittelhygiene einzuhalten und die HACCP-Grundsätze anzuwenden.
f) Auf der Grundlage wissenschaftlicher Risikobewertungen sind mikrobiologische Kriterien und Temperaturkontrollerfordernisse festzulegen.
g) Es muss sichergestellt werden, dass eingeführte Lebensmittel mindestens denselben oder gleichwertigen Hygienenormen entsprechen wie in der Gemeinschaft hergestellte Lebensmittel.

Diese Verordnung gilt für alle Produktions-, Verarbeitungs- und Vertriebsstufen von Lebensmitteln und für Ausfuhren sowie unbeschadet spezifischerer Vorschriften für die Hygiene von Lebensmitteln.

(2) Diese Verordnung gilt nicht für

a) die Primärproduktion für den privaten häuslichen Gebrauch;
b) die häusliche Verarbeitung, Handhabung oder Lagerung von Lebensmitteln zum häuslichen privaten Verbrauch;
c) die direkte Abgabe kleiner Mengen von Primärerzeugnissen durch den Erzeuger an den Endverbraucher oder an lokale Einzelhandelsgeschäfte, die die Erzeugnisse unmittelbar an den Endverbraucher abgeben;
d) Sammelstellen und Gerbereien, die ausschließlich deshalb unter die Definition „Lebensmittelunternehmen“ fallen, weil sie mit Rohstoffen für die Herstellung von Gelatine oder Kollagen umgehen.

(3) Im Rahmen der einzelstaatlichen Rechtsvorschriften erlassen die Mitgliedstaaten Vorschriften für die Tätigkeiten im Sinne des Absatzes 2 Buchstabe c). Mit diesen einzelstaatlichen Vorschriften muss gewährleistet werden, dass die Ziele dieser Verordnung erreicht werden.

Artikel 2 Begriffsbestimmungen

(1) Für die Zwecke dieser Verordnung bezeichnet der Ausdruck

...

b) „Primärerzeugnisse" Erzeugnisse aus primärer Produktion einschließlich Anbauerzeugnissen, Erzeugnissen aus der Tierhaltung, Jagderzeugnissen und Fischereierzeugnissen;

...

Diese Verordnung ist in allen ihren Teilen verbindlich und gilt unmittelbar in jedem Mitgliedstaat.

Anhang I

Primärproduktion

Teil A: Allgemeine Hygienevorschriften für die Primärproduktion und damit zusammenhängende Vorgänge

I. Geltungsbereich

1. Dieser Anhang gilt für die Primärproduktion und die folgenden damit zusammenhängenden Vorgänge:

...

   c) im Falle von Erzeugnissen pflanzlichen Ursprungs, Fischereierzeugnissen und Wild die Beförderung zur Lieferung von Primärerzeugnissen, deren Beschaffenheit nicht wesentlich verändert wurde, vom Erzeugungsort zu einem Betrieb.

II. Hygienevorschriften

...

4. Die Lebensmittelunternehmer, die Tiere halten, ernten oder jagen oder Primärerzeugnisse tierischen Ursprungs gewinnen, müssen die jeweils angemessenen Maßnahmen treffen, um

   a) die für die Primärproduktion und damit zusammenhängenden Vorgänge verwendeten Anlagen, einschließlich der zur Lagerung und Behandlung von Futtermitteln verwendeten Anlagen, zu reinigen und erforderlichenfalls nach der Reinigung in geeigneter Weise zu desinfizieren;

...

Verordnung (EG) Nr. 853/2004 des europäischen Parlaments und des Rates mit spezifischen Hygienevorschriften für Lebensmittel tierischen Ursprungs

Vom 29. April 2004 (ABl. EG L 139 vom 30. April 2004 S. 55), zuletzt geändert durch Verordnung vom 11. Januar 2012 (ABl. EU L 8 vom 12. Januar 2012 S. 29) – Auszug –

Artikel 1 Geltungsbereich

(1) Diese Verordnung enthält von Lebensmittelunternehmern einzuhaltende spezifische Hygienevorschriften für Lebensmittel tierischen Ursprungs. Diese Vorschriften ergänzen die Vorschriften der Verordnung (EG) Nr. 852/2004. Sie gelten für unverarbeitete Erzeugnisse und Verarbeitungserzeugnisse tierischen Ursprungs.

...

(3) Diese Verordnung gilt nicht für

a) die Primärproduktion für den privaten häuslichen Gebrauch;

b) die häusliche Verarbeitung, Handhabung oder Lagerung von Lebensmitteln zum häuslichen privaten Verbrauch;

c) die direkte Abgabe kleiner Mengen von Primärerzeugnissen durch den Erzeuger an den Endverbraucher oder an örtliche Einzelhandelsunternehmen, die die Erzeugnisse direkt an den Endverbraucher abgeben;

...

e) Jäger, die kleine Mengen[1] von Wild oder Wildfleisch direkt an den Endverbraucher oder an örtliche Einzelhandelsunternehmen zur direkten Abgabe an den Endverbraucher abgeben.

...

Artikel 4 Eintragung und Zulassung von Betrieben

(1) Lebensmittelunternehmer dürfen in der Gemeinschaft hergestellte Erzeugnisse tierischen Ursprungs nur in Verkehr bringen, wenn sie ausschließlich in Betrieben be- und verarbeitet worden sind, die

a) den einschlägigen Anforderungen der Verordnung (EG) Nr. 852/2004, denen der Anhänge II und III der vorliegenden Verordnung und anderen einschlägigen lebensmittelrechtlichen Vorschriften genügen und

---

1 Siehe § 5 LMHV (F 5); § 3 Tier-LMHV (F 6)

b) von der zuständigen Behörde registriert oder – sofern dies nach Absatz 2 erforderlich ist – zugelassen worden sind.

...

Diese Verordnung ist in allen ihren Teilen verbindlich und gilt unmittelbar in jedem Mitgliedstaat.

...

Anhang I

Begriffsbestimmungen

Im Sinne dieser Verordnung bezeichnet der Ausdruck

...

1.4 „Hasentiere" Kaninchen, Hasen und Nagetiere;

1.5 „frei lebendes Wild"

- frei lebende Huf- und Hasentiere sowie andere Landsäugetiere, die für den menschlichen Verzehr gejagt werden und nach dem geltenden Recht des betreffenden Mitgliedstaats als Wild gelten, einschließlich Säugetiere, die in einem geschlossenen Gehege unter ähnlichen Bedingungen leben wie frei lebendes Wild,

  und

- frei lebende Vogelarten, die für den menschlichen Verzehr gejagt werden.

...

1.7 „Kleinwild" frei lebendes Federwild und frei lebende Hasentiere;

1.8 „Großwild" frei lebende Landsäugetiere, die nicht unter die Begriffsbestimmung für Kleinwild fallen;

...

Anhang III

Besondere Anforderungen

Abschnitt I: Fleisch von als Haustiere gehaltenen Huftieren

...

Kapitel V: Zerlegungs- und Entbeinungshygiene

Lebensmittelunternehmer müssen sicherstellen, dass Fleisch von als Haustiere gehaltenen Huftieren nach folgenden Vorschriften zerlegt und entbeint wird:

1. Schlachtkörper von als Haustiere gehaltenen Huftieren dürfen in Schlachthöfen in Hälften oder Viertel und Schlachtkörperhälften in maximal drei großmarktübliche Teile zerlegt werden. Das weitere Zerlegen und Entbeinen muss in einem Zerlegungsbetrieb stattfinden.

2. Das Fleisch muss so bearbeitet werden, dass eine Kontamination verhindert oder so weit wie möglich unterbunden wird. Insbesondere müssen Lebensmittelunternehmer folgendes sicherstellen:
   a) Zum Zerlegen bestimmtes Fleisch wird nur je nach Bedarf nach und nach in die Arbeitsräume verbracht,
   b) beim Zerlegen, Entbeinen, Zurichten, Zerschneiden in Scheiben oder Würfel, Umhüllen und Verpacken werden mittels einer Raumtemperatur von höchstens 12 °C oder eines alternativen Systems mit gleicher Wirkung Nebenprodukte der Schlachtung auf nicht mehr als 3 °C und anderes Fleisch auf nicht mehr als 7 °C gehalten,

      und
   c) soweit Betriebe für das Zerlegen von Fleisch verschiedener Tierarten zugelassen sind, muss durch geeignete Vorkehrungen sichergestellt werden, dass Kreuzkontaminationen vermieden werden, indem die Bearbeitung der verschiedenen Tierarten entweder zeitlich oder räumlich getrennt erfolgt.
3. Fleisch kann jedoch gemäß Kapitel VII Nummer 3 vor Erreichen der in Nummer 2 Buchstabe b) genannten Temperatur entbeint und zerlegt werden.
4. Fleisch kann zudem vor Erreichen der in Nummer 2 Buchstabe b) genannten Temperatur entbeint und zerlegt werden, wenn der Zerlegungsraum sich am gleichen Ort wie die Schlachtanlage befindet. In diesem Fall muss das Fleisch entweder auf direktem Wege von der Schlachtanlage in den Zerlegungsraum oder zunächst in einen Kühlraum oder in ein Kühlhaus verbracht werden. Nach abgeschlossener Zerlegung und gegebenenfalls Verpackung muss das Fleisch auf die in Nummer 2 Buchstabe b) festgelegte Temperatur abgekühlt werden.

...

Abschnitt II: Fleisch von Geflügel und Hasentieren

...

Kapitel V: Hygiene beim und nach dem Zerlegen und Entbeinen

Lebensmittelunternehmer müssen sicherstellen, dass Fleisch von Geflügel und Hasentieren nach folgenden Vorschriften zerlegt und entbeint wird:

1. Das Fleisch muss so bearbeitet werden, dass die Kontamination verhindert oder so weit wie möglich unterbunden wird. Zu diesem Zweck müssen die Lebensmittelunternehmer insbesondere Folgendes sicherstellen:
   a) Zum Zerlegen bestimmtes Fleisch wird nur je nach Bedarf nach und nach in die Arbeitsräume verbracht,
   b) beim Zerlegen, Entbeinen, Zurichten, Zerschneiden in Scheiben oder Würfel, Umhüllen und Verpacken wird die Temperatur des Fleisches mittels einer Raumtemperatur von 12 °C oder eines alternativen Systems gleicher Wirkung auf höchstens 4 °C gehalten,

      und

c) soweit Betriebe zum Zerlegen von Fleisch verschiedener Tierarten zugelassen sind, muss durch geeignete Vorkehrungen sichergestellt werden, dass Kreuzkontaminationen vermieden werden, erforderlichenfalls indem die Bearbeitung der verschiedenen Tierarten entweder zeitlich oder räumlich getrennt erfolgt.

2. Fleisch kann jedoch vor Erreichen der in Nummer 1 Buchstabe b) genannten Temperatur entbeint und zerlegt werden, wenn sich der Zerlegungsraum am gleichen Ort wie die Schlachtanlage befindet, vorausgesetzt, das Fleisch wird in den Zerlegungsraum entweder

   a) auf direktem Wege von der Schlachtanlage

   oder

   b) zunächst in einen Kühlraum oder ein Kühlhaus verbracht.

3. Nach abgeschlossener Zerlegung und gegebenenfalls Verpackung muss das Fleisch auf die in Nummer 1 Buchstabe b) genannte Temperatur abgekühlt werden.

4. Unverpacktes Fleisch muss getrennt von verpacktem Fleisch gelagert und befördert werden, es sei denn, es wird zu verschiedenen Zeitpunkten oder in einer Weise gelagert oder befördert, dass es durch das Verpackungsmaterial und die Art der Lagerung bzw. Beförderung nicht kontaminiert werden kann.

...

Abschnitt IV: Fleisch von frei lebendem Wild

Kapitel I: Ausbildung von Jägern in Gesundheits- und Hygienefragen

1. Personen, die Wild bejagen, um Wildbret für den menschlichen Verzehr in Verkehr zu bringen, müssen auf dem Gebiet der Wildpathologie und der Produktion und Behandlung von Wildbret ausreichend geschult sein, um das Wild vor Ort einer ersten Untersuchung unterziehen zu können[1].

2. Es genügt jedoch, wenn mindestens eine Person einer Jagdgesellschaft über die in Nummer 1 bezeichneten Kenntnisse verfügt. Der Ausdruck „kundige Person" im vorliegenden Abschnitt bezeichnet eine solche Person.

3. Die kundige Person könnte auch der Wildheger oder Wildhüter sein, wenn sie Teil der Jagdgesellschaft oder in unmittelbarer Nähe des Gebiets niedergelassen ist, in dem die Jagd stattfindet. Im letztgenannten Fall muss der Jäger das Wild dem Wildheger oder dem Wildhüter vorlegen und ihn über etwaige vor dem Erlegen beobachtete Verhaltensstörungen unterrichten.

1 Siehe § 4 Tier-LMHV (F 6)

4. Die zuständige Behörde muss sich davon überzeugen, dass Jäger ausreichend geschult sind, um als kundige Personen gelten zu können. Die Ausbildungsgänge sollten mindestens folgende Gebiete umfassen:
   a) normale Anatomie, Physiologie und Verhaltensweisen von freilebendem Wild,
   b) abnorme Verhaltensweisen und pathologische Veränderungen beim Wild infolge von Krankheiten, Umweltverschmutzung oder sonstigen Faktoren, die die menschliche Gesundheit bei Verzehr von Wildbret schädigen können,
   c) Hygiene- und Verfahrensvorschriften für den Umgang mit Wildkörpern nach dem Erlegen, ihr Befördern, Ausweiden usw.

      und
   d) Rechts- und Verwaltungsvorschriften auf dem Gebiet der Gesundheit von Mensch und Tier und auf hygienerechtlichem Gebiet, die für das Inverkehrbringen von Wildbret von Belang sind.
5. Die zuständige Behörde sollte die Jagdverbände auffordern, solche Lehrgänge anzubieten.

Kapitel II: Umgang mit frei lebendem Großwild

1. Nach dem Erlegen des frei lebenden Großwilds müssen Mägen und Gedärme so bald wie möglich entfernt werden; erforderlichenfalls müssen die Tiere entblutet werden.
2. Die kundige Person muss den Wildkörper und alle ausgenommenen Eingeweide auf Merkmale hin untersuchen, die darauf schließen lassen, dass das Fleisch gesundheitlich bedenklich sein könnte. Die Untersuchung muss so bald wie möglich nach dem Erlegen stattfinden.
3. Fleisch von frei lebendem Großwild darf nur in Verkehr gebracht werden, wenn der Wildkörper so bald wie möglich nach der unter Nummer 2 genannten Untersuchung zu einem Wildbearbeitungsbetrieb befördert wird. Die Eingeweide müssen dem Wildkörper gemäß den Vorschriften der Nummer 4 beigefügt werden. Die Eingeweide müssen als zu einem bestimmten Tier gehörig erkennbar sein.
4. a) Werden bei der Untersuchung gemäß Nummer 2 keine auffälligen Merkmale festgestellt, vor dem Erlegen keine Verhaltensstörungen beobachtet und besteht kein Verdacht auf Umweltkontamination, so muss die kundige Person dem Wildkörper eine mit einer Nummer versehene Erklärung beigeben, in der dies bescheinigt wird. In dieser Bescheinigung müssen auch das Datum, der Zeitpunkt und der Ort des Erlegens aufgeführt werden. In diesem Fall brauchen der Kopf und die Eingeweide dem Wildkörper nicht beigefügt zu werden, außer bei Tieren der für Trichinose anfälligen Arten (Schweine, Einhufer und andere), deren Kopf (ausgenommen Hauer) und Zwerchfell dem Wildkörper beigefügt werden müssen. Die Jäger müssen jedoch allen

zusätzlichen Anforderungen, die in den Mitgliedstaaten, in denen gejagt wird, gestellt werden, genügen, damit insbesondere bestimmte Rückstände und Stoffe gemäß der Richtlinie 96/23/EG kontrolliert werden können.

b) Anderenfalls müssen der Kopf (ausgenommen Hauer, Geweih und Hörner) und alle Eingeweide mit Ausnahme des Magens und der Gedärme beigefügt werden. Die kundige Person, die die Untersuchung vorgenommen hat, muss der zuständigen Behörde mitteilen, welche auffälligen Merkmale, welche Verhaltensstörungen oder welcher Verdacht auf Umweltkontamination sie bewogen hatten, keine Bescheinigung im Sinne von Buchstabe a) auszustellen.

c) Steht zur Durchführung der Untersuchung nach Nummer 2 keine kundige Person zur Verfügung, so müssen der Kopf (ausgenommen Hauer, Geweih und Hörner) sowie alle Eingeweide mit Ausnahme des Magens und der Gedärme beim Wildkörper belassen werden.

5. Die Wildkörper insgesamt müssen nach dem Erlegen innerhalb einer angemessenen Zeitspanne auf nicht mehr als 7 °C abgekühlt werden. Soweit es die klimatischen Verhältnisse erlauben, ist eine aktive Kühlung nicht erforderlich.

6. Während der Beförderung zum Wildbearbeitungsbetrieb muss das Übereinanderlegen von Wildkörpern vermieden werden.

7. Frei lebendes Großwild, das in einem Wildbearbeitungsbetrieb angeliefert wird, muss der zuständigen Behörde zur Untersuchung gestellt werden.

8. Außerdem darf nicht enthäutetes frei lebendes Großwild nur enthäutet und in Verkehr gebracht werden, wenn es:

   a) vor der Häutung von anderen Lebensmitteln getrennt gelagert und behandelt und nicht tiefgefroren wird,

   und

   b) nach der Häutung einer abschließenden Untersuchung gemäß Verordnung (EG) Nr. 854/2004 unterzogen wird.

9. Für das Zerlegen und Entbeinen von frei lebendem Großwild gelten die Vorschriften von Abschnitt I Kapitel V.

Kapitel III: Umgang mit frei lebendem Kleinwild

1. Die kundige Person muss den Wildkörper auf Merkmale hin untersuchen, die darauf schließen lassen, dass das Fleisch gesundheitlich bedenklich sein könnte. Die Untersuchung muss so bald wie möglich nach dem Erlegen stattfinden.

2. Werden bei der Untersuchung auffällige Merkmale festgestellt, vor dem Erlegen Verhaltensstörungen beobachtet oder besteht ein Verdacht auf Umweltkontamination, so muss die kundige Person die zuständige Behörde davon unterrichten.

3. Fleisch von frei lebendem Kleinwild darf nur in Verkehr gebracht werden, wenn der Wildkörper so bald wie möglich nach der unter Nummer 1 genannten Untersuchung zu einem Wildbearbeitungsbetrieb befördert wird.
4. Die Wildkörper insgesamt müssen nach dem Erlegen innerhalb einer angemessenen Zeitspanne auf nicht mehr als 4 °C abgekühlt werden. Soweit es die klimatischen Verhältnisse erlauben, ist eine aktive Kühlung nicht erforderlich.
5. Die Wildkörper müssen nach dem Eintreffen im Wildbearbeitungsbetrieb ohne ungerechtfertigte Verzögerung ausgeweidet oder vollständig ausgeweidet werden, sofern die zuständige Behörde keine anderweitige Genehmigung erteilt.
6. An einen Wildbearbeitungsbetrieb geliefertes frei lebendes Kleinwild muss der zuständigen Behörde zur Inspektion vorgeführt werden.
7. Für das Zerlegen und Entbeinen von frei lebendem Kleinwild gelten die Vorschriften von Abschnitt II Kapitel V.

...

Verordnung über Anforderungen an die Hygiene beim Herstellen, Behandeln und Inverkehrbringen von Lebensmitteln (Lebensmittelhygiene-Verordnung – LMHV)

Vom 8. August 2007 (BGBl. I S. 1816, 1817), zuletzt geändert durch Artikel 1 der Verordnung vom 14. Juli 2010 (BGBl. I S. 929) – Auszug –

§ 1 Anwendungsbereich

Diese Verordnung dient der Regelung spezifischer lebensmittelhygienischer Fragen sowie der Umsetzung und Durchführung von Rechtsakten der Europäischen Gemeinschaft oder der Europäischen Union auf dem Gebiet der Lebensmittelhygiene.

§ 2 Begriffsbestimmungen

(1) Im Sinne dieser Verordnung sind

...

3. Erlegen: Töten von Groß- und Kleinwild nach jagdrechtlichen Vorschriften.

...

§ 5 Anforderungen an die Abgabe kleiner Mengen bestimmter Primärerzeugnisse

(1) Wer kleine Mengen der in Absatz 2 genannten Primärerzeugnisse direkt an Verbraucher oder an örtliche Betriebe des Einzelhandels zur unmittelbaren Abgabe an Verbraucher abgibt, hat bei deren Herstellung und Behandlung unbeschadet der Anforderungen der Tierische Lebensmittel-Hygieneverordnung die Anforderungen der Anlage 2 einzuhalten. Örtliche Betriebe des Einzelhandels sind im Falle von Absatz 2 Nr. 2 Betriebe des Einzelhandels, die im Umkreis von nicht mehr als 100 Kilometern vom Wohnort des Jägers oder dem Erlegeort des Wildes gelegen sind.

(2) Kleine Mengen im Sinne des Absatzes 1 Satz 1 sind im Falle von

...

2. erlegtem Wild: die Strecke eines Jagdtages,

...

Anlage 2 (zu § 5 Abs. 1 Satz 1)
Anforderungen an die Abgabe kleiner Mengen von Primärerzeugnissen

1. Zur Vermeidung einer nachteiligen Beeinflussung von Primärerzeugnissen sind die jeweils angemessenen Maßnahmen zu treffen, um
   a) Wände, Böden und Arbeitsflächen in Betriebsstätten sowie Verkaufseinrichtungen, Anlagen, Ausrüstungsgegenstände, Behältnisse, Container und Fahrzeuge, die mit Primärerzeugnissen in Berührung kommen können,

instand zu halten, regelmäßig zu reinigen und erforderlichenfalls in geeigneter Weise zu desinfizieren,

   b) hygienische Herstellungs-, Transport- und Lagerungsbedingungen für die Primärerzeugnisse sowie deren Sauberkeit in angemessener Weise sicherzustellen,
   c) beim Umgang mit und bei der Reinigung von Primärerzeugnissen Trinkwasser oder, falls angemessen, sauberes Wasser oder sauberes Meerwasser zu verwenden,
   d) Abfälle und gefährliche Stoffe so zu lagern, damit so umzugehen und sie so zu entsorgen, dass eine Kontamination der Primärerzeugnisse verhindert wird.

2. Zur Sicherstellung einer guten Lebensmittelhygiene in Betrieben und Verkaufseinrichtungen gilt zusätzlich Folgendes:
   a) Bei der Lagerung von Primärerzeugnissen ist das Risiko einer Verunreinigung so weit wie möglich zu vermeiden.
   b) Erforderlichenfalls muss eine ausreichende Versorgung mit kaltem oder warmem Trinkwasser oder mit sauberem Wasser vorhanden sein.
   c) Erforderlichenfalls müssen geeignete Vorrichtungen zum Reinigen und Desinfizieren von Räumlichkeiten, Arbeitsgeräten und Ausrüstungsgegenständen vorhanden sein.
   d) Erforderlichenfalls müssen geeignete Vorrichtungen zur Ermöglichung einer angemessenen Personalhygiene, Vorrichtungen zum hygienischen Waschen und Trocknen der Hände sowie hygienische Sanitäreinrichtungen und Umkleidemöglichkeiten zur Verfügung stehen.
   e) Erforderlichenfalls müssen zur Säuberung von Primärerzeugnissen geeignete Vorrichtungen für eine hygienische Vorgehensweise vorhanden sein.
   f) Erforderlichenfalls müssen angemessene Vorrichtungen oder Einrichtungen zur Einhaltung geeigneter Temperaturbedingungen für die Primärerzeugnisse vorhanden sein.
   g) Umhüllungen und Verpackungen müssen so gelagert werden, dass sie nicht verunreinigt werden können.
3. Es sind die jeweils angemessenen Maßnahmen zu treffen, um sicherzustellen, dass
   a) das für die Behandlung von Primärerzeugnissen eingesetzte Personal gesund und in Bezug auf Gesundheitsrisiken und in Fragen der Lebensmittelhygiene geschult ist,
   b) Personen, die mit Primärerzeugnissen umgehen, ein hohes Maß an persönlicher Hygiene halten sowie geeignete und saubere Arbeitskleidung und erforderlichenfalls Schutzkleidung tragen,
   c) Personen mit infizierten Wunden, Hautinfektionen oder Geschwüren nicht mit Primärerzeugnissen umgehen, wenn nicht ausgeschlossen werden kann, dass Primärerzeugnisse direkt oder indirekt kontaminiert werden können.

…

Verordnung über Anforderungen an die Hygiene beim Herstellen, Behandeln und Inverkehrbringen von bestimmten Lebensmitteln tierischen Ursprungs (Tierische Lebensmittel-Hygieneverordnung – Tier-LMHV)

Vom 8. August 2007 (BGBl. I S. 1816, 1828), zuletzt geändert durch Artikel 1 der Verordnung vom 10. November 2011 (BGBl. I S. 2233) – Auszug –

§ 1 Anwendungsbereich

Diese Verordnung dient der Regelung von Fragen des Herstellens, Behandelns und Inverkehrbringens bestimmter Lebensmittel tierischen Ursprungs sowie der Umsetzung und Durchführung von Rechtsakten der Europäischen Gemeinschaft oder der Europäischen Union auf dem Gebiet der Lebensmittelhygiene bei Lebensmitteln tierischen Ursprungs.

§ 2 Begriffsbestimmungen

(1) Im Sinne dieser Verordnung sind

...

2. Erlegen: Töten von Groß- und Kleinwild nach jagdrechtlichen Vorschriften,

...

(2) Im Übrigen gelten die Begriffsbestimmungen des

1. Artikels 2 Abs. 1 der Verordnung (EG) Nr. 852/2004 des Europäischen Parlaments und des Rates vom 29. April 2004 über Lebensmittelhygiene (ABl. EU Nr. L 139 S. 1, Nr. L 226 S. 3) und
2. Anhangs I der Verordnung (EG) Nr. 853/2004 entsprechend.

...

§ 2b Verwendung von erlegtem Großwild für den eigenen häuslichen Verbrauch

(1) Wer von ihm selbst erlegtes Großwild für den eigenen häuslichen Verbrauch in Eigenbesitz genommen hat, hat das Wild vor der weiteren Bearbeitung bei der für den Erlegeort oder seinen Wohnort zuständigen Behörde

1. zur amtlichen Fleischuntersuchung anzumelden, wenn vor oder nach dem Erlegen des Wildes Merkmale nach Anlage 4 Nummer 1.3 festgestellt worden sind, und
2. im Falle von Wildschweinen oder anderen Tieren, die Träger von Trichinen sein können, zur amtlichen Untersuchung auf Trichinen anzumelden.

(2) Im Falle des § 6 Absatz 2 Satz 1 Nummer 1 der Tierische Lebensmittel-Überwachungsverordnung hat der Jäger das Wild zur Untersuchung auf Trichinen nach Absatz 1 Nummer 2 unter Verwendung eines Wildursprungsscheins nach Form und Inhalt des Musters der Anlage 8a anzumelden. Der Wildursprungsschein nach Satz 1 hat unbeschadet weitergehender landesrechtlicher Vorschriften aus einem für die zuständige Behörde bestimmten Original und zwei Durchschriften zu bestehen. Der Jäger darf einen Tierkörper oder Fleisch von Wildschweinen oder Dachsen nicht für den eigenen häuslichen Verbrauch verwenden, bevor

1. der Untersucher im Wildursprungsschein vermerkt hat, dass Trichinen nicht nachgewiesen worden sind, oder
2. der Zeitpunkt erreicht ist, ab dem der Jäger laut Eintragung des Untersuchers im Wildursprungsschein über das Wildbret verfügen darf, und der Untersucher dem Jäger bis zu diesem Zeitpunkt nicht mitgeteilt hat, dass Trichinen nachgewiesen worden sind.

Die zuständige Behörde kann dem Jäger eine Durchschrift des Wildursprungsscheins elektronisch übermitteln.

§ 2c Verbote und Beschränkungen

...

(2) Es ist verboten, nach § 2b Absatz 1 erlegtes Wild vor Abschluss einer nach § 2b Absatz 1 erforderlichen amtlichen Untersuchung für den menschlichen Verzehr im eigenen häuslichen Bereich zuzubereiten oder zu be- oder verarbeiten.

§ 3 Anforderungen an die Abgabe kleiner Mengen bestimmter Primärerzeugnisse und Lebensmittel tierischen Ursprungs

(1) Wer kleine Mengen der in Absatz 2 genannten Primärerzeugnisse oder Lebensmittel tierischen Ursprungs direkt an Verbraucher oder an örtliche Betriebe des Einzelhandels zur unmittelbaren Abgabe an Verbraucher abgibt, hat unbeschadet der Anforderungen der Lebensmittelhygiene-Verordnung bei der Herstellung oder Behandlung im Falle von

...

5. erlegtem Wild oder Fleisch von erlegtem Wild die Anforderungen der Anlage 4 einzuhalten. Satz 1 Nr. 4 gilt nicht, wenn ausschließlich einzelne Tierkörper oder deren Teile im landwirtschaftlichen Betrieb unmittelbar an Verbraucher abgegeben werden. Örtliche Betriebe des Einzelhandels sind im Falle von Satz 1 Nr. 5 Betriebe des Einzelhandels, die im Umkreis von nicht mehr als 100 Kilometern um den Wohnort des Jägers oder den Erlegeort des Wildes gelegen sind.

(2) Kleine Mengen im Sinne des Absatzes 1 Satz 1 sind im Falle von

...

4. erlegtem Wild oder Fleisch von erlegtem Wild: Wild von nicht mehr als der Strecke eines Jagdtages.

§ 4 Zusätzliche Anforderungen an die Abgabe kleiner Mengen von erlegtem Wild

(1) Kleine Mengen von erlegtem Wild oder von Fleisch von erlegtem Wild dürfen nur von Personen abgegeben werden, die auf den Gebieten des Körperbaus (Anatomie), der Lebensfunktionen (Physiologie), des normalen und abnormen Verhaltens und krankhafter Veränderungen des Wildes sowie der hygienischen Anforderungen im Umgang mit Wild ausreichend geschult sind, um

1. das Wild vor und nach dem Erlegen einer Untersuchung insbesondere auf die in Anlage 4 Nr. 1.3 bezeichneten Merkmale unterziehen zu können, die das Fleisch als bedenklich zum Verzehr für Menschen erscheinen lassen, und
2. eine hygienische Behandlung des Wildes bei der Vorbereitung zur Abgabe sowie bei seiner Lagerung und Beförderung sicherstellen zu können.

Bei Personen, die nach dem 1. Februar 1987 die Jägerprüfung nach § 15 Abs. 5 Satz 1 des Bundesjagdgesetzes bestanden haben, wird vermutet, dass sie im Sinne des Satzes 1 ausreichend geschult sind.

(2) Wer kleine Mengen von erlegtem Wild zum Zweck der Abgabe nach § 3 Abs. 1 Satz 1 in Eigenbesitz genommen hat, hat das Wild unbeschadet der Regelung in Anlage 4 Nr. 1.1 vor der weiteren Bearbeitung oder vor der Abgabe bei der für den Erlegeort oder den Wohnort zuständigen Behörde

1. zur amtlichen Fleischuntersuchung anzumelden, wenn vor oder nach dem Erlegen des Wildes Merkmale nach Anlage 4 Nr. 1.3 festgestellt worden sind und
2. im Falle von Wildschweinen, Sumpfbibern, Dachsen oder anderen Tieren, die Träger von Trichinen sein können, zur amtlichen Untersuchung auf Trichinen anzumelden.

Abweichend von Satz 1 muss das erlegte Wild nicht zur amtlichen Fleischuntersuchung oder Untersuchung auf Trichinen angemeldet werden, wenn es an einen Betrieb des Einzelhandels oder an einen Jäger abgegeben wird. In diesem Fall hat die abgebende Person nach Satz 1 Nr. 1 festgestellte Merkmale bei der Abgabe mitzuteilen; die Pflichten nach Satz 1 gelten in diesem Fall für die für den Betrieb des Einzelhandels verantwortliche Person oder den Jäger entsprechend.

(3) Im Falle des § 6 Absatz 2 Satz 1 Nummer 2 der Tierische Lebensmittel-Überwachungsverordnung hat der Jäger das Wild zur Untersuchung auf Trichinen nach Absatz 2 Satz 1 Nummer 2 unter Verwendung eines Wildursprungscheins nach Form und Inhalt des Musters der Anlage 8a anzumelden. Der Wildursprungsschein nach Satz 1 hat unbeschadet weitergehender landesrechtlicher Vorschriften aus einem für die zuständige Behörde bestimmten Original und zwei Durchschriften zu bestehen. Der Jäger darf einen Tierkörper oder Fleisch von Wildschweinen oder Dachsen nicht in den Verkehr bringen, es sei denn,

1. der Untersucher hat im Wildursprungsschein als Ergebnis der Untersuchung auf Trichinen vermerkt, dass Trichinen nicht nachgewiesen worden sind, oder
2. der Zeitpunkt ist erreicht, ab dem der Jäger laut Eintragung des Untersuchers im Wildursprungsschein über das Wildbret verfügen darf, und der Untersucher

hat dem Jäger bis zu diesem Zeitpunkt nicht mitgeteilt, dass Trichinen nachgewiesen worden sind.

Die zuständige Behörde kann dem Jäger eine Durchschrift des Wildursprungsschein elektronisch übermitteln.

§ 4a Inverkehrbringen von erlegten Wildschweinen und Dachsen, bei denen die Probenahme zur Untersuchung auf Trichinen durch den Jäger erfolgt ist

Ein Tierkörper eines Wildschweins oder Dachses, bei dem die Entnahme von Proben zur Untersuchung auf Trichinen durch einen Jäger erfolgt ist, auf den diese Aufgabe nach § 6 Absatz 2 Satz 1 der Tierische Lebensmittel-Überwachungsverordnung übertragen worden ist, darf nur in den Verkehr gebracht werden, wenn

1. dem Tierkörper ein Wildursprungsschein nach Form und Inhalt des Musters der Anlage 8a beigefügt und
2. der Tierkörper mit einer von der zuständigen Behörde oder einer von ihr benannten Stelle ausgegebenen Wildmarke gekennzeichnet

ist.

§ 5 Verbote und Beschränkungen

...

(3) Es ist verboten, kleine Mengen von erlegtem Wild

1. vor Abschluss der amtlichen Fleischuntersuchung nach § 4 Abs. 2 Satz 1 Nr. 1 oder der amtlichen Untersuchung auf Trichinen nach § 4 Abs. 2 Satz 1 Nr. 2 oder
2. unausgeweidet

an Verbraucher abzugeben.

...

§ 22 Verbote und Beschränkungen

(1) Es ist verboten,

1. Fleisch von als Haustiere gehaltenen Huftieren, Geflügel, Hasentieren oder Zuchtlaufvögeln, die nicht durch Schlachten getötet worden sind,
2. Fleisch von Groß- oder Kleinwild, das nicht durch Erlegen getötet worden ist,

in den Verkehr zu bringen.

...

Abschnitt 6: Straftaten und Ordnungswidrigkeiten

§ 23 Straftaten

(1) Nach § 58 Abs. 1 Nr. 18, Abs. 4 bis 6 des Lebensmittel- und Futtermittelgesetzbuches wird bestraft, wer vorsätzlich oder fahrlässig

...

2. entgegen § 5 Abs. 3 Nr. 2 kleine Mengen von erlegtem Wild abgibt,

...

9. entgegen § 22 Abs. 1 Fleisch in den Verkehr bringt oder

...

(2) Nach § 59 Abs. 1 Nr. 21 Buchstabe a des Lebensmittel- und Futtermittelgesetzbuches wird bestraft, wer

1. entgegen § 4 Absatz 3 Satz 3 einen Tierkörper oder Fleisch in den Verkehr bringt,

...

3. entgegen § 5 Abs. 3 Nr. 1 kleine Mengen von erlegtem Wild abgibt,

...

§ 24 Ordnungswidrigkeiten

(1) Wer eine in § 23 Abs. 2 bezeichnete Handlung fahrlässig begeht, handelt nach § 60 Abs. 1 des Lebensmittel- und Futtermittelgesetzbuches ordnungswidrig.

(2) Ordnungswidrig im Sinne des § 60 Abs. 2 Nr. 26 Buchstabe a des Lebensmittel- und Futtermittelgesetzbuches handelt, wer vorsätzlich oder fahrlässig

...

4. entgegen § 3 Abs. 1 Satz 1 Nr. 5 in Verbindung mit
   a) Anlage 4 Nr. 1.1 Kleinwild nicht oder nicht rechtzeitig aufbricht oder nicht oder nicht rechtzeitig ausweidet oder
   b) Anlage 4 Nr. 1.4 Halbsatz 1 Eingeweide nicht oder nicht richtig kennzeichnet,
5. entgegen § 4 Abs. 1 Satz 1 kleine Mengen von erlegtem Wild oder Fleisch von erlegtem Wild abgibt,
6. entgegen § 4 Abs. 2 Satz 1, auch in Verbindung mit Satz 3, Wild nicht, nicht richtig oder nicht rechtzeitig zu den dort bezeichneten amtlichen Untersuchungen anmeldet,

6a. entgegen § 4a Nummer 1 einen Tierkörper in den Verkehr bringt,

7. entgegen § 5 Abs. 1 Satz 2 eine Angabe nicht, nicht richtig, nicht vollständig oder nicht rechtzeitig macht,

...

Anlage 4 (zu § 3 Abs. 1 Satz 1 Nr. 5, § 4 Abs. 1 Satz 1 Nr. 1 und Abs. 2 Satz 1)

Anforderungen an die Abgabe kleiner Mengen von erlegtem Wild oder Fleisch von erlegtem Wild

1. Beim Gewinnen des Fleisches ist Folgendes zu beachten:

1.1 Großwild ist so schnell wie möglich, Kleinwild spätestens bei der Abgabe aufzubrechen und auszuweiden.
Das Enthäuten und eine Zerlegung von Großwild am Erlegeort ist nur zulässig, wenn der Transport sonst nicht möglich ist.

1.2 Großwild ist unmittelbar nach dem Aufbrechen und Ausweiden so aufzubewahren, dass es gründlich auskühlen und in den Körperhöhlen abtrocknen kann. Kleinwild ist unmittelbar nach dem Erlegen so aufzubewahren, dass es gründlich auskühlen kann. Großwild muss alsbald nach dem Erlegen auf eine Innentemperatur von höchstens + 7 °C, Kleinwild auf eine Innentemperatur von höchstens + 4 °C abgekühlt sein; erforderlichenfalls ist das erlegte Wild dazu in eine geeignete Kühleinrichtung zu verbringen.

1.3 Beim Erlegen, Aufbrechen, Zerwirken und weiteren Behandeln ist auf Merkmale zu achten, die das Fleisch als gesundheitlich bedenklich erscheinen lassen. Diese liegen vor bei

1.3.1 abnormen Verhaltensweisen oder Störungen des Allgemeinbefindens;

1.3.2 Fehlen von Anzeichen äußerer Gewalteinwirkung als Todesursache (Fallwild);

1.3.3 Geschwülsten oder Abszessen, wenn sie zahlreich oder verteilt in inneren Organen oder in der Muskulatur vorkommen;

1.3.4 Schwellungen der Gelenke oder Hoden, Hodenvereiterung, Leber- oder Milzschwellung, Darm- oder Nabelentzündung, bei Federwild Entzündung des Herzens, des Drüsen- oder Muskelmagens;

1.3.5 fremdem Inhalt in den Körperhöhlen, insbesondere Magen- und Darminhalt oder Harn, wenn Brust- oder Bauchfell verfärbt ist;

1.3.6 erheblicher Gasbildung im Magen- und Darmkanal mit Verfärbung der inneren Organe;

1.3.7 erheblichen Abweichungen der Muskulatur oder der Organe in Farbe, Konsistenz oder Geruch;

1.3.8 offenen Knochenbrüchen, soweit sie nicht unmittelbar mit dem Erlegen in Zusammenhang stehen;

1.3.9 erheblicher Abmagerung;

1.3.10 frischen Verklebungen oder Verwachsungen von Organen mit Brust- oder Bauchfell;

1.3.11 Geschwülste oder Wucherungen im Kopfbereich oder an den Ständern bei Federwild;

1.3.12 verklebten Augenlidern, Anzeichen von Durchfall, insbesondere im Bereich der Kloake, sowie Verklebungen und sonstigen Veränderungen der Befiederung, Haut- und Kopfanhänge sowie Ständer bei Federwild;

1.3.13 sonstigen erheblichen sinnfälligen Veränderungen außer Schussverletzungen.

1.4 Eingeweide, die Veränderungen aufweisen, sind so zu kennzeichnen, dass die Zugehörigkeit zu dem betreffenden Wildkörper festgestellt werden kann; sie müssen bis zum Abschluss der amtlichen Untersuchungen beim Wildkörper verbleiben.

2. Es ist durch geeignete Maßnahmen oder Vorrichtungen sicherzustellen, dass beim Zerlegen und Umhüllen Fleisch von Großwild auf einer Temperatur von nicht mehr als + 7 °C und Fleisch von Kleinwild auf einer Temperatur von nicht mehr als + 4 °C gehalten wird.

3. Räume zum Sammeln von Groß- und Kleinwild nach dem Erlegen (Wildkammern) müssen über

3.1 eine geeignete Kühleinrichtung verfügen, wenn auf andere Weise eine gründliche Auskühlung des erlegten Wildes nicht erreicht werden kann;

3.2 einen geeigneten Platz zum Enthäuten und Zerlegen verfügen, wenn diese Arbeiten darin ausgeführt werden.

4. In den Räumen und gegebenenfalls in Wildkammern gilt für die Bearbeitung des erlegten Wildes Folgendes:

4.1 Untersuchungspflichtiges erlegtes Wild ist so rechtzeitig der Untersuchung zuzuführen, dass Veränderungen bei der amtlichen Untersuchung erkannt und beurteilt werden können.

4.2 Erlegtes Großwild ist auf Ersuchen des amtlichen Untersuchers zur Untersuchung zu enthäuten; der Brustkorb ist zu öffnen. Die Wirbelsäule und der Kopf sind längs zu spalten, wenn nach Feststellung des Untersuchers gesundheitliche Gründe dies erforderlich machen. Erlegtes Großwild in der Decke darf nicht eingefroren werden.

4.3 Erlegtes Federwild ist auf Verlangen des Untersuchers zur Untersuchung so herzurichten, dass die nach der fachlichen Beurteilung erforderlichen Untersuchungen durchgeführt werden können. Ungerupftes und nicht ausgenommenes Federwild darf nicht eingefroren werden.

4.4 Großwild in der Decke oder Kleinwild in der Decke oder im Federkleid darf Fleisch von erlegtem Wild nicht berühren.

...

Anlage 8a (zu § 2b Absatz 2, § 4 Absatz 3 und § 25)
Wildursprungsschein für Untersuchung auf Trichinen im Falle der Trichinenprobenahme durch den Jäger (§ 6 Absatz 2 der Tierische Lebensmittel-Überwachungsverordnung)

(Fundstelle: BGBl. I 2010, 216)

Zuständige Behörde:

Nummern der Wildmarke: __________

Wildschwein*): ☐ Dachs*): ☐

Jagdbezirk, Erlegeort, Eigenjagdbezirk:

Jäger (Adresse, Telefon, Fax, E-Mail):

Datum und Unterschrift des Jägers

Erlegungsdatum:

Abgabe an
(Trichinenlaboratorium)

Zeitpunkt: Datum: Uhrzeit:

Prüfbericht Nr.:

Eingangsdatum: Prüfdatum:

Methode*):

Trichinenlarven nach VO (EG) Nr. 2075/2005

☐ Referenzverfahren

☐ Trichomatic

Ergebnis der Untersuchung auf Trichinen oder Zeitpunkt, zu dem über das erlegte Großwild verfügt werden darf:

Datum: Uhrzeit:

Unterschrift Untersucher
(Trichinenlaboratorium)

*) Zutreffendes ankreuzen (amtlicher Stempel)

Verordnung zur Regelung bestimmter Fragen der amtlichen Überwachung des Herstellens, Behandelns und Inverkehrbringens von Lebensmitteln tierischen Ursprungs (Tierische Lebensmittel-Überwachungsverordnung – Tier-LMÜV)

Vom 8. August 2007 (BGBl. I S. 1816, 1864), zuletzt geändert durch Artikel 2 der Verordnung vom 11. November 2010 (BGBl. I S. 1537)
– Auszug –

...

§ 6 Fleischuntersuchung und Untersuchung auf Trichinen vor Abgabe kleiner Mengen erlegten Wildes

(1) Bei kleinen Mengen erlegten Wildes, das nach § 4 Absatz 2 Satz 1 Nummer 1 oder 2, auch in Verbindung mit Absatz 3, der Tierische Lebensmittel-Hygieneverordnung zur amtlichen Fleischuntersuchung oder zur amtlichen Untersuchung auf Trichinen angemeldet wurde, ist

1. die amtliche Fleischuntersuchung nach Anhang I Abschnitt IV Kapitel VIII Buchstabe A in Verbindung mit Abschnitt II Kapitel V Nr. 1 der Verordnung (EG) Nr. 854/2004 in der jeweils geltenden Fassung oder

2. die amtliche Untersuchung auf Trichinen nach Artikel 2 Abs. 3 Unterabsatz 3 in Verbindung mit Anhang I Kapitel I oder II und Anhang III der Verordnung (EG) Nr. 2075/2005 der Kommission vom 5. Dezember 2005 mit spezifischen Vorschriften für die amtlichen Fleischuntersuchungen auf Trichinen (ABl. EU Nr. L 338 S. 60) in der jeweils geltenden Fassung

durchzuführen. Für die Beurteilung auf Grund der Ergebnisse der Untersuchungen nach Satz 1 gilt Anhang I Abschnitt IV Kapitel VIII Buchstabe B und Kapitel IX Buchstabe C der Verordnung (EG) Nr. 854/2004 entsprechend.

(2) Die zuständige Behörde kann einem Jäger, der Inhaber eines gültigen Jahresjagdscheines ist und

1. nach § 2b der Tierische Lebensmittel-Hygieneverordnung Wild zum Zweck der Verwendung als Lebensmittel für den eigenen häuslichen Verbrauch erlegt oder

2. nach § 3 Absatz 1 Satz 1 Nummer 5 der Tierische Lebensmittel-Hygieneverordnung kleine Mengen von erlegtem Wild oder Fleisch von erlegtem Wild abgibt,

im Fall von Wildschweinen oder Dachsen die Entnahme von Proben zur Untersuchung auf Trichinen nach Absatz 1 Satz 1 Nummer 2 übertragen. Eine Übertragung nach Satz 1 darf nur erfolgen, wenn

1. der Jäger von der zuständigen Behörde für die Wahrnehmung dieser Tätigkeit geschult worden ist und
2. keine Tatsachen vorliegen, die die Annahme rechtfertigen, dass der Jäger die erforderliche Zuverlässigkeit für diese Tätigkeit nicht besitzt.

…

Richtlinie 2009/147/EG des Europäischen Parlamentes und des Rates über die Erhaltung der wildlebenden Vogelarten

Kodifizierte Fassung vom 30. November 2009 (ABl. L 20 vom 26. Januar 2010 S. 7) – Auszug –

Artikel 1

(1) Diese Richtlinie betrifft die Erhaltung sämtlicher wildlebenden Vogelarten, die im europäischen Gebiet der Mitgliedstaaten, auf welches der Vertrag Anwendung findet, heimisch sind. Sie hat den Schutz, die Bewirtschaftung und die Regulierung dieser Arten zum Ziel und regelt die Nutzung dieser Arten.

(2) Sie gilt für Vögel, ihre Eier, Nester und Lebensräume.

Artikel 2

Die Mitgliedstaaten treffen die erforderlichen Maßnahmen, um die Bestände aller unter Artikel 1 fallenden Vogelarten auf einem Stand zu halten oder auf einen Stand zu bringen, der insbesondere den ökologischen, wissenschaftlichen und kulturellen Erfordernissen entspricht, wobei den wirtschaftlichen und freizeitbedingten Erfordernissen Rechnung getragen wird.

Artikel 3

(1) Die Mitgliedstaaten treffen unter Berücksichtigung der in Artikel 2 genannten Erfordernisse die erforderlichen Maßnahmen, um für alle unter Artikel 1 fallenden Vogelarten eine ausreichende Vielfalt und eine ausreichende Flächengröße der Lebensräume zu erhalten oder wieder herzustellen.

(2) Zur Erhaltung und Wiederherstellung der Lebensstätten und Lebensräume gehören insbesondere folgende Maßnahmen:

a) Einrichtung von Schutzgebieten,
b) Pflege und ökologisch richtige Gestaltung der Lebensräume in und außerhalb von Schutzgebieten,
c) Wiederherstellung zerstörter Lebensstätten,
d) Neuschaffung von Lebensstätten.

Artikel 4

(1) Auf die in Anhang I[1] aufgeführten Arten sind besondere Schutzmaßnahmen hinsichtlich ihrer Lebensräume anzuwenden, um ihr Überleben und ihre Vermehrung

1 Die aufgeführten Anhänge sind nicht abgedruckt.

in ihrem Verbreitungsgebiet sicherzustellen. In diesem Zusammenhang ist folgendes zu berücksichtigen:

a) vom Aussterben bedrohte Arten,
b) gegen bestimmte Veränderungen ihrer Lebensräume empfindliche Arten,
c) Arten, die wegen ihres geringen Bestands oder ihrer beschränkten örtlichen Verbreitung als selten gelten,
d) andere Arten, die aufgrund des spezifischen Charakters ihres Lebensraums einer besonderen Aufmerksamkeit bedürfen.

Bei den Bewertungen werden Tendenzen und Schwankungen der Bestände der Vogelarten berücksichtigt.

Die Mitgliedstaaten erklären insbesondere die für die Erhaltung dieser Arten zahlen- und flächenmäßig geeignetsten Gebiete zu Schutzgebieten, wobei die Erfordernisse des Schutzes dieser Arten in dem geographischen Meeres- und Landgebiet, in dem diese Richtlinie Anwendung findet, zu berücksichtigen sind.

(2) Die Mitgliedstaaten treffen unter Berücksichtigung der Schutzerfordernisse in dem geographischen Meeres- und Landgebiet, in dem diese Richtlinie Anwendung findet, entsprechende Maßnahmen für die nicht in Anhang I aufgeführten, regelmäßig auftretenden Zugvogelarten hinsichtlich ihrer Vermehrungs-, Mauser- und Überwinterungsgebiete sowie der Rastplätze in ihren Wanderungsgebieten. Zu diesem Zweck messen die Mitgliedstaaten dem Schutz der Feuchtgebiete und ganz besonders der international bedeutsamen Feuchtgebiete besondere Bedeutung bei.

(3) Die Mitgliedstaaten übermitteln der Kommission alle sachdienlichen Informationen, so dass diese geeignete Initiativen im Hinblick auf die erforderliche Koordinierung ergreifen kann, damit die in Absatz 1 und die in Absatz 2 genannten Gebiete ein zusammenhängendes Netz darstellen, das den Erfordernissen des Schutzes der Arten in dem geographischen Meeres- und Landgebiet, in dem diese Richtlinie Anwendung findet, Rechnung trägt.

...

Artikel 5

Unbeschadet der Artikel 7 und 9 treffen die Mitgliedstaaten die erforderlichen Maßnahmen zur Schaffung einer allgemeinen Regelung zum Schutz aller unter Artikel 1 fallenden Vogelarten, insbesondere das Verbot

a) des absichtlichen Tötens oder Fangens, ungeachtet der angewandten Methode;
b) der absichtlichen Zerstörung oder Beschädigung von Nestern und Eiern und der Entfernung von Nestern;
c) des Sammelns der Eier in der Natur und des Besitzes dieser Eier, auch in leerem Zustand;
d) ihres absichtlichen Störens, insbesondere während der Brut- und Aufzuchtzeit, sofern sich diese Störung auf die Zielsetzung dieser Richtlinie erheblich auswirkt;
e) des Haltens von Vögeln der Arten, die nicht bejagt oder gefangen werden dürfen.

...

Artikel 7

(1) Die in Anhang II aufgeführten Arten dürfen aufgrund ihrer Populationsgröße, ihrer geographischen Verbreitung und ihrer Vermehrungsfähigkeit in der gesamten Gemeinschaft im Rahmen der einzelstaatlichen Rechtsvorschriften bejagt werden. Die Mitgliedstaaten sorgen dafür, dass die Jagd auf diese Vogelarten die Anstrengungen, die in ihrem Verbreitungsgebiet zu ihrer Erhaltung unternommen werden, nicht zunichte macht.

(2) Die in Anhang II Teil A aufgeführten Arten dürfen in dem geographischen Meeres- und Landgebiet, in dem diese Richtlinie Anwendung findet, bejagt werden.

(3) Die in Anhang II Teil B aufgeführten Arten dürfen nur in den Mitgliedstaaten, bei denen sie angegeben sind, bejagt werden.

(4) Die Mitgliedstaaten vergewissern sich, dass bei der Jagdausübung – gegebenenfalls unter Einschluss der Falknerei –, wie sie sich aus der Anwendung der geltenden einzelstaatlichen Vorschriften ergibt, die Grundsätze für eine vernünftige Nutzung und eine ökologisch ausgewogene Regulierung der Bestände der betreffenden Vogelarten, insbesondere der Zugvogelarten, eingehalten werden und dass diese Jagdausübung hinsichtlich der Bestände dieser Arten mit den Bestimmungen aufgrund von Artikel 2 vereinbar ist.

Sie sorgen insbesondere dafür, dass die Arten, auf die die Jagdvorschriften Anwendung finden, nicht während der Nistzeit oder während der einzelnen Phasen der Brut- und Aufzuchtzeit bejagt werden.

Wenn es sich um Zugvögel handelt, sorgen sie insbesondere dafür, dass die Arten, für die die einzelstaatlichen Jagdvorschriften gelten nicht während der Brut- und Aufzuchtzeit oder während ihres Rückzugs zu den Nistplätzen bejagt werden.

Die Mitgliedstaaten übermitteln der Kommission alle zweckdienlichen Angaben über die praktische Anwendung der Jagdgesetzgebung.

Artikel 8

(1) Was die Jagd, den Fang oder die Tötung von Vögeln im Rahmen dieser Richtlinie betrifft, so untersagen die Mitgliedstaaten sämtliche Mittel, Einrichtungen oder Methoden, mit denen Vögel in Mengen oder wahllos gefangen oder getötet werden oder die gebietsweise das Verschwinden einer Vogelart nach sich ziehen können, insbesondere die in Anhang IV Buchstabe a aufgeführten Mittel, Einrichtungen und Methoden.

...

Artikel 9

(1) Die Mitgliedstaaten können, sofern es keine andere zufrieden stellende Lösung gibt, aus den nachstehenden Gründen von den Artikeln 5 bis 8 abweichen:

a) – im Interesse der Gesundheit und der öffentlichen Sicherheit,
   – im Interesse der Sicherheit der Luftfahrt,

- zur Abwendung erheblicher Schäden an Kulturen, Viehbeständen, Wäldern, Fischereigebieten und Gewässern,
- zum Schutz der Pflanzen- und Tierwelt;

b) zu Forschungs- und Unterrichtszwecken, zur Aufstockung der Bestände, zur Wiederansiedlung und zur Aufzucht im Zusammenhang mit diesen Maßnahmen;

c) um unter streng überwachten Bedingungen selektiv den Fang, die Haltung oder jede andre vernünftige Nutzung bestimmter Vogelarten in geringen Mengen zu ermöglichen.

(2) In den in Absatz 1 genannten Abweichungen ist anzugeben,

a) für welche Vogelarten die Abweichungen gelten,

b) die zugelassenen Fang- oder Tötungsmittel, -einrichtungen und -methoden,

c) die Art der Risiken und die zeitlichen und örtlichen Umstände, unter denen diese Abweichungen getroffen werden können,

d) die Stelle, die befugt ist zu erklären, dass die erforderlichen Voraussetzungen gegeben sind, und zu beschließen, welche Mittel, Einrichtungen und Methoden in welchem Rahmen von wem angewandt werden können,

e) welche Kontrollen vorzunehmen sind.

(3) Die Mitgliedstaaten übermitteln der Kommission jährlich einen Bericht über die Anwendung der Absätze 1 und 2.

...

Artikel 17

Die Mitgliedstaaten übermitteln der Kommission den Wortlaut der wichtigsten innerstaatlichen Rechtsvorschriften, die sie auf dem unter diese Richtlinie fallenden Gebiet erlassen.

...

Gesetz über Naturschutz und Landschaftspflege (Bundesnaturschutzgesetz – BNatSchG)

vom 29. Juli 2009 (BGBl. I S. 2542), zuletzt geändert durch Artikel 7 des Gesetzes vom 21. Januar 2013 (BGBl. I S. 95) – Auszug –

§ 1 Ziele des Naturschutzes und der Landschaftspflege

(1) Natur und Landschaft sind auf Grund ihres eigenen Wertes und als Grundlage für Leben und Gesundheit des Menschen auch in Verantwortung für die künftigen Generationen im besiedelten und unbesiedelten Bereich nach Maßgabe der nachfolgenden Absätze so zu schützen, dass

1. die biologische Vielfalt,
2. die Leistungs- und Funktionsfähigkeit des Naturhaushalts einschließlich der Regenerationsfähigkeit und nachhaltigen Nutzungsfähigkeit der Naturgüter sowie
3. die Vielfalt, Eigenart und Schönheit sowie der Erholungswert von Natur und Landschaft

auf Dauer gesichert sind; der Schutz umfasst auch die Pflege, die Entwicklung und, soweit erforderlich, die Wiederherstellung von Natur und Landschaft (allgemeiner Grundsatz).

(2) Zur dauerhaften Sicherung der biologischen Vielfalt sind entsprechend dem jeweiligen Gefährdungsgrad insbesondere

1. lebensfähige Populationen wild lebender Tiere und Pflanzen einschließlich ihrer Lebensstätten zu erhalten und der Austausch zwischen den Populationen sowie Wanderungen und Wiederbesiedelungen zu ermöglichen,
2. Gefährdungen von natürlich vorkommenden Ökosystemen, Biotopen und Arten entgegenzuwirken,
3. Lebensgemeinschaften und Biotope mit ihren strukturellen und geografischen Eigenheiten in einer repräsentativen Verteilung zu erhalten; bestimmte Landschaftsteile sollen der natürlichen Dynamik überlassen bleiben.

(3) Zur dauerhaften Sicherung der Leistungs- und Funktionsfähigkeit des Naturhaushalt sind insbesondere

1. die räumlich abgrenzbaren Teile seines Wirkungsgefüges im Hinblick auf die prägenden biologischen Funktionen, Stoff- und Energieflüsse sowie landschaftlichen Strukturen zu schützen; Naturgüter, die sich nicht erneuern, sind sparsam und schonend zu nutzen; sich erneuernde Naturgüter dürfen nur so genutzt werden, dass sie auf Dauer zur Verfügung stehen,
2. Böden so zu erhalten, dass sie ihre Funktion im Naturhaushalt erfüllen können; nicht mehr genutzte versiegelte Flächen sind zu renaturieren, oder, soweit eine Entsiegelung nicht möglich oder nicht zumutbar ist, der natürlichen Entwicklung zu überlassen,

3. Meeres- und Binnengewässer vor Beeinträchtigungen zu bewahren und ihre natürliche Selbstreinigungsfähigkeit und Dynamik zu erhalten; dies gilt insbesondere für natürliche und naturnahe Gewässer einschließlich ihrer Ufer, Auen und sonstigen Rückhalteflächen; Hochwasserschutz hat auch durch natürliche oder naturnahe Maßnahmen zu erfolgen; für den vorsorgenden Grundwasserschutz sowie für einen ausgeglichenen Niederschlags-Abflusshaushalt ist auch durch Maßnahmen des Naturschutzes und der Landschaftspflege Sorge zu tragen,
4. Luft und Klima auch durch Maßnahmen des Naturschutzes und der Landschaftspflege zu schützen; dies gilt insbesondere für Flächen mit günstiger lufthygienischer oder klimatischer Wirkung wie Frisch- und Kaltluftentstehungsgebiete oder Luftaustauschbahnen; dem Aufbau einer nachhaltigen Energieversorgung insbesondere durch zunehmende Nutzung erneuerbarer Energien kommt eine besondere Bedeutung zu,
5. wild lebende Tiere und Pflanzen, ihre Lebensgemeinschaften sowie ihre Biotope und Lebensstätten auch im Hinblick auf ihre jeweiligen Funktionen im Naturhaushalt zu erhalten,
6. der Entwicklung sich selbst regulierender Ökosysteme auf hierfür geeigneten Flächen Raum und Zeit zu geben.

(4) Zur dauerhaften Sicherung der Vielfalt, Eigenart und Schönheit sowie des Erholungswertes von Natur und Landschaft sind insbesondere

1. Naturlandschaften und historisch gewachsene Kulturlandschaften, auch mit ihren Kultur-, Bau- und Bodendenkmälern, vor Verunstaltung, Zersiedelung und sonstigen Beeinträchtigungen zu bewahren,
2. zum Zweck der Erholung in der freien Landschaft nach ihrer Beschaffenheit und Lage geeignete Flächen vor allem im besiedelten und siedlungsnahen Bereich zu schützen und zugänglich zu machen.

(5) Großflächige, weitgehend unzerschnittene Landschaftsräume sind vor weiterer Zerschneidung zu bewahren. Die erneute Inanspruchnahme bereits bebauter Flächen sowie die Bebauung unbebauter Flächen im beplanten und unbeplanten Innenbereich, soweit sie nicht für Grünflächen vorgesehen sind, hat Vorrang vor der Inanspruchnahme von Freiflächen im Außenbereich. Verkehrswege, Energieleitungen und ähnliche Vorhaben sollen landschaftsgerecht geführt, gestaltet und so gebündelt werden, dass die Zerschneidung und die Inanspruchnahme der Landschaft sowie Beeinträchtigungen des Naturhaushalts vermieden oder so gering wie möglich gehalten werden. Beim Aufsuchen und bei der Gewinnung von Bodenschätzen, bei Abgrabungen und Aufschüttungen sind dauernde Schäden des Naturhaushalts und Zerstörungen wertvoller Landschaftsteile zu vermeiden; unvermeidbare Beeinträchtigungen von Natur und Landschaft sind insbesondere durch Förderung natürlicher Sukzession, Renaturierung, naturnahe Gestaltung, Wiedernutzbarmachung oder Rekultivierung auszugleichen oder zu mindern.

(6) Freiräume im besiedelten und siedlungsnahen Bereich einschließlich ihrer Bestandteile, wie Parkanlagen, großflächige Grünanlagen und Grünzüge, Wälder und Waldränder, Bäume und Gehölzstrukturen, Fluss- und Bachläufe mit ihren Uferzonen und Auenbereichen, stehende Gewässer, Naturerfahrungsräume sowie garten-

bau und landwirtschaftlich genutzte Flächen, sind zu erhalten und dort, wo sie nicht in ausreichendem Maße vorhanden sind, neu zu schaffen.

...

§ 2 Verwirklichung der Ziele

(1) Jeder soll nach seinen Möglichkeiten zur Verwirklichung der Ziele des Naturschutzes und der Landschaftspflege beitragen und sich so verhalten, dass Natur und Landschaft nicht mehr als nach den Umständen unvermeidbar beeinträchtigt werden.

...

§ 5 Land-, Forst- und Fischereiwirtschaft

(1) Bei Maßnahmen des Naturschutzes und der Landschaftspflege ist die besondere Bedeutung einer natur- und landschaftsverträglichen Land-, Forst- und Fischereiwirtschaft für die Erhaltung der Kultur- und Erholungslandschaft zu berücksichtigen.

(2) Bei der landwirtschaftlichen Nutzung sind neben den Anforderungen, die sich aus den für die Landwirtschaft geltenden Vorschriften und aus § 17 Absatz 2 des Bundes-Bodenschutzgesetzes ergeben, insbesondere die folgenden Grundsätze der guten fachlichen Praxis zu beachten:

1. die Bewirtschaftung muss standortangepasst erfolgen und die nachhaltige Bodenfruchtbarkeit und langfristige Nutzbarkeit der Flächen muss gewährleistet werden;
2. die natürliche Ausstattung der Nutzfläche (Boden, Wasser, Flora, Fauna) darf nicht über das zur Erzielung eines nachhaltigen Ertrages erforderliche Maß hinaus beeinträchtigt werden;
3. die zur Vernetzung von Biotopen erforderlichen Landschaftselemente sind zu erhalten und nach Möglichkeit zu vermehren;
4. die Tierhaltung hat in einem ausgewogenen Verhältnis zum Pflanzenbau zu stehen und schädliche Umweltauswirkungen sind zu vermeiden;
5. auf erosionsgefährdeten Hängen, in Überschwemmungsgebieten, auf Standorten mit hohem Grundwasserstand sowie auf Moorstandorten ist ein Grünlandumbruch zu unterlassen;
6. die Anwendung von Düngemitteln und Pflanzenschutzmitteln hat nach Maßgabe des landwirtschaftlichen Fachrechts zu erfolgen; eine Dokumentation über die Anwendung von Düngemitteln ist nach Maßgabe des § 7 der Düngeverordnung in der Fassung der Bekanntmachung vom 27. Februar 2007 (BGBl. I S. 221), die zuletzt durch Artikel 18 des Gesetzes vom 31. Juli 2009 (BGBl. I S. 2585) geändert worden ist, sowie eine Dokumentation über die Anwendung von Pflanzenschutzmitteln ist nach Maßgabe des Artikels 67 Absatz 1 Satz 2 der Verordnung (EG) Nr. 1107/2009 zu führen.

(3) Bei der forstlichen Nutzung des Waldes ist das Ziel zu verfolgen, naturnahe Wälder aufzubauen und diese ohne Kahlschläge nachhaltig zu bewirtschaften. Ein hinreichender Anteil standortheimischer Forstpflanzen ist einzuhalten.

(4) Bei der fischereiwirtschaftlichen Nutzung der oberirdischen Gewässer sind diese einschließlich ihrer Uferzonen als Lebensstätten und Lebensräume für heimische Tier- und Pflanzenarten zu erhalten und zu fördern. Der Besatz dieser Gewässer mit nichtheimischen Tierarten ist grundsätzlich zu unterlassen. Bei Fischzuchten und Teichwirtschaften der Binnenfischerei sind Beeinträchtigungen der heimischen Tier- und Pflanzenarten auf das zur Erzielung eines nachhaltigen Ertrages erforderliche Maß zu beschränken.

...

§ 7 Begriffsbestimmungen

(1) Für dieses Gesetz gelten folgende Begriffsbestimmungen:

1. biologische Vielfalt
   die Vielfalt der Tier- und Pflanzenarten einschließlich der innerartlichen Vielfalt sowie die Vielfalt an Formen von Lebensgemeinschaften und Biotopen;
2. Naturhaushalt
   die Naturgüter Boden, Wasser, Luft, Klima, Tiere und Pflanzen sowie das Wirkungsgefüge zwischen ihnen;
3. Erholung
   natur- und landschaftsverträglich ausgestaltetes Natur- und Freizeiterleben einschließlich natur- und landschaftsverträglicher sportlicher Betätigung in der freien Landschaft, soweit dadurch die sonstigen Ziele des Naturschutzes und der Landschaftspflege nicht beeinträchtigt werden;
4. natürliche Lebensraumtypen von gemeinschaftlichem Interesse
   die in Anhang I der Richtlinie 92/43/EWG aufgeführten Lebensraumtypen;
5. prioritäre natürliche Lebensraumtypen
   die in Anhang I der Richtlinie 92/43/EWG mit dem Zeichen (*) gekennzeichneten Lebensraumtypen;
6. Gebiete von gemeinschaftlicher Bedeutung
   die in die Liste nach Artikel 4 Absatz 2 Unterabsatz 3 der Richtlinie 92/43/EWG aufgenommenen Gebiete, auch wenn ein Schutz im Sinne des § 32 Absatz 2 bis 4 noch nicht gewährleistet ist;
7. Europäische Vogelschutzgebiete
   Gebiete im Sinne des Artikels 4 Absatz 1 und 2 der Richtlinie 79/409/EWG des Rates vom 2. April 1979 über die Erhaltung der wildlebenden Vogelarten (ABl. L 103 vom 24.4.1979, S. 1), die zuletzt durch die Richtlinie 2008/102/EG (ABl. L 323 vom 3.12.2008, S. 31) geändert worden ist, wenn ein Schutz im Sinne des § 32 Absatz 2 bis 4 bereits gewährleistet ist;
8. Natura 2000-Gebiete
   Gebiete von gemeinschaftlicher Bedeutung und Europäische Vogelschutzgebiete;

9. Erhaltungsziele
   Ziele, die im Hinblick auf die Erhaltung oder Wiederherstellung eines günstigen Erhaltungszustands eines natürlichen Lebensraumtyps von gemeinschaftlichem Interesse, einer in Anhang II der Richtlinie 92/43/EWG oder in Artikel 4 Absatz 2 oder Anhang I der Richtlinie 79/409/EWG aufgeführten Art für ein Natura 2000-Gebiet festgelegt sind.
10. günstiger Erhaltungszustand
   Zustand im Sinne von Artikel 1 Buchstabe e und i der Richtlinie 92/43/EWG und von Artikel 2 Nummer 4 der Richtlinie 2004/35/EG des Europäischen Parlaments und des Rates vom 21. April 2004 über Umwelthaftung zur Vermeidung und Sanierung von Umweltschäden (ABl. L 143 vom 30.4.2004, S. 56), die zuletzt durch die Richtlinie 2009/31/EG (ABl. L 140 vom 5.6.2009, S. 114) geändert worden ist.

(2) Für dieses Gesetz gelten folgende weitere Begriffsbestimmungen:

1. Tiere
   a) wild lebende, gefangene oder gezüchtete und nicht herrenlos gewordene sowie tote Tiere wild lebender Arten,
   b) Eier, auch im leeren Zustand, sowie Larven, Puppen und sonstige Entwicklungsformen von Tieren wild lebender Arten,
   c) ohne Weiteres erkennbare Teile von Tieren wild lebender Arten und
   d) ohne Weiteres erkennbar aus Tieren wild lebender Arten gewonnene Erzeugnisse;
2. Pflanzen
   a) wild lebende, durch künstliche Vermehrung gewonnene sowie tote Pflanzen wild lebender Arten,
   b) Samen, Früchte oder sonstige Entwicklungsformen von Pflanzen wild lebender Arten,
   c) ohne Weiteres erkennbare Teile von Pflanzen wild lebender Arten und
   d) ohne Weiteres erkennbar aus Pflanzen wild lebender Arten gewonnene Erzeugnisse;

   als Pflanzen im Sinne dieses Gesetzes gelten auch Flechten und Pilze;
3. Art
   jede Art, Unterart oder Teilpopulation einer Art oder Unterart; für die Bestimmung einer Art ist ihre wissenschaftliche Bezeichnung maßgebend;
4. Biotop
   Lebensraum einer Lebensgemeinschaft wild lebender Tiere und Pflanzen;
5. Lebensstätte
   regelmäßiger Aufenthaltsort der wild lebenden Individuen einer Art;
6. Population
   eine biologisch oder geografisch abgegrenzte Zahl von Individuen einer Art;

7. heimische Art
   eine wild lebende Tier- oder Pflanzenart, die ihr Verbreitungsgebiet oder regelmäßiges Wanderungsgebiet ganz oder teilweise
   a) im Inland hat oder in geschichtlicher Zeit hatte oder
   b) auf natürliche Weise in das Inland ausdehnt;

   als heimisch gilt eine wild lebende Tier- oder Pflanzenart auch, wenn sich verwilderte oder durch menschlichen Einfluss eingebürgerte Tiere oder Pflanzen der betreffenden Art im Inland in freier Natur und ohne menschliche Hilfe über mehrere Generationen als Population erhalten;
8. gebietsfremde Art
   eine wild lebende Tier- oder Pflanzenart, wenn sie in dem betreffenden Gebiet in freier Natur nicht oder seit mehr als 100 Jahren nicht mehr vorkommt;
9. invasive Art
   eine Art, deren Vorkommen außerhalb ihres natürlichen Verbreitungsgebiets für die dort natürlich vorkommenden Ökosysteme, Biotope oder Arten ein erhebliches Gefährdungspotenzial darstellt;
10. Arten von gemeinschaftlichem Interesse
    die in Anhang II, IV oder V der Richtlinie 92/43/EWG aufgeführten Tier- und Pflanzenarten;
11. prioritäre Arten
    die in Anhang II der Richtlinie 92/43/EWG mit dem Zeichen (*) gekennzeichneten Tier- und Pflanzenarten;
12. europäische Vogelarten
    in Europa natürlich vorkommende Vogelarten im Sinne des Artikels 1 der Richtlinie 2009/147/EG;
13. besonders geschützte Arten
    a) Tier- und Pflanzenarten, die in Anhang A oder Anhang B der Verordnung (EG) Nr. 338/97 des Rates vom 9. Dezember 1996 über den Schutz von Exemplaren wildlebender Tier- und Pflanzenarten durch Überwachung des Handels (ABl. L 61 vom 3.3.1997, S. 1, L 100 vom 17.4.1997, S. 72, L 298 vom 1.11.1997, S. 70, L 113 vom 27.4.2006, S. 26), die zuletzt durch die Verordnung (EG) Nr. 709/2010 (ABl. L 212 vom 12.8.2010, S. 1) geändert worden ist, aufgeführt sind,
    b) nicht unter Buchstabe a fallende
       aa) Tier- und Pflanzenarten, die in Anhang IV der Richtlinie 92/43/EWG aufgeführt sind,
       bb) europäische Vogelarten,
    c) Tier- und Pflanzenarten, die in einer Rechtsverordnung nach § 54 Absatz 1 aufgeführt sind;
14. streng geschützte Arten
    besonders geschützte Arten, die
    a) in Anhang A der Verordnung (EG) Nr. 338/97,

b) in Anhang IV der Richtlinie 92/43/EWG,

c) in einer Rechtsverordnung nach § 54 Absatz 2

aufgeführt sind;

15. gezüchtete Tiere
Tiere, die in kontrollierter Umgebung geboren oder auf andere Weise erzeugt und deren Elterntiere rechtmäßig erworben worden sind;

16. künstlich vermehrte Pflanzen
Pflanzen, die aus Samen, Gewebekulturen, Stecklingen oder Teilungen unter kontrollierten Bedingungen herangezogen worden sind;

17. Anbieten
Erklärung der Bereitschaft zu verkaufen oder zu kaufen und ähnliche Handlungen, einschließlich der Werbung, der Veranlassung zur Werbung oder der Aufforderung zu Verkaufs- oder Kaufverhandlungen;

18. Inverkehrbringen
das Anbieten, Vorrätighalten zur Abgabe, Feilhalten und jedes Abgeben an andere;

...

§ 14 Eingriffe in Natur und Landschaft

(1) Eingriffe in Natur und Landschaft im Sinne dieses Gesetzes sind Veränderungen der Gestalt oder Nutzung von Grundflächen oder Veränderungen des mit der belebten Bodenschicht in Verbindung stehenden Grundwasserspiegels, die die Leistungs- und Funktionsfähigkeit des Naturhaushalts oder das Landschaftsbild erheblich beeinträchtigen können.

(2) Die land-, forst- und fischereiwirtschaftliche Bodennutzung ist nicht als Eingriff anzusehen, soweit dabei die Ziele des Naturschutzes und der Landschaftspflege berücksichtigt werden. Entspricht die land-, forst- und fischereiwirtschaftliche Bodennutzung den in § 5 Absatz 2 bis 4 dieses Gesetzes genannten Anforderungen sowie den sich aus § 17 Absatz 2 des Bundes-Bodenschutzgesetzes und dem Recht der Land-, Forst- und Fischereiwirtschaft ergebenden Anforderungen an die gute fachliche Praxis, widerspricht sie in der Regel nicht den Zielen des Naturschutzes und der Landschaftspflege.

(3) Nicht als Eingriff gilt die Wiederaufnahme einer land-, forst- und fischereiwirtschaftlichen Bodennutzung, wenn sie zeitweise eingeschränkt oder unterbrochen war

1. auf Grund vertraglicher Vereinbarungen oder auf Grund der Teilnahme an öffentlichen Programmen zur Bewirtschaftungsbeschränkung und wenn die Wiederaufnahme innerhalb von zehn Jahren nach Auslaufen der Einschränkung oder Unterbrechung erfolgt,
2. auf Grund der Durchführung von vorgezogenen Kompensationsmaßnahmen, die vorgezogene Maßnahme aber nicht für eine Kompensation in Anspruch genommen wird.

...

§ 30 Gesetzlich geschützte Biotope

(1) Bestimmte Teile von Natur und Landschaft, die eine besondere Bedeutung als Biotope haben, werden gesetzlich geschützt (allgemeiner Grundsatz).

(2) Handlungen, die zu einer Zerstörung oder einer sonstigen erheblichen Beeinträchtigung folgender Biotope führen können, sind verboten:

1. natürliche oder naturnahe Bereiche fließender und stehender Binnengewässer einschließlich ihrer Ufer und der dazugehörigen uferbegleitenden natürlichen oder naturnahen Vegetation sowie ihrer natürlichen oder naturnahen Verlandungsbereiche, Altarme und regelmäßig überschwemmten Bereiche,
2. Moore, Sümpfe, Röhrichte, Großseggenrieder, seggen- und binsenreiche Nasswiesen, Quellbereiche, Binnenlandsalzstellen,
3. offene Binnendünen, offene natürliche Block-, Schutt- und Geröllhalden, Lehm- und Lösswände, Zwergstrauch-, Ginster- und Wacholderheiden, Borstgrasrasen, Trockenrasen, Schwermetallrasen, Wälder und Gebüsche trockenwarmer Standorte,
4. Bruch-, Sumpf- und Auenwälder, Schlucht-, Blockhalden- und Hangschuttwälder, subalpine Lärchen- und Lärchen-Arvenwälder,
5. offene Felsbildungen, alpine Rasen sowie Schneetälchen und Krummholzgebüsche,
6. Fels- und Steilküsten, Küstendünen und Strandwälle, Strandseen, Boddengewässer mit Verlandungsbereichen, Salzwiesen und Wattflächen im Küstenbereich, Seegraswiesen und sonstige marine Makrophytenbestände, Riffe, sublitorale Sandbänke, Schlickgründe mit bohrender Bodenmegafauna sowie artenreiche Kies-, Grobsand- und Schillgründe im Meeres- und Küstenbereich.

Die Verbote des Satzes 1 gelten auch für weitere von den Ländern gesetzlich geschützte Biotope.

(3) Von den Verboten des Absatzes 2 kann auf Antrag eine Ausnahme zugelassen werden, wenn die Beeinträchtigungen ausgeglichen werden können.

...

(5) Bei gesetzlich geschützten Biotopen, die während der Laufzeit einer vertraglichen Vereinbarung oder der Teilnahme an öffentlichen Programmen zur Bewirtschaftungsbeschränkung entstanden sind, gilt Absatz 2 nicht für die Wiederaufnahme einer zulässigen land-, forst-, oder fischereiwirtschaftlichen Nutzung innerhalb von zehn Jahren nach Beendigung der betreffenden vertraglichen Vereinbarung oder der Teilnahme an den betreffenden öffentlichen Programmen.

...

§ 37 Aufgaben des Artenschutzes

(1) ...Der Artenschutz umfasst

1. den Schutz der Tiere und Pflanzen wild lebender Arten und ihrer Lebensgemeinschaften vor Beeinträchtigungen durch den Menschen und die Gewährleistung ihrer sonstigen Lebensbedingungen,
2. den Schutz der Lebensstätten und Biotope der wild lebenden Tier- und Pflanzenarten sowie
3. die Wiederansiedlung von Tieren und Pflanzen verdrängter wild lebender Arten in geeigneten Biotopen innerhalb ihres natürlichen Verbreitungsgebiets.

(2) Die Vorschriften des Pflanzenschutzrechts, des Tierschutzrechts, des Seuchenrechts sowie des Forst-, Jagd- und Fischereirechts bleiben von den Vorschriften dieses Kapitels und den auf Grund dieses Kapitels erlassenen Rechtsvorschriften unberührt. Soweit in jagd- oder fischereirechtlichen Vorschriften keine besonderen Bestimmungen zum Schutz und zur Pflege der betreffenden Arten bestehen oder erlassen werden, sind vorbehaltlich der Rechte der Jagdausübungs- oder Fischereiberechtigten die Vorschriften dieses Kapitels und die auf Grund dieses Kapitels erlassenen Rechtsvorschriften anzuwenden.

...

§ 39 Allgemeiner Schutz wild lebender Tiere und Pflanzen ...

(1) Es ist verboten,

1. wild lebende Tiere mutwillig zu beunruhigen oder ohne vernünftigen Grund zu fangen, zu verletzen oder zu töten,
2. wild lebende Pflanzen ohne vernünftigen Grund von ihrem Standort zu entnehmen oder zu nutzen oder ihre Bestände niederzuschlagen oder auf sonstige Weise zu verwüsten,
3. Lebensstätten wild lebender Tiere und Pflanzen ohne vernünftigen Grund zu beeinträchtigen oder zu zerstören.

(2) Vorbehaltlich jagd- oder fischereirechtlicher Bestimmungen ist es verboten, wild lebende Tiere und Pflanzen der in Anhang V der Richtlinie 92/43/EWG aufgeführten Arten aus der Natur zu entnehmen. Die Länder können Ausnahmen von Satz 1 unter den Voraussetzungen des § 45 Absatz 7 oder des Artikels 14 der Richtlinie 92/43/EWG zulassen.

(3) Jeder darf abweichend von Absatz 1 Nummer 2 wild lebende Blumen, Gräser, Farne, Moose, Flechten, Früchte, Pilze, Tee- und Heilkräuter sowie Zweige wild lebender Pflanzen aus der Natur an Stellen, die keinem Betretungsverbot unterliegen, in geringen Mengen für den persönlichen Bedarf pfleglich entnehmen und sich aneignen.

...

(5) Es ist verboten,

1. die Bodendecke auf Wiesen, Feldrainen, Hochrainen und ungenutzten Grundflächen sowie an Hecken und Hängen abzubrennen oder nicht land-, forst- oder fischereiwirtschaftlich genutzte Flächen so zu behandeln, dass die Tier- oder Pflanzenwelt erheblich beeinträchtigt wird,

2. Bäume, die außerhalb des Waldes, von Kurzumtriebsplantagen oder gärtnerisch genutzten Grundflächen stehen, Hecken, lebende Zäune, Gebüsche und andere Gehölze in der Zeit vom 1. März bis zum 30. September abzuschneiden oder auf den Stock zu setzen; zulässig sind schonende Form- und Pflegeschnitte zur Beseitigung des Zuwachses der Pflanzen oder zur Gesunderhaltung von Bäumen,
3. Röhrichte in der Zeit vom 1. März bis zum 30. September zurückzuschneiden; außerhalb dieser Zeiten dürfen Röhrichte nur in Abschnitten zurückgeschnitten werden,
4. ständig wasserführende Gräben unter Einsatz von Grabenfräsen zu räumen, wenn dadurch der Naturhaushalt, insbesondere die Tierwelt erheblich beeinträchtigt wird.

...

(6) Es ist verboten, Höhlen, Stollen, Erdkeller oder ähnliche Räume, die als Winterquartier von Fledermäusen dienen, in der Zeit vom 1. Oktober bis zum 31. März aufzusuchen; dies gilt nicht zur Durchführung unaufschiebbarer und nur geringfügig störender Handlungen sowie für touristisch erschlossene oder stark genutzte Bereiche.

...

§ 40 Nichtheimische, gebietsfremde und invasive Arten

(1) Es sind geeignete Maßnahmen zu treffen, um einer Gefährdung von Ökosystemen, Biotopen und Arten durch Tiere und Pflanzen nichtheimischer oder invasiver Arten entgegenzuwirken.

(2) Arten, bei denen Anhaltspunkte dafür bestehen, dass es sich um invasive Arten handelt, sind zu beobachten.

...

§ 44 Vorschriften für besonders geschützte und bestimmte andere Tier- und Pflanzenarten

(1) Es ist verboten,

1. wild lebenden Tieren der besonders geschützten Arten nachzustellen, sie zu fangen, zu verletzen oder zu töten oder ihre Entwicklungsformen aus der Natur zu entnehmen, zu beschädigen oder zu zerstören,
2. wild lebende Tiere der streng geschützten Arten und der europäischen Vogelarten während der Fortpflanzungs-, Aufzucht-, Mauser-, Überwinterungs- und Wanderungszeiten erheblich zu stören; eine erhebliche Störung liegt vor, wenn sich durch die Störung der Erhaltungszustand der lokalen Population einer Art verschlechtert,
3. Fortpflanzungs- oder Ruhestätten der wild lebenden Tiere der besonders geschützten Arten aus der Natur zu entnehmen, zu beschädigen oder zu zerstören,

4. wild lebende Pflanzen der besonders geschützten Arten oder ihre Entwicklungsformen aus der Natur zu entnehmen, sie oder ihre Standorte zu beschädigen oder zu zerstören

(Zugriffsverbote).

(2) Es ist ferner verboten,

1. Tiere und Pflanzen der besonders geschützten Arten in Besitz oder Gewahrsam zu nehmen, in Besitz oder Gewahrsam zu haben oder zu be- oder verarbeiten

(Besitzverbote),

2. Tiere und Pflanzen der besonders geschützten Arten im Sinne des § 7 Absatz 2 Nummer 13 Buchstabe b und c
   a) zu verkaufen, zu kaufen, zum Verkauf oder Kauf anzubieten, zum Verkauf vorrätig zu halten oder zu befördern, zu tauschen oder entgeltlich zum Gebrauch oder zur Nutzung zu überlassen,
   b) zu kommerziellen Zwecken zu erwerben, zur Schau zu stellen oder auf andere Weise zu verwenden

   (Vermarktungsverbote).

...

§ 59 Betreten der freien Landschaft

(1) Das Betreten der freien Landschaft auf Straßen und Wegen sowie auf ungenutzten Grundflächen zum Zweck der Erholung ist allen gestattet (allgemeiner Grundsatz).

(2) Das Betreten des Waldes richtet sich nach dem Bundeswaldgesetz und den Waldgesetzen der Länder sowie im Übrigen nach dem sonstigen Landesrecht. Es kann insbesondere andere Benutzungsarten ganz oder teilweise dem Betreten gleichstellen sowie das Betreten aus wichtigen Gründen, insbesondere aus solchen des Naturschutzes und der Landschaftspflege, des Feldschutzes und der land- und forstwirtschaftlichen Bewirtschaftung, zum Schutz der Erholungsuchenden, zur Vermeidung erheblicher Schäden oder zur Wahrung anderer schutzwürdiger Interessen des Grundstücksbesitzers einschränken.

§ 60 Haftung

Das Betreten der freien Landschaft erfolgt auf eigene Gefahr. Durch die Betretungsbefugnis werden keine zusätzlichen Sorgfalts- oder Verkehrssicherungspflichten begründet. Es besteht insbesondere keine Haftung für typische, sich aus der Natur ergebende Gefahren.

...

§ 65 Duldungspflicht

(1) Eigentümer und sonstige Nutzungsberechtigte von Grundstücken haben Maßnahmen des Naturschutzes und der Landschaftspflege auf Grund von Vorschriften dieses Gesetzes, Rechtsvorschriften, die auf Grund dieses Gesetzes erlassen

worden sind oder fortgelten, oder Naturschutzrecht der Länder zu dulden, soweit dadurch die Nutzung des Grundstücks nicht unzumutbar beeinträchtigt wird. Weiter gehende Regelungen der Länder bleiben unberührt.

(2) Vor der Durchführung der Maßnahmen sind die Berechtigten in geeigneter Weise zu benachrichtigen.

(3) Die Befugnis der Bediensteten und Beauftragten der Naturschutzbehörden, zur Erfüllung ihrer Aufgaben Grundstücke zu betreten, richtet sich nach Landesrecht.

...

§ 69 Bußgeldvorschriften

(1) Ordnungswidrig handelt, wer wissentlich entgegen § 39 Absatz 1 Nummer 1 ein wild lebendes Tier beunruhigt.

(2) Ordnungswidrig handelt, wer

1. entgegen § 44 Absatz 1 Nummer 1 einem wild lebenden Tier nachstellt, es fängt, verletzt oder tötet oder seine Entwicklungsformen aus der Natur entnimmt, beschädigt oder zerstört,
2. entgegen § 44 Absatz 1 Nummer 2 ein wild lebendes Tier erheblich stört,
3. entgegen § 44 Absatz 1 Nummer 3 eine Fortpflanzungs- oder Ruhestätte aus der Natur entnimmt, beschädigt oder zerstört oder
4. entgegen § 44 Absatz 1 Nummer 4 eine wild lebende Pflanze oder ihre Entwicklungsformen aus der Natur entnimmt oder sie oder ihren Standort beschädigt oder zerstört.

(3) Ordnungswidrig handelt, wer vorsätzlich oder fahrlässig

1. ohne Genehmigung nach § 17 Absatz 3 Satz 1 einen Eingriff in Natur und Landschaft vornimmt,

...

5. entgegen § 30 Absatz 2 Satz 1 ein dort genanntes Biotop zerstört oder sonst erheblich beeinträchtigt,
6. entgegen § 33 Absatz 1 Satz 1, auch in Verbindung mit Absatz 2 Satz 1, eine Veränderung oder Störung vornimmt,
7. entgegen § 39 Absatz 1 Nummer 1 ein wild lebendes Tier ohne vernünftigen Grund fängt, verletzt oder tötet,
8. entgegen § 39 Absatz 1 Nummer 2 eine wild lebende Pflanze ohne vernünftigen Grund entnimmt, nutzt oder ihre Bestände niederschlägt oder auf sonstige Weise verwüstet,
9. entgegen § 39 Absatz 1 Nummer 3 eine Lebensstätte wild lebender Tiere oder Pflanzen ohne vernünftigen Grund erheblich beeinträchtigt oder zerstört,
10. entgegen § 39 Absatz 2 Satz 1 ein wild lebendes Tier oder eine wild lebende Pflanze aus der Natur entnimmt,
11. ohne Genehmigung nach § 39 Absatz 4 Satz 1 eine wild lebende Pflanze gewerbsmäßig entnimmt oder be- oder verarbeitet,

12. entgegen § 39 Absatz 5 Satz 1 Nummer 1 die Bodendecke abbrennt oder eine dort genannte Fläche behandelt,

13. entgegen § 39 Absatz 5 Satz 1 Nummer 2 einen Baum eine Hecke, einen lebenden Zaun, ein Gebüsch oder ein anderes Gehölz abschneidet oder auf den Stock setzt,

14. entgegen § 39 Absatz 5 Satz 1 Nummer 3 ein Röhricht zurückschneidet,

15. entgegen § 39 Absatz 5 Satz 1 Nummer 4 einen dort genannten Graben räumt,

16. entgegen § 39 Absatz 6 eine Höhle, einen Stollen, einen Erdkeller oder einen ähnlichen Raum aufsucht,

17. ohne Genehmigung nach § 40 Absatz 4 Satz 1 eine Pflanze einer gebietsfremden Art oder ein Tier ausbringt,

...

(5) Ordnungswidrig handelt, wer gegen die Verordnung (EWG) Nr. 3254/91 des Rates vom 4. November 1991 zum Verbot von Tellereisen in der Gemeinschaft und der Einfuhr von Pelzen und Waren von bestimmten Wildtierarten aus Ländern, die Tellereisen oder den internationalen humanen Fangnormen nicht entsprechende Fangmethoden anwenden (ABl. L 308 vom 9.11.1991, S. 1), verstößt, indem er vorsätzlich oder fahrlässig

1. entgegen Artikel 2 ein Tellereisen verwendet oder

2. entgegen Artikel 3 Absatz 1 Satz 1 einen Pelz einer dort genannten Tierart oder eine dort genannte Ware in die Gemeinschaft verbringt.

(6) Die Ordnungswidrigkeit kann in den Fällen der Absätze 1 und 2, des Absatzes 3 Nummer 1 bis 6, 18, 20, 21, 26 und 27 Buchstabe b, des Absatzes 4 Nummer 1 und 3 und des Absatzes 5 mit einer Geldbuße bis zu fünfzigtausend Euro, in den übrigen Fällen mit einer Geldbuße bis zu zehntausend Euro geahndet werden.

...

Anmerkung:

Im Rahmen der konkurrierenden Gesetzgebung kann das Land vom BNatSchG abweichende Regelungen treffen über den Naturschutz und die Landschaftspflege (ohne bestimmte abweichungsfeste Bereiche), jedoch erst, wenn und soweit der Bund von seiner Gesetzgebungszuständigkeit Gebrauch gemacht hat. Um dies zu ermöglichen, treten Bundesgesetze auf diesem Gebiet grundsätzlich frühestens sechs Monate nach ihrer Verkündung in Kraft. Im Verhältnis von Bundes- und Landesrecht geht dann das jeweils spätere Gesetz vor.

Verordnung zum Schutz wild lebender Tier- und Pflanzenarten (Bundesartenschutzverordnung – BArtSchV)

Vom 16. Februar 2005 (BGBl. I S. 258, 896), zuletzt geändert durch Artikel 10 des Gesetzes vom 21. Januar 2013 (BGBl. I S. 95) – Auszug –

Abschnitt 1: Unterschutzstellung, Ausnahmen und Verbote

§ 1 Besonders geschützte und streng geschützte Tier- und Pflanzenarten

Die in Anlage 1[1] Spalte 2 mit einem Kreuz (+) bezeichneten Tier- und Pflanzenarten werden unter besonderen Schutz gestellt. Die in Anlage 1 Spalte 3 mit einem Kreuz (+) bezeichneten Tier- und Pflanzenarten werden unter strengen Schutz gestellt.

§ 2 Ausnahmen

(1) Die Verbote des § 44 Abs. 1 Nr. 4 und Abs. 2 Satz 1 Nr. 1 des Bundesnaturschutzgesetzes gelten nicht für Pilze der nachstehend aufgeführten Arten, soweit sie in geringen Mengen für den eigenen Bedarf der Natur entnommen werden:

Boletus edulis	Steinpilz
Cantharellus spp.	Pfifferling – alle heimischen Arten
Gomphus clavatus	Schweinsohr
Lactarius volemus	Brätling
Leccinum spp.	Birkenpilz und Rotkappe – alle heimischen Arten
Morchella spp.	Morchel – alle heimischen Arten

Die nach Landesrecht zuständige Behörde kann im Einzelfall für die in Satz 1 genannten Pilze weitergehende Ausnahmen von den dort genannten Verboten zulassen, solange und soweit die Erhaltung der betreffenden Arten landesweit oder in bestimmten Landesteilen nicht gefährdet ist.

(2) Die nach Landesrecht zuständige Behörde kann Ausnahmen von § 44 Abs. 1 Nr. 1 und 3 und Abs. 2 des Bundesnaturschutzgesetzes für Weinbergschnecken (Helix pomatia) mit einem Gehäusedurchmesser von mindestens 30 Millimeter zulassen, soweit die Vorgaben der Artikel 14 und 16 Abs. 1 der Richtlinie 92/43/EWG des Rates vom 21. Mai 1992 zur Erhaltung der natürlichen Lebensräume sowie der wild lebenden Tiere und Pflanzen (FFH-Richtlinie) (ABl. L 206 vom 22.7.1992, S. 7), die zuletzt durch die Richtlinie 2006/105/EG(ABl. L 363 vom 20.12.2006, S. 368) geändert worden ist, nicht entgegenstehen.

(3) Die Besitz- und Vermarktungsverbote des § 44 Abs. 2 Satz 1 des Bundesnaturschutzgesetzes sowie die Vorschriften der §§ 6, 7 und 12 gelten nicht für

---

1 Die Anlagen 2 bis 7 sind nicht, die Anlage 1 ist teilweise abgedruckt.

1. domestizierte Formen von Arten im Sinne von § 7 Abs. 2 Nr. 13 Buchstabe b des Bundesnaturschutzgesetzes,
2. gezüchtete beziehungsweise künstlich vermehrte Exemplare der in Anlage 2 aufgeführten Arten sowie
3. Edelkrebse (Astacus astacus), die rechtmäßig und zum Zweck der Hege dem Gewässer entnommen werden.

Die in Satz 1 genannten Formen sind auch von den Verboten des § 44 Abs. 1 Nr. 1 und 3 des Bundesnaturschutzgesetzes ausgenommen.

§ 3 Verbote für nicht besonders geschützte Tierarten

(1) Die Besitz- und Vermarktungsverbote des § 44 Abs. 2 Satz 1 des Bundesnaturschutzgesetzes gelten nach § 44 Abs. 3 Nr. 2 des Bundesnaturschutzgesetzes für lebende Tiere folgender Arten:

Castor canadensis	Amerikanischer Biber
Chelydra serpentina	Schnappschildkröte
Macroclemys temminckii	Geierschildkröte
Sciurus carolinensis	Grauhörnchen

Die Regelung des § 45 Abs. 1 Satz 1 Nr. 2 des Bundesnaturschutzgesetzes bleibt unberührt.

(2) Es ist verboten,

1. lebende Tiere der im Absatz 1 Satz 1 genannten Arten anzubieten, zur Abgabe vorrätig zu halten, feilzuhalten oder an andere abzugeben,
2. Tiere der in Absatz 1 Satz 1 genannten Arten zu züchten.

(3) Absatz 2 Nr. 2 gilt nicht für Tierhaltungen unter zoologisch fachkundiger Leitung, die ganz oder überwiegend juristischen Personen des öffentlichen Rechts gehören.

§ 4 Verbotene Handlungen, Verfahren und Geräte

(1) Es ist verboten, in folgender Weise wild lebenden Tieren der besonders geschützten Arten und der nicht besonders geschützten Wirbeltierarten, die nicht dem Jagd- oder Fischereirecht unterliegen, nachzustellen, sie anzulocken, zu fangen oder zu töten:

1. mit Schlingen, Netzen, Fallen, Haken, Leim und sonstigen Klebstoffen,
2. unter Benutzung von lebenden Tieren als Lockmittel,
3. mit Armbrüsten,
4. mit künstlichen Lichtquellen, Spiegeln oder anderen beleuchtenden oder blendenden Vorrichtungen,
5. mit akustischen, elektrischen oder elektronischen Geräten,
6. durch Begasen oder Ausräuchern oder unter Verwendung von Giftstoffen, vergifteten oder betäubenden Ködern oder sonstigen betäubenden Mitteln,

7. mit halbautomatischen oder automatischen Waffen, deren Magazin mehr als zwei Patronen aufnehmen kann, oder unter Verwendung von Visiervorrichtungen für das Schießen bei Nacht mit elektronischen Bildverstärkern oder Bildumwandlern,
8. unter Verwendung von Sprengstoffen,
9. aus Kraftfahrzeugen oder Luftfahrzeugen oder
10. aus Booten mit einer Antriebsgeschwindigkeit von mehr als fünf Kilometer/Stunde.

Satz 1 Nr. 1 gilt, außer beim Vogelfang, für Netze und Fallen nur, wenn mit ihnen Tiere in größeren Mengen oder wahllos gefangen oder getötet werden können. Satz 1 Nr. 6 gilt nur für Tiere der besonders geschützten Arten.

(2) Abweichend von Absatz 1 Satz 1 Nr. 1 ist es gestattet, Bisams (Ondatra zibethicus) mit Fallen, ausgenommen Käfigfallen mit Klappenschleusen (Reusenfallen), zu bekämpfen, soweit dies zum Schutz gefährdeter Objekte, insbesondere zum Hochwasserabfluss oder zum Schutz gegen Hochwasser oder zur Abwehr von land- oder fischerei- oder sonstiger erheblicher gemeinwirtschaftlicher Schäden erforderlich ist. Die Fallen müssen so beschaffen sein und dürfen nur so verwendet werden, dass das unbeabsichtigte Fangen von sonstigen wild lebenden Tieren weitgehend ausgeschlossen ist.

(3) Die nach Landesrecht zuständige Behörde kann im Einzelfall weitere Ausnahmen von den Verboten des Absatzes 1 zulassen, soweit dies

1. zur Abwendung erheblicher land-, forst-, fischerei-, wasser- oder sonstiger gemeinwirtschaftlicher Schäden,
2. zum Schutz der heimischen Tier- und Pflanzenwelt oder
3. für Zwecke der Forschung, Lehre oder Wiederansiedlung oder zur Nachzucht für einen dieser Zwecke

erforderlich ist, der Bestand und die Verbreitung der betreffenden Population oder Art dadurch nicht nachteilig beeinflusst wird und sonstige Belange des Artenschutzes, insbesondere Artikel 9 Abs. 1 der Richtlinie 2009/147/EG des Europäischen Parlaments und des Rates vom 30. November 2009 über die Erhaltung der wild lebenden Vogelarten (ABl. L 20 vom 22.1.2010, S. 7) und Artikel 16 Abs. 1 der Richtlinie 92/43/ EWG des Rates nicht entgegenstehen.

(4) Artikel 2 der Verordnung (EWG) Nr. 3254/91 des Rates vom 4. November 1991 zum Verbot von Tellereisen in der Gemeinschaft und der Einfuhr von Pelzen und Waren von bestimmten Wildtierarten aus Ländern, die Tellereisen oder den internationalen humanen Fangnormen nicht entsprechende Fangmethoden anwenden (ABl. EG Nr. L 308 S. 1), bleibt unberührt.

Abschnitt 2: Teile und Erzeugnisse, Aufzeichnungspflichten

§ 5 Teile und Erzeugnisse

Ohne weiteres erkennbare Teile von Tieren und Pflanzen sowie ohne weiteres erkennbar aus ihnen gewonnene Erzeugnisse im Sinne des § 7 Abs. 2 Nr. 1 Buchstabe c und d oder Nr. 2 Buchstabe c und d des Bundesnaturschutzgesetzes sind

1. alle Teile und Erzeugnisse von Arten im Sinne von § 7 Abs. 2 Nr. 13 Buchstabe b Doppelbuchstabe aa des Bundesnaturschutzgesetzes,
2. die in Anlage 3 bezeichneten Teile und Erzeugnisse von Tieren und Pflanzen der dort genannten Arten,
3. andere Gegenstände, bei denen aus einem Beleg, aus der Verpackung, aus einer Marke, aus einer Aufschrift oder aus sonstigen Umständen hervorgeht, dass es sich um Teile von Tieren und Pflanzen der besonders geschützten Arten oder aus ihnen gewonnene Erzeugnisse handelt.

§ 6 Aufnahme- und Auslieferungsbuch

(1) Wer gewerbsmäßig Tiere oder Pflanzen der besonders geschützten Arten erwirbt, be- oder verarbeitet oder in den Verkehr bringt, hat ein Aufnahme- und Auslieferungsbuch mit täglicher Eintragung zu führen; alle Eintragungen in das Buch sind in dauerhafter Form vorzunehmen. Das Aufnahme- und Auslieferungsbuch ist nach dem Muster in Anlage 4 zu führen; die §§ 239 und 261 des Handelsgesetzbuchs gelten sinngemäß. Bei der Abgabe von Teilen oder Erzeugnissen im Einzelhandel müssen Name und Anschrift des Empfängers nur angegeben werden, wenn der Verkaufspreis der Teile oder Erzeugnisse über 250 Euro beträgt; sind die Teile oder Erzeugnisse mit anderen Materialien fest verbunden, so ist der auf die Teile und Erzeugnisse entfallende Anteil am Verkaufswert maßgebend. Die nach Landesrecht zuständige Behörde kann, sofern Belange des Artenschutzes nicht entgegenstehen, Ausnahmen von den Sätzen 1 bis 3 zulassen, soweit durch gleichwertige Vorkehrungen eine ausreichende Überwachung sichergestellt ist.

(2) Absatz 1 Satz 1 bis 3 gilt nicht

1. für Pilze der in § 2 Abs. 1 Satz 1 aufgeführten und für Tiere der nachstehenden Arten, soweit aus einer Aufschrift auf einem Beleg oder auf der Verpackung die Einhaltung artenschutzrechtlicher Vorschriften hervorgeht:

Acipenseriformes spp.	Störartige – ausgenommen tote Exemplare, Teile und Erzeugnisse
Austropotamobius torrentium	Steinkrebs
Helix aspersa	Gefleckte Weinbergschnecke
Helix pomatia	Gewöhnliche Weinbergschnecke
Homarus gammarus	Hummer

2. für durch künstliche Vermehrung gewonnene Pflanzenarten,
3. soweit eine gleichwertige Buchführung auf Grund anderer Vorschriften durchgeführt wird,

4. für Tiere und Pflanzen, bei denen auf Grund eines von der nach Landesrecht zuständigen Behörde anerkannten Verfahrens, dem Belange des Artenschutzes nicht entgegenstehen, durch gleichwertige Vorkehrungen eine ausreichende Überwachung sichergestellt ist,
5. für zu Gegenständen verarbeitete Teile und Erzeugnisse von Tieren und Pflanzen, die vor mehr als 50 Jahren erworben wurden, im Sinne von Artikel 2 Buchstabe w der Verordnung (EG) Nr. 338/97 des Rates vom 9. Dezember 1996 über den Schutz von Exemplaren wild lebender Tier- und Pflanzenarten durch Überwachung des Handels (ABl. L 61 vom 3.3.1997, S. 1, L 100 vom 17.4.1997, S. 72, L 298 vom 1.11.1997, S. 70, L 113 vom 27.4.2006, S. 26), die zuletzt durch die Verordnung (EG) Nr. 318/2008 (ABl. L 95 vom 8.4.2008, S. 3) geändert worden ist.

(3) Die Bücher mit den Belegen sind den in § 48 des Bundesnaturschutzgesetzes bestimmten Behörden sowie anderen, nach Landesrecht zuständigen Behörden auf Verlangen zur Prüfung auszuhändigen.

(4) Die Bücher mit den Belegen sind nach Maßgabe des Satzes 2 fünf Jahre aufzubewahren. Die Aufbewahrungsfrist beginnt mit dem Schluss des Kalenderjahres, in dem die letzte Eintragung für ein abgeschlossenes Geschäftsjahr gemacht worden ist. Andere gesetzliche Vorschriften, die eine längere Aufbewahrungspflicht vorsehen, bleiben unberührt.

Abschnitt 3: Haltung und Zucht, Anzeigepflichten

Unterabschnitt 1: Haltung und Anzeigepflichten

§ 7 Haltung von Wirbeltieren

(1) Wirbeltiere der besonders geschützten und der in § 3 Abs. 1 Satz 1 genannten Arten dürfen nur gehalten werden, wenn sie keinem Besitzverbot unterliegen und der Halter

1. die erforderliche Zuverlässigkeit und ausreichende Kenntnisse über die Haltung und Pflege der Tiere hat und
2. über die erforderlichen Einrichtungen verfügt, die Gewähr dafür bieten, dass die Tiere nicht entweichen können und die Haltung den tierschutzrechtlichen Vorschriften entspricht.

Satz 1 gilt nicht für Greifvögel der in Anlage 4 der Bundeswildschutzverordnung vom 25. Oktober 1985 (BGBl. I S. 2040), die durch Artikel 3 der Verordnung vom 14. Oktober 1999 (BGBl. I. S. 1955) geändert worden ist, aufgeführten Arten. Das Vorliegen der Anforderungen nach Satz 1 ist der nach Landesrecht zuständigen Behörde auf Verlangen nachzuweisen.

(2) Wer Tiere der unter Absatz 1 fallenden Arten, ausgenommen Tiere der in Anlage 5 aufgeführten Arten, hält, hat der nach Landesrecht zuständigen Behörde unverzüglich nach Beginn der Haltung den Bestand der Tiere und nach der Bestandsanzeige den Zu- und Abgang sowie eine Kennzeichnung von Tieren unverzüglich schriftlich anzuzeigen; die Anzeige muss Angaben enthalten über Zahl, Art, Alter,

Geschlecht, Herkunft, Verbleib, Standort, Verwendungszweck und Kennzeichen der Tiere. Die Verlegung des regelmäßigen Standorts der Tiere ist unverzüglich anzuzeigen.

(3) Für Absatz 2 gilt § 3 Abs. 3 entsprechend. Die nach Landesrecht zuständige Behörde kann für andere Tierhaltungen unter zoologisch fachkundiger Leitung Ausnahmen von Absatz 2 zulassen, sofern Belange des Artenschutzes nicht entgegenstehen.

Unterabschnitt 2: Zucht und Haltung von Greifvogelhybriden

§ 8 Begriffsbestimmungen

Greifvogelhybriden im Sinne dieser Verordnung sind Greifvögel, die genetische Anteile von mindestens einer heimischen sowie einer weiteren Greifvogelart enthalten.

§ 9 Zuchtverbot

(1) Es ist verboten, Greifvogelhybriden zu züchten.

(2) Bis zum 31. Dezember 2014 sind ausgenommen von dem Verbot des Absatzes 1 Züchter, die vor dem 25. Februar 2005 mit der Zucht von Greifvogelhybriden begonnen haben.

§ 10 Haltungsverbot

Es ist verboten, Greifvogelhybriden zu halten. Ausgenommen von dem Verbot sind Tiere, die vor dem 25. Februar 2005 in Übereinstimmung mit den zu ihrem Schutz geltenden Vorschriften gehalten werden, sowie, im Falle der Zucht, Jungvögel bis zur Abgabe an Dritte mit Wohnsitz oder Sitz im Ausland.

§ 11 Flugverbot, Entweichen

(1) Es ist verboten, Greifvogelhybriden in den Flug zu entlassen.

(2) Ausgenommen von dem Verbot des Absatzes 1 ist ein mit telemetrischer Ausrüstung überwachter Flug außerhalb des Zeitraums vom Beginn der Bettelflugperiode bis zum Erreichen der Selbständigkeit des Vogels. Die telemetrische Ausrüstung muss so beschaffen sein, dass die Identifizierung und Ortung des in den Freiflug gestellten Greifvogelhybriden jederzeit kurzfristig möglich ist. Der Halter hat den Greifvogelhybriden nach Abschluss des Fluges unverzüglich in ein Gehege zurückzuführen.

(3) Sobald eine Identifizierung und Ortung nach Absatz 2 Satz 2 nicht mehr möglich ist, hat der Halter unverzüglich alle zumutbaren Maßnahmen zur Rückführung des in den Freiflug gestellten Greifvogelhybriden in ein Gehege zu ergreifen und die nach Landesrecht zuständige Naturschutzbehörde zu informieren.

(4) Für Halter eines Greifvogelhybriden, der aus einem Gehege entwichen ist, gilt Absatz 3 entsprechend.

Abschnitt 4: Kennzeichnung

§ 12 Kennzeichnungspflicht

Wer lebende Säugetiere, Vögel und Reptilien der in Anlage 6 Spalte 1 aufgeführten Arten hält, hat diese unverzüglich zu kennzeichnen. Die Kennzeichnung hat nach Maßgabe

1. des § 13 Abs. 1 Satz 1 und 2, Abs. 2 und 3, des § 15 Abs. 1 bis 3, 5 und 7,
2. des § 13 Abs. 1 Satz 3 bis 10 sowie des § 15 Abs. 6

zu erfolgen.

§ 13 Kennzeichnungsmethoden

(1) Für die Kennzeichnung sind die Kennzeichnungsmethoden zu verwenden, die in Anlage 6 Spalte 2 bis 6 mit einem Kreuz (+) bei den jeweiligen Tierarten bezeichnet sind, sowie für Vogelarten der offene Ring gemäß Satz 2. Sind nach Satz 1 mehrere Kennzeichnungsmethoden vorgesehen, sind die Tiere mit einem Kennzeichen in der folgenden Rangfolge zu versehen:

1. gezüchtete Vögel vorrangig mit dem geschlossenen Ring;
2. Vögel, die nicht unter Nummer 1 fallen, vorrangig nach Wahl des Halters mit dem offenen Ring oder dem Transponder, ansonsten mit der Dokumentation;
3. Säugetiere vorrangig mit dem Transponder, ansonsten mit der Dokumentation oder mit sonstigen Kennzeichen;
4. Reptilien vorrangig nach Wahl des Halters mit dem Transponder oder der Dokumentation.

Die Kennzeichnung mit einem Transponder scheidet aus, soweit die Tiere weniger als 200 Gramm, bei Schildkröten weniger als 500 Gramm, wiegen oder ein solches Gewicht nicht erreichen können. Das Absehen von der jeweils als vorrangig bezeichneten Kennzeichnungsmethode bedarf der Zustimmung der nach Landesrecht zuständigen Behörde. Diese kann das Absehen von den als vorrangig bezeichneten Kennzeichnungsmethode zulassen, wenn diese wegen körperlicher oder verhaltensbedingter Eigenschaften der Tiere einschließlich des Unterschreitens der in Satz 3 genannten Gewichtsgrenzen nicht angewandt werden können. In diesem Fall sind unter den Voraussetzungen von Satz 5 andere für die betreffende Art mit einem Kreuz (+) bezeichneten Kennzeichnungsmethoden anzuordnen. Soweit dies nicht möglich ist, können weitere geeignete Kennzeichnungsmethoden, insbesondere molekulargenetische Methoden, zugelassen werden. Die Entscheidung nach Satz 5 ist mit der Auflage zu verbinden, die Kennzeichnung nachzuholen, sobald mit einem Fortfall der in Satz 5 genannten Hindernisse gerechnet werden kann. Für Tiere der in Anlage 6 Spalte 1 aufgeführten Arten, die in den Spalten 2 bis 6 nicht mit einem Kreuz (+) bezeichnet sind, sowie für Hybride von in Anlage 6 Spalte 1 aufgeführten

Vogelarten mit weiteren dort aufgeführten oder anderen Arten hat der Halter spätestens mit Eintritt der Kennzeichnungspflicht bei der nach Landesrecht zuständigen Behörde die Festlegung der verbindlichen Kennzeichnungsmethode zu beantragen. Satz 7 gilt entsprechend.

(2) Ringe müssen eine Größe aufweisen, dass sie nach vollständigem Auswachsen des Beines nur durch Zerstörung des Ringes oder Verletzung des Vogels entfernt werden können. Dazu sind grundsätzlich Ringe der in Anlage 6 Spalte 3 vorgegebenen Größe zu verwenden. Von den Vorgaben in Satz 2 kann für Vögel bestimmter Rassen oder Populationen abgewichen werden, soweit die Verwendung von Ringen der dort genannten Größe entweder zu Verletzungen beim Vogel führt oder – abweichend von Satz 1 – ein Entfernen des Ringes möglich ist.

(3) Eine Dokumentation muss eine zeichnerische oder fotografische Darstellung individueller Körpermerkmale enthalten, die eine Identifizierung ermöglicht. Diese Darstellung ist zu ergänzen um eine Beschreibung des Tieres, die zumindest Angaben umfassen muss zu Größe und Länge, Gewicht, Geschlecht und Alter, sowie eine Beschreibung vorhandener Besonderheiten. Die Dokumentation ist in solchen Zeitabständen zu wiederholen, dass mögliche Änderungen der Körpermerkmale nachvollziehbar sind. Eine Mehrfertigung der ersten Dokumentation hat der Halter der Anzeige nach § 7 Abs. 2 beizufügen, weitere Dokumentationen sind den nach Landesrecht zuständigen Behörden auf Verlangen vorzulegen.

§ 14 Ausnahmen von der Kennzeichnungspflicht

(1) Die Kennzeichnungspflicht nach § 12 entfällt, wenn ein verletztes, hilfloses oder krankes Wirbeltier aufgenommen wird, um es gesund zu pflegen und es wieder in die Freiheit zu entlassen. Die nach Landesrecht zuständige Behörde kann im Einzelfall Ausnahmen von der Kennzeichnungspflicht nach § 12 zulassen für Wirbeltiere, die im Rahmen von bestandsschützenden Maßnahmen oder Wiederansiedlungsmaßnahmen gehalten oder abgegeben werden.

(2) Die Kennzeichnungspflicht nach § 12 entfällt auch, wenn ein Wirbeltier im Vollzug artenschutzrechtlicher Vorschriften der Europäischen Gemeinschaften oder auf Grund von Rechtsvorschriften anderer Mitgliedstaaten bereits mit einem Kennzeichen versehen ist. Vor Inkrafttreten der Kennzeichnungspflicht angebrachte Kennzeichnungen, die nicht unter Satz 1 fallen, kann die nach Landesrecht zuständige Behörde als Kennzeichnung im Sinne des § 12 anerkennen, soweit eine gleichwertige Individualisierung sichergestellt ist.

§ 15 Ausgabe von Kennzeichen

(1) Für die Kennzeichnung nach dieser Verordnung sind nur Ringe und Transponder zu verwenden, die von den nachstehenden Vereinen ausgegeben werden:

1. Bundesverband für fachgerechten Natur- und Artenschutz e.V.,
2. Zentralverband Zoologischer Fachbetriebe Deutschlands e.V.

Sie ermöglichen nicht vereinsangehörigen Personen den Bezug von Kennzeichen zu denselben Bedingungen wie Vereinsmitgliedern.

(2) Nach Absatz 1 ausgegebene Ringe müssen so beschaffen sein, dass sie vom Tier nicht zerstört werden können, ihre Lesbarkeit dauerhaft gewährleistet ist, sie nicht erheblich verformt oder geweitet werden können und eine Entfernung nur durch Zerstörung des Ringes oder Verletzung des Tieres möglich ist. Geschlossene Ringe müssen nahtlos, offene Ringe müssen darüber hinaus so beschaffen sein, dass sie nur einmal verwendet werden können. Ringe müssen tierschutzgerecht sein. Ringe für Greifvogelhybriden sind blau zu färben.

(3) Nach Absatz 1 ausgegebene Ringe müssen eine Beschriftung nach Maßgabe der Anlage 7 aufweisen. Die in Satz 1 genannte Beschriftung muss sich gegenüber eventuell auf dem Ring zusätzlich angebrachten Angaben deutlich hervorheben.

(4) (Weggefallen)

(5) Nach Absatz 1 ausgegebene Transponder müssen in der Codestruktur und dem Informationsgehalt dem Standard ISO 11784: 1996 (e) „Radio-Frequency Identification of Animals – Code Structure“[1]) entsprechen. Die im Transponder festgelegte Information muss einmalig und darf nach Herstellung nicht veränderbar sein. Die Transponder müssen ferner den im Standard ISO 11785: 1996 (E) „Radio-Frequency Identification of Animals – Technical Concept“*) festgelegten technischen Anforderungen entsprechen.

(6) Die in Absatz 1 genannten Vereine haben der nach Landesrecht zuständigen Behörde vierteljährlich die Beschriftung von in ihrem Zuständigkeitsbereich im laufenden Jahr ausgegebenen Kennzeichen sowie Name und Anschrift der Empfänger in für die elektronische Datenverarbeitung geeigneter Form zu übermitteln sowie dieser und dem Bundesamt für Naturschutz auf Anfrage unverzüglich entsprechende Angaben zu machen.

(7) Im Falle der Präparation verbleibt der Ring am Vogel.

Abschnitt 5: Ordnungswidrigkeiten

§ 16 Ordnungswidrigkeiten

(1) Ordnungswidrig im Sinne des § 69 Abs. 3 Nr. 27 Buchstabe b des Bundesnaturschutzgesetzes handelt, wer vorsätzlich oder fahrlässig entgegen § 3 Abs. 2 ein Tier anbietet, zur Abgabe vorrätig hält, feilhält, an andere abgibt oder züchtet.

(2) Ordnungswidrig im Sinne des § 69 Abs. 3 Nr. 27 Buchstabe c des Bundesnaturschutzgesetzes handelt, wer vorsätzlich oder fahrlässig

1. entgegen § 4 Abs. 1 in der dort bezeichneten Weise einem Tier nachstellt, es anlockt, fängt oder tötet,
2. entgegen § 6 Abs. 1 Satz 1 ein Buch nicht, nicht richtig, nicht vollständig oder nicht in der vorgeschriebenen Weise führt,

1 Vertrieb: Beuth Verlag, Burggrafenstraße 6, 10787 Berlin

3. entgegen § 6 Abs. 3 ein Buch nicht oder nicht rechtzeitig aushändigt,
4. entgegen § 6 Abs. 4 Satz 1 ein Buch nicht oder nicht mindestens fünf Jahre aufbewahrt,
5. entgegen § 7 Abs. 2 eine Anzeige nicht, nicht richtig, nicht vollständig, nicht in der vorgeschriebenen Weise oder nicht rechtzeitig erstattet,
6. entgegen § 9 Greifvogelhybride züchtet,
7. entgegen § 10 Greifvogelhybride hält,
8. entgegen § 11 Greifvogelhybride in den Flug entlässt,
9. entgegen § 11 Abs. 3 auch in Verbindung mit Abs. 4 eine Maßnahme nicht oder nicht rechtzeitig ergreift oder eine Greifvogelhybride nicht rechtzeitig zurückführt,
10. entgegen § 12 Satz 1 und 2 Nr. 1 ein Tier nicht, nicht richtig, nicht in der vorgeschriebenen Weise oder nicht rechtzeitig kennzeichnet, oder Kennzeichen ohne Zustimmung der nach Landesrecht zuständigen Behörde verändert oder entfernt,
11. entgegen § 13 Abs. 1 Satz 9 die Festlegung einer verbindlichen Kennzeichnungsmethode nicht oder nicht rechtzeitig beantragt,
12. entgegen § 13 Abs. 3 Satz 4 eine dort genannte Unterlage nicht beifügt oder nicht oder nicht rechtzeitig vorlegt.

Abschnitt 6: Ländervorbehalt

§ 17 Ländervorbehalt

Die nach Landesrecht zuständigen Behörden können nach § 2 Abs. 1 Satz 2 und Abs. 2, § 4 Abs. 3, § 6 Abs. 1 Satz 4, § 7 Abs. 3 Satz 2 und § 14 Abs. 1 Satz 2 unter den jeweils genannten Voraussetzungen Ausnahmen auch allgemein zulassen.

Anlage 1 (zu § 1)

Schutzstatus wild lebender Tier- und Pflanzenarten

Erläuterungen zur Anlage 1

Fundstelle des Originaltextes: BGBl. I 2005, 264–285

1. Die in Anlage 1 aufgeführten Arten werden bezeichnet
   a) mit dem Namen der Art oder
   b) als Gesamtheit der einem höheren Taxon (Ordnungsstufe des Tier- bzw. Pflanzenreiches) oder einem bestimmten Teil derselben angehörenden Arten.
2. Die Abkürzung „spp." wird zur Bezeichnung aller Arten eines höheren Taxons verwendet.
3. Sonstige Bezugnahmen auf höhere Taxa als Arten dienen nur der Information oder Klassifikation.
4. Durch Aufnahme einer Art in Anlage 1 werden auch Bastarde dieser Art mit anderen Arten erfasst. Sind beide an der Bastardierung beteiligten Ausgangsarten geschützt, so richtet sich der Schutz nach den für die am strengsten geschützte Art geltenden Vorschriften.
5. Domestizierte Formen werden durch die Aufnahme einer Art in Anlage 1 nicht erfasst. Als domestizierte Form gilt insbesondere Apis mellifera – Honigbiene.
6. „Europäisch" ist eine wild lebende Tier- oder Pflanzenart, die ihr Verbreitungsgebiet oder regelmäßiges Wanderungsgebiet ganz oder teilweise
   a) in Europa hat oder in geschichtlicher Zeit hatte oder
   b) auf natürliche Weise nach Europa ausdehnt.

   Europa umfasst im Osten und Südosten jenen Teil Eurasiens, der vom Uralgebirge und der Kaspisee, dem Kaukasus, dem Schwarzen Meer, dem Bosporus, dem Marmarameer und den Dardanellen begrenzt wird, dazu alle Ägäischen Inseln und Kreta; im Süden und Südwesten Malta, Sizilien, die Balearen und die Iberische Halbinsel; im Westen die Britischen Inseln und im Norden Skandinavien mit Island, sowie Spitzbergen, Franz-Joseph-Land und Nowaja Semlja.
7. Die Taxonomie der in den Anlagen genannten Tier- und Pflanzenarten richtet sich nach folgenden Werken, soweit die Arten dort aufgeführt sind:

...

Wissenschaftliche Bezeichnung	Deutscher Name	Besonders geschützte Arten zu § 1 Satz 1	Streng geschützte Arten zu § 1 Satz 2
1		2	3
Fauna ...			
Mammalia spp. 2) 3) 4)	Säugetiere	+	
excl.	– alle heimischen Arten, soweit nicht im Einzelnen aufgeführt, mit Ausnahme von		
Arvicola terrestris	Schermaus		
Clethrionomys glareolus	Rötelmaus		
Microtus agrestis	Erdmaus		
Microtus arvalis	Feldmaus		
Mus musculus	Hausmaus		
Mustela vison	Amerikanischer Nerz		
Myocastor coypus	Nutria		
Nyctereutes procyonoides	Marderhund		
Ondatra zibethicus	Bisam[1]		
Procyon lotor	Waschbär		
Rattus norvegicus	Wanderratte		
Rattus rattus	Hausratte		

...

1 Zum Abschuss von Bisams ist berechtigt, wer einen Jagdschein besitzt und in dem jeweiligen Bereich jagdausübungsberechtigt ist oder von der in dem jeweiligen Bereich jagdausübungsberechtigten Person zum Abschuss ermächtigt ist. Der Abschuss von Bisams ist der Jagdausübung im Sinne des § 13 Abs. 6 Waffengesetz gleichgestellt. Bleischrot darf beim Abschuss von Bisams nicht verwendet werden.

Gesetz zum Schutz der Natur (Landesnaturschutzgesetz – LNatSchG)

Vom 24. Februar 2010 (GVOBl. Schl.-H. S. 301), zuletzt geändert durch Artikel 2 des Gesetzes vom 13. Juli 2011 (GVOBl. Schl.-H. S. 225)
– Auszug –

§ 1 Regelungsgegenstand dieses Gesetzes; Verwirklichung der Ziele
(zu § 2 BNatSchG)

(1) In diesem Gesetz werden Regelungen getroffen, die das Gesetz über Naturschutz und Landschaftspflege (Bundesnaturschutzgesetz – BNatSchG) vom 29. Juli 2009 (BGBl. I. S. 2542) ergänzen oder von diesem im Sinne von Artikel 72 Abs. 3 Satz 1 Nr. 2 des Grundgesetzes abweichen. Soweit in diesem Gesetz die Nichtgeltung von Regelungen des Bundesnaturschutzgesetzes angeordnet wird, handelt es sich um Abweichungen im Sinne von Satz 1. Soweit innerhalb des Bundesnaturschutzgesetzes auf Vorschriften des Bundesnaturschutzgesetzes verwiesen wird, die durch dieses Gesetz ergänzt werden oder von denen abgewichen wird, gelten diese Vorschriften auch im Rahmen der Verweisungen in der ergänzten oder abweichenden Fassung dieses Gesetzes. Satz 3 gilt nicht für Verweisungen in den Kapiteln 5 und 6 des Bundesnaturschutzgesetzes sowie für die Verweisungen in § 67 Abs. 3 BNatSchG, soweit diese auf Befreiungen von Regelungen im Kapitel 5 des Bundesnaturschutzgesetzes Anwendung finden.

(2) Der Schutz der Natur und Landschaft auf privaten Flächen berücksichtigt den besonderen Wert des privaten Eigentums und der sich daraus ergebenden Verantwortung für die Erreichung der in § 1 BNatSchG genannten Ziele.

...

§ 4 Begriffsbestimmungen
(zu § 7 Abs. 1 Nr. 7 BNatSchG)

Die Europäischen Vogelschutzgebiete in Schleswig-Holstein sind in der Anlage zu diesem Gesetz aufgelistet. Die Anlage ist Bestandteil dieses Gesetzes.

...

§ 21 Gesetzlich geschützte Biotope
(zu § 30 BNatSchG)

(1) Weitere gesetzlich geschützte Biotope im Sinne des § 30 Abs. 2 Satz 2 BNatSchG sind:

1. alle Binnendünen, die nicht bereits von § 30 Abs. 2 Satz 1 Nr. 3 BNatSchG erfasst sind,,
2. Staudenfluren stehender Binnengewässer und der Waldränder,

3. Alleen,
4. Knicks,
5. artenreiche Steilhänge und Bachschluchten.

Für Knicks, die Wald im Sinne des § 2 Abs. 1 Satz 2 Nr. 3 des Landeswaldgesetzes sind, gelten ausschließlich die Bestimmungen des Landeswaldgesetzes.

...

(4) Abweichend von § 30 Abs. 5 BNatSchG gilt bei gesetzlich geschützten Biotopen, die während der Laufzeit einer vertraglichen Vereinbarung oder der Teilnahme an öffentlichen Programmen zur Bewirtschaftungsbeschränkung entstanden sind, das Verbot des § 30 Abs. 2 BNatSchG auch nicht für die Wiederaufnahme einer sonstigen Nutzung. § 30 Abs. 5 BNatSchG gilt nicht für Biotope, die im Rahmen der vertraglichen Vereinbarung oder des öffentlichen Programms zur Bewirtschaftungsbeschränkung zu entwickeln waren.

...

§ 27a Gehölzpflege

Es ist verboten, Bäume, die außerhalb des Waldes, von Kurzumtriebsplantagen oder gärtnerisch genutzten Grundflächen stehen, Hecken, lebende Zäune, Gebüsche und andere Gehölze in der Zeit vom 15. März bis 30. September abzuschneiden oder auf den Stock zu setzen; zulässig sind schonende Form- und Pflegeschnitte zur Beseitigung des Zuwachses der Pflanzen oder zur Gesunderhaltung von Bäumen.

...

§ 28a Horstschutz

Unbeschadet weitergehender Rechtsvorschriften ist es verboten, die Nistplätze von Schwarzspechten, Schwarzstörchen, Graureihern, Seeadlern, Rotmilanen und Kranichen durch Aufsuchen, Fotografieren, Filmen, Abholzungen oder andere Handlungen in einem Umkreis von 100 m zu gefährden. Von dem Verbot in Satz 1 kann die zuständige Naturschutzbehörde Ausnahmen zulassen.

§ 29 Haltung gefährlicher Tiere

Die Haltung von Tieren wild lebender Arten, die Menschen lebensgefährlich werden können, insbesondere von Tieren aller großen Katzen- und Bärenarten, Wölfen, Krokodilen und Giftschlangen ist unzulässig. Die zuständige Naturschutzbehörde kann Ausnahmen zulassen.

§ 30 Betreten der freien Landschaft; Wander- und Reitwege
(zu § 59 Abs. 2 Satz 2 BNatSchG)

(1) In der freien Landschaft darf jeder neben den für die Öffentlichkeit gewidmeten Straßen, Wegen und sonstigen Flächen nur Privatwege (private Straßen und Wege

aller Art) sowie Wegeränder zum Zwecke der Erholung unentgeltlich betreten und sich dort vorübergehend aufhalten. § 32 bleibt unberührt.

(2) Privatwege dürfen auch zum Radfahren und Fahren mit dem Krankenfahrstuhl genutzt werden. Reiterinnen und Reiter dürfen Privatwege nur benutzen, wenn diese trittfest oder als Reitwege gekennzeichnet sind. Die Befugnisse nach Absatz 1 und Satz 1 bestehen nicht für eingefriedigte Grundstücke, die mit Wohngebäuden bebaut sind oder auf denen Gartenbau oder Teichwirtschaft betrieben wird. Das Betreten von Naturschutzgebieten und anderen geschützten Flächen richtet sich nach den jeweiligen Schutzverordnungen und Anordnungen.

(3) Gemeinden und Kreise sollen geeignete und zusammenhängende Wander- und Reitwege im Verbund mit sonstigen Straßen, Wegen und Flächen, die betreten werden dürfen oder auf denen das Reiten zulässig ist, einrichten oder auf ihre Einrichtung hinwirken, soweit ein Bedarf besteht und Belange des Naturschutzes nicht entgegenstehen. § 18 Abs. 3 und 4 des Landeswaldgesetzes gilt entsprechend; die Leistungsfähigkeit der Gemeinden und Kreise ist hierbei zu berücksichtigen.

(4) Wanderwege und Reitwege sind durch Kennzeichnung auszuweisen; die oberste Naturschutzbehörde bestimmt die Art der Kennzeichnung. Eigentümerinnen und Eigentümer oder sonstige Berechtigte haben Markierungen zu dulden. Wanderwege sowie Lehrpfade dürfen nicht als Reitwege gekennzeichnet werden.

(5) Die Vorschriften des Landeswaldgesetzes über die Kennzeichnung von Reitwegen bleiben unberührt.

§ 31 Sperren von Wegen in der freien Landschaft
(zu § 59 Abs. 2 Satz 2 BNatSchG)

(1) Wege, die gemäß § 30 benutzt werden dürfen, können mit Genehmigung der Gemeinde befristet gesperrt werden, soweit der Schutz der Erholungssuchenden oder der Natur oder schutzwürdige Interessen der Eigentümerinnen oder Eigentümer oder sonstiger Nutzungsberechtigten dies erfordern. Die Genehmigung ergeht unbeschadet privater Rechte Dritter. Eine Genehmigung ist nicht erforderlich, wenn ein Weg nicht länger als einen Tag zur Abwendung einer vorübergehenden Gefahr für den Erholungsverkehr gesperrt werden muss. Aus den in Satz 1 genannten Gründen kann auch die Gemeinde eine befristete Sperrung anordnen.

(2) Gesperrte Wege und Flächen sind zu kennzeichnen; die Art der Kennzeichnung bestimmt die oberste Naturschutzbehörde.

...

§ 45 Naturschutzdienst

(1) Die Naturschutzbehörden können für ein bestimmtes Gebiet sachkundige Personen mit der Aufgabe bestellen, Zuwiderhandlungen gegen Rechtsvorschriften, die dem Schutz der Natur dienen oder die Erholung in der freien Natur regeln und deren Übertretung mit Strafe oder Geldbuße bedroht ist, festzustellen und abzuwehren. Die zu Ermittlungspersonen der Staatsanwaltschaft bestimmten Beamtin-

nen und Beamten der Forst-, Jagd- und Fischereiverwaltung des Bundes, des Landes, der Gemeinden und Körperschaften des öffentlichen Rechts sind für ihren Dienstbezirk Mitglieder des Naturschutzdienstes. Bestätigte Jagd- und Fischereiaufseherinnen und bestätigte Jagd- und Fischereiaufseher gelten als sachkundig.

(2) Soweit es zur Erfüllung ihrer Aufgaben erforderlich ist, sind die Mitglieder des Naturschutzdienstes berechtigt, in ihrem Dienstbezirk

1. Grundstücke zu betreten,
2. die Identität einer Person festzustellen; § 181 des Landesverwaltungsgesetzes gilt entsprechend,
3. eine Person vorübergehend vom Ort zu verweisen und ihr vorübergehend das Betreten des Ortes zu verbieten und
4. unberechtigt entnommene Gegenstände, gehaltene oder erworbene Pflanzen und Tiere sowie solche Gegenstände sicherzustellen, die bei Zuwiderhandlungen nach Absatz 1 verwendet wurden oder verwendet werden sollen; die §§ 210 bis 213 des Landesverwaltungsgesetzes gelten entsprechend.

(3) Die Mitglieder des Naturschutzdienstes haben die untere Naturschutzbehörde über alle nachteiligen Veränderungen in der Natur zu informieren und durch Aufklärung darauf hinzuwirken, dass Schäden von der Natur abgewendet werden.

(4) Die Mitglieder des Naturschutzdienstes sind während der Wahrnehmung ihrer Aufgaben Angehörige der Naturschutzbehörde im Außendienst; sie müssen bei dieser Tätigkeit ein Dienstabzeichen tragen und einen Dienstausweis mit sich führen, der bei Vornahme einer Amtshandlung auf Verlangen vorzuzeigen ist.

(5) Die Mitglieder des Naturschutzdienstes sind ehrenamtlich tätig. Die oberste Naturschutzbehörde kann im Benehmen mit dem Innenministerium durch Verordnung die Voraussetzungen für die Eignung, die Begründung, die Abberufung, die rechtliche Stellung, die Aus- und Fortbildung, Maßstäbe für eine Entschädigung sowie Vorschriften über den Dienstausweis und Dienstabzeichen regeln.

...

§ 57 Ordnungswidrigkeiten
(zu § 69 BNatSchG)

(1) § 69 Abs. 3 Nr. 19 und 26 BNatSchG gilt nicht.

(2) Ordnungswidrig handelt, wer, ohne dass eine Ausnahme zugelassen oder eine Befreiung erteilt wurde, vorsätzlich oder fahrlässig

...

10. entgegen § 29 unbefugt Tiere wild lebender Arten hält, die Menschen lebensgefährlich werden können, insbesondere alle großen Katzen- und Bärenarten, Wölfe, Krokodile und Giftschlangen,
11. in der freien Landschaft andere als die in § 30 Abs. 1 und 2 bezeichneten Wege und Flächen und die in § 30 Abs. 1 und 2 bezeichneten Wege und Flächen anders als in der dort bezeichneten Art benutzt,

12. entgegen § 31 Abs. 1 Wege oder Flächen in der freien Landschaft, die nach § 30 betreten oder benutzt werden dürfen, sperrt,

...

(3) Ordnungswidrig handelt auch, wer vorsätzlich oder fahrlässig unbefugt

1. im Feld ausgediente Fahrzeuge abstellt oder
2. Zeichen oder Vorrichtungen, die zur Sperrung, zur Kennzeichnung von kennzeichnungsbedürftigen Flächen oder Gegenständen dienen, entfernt, beschädigt, zerstört oder auf andere Weise unbrauchbar macht.

...

(5) Die Ordnungswidrigkeit kann in den Fällen des Abs. 2 Nr. 1 bis 6, 9 und 22 mit einer Geldbuße bis zu 50.000 Euro, in den übrigen Fällen mit einer Geldbuße bis zu 10.000 Euro geahndet werden.

...

§ 60 Bestehende Naturschutzverordnungen

In einem Naturschutzgebiet, das vor dem Inkrafttreten des Landesnaturschutzgesetzes vom 16. Juni 1993 (GVOBl. Schl.-H. S. 215) durch Verordnung unter Schutz gestellt worden ist, gelten, unbeschadet der Vorschriften der Naturschutzverordnung im Übrigen, bis zu einer Neuregelung auf Grund dieses Gesetzes mindestens folgende Verbote:

...

4. Im Rahmen der in einer Verordnung zugelassenen Ausübung des Jagdrechts dürfen Wildäcker, Fütterungseinrichtungen und Hochsitze mit geschlossenen Aufbauten mit mehr als 10 m^3 umbauten Raum nicht errichtet werden.

...

Anlage
(zu § 4)

Liste der Europäischen Vogelschutzgebiete in Schleswig-Holstein

lfd. Nr.	Gebiets-Nummer	Gebiets-Name	Verbote gemäß § 33 Abs. 1 BNatSchG in Verbindung mit § 24 Abs. 1 LNatSchG
1	0916-491	Ramsar-Gebiet S-H Wattenmeer und angrenzende Küstengebiete	x
2	1119-401	Gotteskoog-Gebiet	x
3	1121-391	NSG Fröslev-Jardelunder Moor	x
4	1123-491	Flensburger Förde	x
5	1326-301	NSG Schwansener See	x
6	1423-491	Schlei	x
7	1525-491	Eckernförder Bucht mit Flachgründen	
8	1530-491	Östliche Kieler Bucht	x
9	1618-402	Eiderstedt	x
10	1622-491	Eider-Treene-Sorge-Niederung	x
11	1623-401	Binnendünen- und Moorlandschaft im Sorgetal	x
12	1628-491	Selenter See-Gebiet	
13	1633-491	Ostsee östlich Wagrien	x
14	1725-401	NSG Ahrensee und nordöstlicher Westensee	
15	1727-401	Lanker See	
16	1728-401	Teiche zwischen Selent und Plön	
17	1729-401	NSG Kossautal	
18	1731-401	Oldenburger Graben	x
19	1813-491	Seevogelschutzgebiet Helgoland	
20	1823-401	Staatsforsten Barlohe	
21	1823-402	Haaler Au-Niederung	x
22	1828-491	Großer Plöner See-Gebiet	x
23	1830-301	NSG Neustädter Binnenwasser	x
24	1923-401	Schierenwald	
25	1924-401	Wälder im Aukrug	
26	1929-401	Heidmoor-Niederung	x
27	1929-402	Wahlsdorfer Holz	

28	1931-301	Ostseeküste am Brodtener Ufer	
29	2021-401	NSG Kudensee	x
30	2026-401	Barker und Wittenborner Heide	
31	2028-401	Wardersee	x
32	2030-303	Naturschutzgebiet Aalbek-Niederung	
33	2031-401	Traveförde	
34	2121-402	Vorland St. Margarethen	x
35	2126-401	Kisdorfer Wohld	
36	2130-491	Grönauer Heide	
37	2226-401	Alsterniederung	x
38	2227-401	NSG Hansdorfer Brook	x
39	2323-401	Unterelbe bis Wedel	x
40	2328-401	NSG Hahnheide	
41	2328-491	Waldgebiete in Lauenburg	
42	2330-353	NSG Oldenburger See und Umgebung	
43	2331-491	Schaalsee-Gebiet	x
44	2428-492	Sachsenwald-Gebiet	
45	2527-421	NSG Besenhorster Sandberge u. Elbsandwiesen	
46	2530-421	Langenlehsten	x

Waldgesetz für das Land Schleswig-Holstein (Landeswaldgesetz – LWaldG)

Vom 5. Dezember 2004 (GVOBl. Schl.-H. S. 461), zuletzt geändert durch Artikel 1 des Gesetzes vom 13. Juli 2011 (GVOBl. Schl.-H. S. 225)
– Auszug –

§ 1 Grundsatz, Gesetzeszweck

(1) Der Wald in Schleswig-Holstein gehört zu den Naturreichtümern des Landes, ist eine unverzichtbare Lebensgrundlage der Menschen und bietet unersetzbaren Lebensraum für Pflanzen und Tiere. Nach Maßgabe dieses Gesetzes ist der Wald in seiner Gesamtheit zu schützen und in seiner Lebens- und Funktionsfähigkeit dauerhaft zu erhalten.

(2) Zweck dieses Gesetzes ist es

1. den Wald
   a) wegen seines wirtschaftlichen Nutzens, insbesondere als Ressource des nachwachsenden Rohstoffes Holz (Nutzfunktion),
   b) wegen seiner Bedeutung für die Umwelt, insbesondere für die dauernde Leistungsfähigkeit des Naturhaushalts, die wild lebenden Tiere und Pflanzen und deren genetische Vielfalt, den Boden, den Wasserhaushalt, das Klima, die Luft und die Atmosphäre sowie das Landschaftsbild (Schutzfunktion) und
   c) wegen seiner Bedeutung für die Erholung der Bevölkerung (Erholungsfunktion)

   zu erhalten, naturnah zu entwickeln, zu mehren und seine nachhaltige Bewirtschaftung zu sichern;
2. die nachhaltige Forstwirtschaft zu fördern und die Waldbesitzenden bei der Erfüllung ihrer Aufgaben nach diesem Gesetz zu unterstützen;
3. einen Ausgleich zwischen den Rechten, Pflichten und wirtschaftlichen Interessen der Waldbesitzenden und den Interessen der Allgemeinheit zu gewährleisten.

§ 2 Begriffsbestimmungen

(1) Wald im Sinne dieses Gesetzes ist jede mit Waldgehölzen bestockte Grundfläche. Als Wald gelten auch

1. kahl geschlagene oder durch Brand oder Naturereignisse entstandene Waldkahlflächen und verlichtete Grundflächen,
2. Waldwege, Waldschneisen, Waldblößen, Waldwiesen, Waldeinteilungsstreifen sowie mit dem Wald verbundene Wildäsungsflächen und Sicherungsstreifen,
3. im und am Wald gelegene Knicks,

4. Holzlagerplätze und sonstige mit dem Wald verbundene und ihm dienende Flächen wie Pflanzgärten, Parkplätze, Spielplätze und Liegewiesen,
5. Kleingewässer, Moore, Heiden und sonstige ungenutzte Ländereien von untergeordneter Bedeutung, sofern und solange diese mit Wald verbunden und natürliche Bestandteile der Waldlandschaft sind, unbeschadet anderer Rechtsvorschriften,
6. gemäß § 9 Abs. 6 Satz 2 für die natürliche Neuwaldbildung vorgesehene, als Ersatzaufforstung zugelassene Flächen.

Wald sind nicht

1. in der Flur oder im bebauten Gebiet gelegene kleinere Flächen, die nur mit einzelnen Baumgruppen, Baumreihen oder Hecken bestockt sind,
2. Baumschulen,
3. Weihnachtsbaum- und Schmuckreisigkulturen,
4. Schnellwuchsplantagen sowie
5. zum Wohnbereich gehörende Parkanlagen und mit Waldgehölzen bestandene Friedhöfe, ausgenommen Friedhöfe, auf denen die Waldfunktionen (§ 1 Abs. 2 Nr. 1) erhalten bleiben.

(2) Waldwege im Sinne dieses Gesetzes sind nicht dem öffentlichen Verkehr gewidmete dauerhaft angelegte oder naturfeste forstliche Wirtschaftswege, die von zweispurigen Fahrzeugen ganzjährig befahren werden können (Fahrwege), sowie besonders gekennzeichnete Wanderwege, Radwege und Reitwege. Rückegassen und Gliederungslinien der Betriebsplanung sind keine Waldwege. Die Bestimmungen der § 3 Abs. 1 Nr. 4 Buchst. a und § 15 Abs. 2 und 3 des Straßen- und Wegegesetzes in der Fassung der Bekanntmachung vom 25. November 2003 (GVOBl. Schl.-H. S. 631, ber. 2004 S. 140) bleiben unberührt.

(3) Waldgehölze im Sinne dieses Gesetzes sind alle Waldbaum- und Waldstraucharten ohne Rücksicht auf Alter und Zustand. Bestockung ist der flächenhafte Bewuchs mit Waldgehölzen ohne Rücksicht auf Verteilung und Art der Entstehung.

...

§ 5 Bewirtschaftung des Waldes

(1) Die Bewirtschaftung des Waldes hat im Rahmen seiner Zweckbestimmung ordnungsgemäß, nachhaltig und naturnah nach den Grundsätzen der guten fachlichen Praxis zu erfolgen. Sie soll die Nutz-, Schutz- und Erholungsfunktion des Waldes stetig und auf Dauer gewährleisten.

(2) Grundsätze der guten fachlichen Praxis sind insbesondere:

1. Langfristigkeit der forstlichen Produktion und Sicherung einer nachhaltigen Holzerzeugung;
2. Erhaltung der Waldökosysteme als Lebensraum einer artenreichen heimischen Pflanzen- und Tierwelt;

3. Aufbau naturnaher standortgerechter Mischwälder unter Verwendung geeigneten forstlichen Vermehrungsgutes bei Erhaltung der genetischen Vielfalt;
4. bedarfsgerechte Walderschließung unter größtmöglicher Schonung von Landschaft, Waldboden und -bestand;
5. Anwendung von bestandes- und bodenschonenden Techniken, insbesondere bei Verjüngungsmaßnahmen, Holznutzung und -transport;
6. Nutzung der Möglichkeiten des integrierten Pflanzenschutzes unter weitestgehendem Verzicht auf Pflanzenschutzmittel;
7. Verzicht auf Einbringung gentechnisch modifizierter Organismen im Wald;
8. Anpassung der Wilddichten an die natürliche Biotopkapazität der Waldökosysteme.

...

§ 17 Betreten des Waldes

(1) Jeder Mensch darf den Wald zum Zwecke der naturverträglichen Erholung auf eigene Gefahr betreten. Das Betreten in der Zeit von Sonnenuntergang bis Sonnenaufgang (Nachtzeit) ist auf Waldwege beschränkt. Auch bei Tage auf Waldwege beschränkt ist das Radfahren, das Fahren mit Krankenfahrstühlen, das Skilaufen und das nicht durch Motorkraft oder Zugtiere bewirkte Schlittenfahren.

(2) Nicht gestattet sind

1. das Betreten von Waldflächen und -wegen, in deren Bereich Holz eingeschlagen, aufbereitet, gerückt oder gelagert wird oder Wegebaumaßnahmen durchgeführt werden,
2. das Betreten von Forstkulturen, Pflanzgärten, Wildäckern sowie sonstigen forstwirtschaftlichen, fischereiwirtschaftlichen oder jagdlichen Einrichtungen und Anlagen,
3. sonstige Benutzungsarten des Waldes wie das Fahren, ausgenommen nach Absatz 1, das Abstellen von Fahrzeugen und Wohnwagen, das Zelten sowie die Mitnahme von gezähmten Wildtieren und Haustieren mit Ausnahme angeleinter Hunde auf Waldwegen sowie
4. die Durchführung organisierter Veranstaltungen im Wald,

es sei denn, dass hierfür eine Zustimmung der waldbesitzenden Person vorliegt. Die Waldfunktionen und sonstige Rechtsgüter dürfen auf Grund dieser Zustimmung nicht beeinträchtigt werden. § 20 und andere Vorschriften des öffentlichen Rechts, die die Regelungen der Absätze 1 bis 3 einschränken oder solche Einschränkungen zulassen, bleiben unberührt.

(3) Das Wegegebot sowie der Leinenzwang nach Absatz 2 Nr. 3 gelten nicht für Diensthunde von Behörden, Hunde des Such- und Rettungsdienstes und des Katastrophenschutzes, Blindenführhunde sowie Behindertenbegleithunde und Jagdhunde im Rahmen ihres bestimmungsgemäßen Einsatzes und ihrer Ausbildung.

(4) Wer sich im Wald befindet, hat sich so zu verhalten, dass die Lebensgemeinschaft Wald nicht mehr als unvermeidbar beeinträchtigt, die Bewirtschaftung des Waldes nicht behindert, der Wald und darin gelegene Einrichtungen und Anlagen nicht gefährdet, geschädigt oder verunreinigt und die Erholung oder sonstige schutzwürdige Interessen anderer nicht beeinträchtigt werden. Weitergehende Rechtsvorschriften bleiben unberührt.

§ 18 Reiten im Wald

(1) Das Reiten ist im Wald auf eigene Gefahr gestattet

1. auf besonders gekennzeichneten Waldwegen (Reitwegen),
2. auf privaten Straßen mit Bitumen-, Beton- oder vergleichbarer Decke,
3. auf allen dem öffentlichem Verkehr gewidmeten Straßen und Wegen.

Trittfeste Fahrwege in öffentlichem Eigentum, die in der freien Landschaft verlaufende Straßen, Wege und Flächen, auf denen das Reiten oder das Fahren mit Pferdegespannen zulässig ist, verbinden, werden von der unteren Forstbehörde nach Anhörung der Waldbesitzenden als Reitwege oder, wenn sie Fahrwege verbinden, als Reit- und Fahrwege ausgewiesen. Sie sind von der waldbesitzenden Person nach § 21 zu kennzeichnen. Fahrwege gelten als trittfest, wenn sie mit Pferden beritten oder befahren werden können und bei der voraussichtlichen Nutzungsintensität Trittschäden nicht zu erwarten sind. Die Ausweisung ist jederzeit widerruflich und steht unter dem Vorbehalt der nachträglichen Aufnahme, Änderung oder Ergänzung von Nebenbestimmungen. Weitergehende Befugnisse und Absprachen mit der waldbesitzenden Person und der betroffenen Gemeinde sowie anderweitige Rechtsvorschriften bleiben unberührt. § 17 Abs. 2 Satz 2 gilt entsprechend.

(2) Gemeinden sollen darauf hinwirken, dass in ausreichendem Umfang geeignete und zusammenhängende Reitwege und Reit- und Fahrwege im Verbund mit sonstigen Straßen, Wegen und Flächen eingerichtet werden.

(3) Die oberste Forstbehörde kann durch Rechtsverordnung Näheres über das Reiten und Fahren mit Pferdegespannen im Walde, insbesondere eine Pflicht zur Kennzeichnung der Pferde, und über die Heranziehung der Reitenden zu Abgaben für die Anlage und Unterhaltung von Reitwegen regeln, wobei in der Verordnung die Höhe, das Verfahren der Erhebung und die Art der Verwaltung und Verwendung der Mittel zu regeln sind.

...

§ 20 Sperren von Wald

(1) Die waldbesitzende Person kann mit vorheriger Genehmigung der Forstbehörde das Betreten oder sonstige Benutzungsarten des Waldes nach § 17 Abs. 1 oder § 18 Abs. 1 ganz oder teilweise untersagen und entsprechende Einrichtungen anbringen (Sperren des Waldes), wenn und solange

1. die Sperrung aus wichtigen Gründen des Waldschutzes, der Wald- und Wildbewirtschaftung, der Verkehrssicherung oder zur Vermeidung erheblicher Schäden am Wald erforderlich ist,
2. Störungen die Erhaltung bestimmter wildlebender Tier- und Pflanzenarten wesentlich beeinträchtigen können oder
3. ein anderer wichtiger Grund die Sperrung im Einzelfall erfordert

und wesentliche Belange der Allgemeinheit, insbesondere die Erholung der Bevölkerung nicht entgegenstehen. Eine Sperrung kann von der Forstbehörde auch von Amts wegen angeordnet werden. Sperrungen sind zu befristen; sie können widerrufen oder eingeschränkt werden. Weitergehende Rechtsvorschriften bleiben unberührt.

(2) Beabsichtigt eine waldbesitzende Person, eine Waldfläche in der Zeit vom 1. September bis zum 30. April nicht länger als insgesamt drei Wochen nach Absatz 1 Satz 1 Nr. 1 zu sperren, genügt die vorherige Anzeige bei der Forstbehörde. In der Anzeige sind die Tage, die Größe und Lage der gesperrten Waldflächen anzugeben.

(3) Das Nähere zu den Voraussetzungen und zum Verfahren beim Sperren von Wald kann die oberste Forstbehörde durch Verordnung regeln.

(4) Liegen die Voraussetzungen für ein Sperren des Waldes nicht oder nicht mehr vor, hat die waldbesitzende Person die Sperrung unverzüglich zu beseitigen.

§ 20a Kulturschutzzäune

Nicht mehr benötigte oder unbrauchbare Zäune zum Schutz von Forstpflanzen gegen Wildschäden (Kulturschutzzäune) sind unverzüglich von den Waldbesitzenden zu entfernen.

...

§ 38 Ordnungswidrigkeiten

...

(2) Ordnungswidrig handelt auch, wer vorsätzlich oder fahrlässig

...

3. entgegen § 17 Abs. 1 Satz 2 den Wald zur Nachtzeit abseits der Waldwege betritt;
4. entgegen § 17 Abs. 1 Satz 3 abseits der Waldwege Rad fährt, mit Krankenfahrstühlen fährt, Ski läuft oder Schlitten fährt;
5. entgegen § 17 Abs. 2 ohne Zustimmung der waldbesitzenden Person
   a) Waldflächen und -wege betritt, in deren Bereich Holz eingeschlagen, aufbereitet, gerückt oder gelagert wird oder Wegebaumaßnahmen durchgeführt werden,
   b) Forstkulturen, Pflanzgärten, Wildäcker sowie sonstige forstwirtschaftliche, fischereiwirtschaftliche oder jagdliche Einrichtungen und Anlagen betritt,

c) sonstige Benutzungsarten des Waldes wie das Fahren, ausgenommen nach § 17 Abs. 1, das Abstellen von Fahrzeugen und Wohnwagen, das Zelten sowie die Mitnahme von gezähmten Wildtieren und Haustieren mit Ausnahme angeleinter Hunde auf Waldwegen vornimmt,

d) organisierte Veranstaltungen im Wald durchführt;

6. entgegen § 17 Abs. 4 sich im Wald so verhält, dass die Lebensgemeinschaft Wald mehr als unvermeidbar beeinträchtigt, die Bewirtschaftung des Waldes behindert, der Wald und die darin gelegenen Einrichtungen oder Anlagen gefährdet, geschädigt oder verunreinigt oder die Erholung oder sonstige schutzwürdige Interessen anderer beeinträchtigt werden;
7. entgegen § 18 Abs. 1 unbefugt im Wald außerhalb der besonders gekennzeichneten Waldwege (Reitwege), der privaten Straßen mit Bitumen-, Beton- oder vergleichbarer Decke, dem öffentlichen Verkehr gewidmeten Straßen und Wegen oder auf Fahrwegen ohne Zustimmung des Waldbesitzenden reitet;
8. entgegen § 20 gesperrte Waldflächen betritt, befährt oder auf ihnen reitet.

(3) Ordnungswidrig handelt ferner, wer vorsätzlich oder fahrlässig unbefugt im Wald

...

5. forstwirtschaftliche, fischereiwirtschaftliche, jagdbetriebliche oder der Erholung dienende Einrichtungen oder Anlagen sowie ihr Zubehör entfernt, beschädigt, zerstört oder auf andere Weise unbrauchbar macht.

(4) Ordnungswidrig handelt außerdem, wer vorsätzlich oder fahrlässig unbefugt

...

2. Wildgattertore, Schlagbäume oder ähnliche Vorrichtungen, die zum Schutz von Forstkulturen, Naturverjüngungen, Dickungen, Pflanzgärten oder Wildäckern oder zur Sperrung dienen, öffnet oder befugterweise geöffnete nicht wieder schließt,

...

4. den Wald mit Abfällen oder anderen Stoffen verunreinigt.

(5) Die Ordnungswidrigkeit kann geahndet werden

...

2. in den Fällen der Absätze 2 bis 4 mit einer Geldbuße von bis zu 2.500 Euro.

(6) Gegenstände, auf die sich die Ordnungswidrigkeit bezieht oder die zu ihrer Begehung oder Vorbereitung gebraucht worden oder bestimmt gewesen sind, können eingezogen werden. § 23 des Gesetzes über Ordnungswidrigkeiten ist anzuwenden.

...

Landesverordnung zur Abwendung von Schäden durch Kormorane

Vom 28. März 2011 (GVOBl. Schl.-H. S. 119)

Aufgrund des § 45 Abs. 7 Satz 4 und 5 des Bundesnaturschutzgesetzes in Verbindung mit § 4 der Landesverordnung zur Abwendung von Schäden durch Kormorane vom 11. März 2006 (GVOBl. Schl.H. S. 40) verordnet das Ministerium für Landwirtschaft, Umwelt und ländliche Räume:

§ 1 Allgemeine Zulassung von Ausnahmen, Beschränkungen

(1) Zur Abwendung erheblicher fischereiwirtschaftlicher Schäden und zum Schutz der natürlich vorkommenden Tier- und Pflanzenwelt können Kormorane (Phalacrocorax carbo sinensis) durch Abschuss getötet werden (Gebietskulisse),

1. wenn sie sich an oder auf Küstengewässern oder oberirdischen Gewässern aufhalten, die fischereiwirtschaftlich genutzt werden oder
2. wenn sie sich an oder auf Teilen von Küstengewässern oder oberirdischen Gewässern aufhalten, die gemäß Absatz 1 bis 3 und 6 der Anlage zu § 7 der Küstenfischereiordnung vom 11. November 2008 (GVOBl. Schl.-H. S. 640) oder nach §§ 4 und 5 Abs. 1 der Binnenfischereiordnung vom 11. November 2008 (GVOBl. Schl.-H. S. 634) zum Schutz von Fischarten ausgewiesen sind.

Der Bereich an den Gewässern wird auf 300 Meter ab der Uferlinie festgelegt. Im Luftraum über diesem Bereich und den Gewässern ist der Abschuss ebenfalls zulässig.

(2) Der Abschuss ist nur in der Zeit vom 1. August bis zum 31. März in der Zeit von eineinhalb Stunden vor Sonnenaufgang bis eineinhalb Stunden nach Sonnenuntergang zulässig. Sicher als Jungvögel erkannte Kormorane dürfen auf einem Betriebsgelände von Teichwirtschaftsbetrieben ganzjährig zur Tageszeit getötet werden. Bleischrot darf nicht verwendet werden. Getötete Kormorane sind von den Besitzverboten des § 44 Abs. 2 Nr. 1 BNatSchG ausgenommen.

(3) Der Abschuss von Kormoranen bleibt im Nationalpark Wattenmeer, in Naturschutzgebieten sowie in befriedeten Bezirken gemäß § 4 Abs. 1 und 2 Landesjagdgesetz verboten. Dies gilt auch in Gebieten nach Artikel 4 Abs. 1 und 2 der Richtlinie 2009/147/EG des Europäischen Parlamentes und des Rates vom 30. November 2009 über die Erhaltung wildlebender Vogelarten (ABl. EU Nr. L 20 S. 7), auch wenn sie noch nicht zum Schutzgebiet im Sinne der §§ 13 bis 17 des Landesnaturschutzgesetzes erklärt worden sind. Das Verbot nach Satz 2 gilt nicht auf fischereiwirtschaftlich genutzten Flächen in folgenden Vogelschutzgebieten:

1. „1828-491 Großer Plöner See-Gebiet“ und „1628-491 Selenter See-Gebiet“ in der Zeit vom 1. August bis 30. September,
2. „1423-491 Schlei“ westlich Rabelsund in einem Umkreis von 300 Metern von stehenden Fischereigeräten in der Zeit vom 1. Oktober bis zum 31. Dezember

und westlich Rabelsund im Zusammenhang mit Aalbesatzmaßnahmen in der Zeit vom 1. bis 30. September,

3. „1530-491 Östliche Kieler Bucht“ und „1633-491 Ostsee östlich Wagrien“ in einem Umkreis von 300 Metern von Bundgarnen und ähnlichen Geräten in der Zeit vom 1. August bis zum 14. Oktober.

(4) Erwerbsfischerinnen und Erwerbsfischer können in einem Umkreis von drei Kilometern um das von ihnen fischereiwirtschaftlich genutzte Gewässer die Neugründung oder Wiederbesetzung von Kormorankolonien durch Störungen in der Koloniebildungsphase bis zum 31. März verhindern. Dies gilt nicht im Nationalpark Wattenmeer und in Naturschutzgebieten.

§ 2 Berechtigte Personen

(1) Zum Abschuss nach § 1 Abs. 1 ist berechtigt, wer einen Jagdschein besitzt und in dem jeweiligen Bereich jagdausübungsberechtigt ist oder von der in dem jeweiligen Bereich jagdausübungsberechtigten Person zum Abschuss ermächtigt worden ist.

(2) Die untere Jagdbehörde kann auf Antrag der Fischereirechtsinhaberin oder des Fischereirechtsinhabers einem Jagdscheininhaber oder einer Jagdscheininhaberin die Berechtigung zum Abschuss nach § 1 Abs. 1 erteilen, wenn innerhalb der Zeiträume nach § 1 Abs. 2 Satz 1 und Abs. 3 Satz 3 kein Abschuss durch die in Absatz 1 genannten Personen getätigt worden ist. Die oder der Jagdausübungsberechtigte ist über die Entscheidung zu informieren.

(3) Die Tötung von Kormoranen aufgrund dieser Verordnung gilt als Jagdausübung im Sinne des § 13 Abs. 6 Waffengesetz vom 11. Oktober 2002 (BGBl. I S. 3970).

(4) Personen, die gegen Bestimmungen dieser Verordnung verstoßen, kann die obere Naturschutzbehörde die Befugnisse nach § 1 entziehen.

§ 3 Berichtspflicht

Wer von der Zulassung nach § 1 Abs. 1 Gebrauch gemacht hat, hat der unteren Naturschutzbehörde bis zum 15. April eines jeden Jahres über die im Vorjahr abgeschossenen Kormorane schriftlich zu berichten und dabei anzugeben:

1. die Gesamtzahl der Abschüsse,
2. das Alter der geschossenen Vögel (Alt- oder Jungvogel),
3. die Tage der einzelnen Abschüsse,
4. den Ort und das Gewässer, den Gewässerabschnitt oder den Teichwirtschaftsbetrieb der einzelnen Abschüsse und
5. bei beringten Kormoranen die Aufschrift des Rings.

Entsprechendes gilt für Art, Ort und Zeit durchgeführter Störmaßnahmen nach § 1 Abs. 4.

§ 4 Inkrafttreten, Außerkrafttreten

Diese Verordnung tritt am Tage nach ihrer Verkündung[1] in Kraft; sie tritt fünf Jahre nach ihrem Inkrafttreten außer Kraft.

1 Verkündung am 28. April 2011

Richtlinien für die Zulassung von Ausnahmen im Einzelfall gemäß § 43 Abs. 8 Bundesnaturschutzgesetz (BNatSchG) bei Saatkrähen

Bekanntmachung des Ministeriums für Landwirtschaft, Umwelt und ländliche Räume des Landes Schleswig-Holstein vom 20. Juni 2006 (Amtsbl. Schl.-H. S. 495)

Gemäß § 43 Abs. 8 Satz 1 Nr. 1 und 2 BNatSchG vom 25. März 2002 (BGBl. I S. 1193) geändert durch Artikel 167 der Achten Zuständigkeitsanpassungsverordnung vom 25. November 2003 (BGBl. I S. 2304) i. V. mit § 2 Abs. 3 der Artenschutz-Zuständigkeitsverordnung vom 29. Mai 2001 (GVOBl. Schl.-H. S. 87), geändert durch Verordnung vom 29. April 2003 (GVOBl. Schl.-H. S. 240), können die unteren Naturschutzbehörden im Einzelfall Ausnahmen von den Verboten des § 42 Abs. 1 und 2 BNatSchG zum Abschuss oder gegebenenfalls zum Fang mit selektiv lebend fangenden Fallen von Saatkrähen (Corvus frugilegus) zur Abwendung erheblicher landwirtschaftlicher Schäden zulassen. Saatkrähen dürfen nur auf den geschädigten bzw. direkt angrenzenden Flächen geschossen oder gefangen werden.

1. Verfahren

1.1 Eine Ausnahmegenehmigung kann nur für die Zeit außerhalb der Fortpflanzungszeit zugelassen werden. Die Fortpflanzungszeit beginnt für die Saatkrähe am 20. Februar und dauert bis zum 31. Juli eines jeden Jahres.

1.2 Die Ausnahme ist schriftlich zu beantragen und durch schriftlichen Bescheid zu genehmigen. Der Antrag kann vorab telefonisch gestellt und die Ausnahmegenehmigung kann vorab telefonisch erteilt werden. Das schriftliche Verfahren ist in diesem Fall unverzüglich nachzuholen.

1.3 Ausnahmen zum Abschuss von Saatkrähen werden nur Antragstellerinnen oder Antragstellern erteilt, die im Besitz eines gültigen Jagdscheines sind. Ist die Antragstellerin oder der Antragsteller selbst nicht im Besitz eines gültigen Jagdscheins, haben sie eine andere Jagdscheininhaberin oder einen anderen Jagdscheininhaber zu benennen, die oder der berechtigt ist, den Abschuss durchzuführen. Die Benachrichtigung der oder des jeweiligen Jagdausübungsberechtigten für das Gebiet ist von der Antragstellerin oder dem Antragsteller sicherzustellen.

1.4 In der Ausnahmegenehmigung ist darauf hinzuweisen, dass der Abschuss einer Jagdausübung nach § 13 Abs. 6 Waffengesetz gleichgestellt ist.

1.5 Im Ausnahmebescheid ist zu bestimmen,

- dass höchstens jeweils 20 Saatkrähen erlegt oder gefangen werden dürfen,
- dass erlegte oder gefangene Saatkrähen nur an Personen abgegeben werden dürfen, die im Besitz einer entsprechenden Genehmigung sind.

2. Berichterstattung

Der obersten Naturschutzbehörde ist über Zahl der erteilten Ausnahmegenehmigungen sowie der erlegten Saatkrähen bis zum 15. April eines jeden Jahres zu berichten.

3. Inkrafttreten

Diese Richtlinien treten am Tage nach ihrer Veröffentlichung[1] im Amtsblatt für Schleswig-Holstein in Kraft und mit Ablauf von fünf Jahren außer Kraft. Gleichzeitig treten die Richtlinien für die Zulassung von Ausnahmen im Einzelfall gemäß § 43 Abs. 8 Bundesnaturschutzgesetz (BNatSchG) bei Saatkrähen, Aaskrähen und Elstern vom 13. Oktober 2003 (Amtsbl. Schl.-H. S. 770) außer Kraft.

Anmerkung: Eine entsprechende Regelung enthält jetzt § 45 Abs. 7 BNatSchG. Die Richtlinie gilt wegen Zeitablaufs nicht mehr. Eine neue wurde bislang nicht erlassen.

1 Veröffentlicht am 3. Juli 2006

Landesverordnung über die Kennzeichnung wild lebender Tiere zu wissenschaftlichen Zwecken (Kennzeichnungsverordnung – KennzVO)

Vom 26. November 2008 (GVOBl. Schl.-H. S. 728)

Aufgrund des § 37 Abs. 2 des Landesnaturschutzgesetzes (LNatSchG) vom 6. März 2007 (GVOBl. Schl.-H. S. 136, ber. S. 250) zuletzt geändert durch Artikel 3 des Gesetzes vom 13. Dezember 2007 (GVOBl. Schl.-H. S. 499) verordnet das Ministerium für Landwirtschaft, Umwelt und ländliche Räume:

§ 1 Genehmigung

(1) Die Kennzeichnungsgenehmigung schließt die Genehmigung gemäß § 43 Abs. 8 Nr. 3 Bundesnaturschutzgesetz zum Fang der zu kennzeichnenden Tiere ein.

(2) Die Genehmigung darf nur Personen erteilt werden, die die Gewähr für eine sachgerechte und zuverlässige Arbeit bei Fang und Kennzeichnung bieten. Sie müssen über ausreichende Sachkunde verfügen und mit denn Bestimmungen des Naturschutz-, Jagd- und Tierschutzrechts vertraut sein.

...

§ 2 Antragstellung

(1) Anträge auf Erteilung oder Verlängerung einer Kennzeichnungsgenehmigung sind schriftlich an die zuständige Naturschutzbehörde zu richten.

(2) Vor Erteilung und Verlängerung einer Genehmigung sind bei der Kennzeichnung (Beringung) von Vögeln das Institut für Vogelforschung „Vogelwarte Helgoland" sowie bei der Kennzeichnung von Säugetieren, die dem Jagdrecht unterliegen, die oberste Jagdbehörde zu hören.

§ 3 Kennzeichen, Kennzeichnungsbereich

...

(3) Fremde Grundstücke dürfen nur mit Einwilligung der Grundstückseigentümerin oder des Grundstückseigentümers oder der Nutzungsberechtigten betreten werden. Der Fang von dem Jagdrecht unterliegenden Tieren in fremden Jagdbezirken bedarf außerdem der Einwilligung der oder des Jagdausübungsberechtigten.

...

§ 7 Inkrafttreten, Außerkrafttreten

(1) Diese Verordnung tritt am 1. Januar 2009 in Kraft; sie tritt fünf Jahre nach ihrem Inkrafttreten außer Kraft.

...

STICHWORTVERZEICHNIS

Fett gedruckte Großbuchstaben verweisen auf die einzelnen Teile des Buches, fett gedruckte Ziffern auf weitere Untergliederungen innerhalb dieser Teile (z. B. **D 1** = Teil D, Waffengesetz). Magere Ziffern verweisen auf die Paragraphen der einzelnen Vorschriften (z. B. **B** 21 = Landesjagdgesetz § 21; **C 8** 4 = Falknerprüfungsordnung § 4).

Stichwortverzeichnis

Stichwortverzeichnis